Wolfgang und Idhuna Barelds
Nord- und Mittelitalien per Rad

Robinson *aktiv*

Wolfgang und Idhuna Barelds

Nord- und Mittelitalien per Rad

OPS-Verlag

Die Deutsche Bibliothek – CIP-Einheitsaufnahme

Barelds, Wolfgang:
Nord- und Mittelitalien per Rad / Wolfgang Barelds ; Idhuna Barelds. –
Erstaufl.. – München : OPS-Verl.-Ges., 2000
   (Robinson aktiv)
   ISBN 3-930487-80-2

Redaktionsschluss: Februar 2000
© 2000 OPS Verlagsgesellschaft mbH
Satz, Layout, Grafik: OPS Verlagsgesellschaft, München
Karten: Barbara Kainzmaier
Fotos: W. u. I. Barelds, Guus van de Beek, Lesley Pluim
Druck: freiburger graphische betriebe
Verlag und Autoren können für fehlerhafte Angaben und deren Folgen weder eine juristische Verantwortung noch irgendeine Haftung übernehmen.

Robinson *aktiv*

Wer unsere **Robinson Reisebegleiter** bereits kennt, wird **Robinson *aktiv*** schnell zu schätzen wissen: Individualreisende, die ein Land unmittelbar, d. h. fernab der großen Touristenströme kennen lernen und sich dabei sportlich betätigen wollen, finden hier alle Informationen zur Vorbereitung wie zur Reisegestaltung vor Ort. Genau recherchierte Adress-, Zeit- und Routenangaben werden dabei mit professionellen Tipps zur jeweiligen Sportart verbunden. Unsere Autorinnen und Autoren garantieren Informationen aus erster Hand!

Der Aufbau der Bände ist ebenso einfach wie praktisch: Zunächst präsentieren wir Ihnen alles »Wissenswerte vor der Reise«: Land und Leute, Wind und Wetter... Natürlich erfahren Sie hier auch alles Notwendige für die jeweilige Sportart, wie z. B. zum Equipment und dessen Transportmöglichkeiten. Auch Hinweise zur empfohlenen körperlichen Vorbereitung geben Ihnen unsere erfahrenen Autorinnen und Autoren an die Hand. Der zweite und umfangreichste Teil widmet sich den Aktivitäten vor Ort und sagt Ihnen, wo und wie Sie Ihren Aufenthalt am besten gestalten. Dies kann in Form von Routenbeschreibungen mit Unterkunfts- und Verpflegungsmöglichkeiten sein oder auch durch eingehende Beschreibungen fester Quartiere bzw. Basen.

Auf die detaillierten, aktuell recherchierten und übersichtlich dargestellten Angaben können Sie sich dabei stets verlassen!

Ein Anhang bietet Ihnen schließlich eine Übersicht über weiterführende Lektüre, spezielles Kartenmaterial, Online-Informationen, Sprachhilfe etc. – eben alles, was über die eigentliche Planung hinaus für Sie von Interesse sein kann!

Trotz unseres Bemühens um Aktualität vergeht Zeit, bis alles zu Papier gebracht, gesetzt und gedruckt ist, so dass es vorkommen kann, dass eine im Buch angegebene Bushaltestelle inzwischen aufgelöst oder eine Telefonnummer geändert wurde. Hier bitten wir Sie um Mithilfe: Wer maßgebliche Fehler bzw. Änderungen entdeckt und uns mitteilt, erhält ein Exemplar der Neuauflage des entsprechenden Bandes. Hier die Adresse:

OPS Verlagsgesellschaft mbH
Klenzestr. 7
D-80469 München
Tel.: 089/211221-10
Fax: 089/211221-12
E-Mail: *info@ops-verlag.de*
Internet: *www.ops-verlag.de*

Wir wünschen Ihnen nun einen in jeder Hinsicht gelungenen Aufenthalt und würden uns freuen, mit unserem Buch dazu beitragen zu können!

Ihr OPS-Team

Zum Gebrauch...

Durch sein handliches Format sollte Sie **Robinson aktiv** während Ihres Aufenthalts in fremden Gefilden immer begleiten können. Dennoch empfehlen wir Ihnen, gerade auch die Hinweise im ersten Teil *vor* der Abreise zu beherzigen, denn hier finden Sie Angaben zur An- und Abreise, zur eventuell notwendigen Visum-Beschaffung, zum Gepäck etc.

Die Orientierung vor Ort haben wir Ihnen mit einer Reihe von Symbolen erleichtert, anhand derer Sie rasch das gerade notwendige Detail finden werden. Im Einzelnen:

- ① Touristeninformation
- ✉ wichtige Adresse
- ☎ Telefon-Nummer
- 🍽 Verpflegungsmöglichkeit (Restaurant, Lebensmittelgeschäft etc.)
- ⤵ Unterkunft (Hotel, Pension, Jugendherberge etc.)
- ▲ Campingplatz
- 🚲 Fahrradverleih und -service
- 🎪 besondere Veranstaltung

Was Hinz gefällt, muss Kunz nicht zusagen, und was Hinz und Kunz begeistert, erweckt beim Individualreisenden oft Misstrauen. Zwar sind wir stets um eine sachlich-neutrale Beschreibung bemüht, gänzlich teilnahmslos kann jedoch keine Autorin und kein Autor über ihre/seine Eindrücke berichten. Daher werden Sehenswürdigkeiten nach folgendem subjektiven Schema bewertet:

☺ eine Ortschaft, eine Sehenswürdigkeit o. ä., deren Besuch sich lohnt

☺☺ ... die man unbedingt aufsuchen sollte

☺☺☺ ... die man gesehen haben *muss*.

Inhalt

DIE AUTOREN. 12

Wissenswertes vor der Reise. 13

LANDESKUNDE 15
    Die Nachbarn 15
    Die Oberflächengestalt 15
    Die Küste 16
    Binnengewässer 17
    Klima 17
    Flora und Fauna 17
    Naturschutz 24
    Wirtschaft 25
    Verwaltung 26
    Bevölkerung 27
    Sprache 29
    Geschichte 29
    Kunstgeschichte und Kunststile im Überblick 35
    Küche 36

VOR DER ABFAHRT. 41
    Anreise 41
    Reisen innerhalb Italiens 44
    Radservice und -verleih 45
    Beste Reisezeit 46
    Öffnungszeiten 46
    Gesetzliche und nationale Feiertage 46
    Währung 47
    Preise 48

Medizinische Versorgung 49
Post 49
Telefon 49
Unterkunft 50
Adressen 52

Informationen zur Sportart 59
Physische Voraussetzungen 59
Ausrüstung 60
Ausrüstungsbeschaffung 64
Verpflegung 68
Radfahren und Verkehr 69

Touren 71

Die Touren im Überblick. 73
Lombardia, Liguria 73
Trentino, Südtirol 73
Veneto 74
Friuli, Venetia, Giulia 74
Emilia-Romagna 74
Toscana 75
Umbria 76
Marche 76
Lazio, Roma 77

Lombardia und die Ligurische Küste 78
Tour 1: Von Lombardia zur Ligurischen Küste 79
Tour 2: Am Kanal »Naviglio Grande« nach Milano 87
Tour 3: Von denoberitalienischen Seen am Ticino
    entlang zum Po 93
Tour 4: Am Adda-Fluss entlang .102
Tour 5: In der Po-Ebene durchLombardia 104
Tour 6: Vom Po zum Lago di Garda 111

Trentino, Südtirol 115
Tour 7: Etsch-Radweg I 116
Tour 8: Durch den NordenSüdtirols 126

Tour 9: Durch die Dolomiten 134
Tour 10: Etsch-Radweg II..........................140
Tour 11: Entlang der Brenta I......................144
Tour 12: Norden des Lago di Garda 147

VENETO.. 156
Tour 13: Süden des Lago di Garda 157
Tour 14: Vom Lago di Garda nach Veneto 163
Tour 15: Rundtour durch die Monti Berici 173
Tour 16: Die Villen Venetos 176
Tour 17: Entlang der Brenta II 186
Tour 18: Durch die Colli Euganei 191
Tour 19: Entlang der Adriaküste I 196

FRIULI-VENEZIA-GIULIA.............................. 202
Tour 20: Entlang der Adriaküste II 202
Tour 21: Von den Alpen zur Adria 205

EMILIA-ROMAGNA 212
Tour 22: Den Po entlang 213
Tour 23: Rundtour durch das Po-Delta 218
Tour 24: Entlang der Adriaküste III 223
Tour 25: Von der Adria in die Toscana 236
Tour 26: Vom Po zum Arno 239
Tour 27: Vom Po in die Marmorberge 248
Tour 28: Am Fuße der Apenninen 253

TOSCANA 260
Tour 29: Von den Marmorbergen zum Arno 261
Tour 30: Den Arno entlang bis zur Mündung 270
Tour 31: Entlang de Etrusker-Riviera................285
Tour 32: Quer durch den Norden der Toscana......294
Tour 33: Durch den Chianti 303
Tour 34: Die Burgenstrasse des Chianti entlang
         bis zum Arno 310

UMBRIA.. 313
Tour 35: Am Lago Trasimeno 314
Tour 36: Vom Arno zum Tévere 318

Tour 37: Rundtour durch die umbrischen Apenninen 323
   Tour 38: Vom Mittelmeer zum Tal des Tévere 328
   Tour 39: Auf den Spuren des Heiligen Francesco 333
   Tour 40: Um die Monti Martani 340

MARCHE 342
   Tour 41: Durch die Apenninen 342
   Tour 42: Von Marche nach Umbria 353

LAZIO, ROMA 356
   Tour 43: Durch die Monti Sabini nach Roma 357
   Tour 44: Durch den Norden von Lazio 367

BIBLIOGRAPHISCHE HINWEISE...................... 371
   Literatur 371
   Karten 376
   Internet-Adressen 379

FAHRRAD-VOKABULAR............................. 384
   Wichtige Wörter 384
   Unfall/Arzt 386
   Unterkunft 386
   Wichtige Wörter für unterwegs (italienisch-deutsch) 387

INDEX... 389

Die Autoren

Wolfgang und Idhuna Barelds, ein deutsch-niederländisches Paar mit Wohnsitz im Land der Radfahrer, tourt seit vielen Jahren durch ganz Europa. Mit diesem Band legen sie eine Buchpublikation vor, die beweist, dass allein eigene Anschauung, detaillierte Recherche und profunde Kenntnis des Landes wie der Sportart einen in jeder Hinsicht kompetenten Aktiv-Reiseführer hervorbringen.

schriften und Broschüren verschiedener Reiseveranstalter vermitteln, so soll mit diesem Buch auch die Basis für weitere Publikationen im OPS-Verlag gelegt werden. So ist in Kürze ein Band »Niederlande per Rad« – ebenfalls für die Reihe **Robinson** *aktiv* – geplant. Der »Heimvorteil« wird dabei selbstverständlich voll ausgespielt...

Neben dem gemeinsamen Hobby liegen den ausgebildeten Biologen bzw. Geographen auch Fragen des Umweltschutzes besonders am Herzen. Den Beschreibungen der hier ausgewählten Touren kommt diese Naturverbundenheit insofern zugute, als nicht sportliche Höchstleistungen, sondern Genuss an den Strecken und deren Schönheiten im Vordergrund stehen. Konnten beide ihre Erfahrungen bislang in Zeit-

Die Absicht, möglichst vielen Gleichgesinnten die Reiseplanung zu erleichtern und damit ebenso schöne wie interessante Touren zu bescheren, verbinden beide mit der Aufforderung, positive wie negative Erfahrungen mit diesem Reiseführer doch bitte dem Verlag mitzuteilen. Nur so lässt sich Gutes noch besser machen!

Wissenswertes vor der Reise

Landeskunde

Italien ist mit einer Fläche von 301.270 km² nur geringfügig kleiner als Deutschland. Oberitalien lässt sich am besten in die Gebiete *Italia nord-occidentale* (Nordwesten), *Italia nord-orientale* (Nordosten) und *Italia centrale* (Mittelitalien) gliedern. Dazu gehören folgende italienische Regionen:
- *Italia nord-occidentale:* Piemonte, Aosta-Tal, Lombardei, Ligurien
- *Italia nord-orientale:* Trentino-Alto Adige (Südtirol), Friauli-Venetien, Emilia-Romagna
- *Italia centrale:* Toskana, Umbrien, Marken, Latium

DIE NACHBARN

Italien grenzt im Norden auf einer Länge von etwa 1.700 km an Slowenien, Österreich, die Schweiz und Frankreich. Die italienische Küstenlänge am Mittelmeer ist mit 8.500 km um einiges länger. Dabei grenzt Italien im Westen an das Ligurische und das Tyrrhenische Meer sowie im Osten an die Adria.

DIE OBERFLÄCHENGESTALT

Italien erreicht im Norden mit seinem Anteil an den Alpen die höchste Erhebung des Landes: Den Gipfel des 4.807 m hohen *Monte Bianco* muss sich Italien allerdings mit Frankreich teilen, der dort *Mont Blanc* heißt. Es folgt der 4.634 m hohe *Monte Rosa* nahe der Schweizer Grenze. Die Dolomiten, ein zerklüftetes Kalkgebirge der Alpen, werden von der 3.342 m hohen *Marmolada* überragt, deren Gletscher heute als beliebtes Sommerskigebiet genutzt wird.

Die Alpen entstanden im Tertiär, vor etwa 35 Millionen Jahren, als die afrikanische und die kleinere adriatische Platte bei ihrer Kontinentaldrift gen Nordwesten gegen die eurasische Platte drückten. Das Tethys-Meer, das einst diese Platten voneinander getrennt hatte, besteht heute nur noch in Form des Mittelmeers. Der nördliche Teil, vor allem Meeresböden mit großen Kalkriffen, wurde infolge des Druckes gehoben und gefaltet: Die Alpen waren geboren. Der Hebungsvorgang hält auch heute noch an, und zwar etwa einen Millimeter pro Jahr. Er wird allerdings durch die Abtragung und Verwitterung der

Alpengipfel durch Wind, Wetter und Eis egalisiert. Andernfalls würde der Mont Blanc in 4 Millionen Jahren die Höhe des Mount Everest erreicht haben.

Südlich an die Alpen schließt sich die 46.000 km² große Po-Ebene an, die im Laufe von Jahrmillionen aus den von den Alpen heruntergeschwemmten Sedimenten entstanden ist. Die Po-Ebene mit ihren drei Abschnitten Piemont, Lombardei und Friaul-Venetien senkt sich zum Po und zur Adria langsam ab und ist dank der geringen Steigungen ein beliebtes Ziel für Radler. Unterbrochen wird die weite Ebene nur von den *Monti Berici* (444 m) südlich von Vicenza sowie den vulkanisch entstandenen *Colli Euganei* (603 m) südlich von Padua, die für ihre heißen Thermalquellen bekannt sind. Wie die Po-Ebene besteht auch das Arno-Tal aus Sedimenten – mit dem Unterschied, dass hier der Apennin das Material für die Schwemmlandebene geliefert hat.

Die Apenninen sind – wie die Alpen – ein im Tertiär (vor rund 35 Millionen Jahren) aufgefaltetes Gebirge, das sich quer durch Italien erstreckt: Auf einer Länge von 1.000 km reichen die Apenninen von den Alpen im Norden bis nach Sizilien im Süden und erreichen mit dem 2.914 m hohen *Corno Grande* ihre höchste Erhebung.

Von der Toskana bis nach Rom ist den Apenninen westwärts eine Hügellandschaft vorgelagert, die als tektonisch unruhige Zone weiter südwärts vorbei am Vesuv, den Äolischen Inseln bis zum Ätna auf Sizilien verläuft. Eine positive Begleiterscheinung sind die reichen Erzvorkommen, etwa bei Siena, die schon die Etrusker nutzten.

Zum Leidwesen der Hobby-Radfahrer – aber zur Freude der Radfreaks – sind 35 % des Landes Bergland ab 600 m Höhe. Aber die übrigen 65 % genügen ja auch.

DIE KÜSTE

Ausläufer der Apenninen reichen oft bis an die Küsten Italiens heran. Dies ist besonders an der nördlichen Adriaküste, der Cinque Terre bei La Spezia, der Fall, weshalb sich diese Regionen – wegen der zahlreichen Steigungen – eher für sportlich ambitionierte Radfahrer eignen. Im Osten von Ligurien, an der italienischen Riviera, drängen sich dann viele Orte an dem flachen Küstensaum. Flache Küsten tragen auch zur Beliebtheit der Toskana bei. Die auch bei weniger geübten »Genussradlern« beliebten flachen Küstenabschnitte sind auch an der italienischen Adriaküste zu finden: von Triest über Venedig, Ravenna bis nach Rimini. Südlich von Rimini, in der Region Marken, wird der flache Küstensaum zunehmend schmaler, da die Apenninen dicht an die Adria reichen.

BINNENGEWÄSSER

Am Südrand der Alpen liegen einige bedeutende Seen wie Lago Maggiore, Lago di Como oder Lago di Garda. Diese oberitalienischen Seen verdanken ihre Entstehung Gletschern, die sich zur Eiszeit von den Alpen südwärts bewegten und dabei tiefe Täler ausschürften, in denen heute die bei Urlaubern beliebten Gewässer liegen.

Neben den großen Alpenseen zählt der Lago di Trasimeno nordwestlich von Perugia, ein flacher Steppensee mit viel Schilf, zu den größten Binnengewässern des nördlichen Italien. Außerdem wird Italien von einer Reihe von Flüssen durchzogen, etwa dem Po (652 km), dem Adige (410 km), dem Tiber (405 km) und dem Arno (241 km). Der Po durchzieht das gesamte Oberitalien: von der Mündung nahe der französischen Grenze bis hin zu seiner gewaltigen Delta-Mündung, die jedes Jahr um 70 m in die Adria hinauswächst. Der Wasserpegel der nördlichen Flüsse schwankt erheblich: Po, Arno und Tiber sind für ihre gefährlichen Hochwasser mit großflächigen Überschwemmungen in der Regenzeit berühmt-berüchtigt.

KLIMA

Die nördliche Hälfte von Italien lässt sich nicht in ein einheitliches Klimaschema bzw. -diagramm zwängen. Ein mitteleuropäisches Klima beschert Oberitalien kalte Winter und heiße Sommer sowie Regenfälle überwiegend im Frühjahr und Herbst. An der Riviera und den oberitalienischen Seen bleibt es in der Regel frostfrei. Im Gebirge – den Alpen genauso wie den Apenninen – muss bei zunehmender Höhe mit einer Abnahme der Temperatur von durchschnittlich 0,6 °C pro 100 Höhenmeter gerechnet werden.

In der Po-Ebene sind Nebel keine Seltenheit. Der Winter ist hier mit durchschnittlich 0 bis 4 °C im Januar relativ mild. Die mittlere Jahrestemperatur beträgt 13 °C, und die Niederschläge entsprechen mit jährlich 800 mm denjenigen in unseren Breiten.

Südlich der Po-Ebene lässt das Mittelmeerklima die Temperaturen nur selten unter 5 °C sinken; die Sommer sind heiß und trocken, und der meiste Regen fällt im Spätherbst. Dann allerdings mit Macht: Sintflutartige Regenfälle von mehr als 8 cm Regen pro Stunde sind im November in Genua keine Seltenheit. Im Allgemeinen fallen im Westen von Italien höhere Niederschläge als im Osten.

FLORA UND FAUNA

Die Nord-Süd-Ausdehnung Italiens mit unterschiedlichen Höhenstufen, Böden und Klimaten bedingt eine große Zahl verschiedener Vegetationstypen – vom alpinen Hochgebirge bis zum milden Mittelmeerraum. Aufgrund dieser verschiedenen Klimazonen ist die Tier- ebenso wie die Pflanzenwelt sehr artenreich. Sowohl mitteleuropäische als auch mediterrane Arten haben in Norditalien ihre Heimat.

Emilia-Romagna

Vegetation

Laub- und Nadelwälder bilden die natürliche Vegetation Italiens. Zum großen Teil wurde dieser Vegetationstyp schon vor Jahrtausenden abgeholzt und durch eine Kultur- oder eine halbnatürliche Landschaft ersetzt. In den Apenninen und Alpen gibt es noch einige Waldgebiete. In den dichter besiedelten Gebieten wie der Toskana, der Po-Ebene oder den Küsten wachsen vorwiegend kultivierte Pflanzen. Hier findet man auch eine halbnatürliche Vegetation wie die Macchie. Diese besteht aus meist dornigen Sträuchern und Büschen mit stark riechenden Blüten. Diese Pflanzengesellschaft bildet eine Phase, die ohne menschliche Eingriffe zu Wald führen würde. Schafe und Ziegen halten das Wachstum der jungen Bäume aber zurück, so dass die Macchie bestehen bleibt und nicht durch Wald ersetzt wird.

Gebirgsvegetation

Im Norden, in den Alpen, findet man eine typisch alpine Flora. Die italienische Alpenflora unterscheidet sich jedoch von derjenigen in Österreich und der Schweiz: Dank der südlichen Lage dieses Teils der Alpen sind hier die klimatischen Bedingungen milder als im nördlichen Teil. Außerdem sorgen verschiedene Gesteine für eine große Vielfalt an Pflanzengesellschaften. Die höchsten Lagen, bis etwa 3.000 m, werden von alpinen Wiesen bedeckt. Hier findet man Pflanzen, die sich an die harten klimatischen Bedingungen des Hochgebirges angepasst haben. Sie blühen oft nur jedes zweite Jahr, um kostbare Energie zu sparen. Viele Pflanzen vermehren sich vegetativ durch Ausläufer. Außerdem wachsen sie langsam und leben so effizient wie möglich, indem sie einen sehr leistungsfähigen Photosynthese-Apparat

besitzen. Hier findet man u. a. Gräser und Steinbrech-Arten wie Zweiblütigen und Roten Steinbrech sowie Flechten. In Höhen bis zu 3.000 m gedeihen Enzian-Arten wie der kalkliebende Großblütige Enzian oder – auf felsigem Untergrund – der Stängellose Enzian.
Weiter bergab beginnt die alpine Zwergstrauchstufe, in der überwiegend Rhododendron-Arten, Heide und Beerensträucher wie Heidelbeere und Preiselbeere wachsen. Darunter, in Höhen von etwa 2.300 bis 3.000 m, fängt die Krummholzstufe mit Krummholzkiefern, Weiden und Grünerlen an, die 500 m niedriger in Nadelwald übergeht. Dort dominieren Pinienarten wie Lärche und Zirbe.
Weiter unten, etwa zwischen 500 und 1.000 m, besteht der Wald aus Fichten und Buchen sowie anderen Laubbaumarten. Mitteleuropäische Bäume wie Eiche, Ahorn und Linde gedeihen hier gut.
Die Täler Südtirols, vor allem das Etschtal, sind durch ihre Apfelplantagen bekannt geworden, deren Früchte – darunter Golden Delicious und Gloster – in den Supermärkten ganz Europas erhältlich sind. Schon Goethe hat auf seiner »Italienischen Reise« die vielen Obstbaumkulturen nach der Überquerung des Brenner-Passes bemerkt: »Auf dem Lande (…) ist alles so enge an- und ineinandergepflanzt, dass man denkt, es müsse eines das andere ersticken: Weingeländer, Mais, Maulbeerbäume, Äpfel, Birnen, Quitten, Nüsse.«
Die Apenninen zeigen ähnliche Vegetationsstufen wie die Alpen. Hier sind jedoch andere Pflanzenarten zu finden. Häufig sind Edelkastanien, Weißtannen und Bergahorn. Die Haselnuss bietet wie die Edelkastanie eine wertvolle Nahrungsquelle für viele Tiere.

Mediterrane Landschaften
Südlich der Po-Ebene und in den unteren Regionen der Apenninen (unterhalb von 400 m Höhe) stößt man dann endlich auf die Pflanzen, die vor allem mit dem beliebten Urlaubsland am Mittelmeer assoziiert werden: Schlanke, säulenhafte Zypressen, ausladende Pinien, knorrige Oliven, die immergrünen Steineichen und Kaktusfeigen, undurchdringliche Macchia-Sträucher sowie zahlreiche Mittelmeerblumen verwandeln Regionen wie die Toscana im Frühjahr in ein wohlriechendes, buntes Blütenmeer. Die Schirmpinien spenden mit ihrem weiten Nadelschirm wohltuenden Schatten. Viele Pflanzen sind gut an die trockene mediterrane Landschaft angepasst, indem sie in der Lage sind, leichte Waldbrände zu überstehen. Zu den fremden Florenelementen der mediterranen Landschaften gehören neben den Zypressen auch Agaven, Opuntien und Zedern aus Amerika sowie Eukalyptus-Bäume aus Australien.

Olivenhaine in der Toscana

Die frostfreien Gebiete rund um die oberitalienischen Seen erlauben den Anbau vieler mediterraner Nutzpflanzen – vor allem Oliven und Obstbäume wie Pfirsiche, Feigen und Zitrusfrüchte. Dank der geschützten Lage gedeihen diese Pflanzen hier sehr gut, obwohl die eigentliche mediterrane Zone erst etwa 200 km weiter südlich anfängt.

Die Po-Ebene
Der fruchtbare Schwemmlandboden der Po-Ebene lässt Nutzpflanzen wie Feigen, Zitrusgewächse, Wein, Mandeln und Oliven gut gedeihen, worin z. T. der Reichtum Norditaliens (gegenüber dem Süden des Landes) begründet liegt. Eine Besonderheit Europas sind die Reisfelder im lombardischen Teil der Po-Ebene.

Aber neben den vielen Pflanzenkulturen gibt es auch noch einige nicht genutzte Flächen, die zu trocken, zu unfruchtbar oder zu nass für den Pflanzenbau sind. An den trockenen Stellen hat sich eine Heidevegetation gebildet, die an Wacholderbüschen, Glockenheide und Ginster zu erkennen ist. Einige wenige Auwälder mit ihrem dichten Unterholz aus Weiden und Pappeln – Pflanzen, die an Überschwemmungen gewöhnt sind – sind ebenfalls erhalten geblieben.

Orchideen
Besonders erwähnenswert sind die Orchideen. Sie blühen etwa von Mai bis Juli, je nach Gebiet: im mediterranen Raum etwas früher als in den Bergen. Sie erfreuen das

Auge in diesem Zeitraum fast überall, neben der Straße oder auf Wiesen. Im Naturschutzgebiet *Torriana-Montebello*, südwestlich von Rimini, gibt es sogar 62 Orchideen-Arten. Die Ophrys-Arten, auch als Ragwurze bekannt, wachsen hauptsächlich auf kalkhaltigen Böden. Sie sind an ihren insektenähnlichen, aufwendig gestalteten Blüten zu erkennen, z. B. die der rosa-braune Hummel-Ragwurz oder die häufig vorkommende Bienen-Ragwurz mit ihrer bienenförmigen Blüte. Die Ähnlichkeit ist nicht zufällig: Mit ihrer Blüte lockt die Blume paarungsbereite Insekten an, die die Blüte fälschlicherweise für ein hübsches Weibchen halten. Schon allein die auffälligen Farben locken Insekten an, etwa beim rosafarbenen Gefleckten Knabenkraut oder beim Fleischfarbenen Knabenkraut. Beiden begegnet man häufig am Straßenrand oder auf Wiesen. Eindrucksvoll sind auch die vielen rosafarbenen Blüten der Großen Händelwurz. Zungenstängel sieht man weniger; diese sind aber gut an ihren auffälligen Blüten zu erkennen. Die Zungenstängel kommen meist in Ansammlungen vor, weil ihre Wurzeln Ausläufer bilden, aus denen wieder neue Pflanzen wachsen. Schön dunkelpurpurn ist der Herzförmige Zungenstängel, während der Einschwielige Zungenstängel Blüten mit gelben Lippen hat.

Fauna

Italien hat sein Image als »Land der Jäger« noch nicht ganz verloren. Und das nicht ohne Grund: Etwa 800.000 Jäger zählt dieses Land. Allerdings gab es vor einigen Jahren noch mehr als doppelt so viele. Dank verschiedener Naturschutzmaßnahmen und der Öffentlichkeitsarbeit von Naturschutzvereinen wie *Legambiente* konnten viele Tiere vor dem Aussterben gerettet werden. Jetzt nehmen manche Populationen wieder zu – wie etwa der Wolf und der Braunbär. In den dichter bevölkerten Gegenden wie der Toscana sind wilde Tiere allerdings immer noch selten.

Vögel
Die große Vielfalt an Lebensräumen, von alpin bis mediterran, bedingt eine große Zahl von Vogelarten. In den Alpen und hohen Apenninen jagen Steinadler Alpenschneehühner und Schneehasen. Kolkraben beobachten die Adler genau, damit auch für sie bei und nach der Mahlzeit der Greifvögel noch ein Teil abfällt. Das Steinhuhn ist ein seltener Bergbewohner der Apenninen und der Alpen; es ist grau mit auffälligen schwarz-weißen Seitenstreifen. Auch der rot-graue, kleine Mauerläufer bewohnt die felsigen Gebiete oberhalb der Baumgrenze. Im Winter sucht er seine Nahrung weiter unten im Tal. In Gruppen fliegen die schwarzen Alpendohlen mit ihren markanten

gelben Schnäbeln in den Bergen herum. Ihre lauten »prrrüüü-« und »pierl«-Rufe sind kaum zu überhören. Den Schlangenadler sieht man hauptsächlich in den wärmeren Gegenden der Apenninen, da er dort die meisten Schlangen findet. Der Bartgeier ist seit kurzem wieder in den Trentiner Alpen heimisch.
In der Po-Ebene kann man im Sommer mit etwas Glück den Triel beobachten. Der weiße Stelzenläufer mit seinen schwarzen Flügeln kommt vor allem in Lagunen und Flussdeltas vor, wo er zusammen mit Silber- und Rallenreiher seine Nahrung sucht.
Die Waldschnepfe ist eine scheue Bewohnerin der Wälder in den Apenninen. Manchmal hört man sie abends knurrend über den Waldrand fliegen. In den Wäldern leben auch viele Spechtarten wie der Schwarz-, Grün- und Buntspecht. Nur Ersterer und Letzterer lassen das typische Klopfen hören, wenn sie Nahrung in Baumstämmen suchen oder mit rhythmischem Hämmern die Aufmerksamkeit von Spechtfrauen erregen wollen. Der Uhu, die größte europäische Eule, kommt ebenfalls in den Bergwäldern vor.
Ein auffälliger Bewohner der Nordwestküste ist der Häherkuckuck. Mit seinen grauen, weiß gepunkteten Federn, dem hellgelben Hals und dem sehr langen Schwanz kann er mit keinem anderen Vogel verwechselt werden.

In den offenen Landschaften leben zwei andere, auffällig gefärbte Vögel: Wiedehopf und Blauracke. Ersterer ist orange mit schwarz-weißen Flügeln und einer großen Haube, Letztere ist blau mit orange-blau-schwarzen Flügeln. Auch verschiedene Würgerarten wie Rotkopf- und Schwarzstirnwürger leben hier. Der Neuntöter fällt auf, weil er seine Beute, meist Insekten, zum Aufbewahren auf Zweige und Dornen spießt. In den Kulturlandschaften hat auch die Zwergohreule ihren Wohnsitz, die allerdings im Herbst gen Süden zieht. Ein besonderer Falke ist der Lannerfalke, der sonst in Europa nur in Griechenland vorkommt. Er liebt die mediterranen Küstengebiete.
Singvögel sind in Italien trotz der Vogeljagd weit verbreitet. Verschiedene Lerchen, Ammern und Sänger sind in allen Landschaften Norditaliens zu sehen und zu hören.

Reptilien und Amphibien
Dank des warmen Klimas kommen in Italien einige Reptilienarten vor. So kann man – mit Ausnahme der höchsten Berggipfel – fast überall Ringel- und Würfelnattern begegnen. Die Gelbgrüne Zornnatter hat dieselbe Verbreitung. Am häufigsten verbreitet ist die Aspisviper. Giftig sind nur Viperarten wie die Sand- oder die Kreuzotter. Da Schlangen sehr scheu sind, kommen Bisse allerdings nur extrem selten vor.
Von allen Reptilienarten wird man Eidechsen am häufigsten begegnen.

Sie sonnen sich oft am Straßenrand, manchmal sogar auf dem warmen Asphalt der Straße, wo man (sogar mit dem Rad!) aufpassen muss, dass man sie nicht überfährt. Auffällig grün mit blauem Kehlfleck ist die Smaragdeidechse. Die größte, ebenfalls grüne Eidechse ist die Perleidechse. Sie kommt nur im Nordwesten Italiens vor. Kleiner sind die Mauereidechse und die häufig vorkommende Ruineneidechse, die man meist an den Straßenseiten sieht – und weglaufen hört. An Schildkröten ist die Griechische Landschildkröte zu nennen, die südlich der Alpen lebt.

Amphibien sind nur an feuchten Stellen zu finden, da sie Wasser benötigen, um ihre Haut feucht zu halten, und schnell austrocknen. In den Alpen lebt der tiefschwarze Alpensalamander. Der Feuersalamander fällt durch seine schwarze Farbe mit leuchtend orangen Flecken auf. Ihn zu fotografieren ist leicht, denn er bewegt sich im Gegensatz zu den Eidechsen sehr langsam.

Sowohl in den Alpen als auch in den nördlichen Apenninen kommt der Alpenmolch vor. Er sieht wegen seines Kammes auf dem Rücken wie ein kleiner Drache aus. Frösche wie der Grüne Wasserfrosch oder der Kleine Teichfrosch hört man in feuchten Gebieten oft quaken. Bei den Kröten sind die grüngefleckte Wechselkröte und die nachtaktive Erdkröte am meisten verbreitet.

Säuger
Kleinsäuger wie z. B. verschiedene Mäuse sind häufig. In Italien kommen verschiedene Spitzmäuse – die kleinsten Säuger weltweit – vor, beispielsweise die Apenninspitzmaus. Der Name »Spitzmaus« täuscht, da diese Tierchen überhaupt nicht mit den Mäusen verwandt sind: Sie sind keine Nagetiere, sondern Insektenfresser. Aber auch Nager wie der Siebenschläfer oder der Gartenschläfer mit seiner schwarzen Maske leben in Italien. Die kleine Zwergmaus hängt oft in Getreidefeldern an den Halmen, während die Waldmaus sich im Wald wohler fühlt. Hier tummeln sich auch Eichhörnchen, die sich von den vielen Nüssen und Samen der Bäume ernähren. Im Gebirge ist die Schneemaus zu Hause. Sie lebt oberhalb der Baumgrenze zwischen Felsen und auf Alpenwiesen.

Stachelschweine kommen außer in Italien nirgends in Europa vor. Sie leben vor allem im Süden des Landes, aber auch in Mittelitalien kann man ihnen begegnen. Es wird angenommen, dass diese Tiere vor Jahrtausenden aus Nordafrika eingeführt wurden.

Der Wolf breitet sich dank verschiedener Artenschutzprogramme seit einigen Jahren, von den Abruzzen ausgehend, wieder langsam gen Norden aus. Heute gibt es wieder etwa 400 Wölfe in Italien. Manche Tiere wandern bis in die Alpen oder nach Frankreich. Eine Begegnung mit diesen sehr scheuen Tieren, die

Menschen gegenüber völlig harmlos sind, ist jedoch äußerst unwahrscheinlich. Der Braunbär kommt ebenfalls in den Abruzzen vor, und sogar in den Alpen soll es noch einige wenige Exemplare geben. Auch Marderarten wie der Hermelin oder der Baummarder sind in Italien heimisch. Letzterer frisst nicht nur Fleisch, sondern auch Beeren und Früchte.

Murmeltiere und Gämsen leben in den höheren Stufen der Alpen. Das Murmeltier hört man schon aus der Ferne pfeifen, womit es sowohl Artgenossen als auch Gämsen alarmiert. Seltener ist der Alpensteinbock, der nur Dank intensiver Schutzmaßnahmen in den Alpen überleben konnte. Inzwischen hat er sich bis auf einige hundert Exemplare vermehrt. Die Rothirsche in den Wäldern sind besonders während der Brunstzeit im Herbst nicht zu überhören, wenn die Böcke um die Wette röhren. Die männlichen Tiere können bis zu 1,5 m hoch werden und haben eindrucksvolle Geweihe. Sie haben sich, nachdem sie infolge starker Bejagung Anfang dieses Jh.s fast verschwunden waren, wieder ausgebreitet: Allein in den Trentiner Alpen leben heute mehr als 4.000 Hirsche.

Wildschweine vermehren sich schnell und sind vor allem in den Kastanienwäldern häufig. Sie hinterlassen oft Spuren, wo sie nach Nahrung gesucht und den Boden umgewühlt haben. Eine Begegnung ist eher unwahrscheinlich: Wildschweine fliehen sofort, wenn sie mit ihren empfindlichen Nasen einen Menschen riechen.

An der Küste werden manchmal Wale oder Delfine gesichtet. Verbreitet im Mittelmeer um Italien sind vor allem die Großen Tümmler. Diese verspielten Tiere kann man mit etwas Glück von einem Schiff aus beobachten, wenn sie hoch aus den Wellen springen.

NATURSCHUTZ

Mehr als 20.000 km² der italienischen Landfläche sind unter Naturschutz gestellt – das entspricht einem Anteil von gerade einmal 0,7 % (zum Vergleich: in Deutschland 2,2 %). Die höchste Schutzpriorität haben die Nationalparks gefolgt von Naturreservaten, Naturparks und Regionalparks. Die Schutzmaßnahmen sind aber generell weniger streng als in den deutschen Naturschutzgebieten. Zu den größten und bedeutendsten Nationalparks Italiens gehören der schon 1922 gegründete Nationalpark *Gran Paradiso* im Aosta-Tal, der Park *Stilfser Joch* rund um das Ortlergebiet und der Nationalpark *dello Selvio* zwischen Lombardia und Südtirol. Letzterer ist mit einem Netz von 1.500 km Wanderwegen ein Eldorado für Natur- und Wanderfreunde. Neu ist der Nationalpark »*Toskanischer Archipel*«, der 1998 gegründet wurde. Hierzu gehören u. a. die Inseln Gorgona,

Giannutri, Pianosa und Montecristo. Auch Elba ist dabei; allerdings ist hier nur etwas mehr als die Hälfte geschützt. Einer der größten Nationalparks ist der Park *Foreste Casentinesi, Monte Falterona e Campigna* in der Emilia Romagna und der Toscana. Dieses 36.426 ha große Gebiet liegt in den Apenninen. Es besitzt eine reiche Tierwelt: Sogar einige Wölfe sollen hier leben. Außerdem ist es das einzige Gebiet der Apenninen, wo der goldgelb blühende Alpenrachen wächst.

Naturparks sind zahlreich in Mittel- und Norditalien. Allein Südtirol zählt acht Naturparks, darunter der Naturpark *Schlern* rund um das Schlern-Massiv.

Bei Triest befindet sich ein Unterwasser-Naturschutzgebiet: der *Parco Marino Miramare*. Das Po-Delta steht als regionaler Park unter Schutz und ist mit 60.000 ha zugleich der größte regionale Park Italiens. Der Park bietet Watt, Sandbänke und Sümpfe. Eindrucksvoll sind die roten Felder mit blühendem Quelle im Herbst.

WIRTSCHAFT

Das Brutto-Inlandsprodukt von Italien ist mit 1,95 Billiarden Lire (Zahl mit 15 Nullen!), umgerechnet etwa 1,95 Billionen DM, halb so groß wie dasjenige von Deutschland (3,6 Billionen DM). Der Dienstleistungssektor steuert mit mehr als 60 % den größten Anteil bei, während die Bedeutung von Industrie und Handwerk (28 %) sowie der Landwirtschaft (3 %) zurückgeht.

Die Inflation ist in den letzten fünf Jahren von mehr als 5 % auf weniger als 2 % gesunken und wird sich wegen des Euro-Systems vermutlich auch in Zukunft zwischen 1 und 2 % bewegen. Der wichtigste Handelspartner von Italien ist Deutschland, gefolgt von Frankreich.

Die Arbeitslosigkeit liegt mit 12 % etwa so hoch wie in Deutschland. Frappierend sind allerdings die großen regionalen Unterschiede; so ist die Arbeitslosigkeit im Süden, etwa im Mezzogiorno, mit rund 20 % dreimal so hoch wie im Norden des Landes (7 %). In der Region Lombardia erwirtschaftet ein Siebtel der Bevölkerung ein Fünftel des italienischen Sozialprodukts von Italien. Besonders die Großräume von Torino und Milano gelten als wahre Jobmotoren. Kein Wunder, dass hier wirtschaftliche Strahlemänner wie Fiat-Boss Agnelli oder der Medienzar Berlusconi zu Reichtum und Ruhm gekommen sind. Waren es in der Vergangenheit vor allem die Industriebranchen Metallverarbeitung, Kfz- (Fiat, Ferrari) und Schiffbau sowie Textilproduktion, so dominieren heute eher die chemische und elektrotechnische Industrie und vor allem der Dienstleistungssektor. Dazu gehören sowohl die Medien- und EDV-Branche als auch der Fremdenverkehr: 34 Millionen Besucher aus dem Ausland, davon allein 8 Millionen aus Deutschland, bleiben im Durchschnitt jährlich fünf Tage lang in Italien. Das Geld, das Touristen für Übernachtungen, Essengehen und Besichtigungen in Italien lassen, summiert sich pro Jahr auf rund 50 Billionen Lire, also etwa 50 Milliarden DM, was einem Anteil von 9 % (Deutschland: 3 %) an allen Einkünften aus dem Ausland entspricht.

Die Bedeutung der Landwirtschaft hat – wie in anderen westeuropäischen Ländern auch – in den letzten Jahrzehnten rapide abgenommen. Und das, obwohl etwas mehr als die Hälfte der italienischen Fläche (57 %) als landwirtschaftlich nutzbar gilt. Traditionell wurden und werden in Norditalien neben der Viehhaltung (Rinder und Schweine) vor allem folgende Agrarprodukte angebaut: Weizen, Reis, Mais, Kartoffeln, Gemüse, Oliven, Zitrusfrüchte, Obst und vor allem Wein. Die Region Lombardia gilt sogar als größter Reisproduzent Europas.

Bodenschätze spielen eine untergeordnete Rolle; zu nennen sind hier vor allem Quecksilber, Antimon, Schwefel, Aluminium, Magnesium, Marmor sowie einige Erze, die etwa bei Siena abgebaut werden. Bekannt sind die riesigen Marmorsteinbrüche von Carrara, die schon seit Jahrhunderten in Betrieb sind. Der edle, schon von Michelangelo geschätzte »Statuario Bianco« wurde u. a. für die Hagia Sophia in Istanbul, die Notre-Dame-Kathedrale in Paris, den Petersdom in Rom und den arabischen Flughafen Dschidda – wo eine Fläche von 15 ha mit dem Carrara-Marmor verkleidet ist – verwendet. Heute bauen 1.000 Arbeiter in 140 Steinbrüchen bei Carrara pro Jahr fast 1 Million Tonnen Marmor ab; vor 100 Jahren schafften viermal so viele Arbeiter in doppelt so vielen Steinbrüchen gerade ein Fünftel dieser Menge!

Was die Energiewirtschaft angeht: Einige alte Atomkraftwerke künden noch von der Zeit, als Italien Atomstrom gebrauchte. Dieser Energieform wurde im November 1987 ein jähes Ende bereitet, als die Italiener in einer Volksabstimmung mit einem klaren »no« ihre Ablehnung deutlich machten. Seitdem produziert Italien seinen Strom vor allem aus Erdöl (49 %), Erdgas (21 %), Wasserkraft (18 %) und Kohle (11 %).

Verwaltung

Italien ist in 20 Regionen aufgeteilt, deren Größe in etwa denen der deutschen Bundesländer entspricht. Die Regionen werden dann wieder in insgesamt 103 Provinzen und diese in Gemeinden (municipalites) unterteilt.

Die Regionen Nord- und Mittelitaliens im Überblick (von Nord nach Süd und von West nach Ost):

Region	Hauptstadt	Fläche (in km^2)	Einwohner (in Millionen)
Valle d' Aosta (Aosta-Tal)	Aoste (Aosta)	3.262	0,12
Piemonte (Piemont)	Torino (Turin)	25.399	4,30
Lombardia (Lombardei)	Milano (Mailand)	23.858	8,86
Trentino-Alto Adige (Trentino-Südtirol)	Trento (Trient)	13.619	0,89
Veneto (Venetien)	Venezia (Venedig)	18.364	4,38
Friuli-Venezia Giula (Friaul-Julisch-Venetien)	Trieste (Triest)	7.847	1,20
Liguria (Ligurien)	Genova (Genua)	5.417	1,70
Emilia Romagna	Bologna	22.123	3,90
Toscana (Toskana)	Firenze (Florenz)	22.992	3,59
Umbria (Umbrien)	Perugia	8.456	0,81
Marche (Marken)	Ancona	9.693	1,43
Lazio (Latium)	Roma (Rom)	17.203	5,14

BEVÖLKERUNG

Die rund 57,5 Millionen Bewohner Italiens verteilen sich höchst ungleich über das Land. Der wirtschaftlich besser entwickelte Norden ist mit 37 Millionen Menschen viel dichter besiedelt als der Süden Italiens. Landesweit bewohnen im Durchschnitt 195 Einwohner einen Quadratkilometer (in Deutschland: 235). Aber selbst im Norden ist die Bevölkerungsverteilung sehr unterschiedlich – von den großen Ballungszentren Mailand und Turin auf der einen bis zu den relativ menschenleeren Regionen in Piemonte oder Friaul-Venetien auf der anderen Seite. Der Anteil der in Städten lebenden Bevölkerung ist mit 67 % erstaunlich gering, verglichen mit anderen europäischen Ländern wie Deutschland (87 %).

Das Bild von der kinderreichen italienischen Mamma mit ihren zahlreichen Bambini (Kindern) hat sich in den letzten Jahren dramatisch verändert: Im statistischen Durchschnitt hat eine Frau heute gerade mal 1,2 Kinder; das ist einer der letzten Plätze in Europa.

Italienischer Friedhof

Mit 9,4 Geburten auf 1.000 Einwohner (Deutschland: 9,6) hat Italien europaweit eine der geringsten Geburtenraten. Diese Entwicklung macht sich im Altersaufbau der italienischen Bevölkerung bemerkbar, die in den nächsten Jahrzehnten zu vergreisen droht. Aber rückgängig ist die Zahl der Bevölkerung noch nicht, denn erstens nimmt die durchschnittliche Lebenserwartung zu (bei Männern 75 Jahre gegenüber 73 in Deutschland, bei Frauen 82 Jahre gegenüber 80 in Deutschland), und zweitens erhält Italien einen starken Zustrom von Flüchtlingen und Asylsuchenden aus dem Mittelmeerraum, vor allem Albanern und Türken bzw. Kurden.

Der überwiegende Teil der Italiener, rund 90 %, bekennt sich zur katholischen Kirche, die jedoch seit 1984 nicht mehr Staatsreligion ist. Noch vor der evangelischen Kirche (500.000 Protestanten) folgt der Islam mit 700.000 Moslems – Tendenz steigend. Erst vor kurzem (1995) wurde die erste Moschee in Rom eingeweiht.

Trotz der allgemeinen Schulpflicht für Kinder zwischen 6 und 14 Jahren soll es nach Schätzungen noch etwa 1 Million Analphabeten in Italien geben.

Die größten Städte Norditaliens und ihre Einwohnerzahlen:

Roma	2.800.000
Milano	1.400.000
Torino	1.040.000

Genova	680.000
Firenze	435.000
Bologna	400.000
Venezia	305.000

Sprache

Italienisch ist natürlich die erste Landessprache. Im Norden des Landes werden aber auch andere Sprachen gepflegt: im Trentino nahe der Schweizer Grenze Ladinisch und in Südtirol Deutsch, das immerhin 280.000 Italiener nahe der österreichischen Grenze als Muttersprache beherrschen. Weitere kleine Sprachminderheiten sind im Aosta-Tal (Französisch) und in Triest (Slowenisch) anzutreffen.

Mit Fremdsprachen kommt man – wenn überhaupt – am ehesten in größeren Städten und Touristengebieten sowie bei der jüngeren Bevölkerung weiter. Neben Englisch und Deutsch hat man vor allem mit Französisch gute Chancen, verstanden zu werden – dies natürlich umso mehr, je weiter man sich der französischen Grenze nähert, also in Nordwest-Italien.

Das Italienische als landeseinheitliche Hochsprache konnte sich erst nach der Einigung Italiens im Jahr 1870 durchsetzen. Zu dieser Zeit wurden vor allem Regionaldialekte, *volgari*, gesprochen, die sich überwiegend aus dem Lateinischen entwickelt hatten. Auch heute noch werden die rund 1.500 Dialekte gepflegt, und zwar so ausgiebig, dass gerade mal 2 % der Italiener keinen Dialekt sprechen.

Geschichte

Italien hat eine glorreiche Vergangenheit hinter sich, mit dem Höhepunkt des Römischen Imperiums. Aber der Name der »Römischen Verträge« aus den letzten Jahrzehnten signalisiert, dass Italien auch in der Gegenwart im Rahmen der europäischen Integration eine wichtige Rolle spielt. Es folgt ein kurzer Abriss der italienischen Geschichte.

Einwanderer und Etrusker

Italien war schon lange vor unserer Zeitrechnung ein beliebtes Einwanderungsland; angefangen bei den Italikern um 1.000 v. Chr., zwei Jahrhunderte später gefolgt von den Ilyriern. Unter den vom Norden nach Italien eingewanderten Stämmen nehmen die Etrusker, die um 900 v. Chr. in das heutige Norditalien eingedrungen waren, eine herausragende Stellung ein. Ihr Herrschaftsbereich erstreckte sich im 6. Jh. v. Chr. von der Po-Ebene im Norden bis nach Latium im Süden, und ihr Kernland war die Region zwischen den Flüssen Arno und Tévere (Tiber). In vielem gelten die Etrusker als Vorläufer des Römischen Imperiums, etwa in ihrer Stadtkultur, ihrer Verwaltungsstruktur oder ihren religiösen Bräuchen. Von den Griechen bedroht, verbündeten sich die Etrusker im 5. Jh. v. Chr. mit den phönizischen Karthagern, jedoch vergeblich: In den Seeschlachten von Himera und Kyme siegten die Griechen und setzten damit ihre Kolonisierung Mittel- und Süditaliens fort.

Das Antike Reich

Aus dem Lateinunterricht ist bekannt: »7-5-3 und Rom kroch aus dem Ei«. Danach sollen die beiden von einer Wölfin aufgezogenen Zwillingsbrüder Romulus und Remus die Stadt am Tiber gegründet und später mit dem »Raub der Sabinerinnen« für ein ausgeglichenes Geschlechterverhältnis gesorgt haben. Die historischen Dokumente sprechen indes eine andere Sprache: Zum Ende des 7. Jh.s schlossen sich im Tibertal latinische und sabinische Siedlungen zusammen, die unter etruskischer Herrschaft standen. Die daraus hervorgegangene Römische Republik konnte in den folgenden Jahrhunderten ihren Machtbereich erheblich ausdehnen: Im 3. Jh. gehörte die gesamte Apennin-Halbinsel südlich der Po-Ebene genauso dazu wie der ehemalige griechische Einflussbereich. Durch ein diffiziles System von Bundesgenossen wurden immer mehr Stämme und Städte von Rom abhängig. Dabei kam Rom eine effiziente Organisations- und Verwaltungsstruktur zugute, gepaart mit einer gut ausgebauten Infrastruktur: Noch heute zeugen gewaltige Aquädukte zum Transport von Wasser – etwa bei Spoleto – oder Villen mit Fußbodenheizungen von den erstaunlichen baulichen Leistungen der alten Römer. Ein dichtes Netz von Fernstraßen verband Rom mit seinen Provinzen. Daran erinnert auch der heute noch geläufige Spruch »alle Wege führen nach Rom«. Seine größte Ausdehnung erreichte das Römische Reich schließlich unter Augustus: Es erstreckte sich von Britannien im Norden bis zum heutigen Tunesien im Süden und von Portugal im Westen bis nach Ägypten im Osten. Zahlreiche innenpolitische Auseinandersetzungen, gepaart mit Größenwahn, sowie mehrere Germaneneinfälle im Norden führten schließlich zum Zerfall des Römischen Reiches, das in seiner Größe unregierbar geworden war. So kam es im 5. Jh. n. Chr. zur Spaltung des Römischen Reiches in einen westlichen und in einen östlichen Teil, dessen Hauptstadt Byzanz, das heutige Istanbul, wurde.

Die Christianisierung

Parallel zum Zerfall des Römischen Reiches antiker Prägung entwickelte sich das Christentum. Zu Beginn des 3. Jh.s n. Chr. sahen sich die damaligen Christen, die den heidnischen Opferkult des antiken Roms ablehnten, zunehmender Verfolgung ausgesetzt. Konstantin der Große (324-327 n. Chr.) wurde seinem Beinamen gerecht, indem er das Christentum und das Römische Reich miteinander verbinden wollte. Nach der Auflösung des Römischen Reiches mussten die weströmischen Kaiser die christliche Kompetenz in Glaubensfragen anerkennen und damit den Papst neben sich akzeptieren.

Chaos und germanischer Einfluss

Mit dem Sturz von Romulus Augustulus, dem letzten römischen Kaiser, durch den Germanen Odoaker (476 n. Chr.) begann der Zerfall der zuvor mühsam erkämpften politischen Einheit im italienischen Raum. Theoderich, bekannt aus dem Nibelungenlied, gründete nach dem Sieg über Odoaker (493) ein ostgotisches Reich, das sich aber nur bis zum Jahr 552 halten konnte. Seit 540 galt wieder die römische Ordnung in Italien, in welche die Kirche mit einbezogen wurde. In der letzten Phase der Völkerwanderung schließlich zerstörten die aus dem Norden eindringenden Langobarden die wiedergewonnene Ordnung. Pavia wurde nach dreijähriger Belagerung die Hauptstadt des Königreichs der Langobarden. An deren Herrschaft erinnert heute noch der Name des von ihnen besetzten Gebietes, der Lombardei. Aber auch Venetien, die Toskana und die Po-Ebene gehörten zum Einflussbereich der Langobarden. Der Langobardenkönig konnte sich 751 nach der Eroberung Ravennas auch noch Mittelitalien sichern, das zuletzt unter byzantinischer Herrschaft gestanden hatte. Das widersprach jedoch den Interessen der nun auch bedrohten Päpste. Diese riefen die Franken um Hilfe, welche die byzantinischen Eroberungen dem Papst übereignen und damit die Basis für den späteren Kirchenstaat legen konnten – genannt »Pippinsche Schenkung« (756), nach dem Frankenkönig Pippin. Mit der Eroberung des Langobardenreiches mitsamt der Stadt Pavia durch Karl den Großen (800) begann der Einfluss der deutschen Kaiser in Oberitalien. Mittelitalien blieb weiterhin in kirchlicher und Unteritalien in byzantinischer Hand.

Römisch-Deutsches Kaisertum

Im Jahr 800 sah sich Karl der Große am Ziel seiner Träume, als er von Papst Leo III. in Rom zum Kaiser des Imperium Christianum gekrönt wurde. Damit wollte er das alte weströmische Reich wiederherstellen. Karl der Große behielt aber seinen Regierungssitz im fernen Aachen. Der fränkische Kaiser Ludwig II. sah sich zunehmenden Einfällen der Sarazenen, der »Ungläubigen« aus Nordafrika, ausgesetzt (ab 827). Sizilien wurde arabisch, während Unteritalien in byzantinischer Hand blieb.

Firenze – »David« von Michelangelo

Mit Karl III. endete schließlich die karolingische Dynastie in Italien; es folgte eine wilde Zeit der Anarchie und der Kämpfe um die langobardische Herrschaft. Der deutsche König Otto I. ließ sich nach seinem harten Durchgreifen von Papst Johannes XII. zum neuen weströmischen Kaiser krönen – ein Titel, der nachfolgend auf die deutschen Könige übertragen werden sollte. Aber sowohl Otto I. als auch dessen späterer Nachfolger Otto III. waren ihrer Aufgabe angesichts neuer Sarazenen-Einfälle nicht gewachsen.

Um die Mitte des 12. Jh.s machte dann Papst Gregor von sich reden. Die nach ihm benannte »Gregorianische Reform« sollte interne Missstände der Kirche beseitigen und dem Papsttum wieder Respekt verschaffen. Die Konsequenz davon ging als Investiturstreit in die Geschichte ein: Die katholische Kirche löste sich vom kaiserlichen Einfluss, und der Papst gewann nun auch territoriale Macht. Die oberitalienischen Städte stellten sich gegen den römisch-deutschen Kaiser. Ein besonders legendärer unter ihnen, Kaiser Friedrich I., genannt »Barbarossa«, stellte das römische Imperium kurzzeitig wieder her und ließ sich nach seinem Italienfeldzug sogar vom Papst krönen (1155). Aber trotz fünf weiterer Italienfeldzüge konnte er den Widerstand der zu Städtebünden zusammengeschlossenen Kommunen nicht brechen, welche in ihrem Unabhängigkeitskampf vom Papst unterstützt wurden. In Süditalien herrschten weiter die Normannen. Diese Gegner ließen sich durch die Heirat des späteren Kaisers Heinrich VI. mit der sizilianischen Erbtochter Konstanze aus der Welt schaffen (1186).

Die Mittelmeermächte

Während der Kreuzzugsbewegungen gebärdeten sich die oberitalienischen Hafenstädte Pisa, Genua und Venedig als neue Seemächte im Mittelmeerraum. Sie profitierten von den Kreuzzügen, indem sie vor allem ihre Position als Handelsstädte ausbauen und Besitztümer an der Mittelmeerküste erringen konnten. Venedig konnte bald alle wichtigen Häfen entlang der dalmatinischen Küste sowie die Insel Kreta sein Eigen nennen. Nach dem Tod des minderjährig an die Macht gelangten Friedrich II. 1250 bzw. dessen Sohnes (Konrad IV.) endete 1254 die kaiserliche Herrschaft in Italien.

Die politische Bedeutung des Papstes in Italien endete vorläufig mit dem Exil des katholischen Kirchenoberhauptes im französischen Avignon von 1309 bis 1376.

Renaissance

Das Mittelalter endete sang- und klanglos, was der »schwarze Tod« symbolisiert, eine Pestepidemie, die 1348 ganz Italien heimsuchte. Der Humanismus mit dessen in Italien bekanntestem Vertreter Petrarca öffnete das Tor zur Neuzeit: Im 15. Jh. blühten Wirtschaft und Kunst auf, und von Italien aus breitete sich die Renaissance in Europa aus. Der Kontinent erlebte in den folgenden Jahrhunderten zahlreiche Konflikte um die Vorherrschaft vor allem zwischen französischen, spanischen und habsburgisch-österreichischen Mächten.

Im 16. Jh. erlebten die italienischen Mächte nach der politischen, kulturellen und wirtschaftlichen Blüte einen allmählichen Niedergang.

Risorgimento

Erst mit Napoleon konnte Italien seit dem Alten Rom erstmalig wieder als einheitliches Land auftreten: Der französische Kaiser ließ sich 1805 in Mailand auch zum italienischen König krönen. Der Wiener Kongress stellte 1815 aber wieder die alten Zustände mit den vielen regionalen Fürstentümern und adligen Besitzern her. Das war ein Anachronismus in jener Zeit, in der das Bürgertum durch die Spätaufklärung im 18. Jh. erheblich an Selbstvertrauen gewonnen hatte. Der Wunsch nach politischer Mitwirkung und Selbstständigkeit (»Risorgimento«) bereitete – ebenso wie in Deutschland – nationalen Einigungsbestrebungen fruchtbaren Boden. Garibaldi, Cavour und Mazzini konnten Italien 1860 schließlich vom Joch der Franzosen und der Fürsten »befreien« und ein Jahr später das Königreich mit dem ersten Herrscher Vittorio Emanuele proklamieren. Mit dem Abzug der Franzosen aus Rom (1870) konnte der Restkirchenstaat Rom annektiert und die Stadt zur Hauptstadt erklärt werden.

Das 20. Jahrhundert

In den ersten Weltkrieg trat Italien erst 1916 ein und erlebte schwere Gefechte an der deutsch-österreichi-

Italienreisen im Wandel

Italien ist eine der beliebtesten Urlaubsdestinationen der Deutschen – und das schon seit Jahrhunderten!

Schon im Barock gehörte es für junge Adlige zum guten Ton, am Ende ihrer Ausbildung für mehrere Jahre nach Italien zu fahren (z. B. Apronius, Misson, Addison). Gemäß dem frühaufklärerischen Bildungsideal sollten bei der so genannten »Kavalierstour« Fakten aus allen möglichen Wissensbereichen gesammelt werden. Auf dem Besuchsprogramm standen besonders Manufakturen, Bibliotheken und Kuriositätenkabinette.

Im 18. Jahrhundert zog dann auch das gehobene Bürgertum gen Süden: Die so genannte »Enzyklopädische Studienreise« (1. Hälfte des 18. Jahrhunderts) beschränkte sich nicht nur auf das Faktensammeln wie bei der Kavalierstour, sondern diente auch der Reflexion des Beobachteten, was Kritik an politischen, sozialen und religiösen Missständen in Italien einschloss. Ein bekannter Vertreter dieses Reisetyps war der Vater vom »großen« Goethe, Johann Caspar von Goethe, der den ersten Reisebericht in Briefform und italienischer Sprache verfasste.

Bekannt wurden literarische Italienreisen aber erst durch den Junior, Johann Wolfgang von Goethe, der 1786 im Alter von 37 Jahren zu seiner 683-tägigen Reise aufbrach. So viel Zeit brauchte er, denn mit der Postkutsche schaffte man zu jener Zeit pro Tag gerade mal 70 bis 80 km, zu Fuß immerhin bis zu 45 km. Goethe hatte viele Interessen bei der Reise, ob das Bevölkerung, Botanik (Suche nach der »Urpflanze«), Geologie (Experimente an Vesuv und Ätna), die Literatur oder die Schöne Kunst waren, wobei die Klassik als Vorbild diente, die Goethe vor allem in den Werken des Architekten Andrea Palladio in Veneto wiederentdeckte.

Die literarische Verwertung von Goethes Italienreise erfolgte mit 25-jähriger Verspätung, da Goethe hier und da noch einige Korrekturen zum Zweck der Selbststilisierung vornehmen wollte.

Nach Goethe, im Zeitalter der Spätaufklärung, wurden die Italienberichte realitätsnäher und kritischer; die Reisebeschreibung avancierte zum Mittel der politischen und sozialen Kritik (z. B. bei Seume, Heine). Die heutigen Italienberichte, vor allem auf Filmzelluloid und Videoband festgehalten, dienen vor allem der Dokumentation von Reiseeindrücken. Eines aber ist geblieben: Wie zu Goethes Zeiten locken auch heute Elemente der Sinnlichkeit, Heiterkeit und Natürlichkeit sowie das Erleben von Kunstschätzen die Reisenden nach Italien.

schen Front in Südtirol. Alte Stellungen und Verbindungsstraßen entlang dieser Alpenfront in Südtirol und im Nordwesten der Lombardei legen noch heute Zeugnis von diesem dunklen Kapitel der Geschichte ab. Im zweiten Weltkrieg schlug sich Italien unter Mussolini bekanntlich auf die Seite des faschistischen Deutschen Reiches. Der italienische Diktator war unter ähnlichen Bedingungen (Propagandaapparat, Ausschaltung der Pressefreiheit) an die Macht gekommen wie Hitler weiter nördlich. Die 1936 beschworene Achse Berlin-Rom hielt bis 1943, als der italienische König Vittorio Emanuele den Diktator stürzte und eine neue Regierung einsetzte, die sogleich Geheimverhandlungen mit den Alliierten aufnahm. Nach dem Eingreifen der Deutschen kam es zu einem neuerlichen kurzen Intermezzo von Mussolini in Norditalien, das Partisanenkämpfer jedoch beendeten.

In einer Volksabstimmung über die Staatsform entschied sich im Juni 1946 die Mehrheit der Italiener für eine Republik statt einer Monarchie. Seitdem setzt sich Italien als eines der Gründungsmitglieder der Europäischen Gemeinschaft (heute Europäische Union) für die europäische Integration ein, was schon im Namen der »Römischen Verträge« (1957) deutlich wird. Die 70er Jahre waren durch Unruhen und Terroranschläge der Roten Brigaden gekennzeichnet, die sich unter anderem gegen den Stillstand und das »Selbstbedienungssystem« (Bestechung, Vetternwirtschaft) in der Politik richteten.

In den 80er Jahren boomte die Wirtschaft, ehe in den 90er Jahren ökonomische Krisen und Skandale das Land erschütterten. Ministerpräsident Romano Prodi stabilisierte es wieder, was 1998 mit der Aufnahme Italiens in die erste Reihe der Kandidaten für eine Europäische Währungsunion belohnt wurde. Prodi leitet inzwischen als selbst ernannter »Saubermann« die Europäische Kommission, und der Euro soll 2002 die italienische Lire ablösen.

KUNSTGESCHICHTE UND KUNSTSTILE IM ÜBERBLICK

Schon seit Jahrhunderten reisen Generationen von Menschen nach Italien, nur um sich der Kunstgeschichte zu widmen. Tatsächlich hat das Land eine wohl einmalige Fülle an kulturellen Schätzen aufzuweisen, die zudem aus verschiedenen Epochen und Kulturkreisen stammen.

Angefangen von den Skulpturen und Baudenkmälern der Etrusker, Römer und Griechen, über die Kirchenbaukunst und -malerei des Mittelalters, über Renaissance, Manierismus, Barock, Klassizismus bis zur jüngeren zeitgenössischen Kunst.

Lucca – San Michele

Es folgt eine kleine Übersicht über wesentliche Merkmale der Baukunst verschiedener Epochen:
- *Antike*: Tempel vor allem der Griechen. Kunstkenner unterscheiden folgende Säulenformen: dorisch (breit, gedrungen) und ionisch (schmal, schlank).
- *Römer*: Amphitheater, Arenen, Aquädukte, Häuser, Triumphbögen und Tempel; große Wölbungen dank neuer Bautechniken (u. a. Keilsteine, betonartiges Baumaterial)
- *Romanik*: Wölbungen mit Rundbögen, kompakte Mauern, einfache Dekorationen, bei Kirchen freistehender Turm (»Campanile«). In Oberitalien unterscheidet man folgende Richtungen: lombardisch (viel Backstein, Bogenfriese, z. B. Milano), pisanisch (übereinanderliegene Bogenreihen, z. B. Lucca), toskanisch (verschiedenfarbige Marmorsteine, z. B. Firenze).
- *Gotik*: Kirchen und Paläste mit vertikal ausgerichteter Architektur: Spitzbögen, Kreuzrippengewölbe, viele Pfeiler, blütenförmige Fenster; Byzantiner Basiliken mit farbenfrohen Mosaiken, vor allem in Ravenna
- *Renaissance*: Rückbesinnung auf die Antike, große Formenvielfalt, Ziel: Harmonie und Ausgeglichenheit; vor allem in Firenze, Pienza, Venezia und Vicenza, bekannte Vertreter: Filippo Brunelleschi und Andrea Palladio
- *Barock*: Strenger Grundriss, aber an Ornamenten reiche Fassaden, üppige Dekorationen, dynamische Ästhetik; vor allem in Roma und Venezia
- *Klassizismus*: Bürgerliche Rückbesinnung auf die Antike der Griechen und Römer mit einfacher Interpretation.

KÜCHE

Die italienische Küche erfreut sich bei den Deutschen höchster Beliebtheit. Aber sie hat – neben allerlei Pasta-, Pizza- und Eisvariationen – eine große Vielfalt regional geprägter Gerichten zu bieten.

Lazio: Markt

Erinnerung an Goethes Italienreise

Landschaft mit weidenden Schafen

Überwuchertes Haus in der Nähe des Lago di Garda

Allgemein

Die italienische Küche besteht eigentlich aus vielen regionalen Spezialitäten, die aber oft auf denselben Zutaten basieren.

Der erste Gedanke im Zusammenhang mit italienischer Küche ist meist *Pasta*, die in allen erdenklichen Variationen – zusammen weit mehr als 100 Sorten – erhältlich sind: mit oder ohne Ei, als Vollkornvariante sowie mit allerlei in den Teig hineingearbeiteten Gemüsen und Gewürzen, die man sowohl am Geschmack als auch an der Farbe wiedererkennt. Bei der Zubereitung der Pasta streiten sich die Geschmäcker (und Köche): Der eine hat sie lieber bissfest, also *al dente*, der andere dagegen weich, also durchgekocht. Die Herkunft der Nudel ist bis heute nicht ganz eindeutig geklärt. Entweder soll sie von Marco Polo aus China nach Italien importiert oder schon vorher in Italien bekannt gewesen sein. Auf jeden Fall ist der italienische Heißhunger auf Pasta rekordverdächtig: Im statistischen Mittel isst der Italiener pro Jahr etwa 25 kg Nudeln (Deutschland: rund 5 kg).

Auch Gemüse, das in Italien quasi vor der Haustür wächst, wird reichlich verwendet. Meist wird es in Verbindung mit dem omnipräsenten Olivenöl zubereitet. Olivenöl wird aus den Früchten des Ölbaumes kalt oder heiß herausgepresst und bildet die eigentliche Grundlage der italienischen Küche. Einen besonders guten Ruf genießt das Olivenöl aus der Toskana.

Essenszeiten und -gewohnheiten

Das traditionelle italienische Frühstück fällt verhältnismäßig klein aus. Ein *Caffè Espresso* oder *Cappuccino* sowie ein Stück Gebäck an der Bartheke gelten als Standard. Das Mittagessen fällt heute meistens relativ bescheiden aus. Dafür wird das Dinner zur kulinarischen Krönung des Tages: Vor der Hauptspeise werden zwei Vorspeisen kredenzt. Die zuerst gereichten *Antipasti* bestehen meistens aus mariniertem Gemüse, etwa Auberginen, Tomaten und Pilzen, oder auch aus Tomatensalat mit *Mozzarella*-Käse. Nach dieser Vorspeise folgt der eigentliche erste Gang, der *primo Piatto*. Hier werden Pasta in allen möglichen Variationen aufgefahren. Und dann erst folgt das eigentliche Hauptgericht, der *secondo Piatto*, bei dem Fleisch oder Fisch im Mittelpunkt steht. Hier ist Genießen und nicht Sättigung um jeden Preis angesagt! Gemüse oder Salat wird in der Regel nicht dazu serviert. Käse oder/und *Dolci*, Süßgerichte, schließen den Magen, ehe ein *Caffè* oder vielleicht ein *Digestivo* die Verdauung anregen soll.

Regionale und lokale Spezialitäten

Genau genommen gibt es nicht die einheitliche italienische Küche, sondern eine große Zahl regionaler und lokaler Spezialitäten.
Einige dieser Besonderheiten haben sich aber inzwischen über das ganze Land – wenn nicht die ganze Welt – verbreitet. Das gilt vor allem für die *Pizza*, ein ursprünglich in Neapel erfundenes »Arme-Leute-Essen«, das sich mit einfachen Zutaten zubereiten lässt.
Viele regionale Spezialitäten gehen natürlich auf die »Rohstoffe« zurück, für die die jeweilige Region bekannt ist: Minze in Latium, Reis in der Po-Ebene oder Trüffel in Piemont und Umbrien.
Viele Käsesorten stehen für bestimmte Regionen, auch wenn sie heute im ganzen Land (und teilweise auch in Deutschland) erhältlich sind. Der Edelpilzkäse *Gorgonzola*, der ursprünglich aus Wasserbüffelmilch hergestellte *Mozzarella*-Weichkäse sowie der *Pecorino*-Schafskäse sind auch in Deutschland an der Käsetheke erhältlich. Das gilt auch für folgende Käsesorten, die allerdings am ursprünglichsten immer noch in ihren Heimatregionen zu bekommen sind: Der Parmesan, eigentlich *Parmigiano Reggiano*, ist ein Hartkäse aus der Emilia-Romagna, der mindestens 18 Monate gereift ist. Verwendet wird er ausschließlich zum Würzen. Dagegen dient der in der Lombardei aus frischer Sahne hergestellte *Mascarpone* (Fettgehalt immerhin 80 %) als Grundlage für Süßspeisen wie das beliebte *Tiramisù*.
Es folgen einige ausgewählte kulinarische Leckerbissen Norditaliens im Überblick:

- Liguria: Die ligurische Küche hat sich u. a. auf das Verfeinern von Pasta-Gerichten spezialisiert; *Ravioli* kommen genauso von hier wie *Pesto*, eine Sauce aus Basilikum und Öl, die gut zu Nudelgerichten passt. Als Beilage isst man *Focaccia*, ein flaches Weizenbrot.
- Lombardia ist die Heimat des bekannten Blauschimmelkäses *Gorgonzola* sowie der *Panettone*, einem Kuchen aus Hefeteig.
- Südtirol: Hier gibt es österreichische Spezialitäten wie Knödel und Apfelstrudel. Sehr würzig schmecken *Vinschgauer*, mit viel Kümmel gebackene Sauerteig-Brötchen. *Schlutzkrapfen* sind Teigtaschen mit einer Kräuter-Quark-Füllung. Geräucherte Fleischspezialitäten werden zu dunklem Roggenbrot gereicht.
- Veneto: Hier wächst einem das Gemüse förmlich in den Mund. Also wird auch Reis zusammen mit Gemüse, nämlich Erbsen, und Speck serviert. Der Name: *Risi e Bisi*. Noch bekannter ist wohl *Tiramisú*.
- Friuli-Venezia-Giulia: Die Nähe zum Balkan macht sich auch in der Küche mit ländlich scharfen

Gerichten sowie Gulasch bemerkbar.
- Emilia-Romagna ist die Heimat von *Spaghetti bolognese*, *Tortellini* und *Lassagna*, aber auch von Parmaschinken, Parmesan- und Mozzarella-Käse.
- Toscana ist bekannt für Suppen und natürlich Olivenöl sowie Wein. Käsekenner schwören auf den *Pecorino*-Schafskäse aus Pienza.
- Umbria: Trüffeln aller Art
- Marche: Sowohl Fisch als auch Fleisch werden hier viel und gerne gegessen. Typisch ist *Vincisgrassi*, eine Lasagne mit Fleisch, Hühnerleber und Trüffeln.
- Lazio: Aus der Umgebung stammen die bekannten *Spaghetti carbonara*, eine Käse-Ei-Sauce mit Schinkenstücken.

Essengehen: Restaurants, Trattorias, Eisdielen

In Italien wird meist in Gesellschaft gegessen, was zur Folge hat, dass man öfters ausgeht. Daher findet man eine große Auswahl an gastronomischen Einrichtungen, und zwar nicht nur in Touristengebieten. Die *Trattorias* sind traditionell etwas einfacher (und günstiger) als Restaurants. Weil Tradition aber heute wichtig ist, wird der Begriff *Trattoria* zunehmend auch als Markenzeichen verwendet, und daher sind die Grenzen zwischen *Ristorante* und *Trattoria* fließend. Bei dem Zusatz (oder alleinigem) Namen *Pizzeria* kann man sicher sein, dass man nicht gleich negativ als sparsamer Ausländer auffällt, wenn man sich statt eines mehrgängigen Menüs »nur« eine einfache Pizza bestellt, die – auch für einen ausgehungerten Radler – in entsprechender Größe durchaus ausreichend sein kann. Bei der Rechnung sollte man sich über einen etwas höheren Betrag als die Summe der eingenommenen Speisen und Getränke nicht wundern, da das Gedeck (*Coperto*) und der Service (*Servicio*) extra berechnet werden, was den Preis nicht selten um bis zu 20 % nach oben treibt.

Bei der Beschreibung der italienischen Küche dürfen natürlich die vielen Eisdielen nicht fehlen, die den schwitzenden Radfahrer an fast jeder Ecke mit ihren kalten Stärkungen anlachen. Die Eisportionen werden nur in einigen Touristengebieten kugelweise verkauft. Traditionell werden in Italien die verschiedenen Eissorten mit einem kleinen Spachtel auf die Eiswaffel gestrichen. Die Preise schwanken genauso wie die Größe der Eisportionen: drei verschiedene Eissorten bekommt man manchmal schon für 1.500 Lire, ein andermal erst ab 4.000 Lire. Neben den »Standard«-Dauerbrennern Schoko, Vanille, Nuss und Erdbeere gibt es bei der Schleckerei so manche neuen Sorten zu entdecken! Etwa Milchreis, Mandel, Marone, Mohn, Minze-Lakritz, Lakritz pur, Erdnuss, Soja, Ingwer,

Pistazie-Joghurt, Joghurt-Getreide, Pinienkern, Dattel oder Karotte mit Orange.

Trinken

Bei alkoholischen Getränken steht Wein natürlich an erster Stelle. Ein Fünftel des produzierten Weines wird exportiert. Aber nicht nur die Quantität, auch die Vielfalt und die Qualität verdienen Beachtung. Unter den rund 3.000 verschiedenen italienischen Weinen gibt es viele »Stars«. Dazu zählen etwa die burgunderartigen *Barolo* und *Barbaresco*, beliebte Rotweine aus Piemont, oder der *Chianti*, ein Verschnittwein, der in sieben Regionen der Toskana angebaut wird. Weinkenner kommen in manchen Orten in speziellen Weingeschäften, den Önotheken (*Enotecas*), auf ihre Kosten – bei Verkostung, Beratung und Verkauf.

Als Qualitätskriterium für den Wein sind verschiedene Kürzel gebräuchlich. *DOC* z. B. verrät den Ursprung (*Denominazione di Origine Controllata*, also »kontrollierte Herkunftsbezeichnung«). Die DOC-Weine erfüllen alle vom italienischen Weingesetz vorgeschriebenen Produktionsvorschriften, die Kenner aber als nicht ausreichend bezeichnen. So dürfen bei einem DOC-Wein etwa bis zu 15 % Weine aus anderen italienischen Regionen beigemischt werden. *DOCG*-Weine sind im Gegensatz zu ihren DOC-Kollegen zusätzlich *garantita*. Dieses Siegel in Form eines staatliches Kontrollstreifens am Flaschenhals garantiert dadurch Qualität, dass die Weine amtlicherseits von Regierungsinspektoren getestet werden – eine beneidenswerte Aufgabe! Bier (*birra*) wird viel weniger als Wein getrunken und ist daher oft als Importbier aus Deutschland erhältlich.

An warmen Getränken dominiert Kaffee in verschiedenen Varianten: als kleiner schwarzer *Espresso* (eigentlich ein spanisches Wort), als schwacher, mit Wasser verdünnter *Caffè Americano*, als mit einem Schuss Milch angereicherter *Caffè macchiato* oder als *Caffè freddo*, hinter dem sich nichts anderes als ein Glas kalter Kaffee verbirgt. Der allseits beliebte *Cappuccino* kommt in einer etwas größeren Tasse, mit warmer Milch aufgeschäumt, daher. Italiener trinken ihn grundsätzlich nur morgens. Tee sollte man in kleineren Orten und Bars ohne Touristenverkehr mit Vorsicht genießen. Die Teebeutel sind wegen der seltenen Nachfrage nicht selten schon etwas älter, so dass der Geruch bzw. Geschmack schon mal ein wenig an Mottenpulver erinnern kann.

Vor der Abfahrt

ANREISE

Radfahrer können bei der Anreise zwischen Auto, Bahn und Flugzeug wählen – oder, ganz zünftig, schon von Deutschland aus das Rad benutzen. Dabei müssen allerdings die Alpen überquert, also einige Höhenkilometer mit einkalkuliert werden. Sowohl in Österreich als auch in der Schweiz gibt es ein hervorragend ausgebautes Radwegenetz, so dass die Anreise per Rad sich zwar manchmal als anstrengend, aber großteils angenehm erweist. Die in diesem Buch für Südtirol beschriebenen Radrouten schließen gleich zweifach an die österreichischen Radwege an: Nr. 6 an den Inn- und Nr. 7 an den Drau-Radweg.

Mit der Bahn

Mit der Bahn reist man entweder über Österreich und den Brenner-Pass oder über Basel und die Schweiz nach Norditalien. Verbindungen gibt es viele, aber zum Leidwesen der Radfahrer nur wenige, die Gepäckwagen zum Radtransport mit sich führen. Von München nach Florenz fährt man am besten nachts ab München um 23.40 Uhr mit dem D 289, der über den Brenner und Verona direkt nach Firenze fährt. Der Gegenzug (D 288) verlässt Firenze abends um 21.30 Uhr und kommt frühmorgens in München an. Von Basel nach Milano ist es nicht ganz so einfach: Hier fährt man am besten tagsüber, wobei man aber zweimal umsteigen muss und sein Ziel nach sechseinhalb Stunden erreicht. Dasselbe gilt für die Gegenrichtung. Im Sommer verkehren zwischen La Spezia und Deutschland EuroCity-Züge, die einen Radwagen mit sich führen. Internationale Fahrkarten sind zwei Monate lang gültig.

Preisbeispiel
Die einfache Bahnfahrt von Kufstein nach Bologna kostet rund 70 DM. Jugendliche zahlen mit dem an allen Bahnhöfen erhältlichen Transalpino-Ticket etwa 30 % weniger.

Euro Domino und Sparpreis
Sehr günstig sind die internationalen Pauschalpreise der Bahn, genannt *Euro-Domino* und *Sparpreis Italien*. Letzterer ist ein Festpreis für Hin- und Rückfahrt, der von allen Bahnhöfen Deutschlands nach Italien (via Österreich oder Schweiz) gilt, das dabei in drei Zonen aufgeteilt ist: Zone 1 reicht

130 km weit von der italienischen Grenze und kostet 318 DM, Zone 2 gilt für Ziele mit 131-470 km Entfernung von der Grenze und kostet 353 DM, während Zone 3 für alle darüber hinausgehenden Ziele gilt und 438 DM kostet. Bei ICE-Benutzung in Deutschland ist der Sparpreis jeweils um 60 DM teurer. Günstig ist der Sparpreis vor allem für kleine Gruppen, denn Mitfahrer zahlen hier nur die Hälfte. *Euro Domino* ist ein Fahrschein, der zur unbegrenzten, freien Fahrt auf Italiens Bahnstrecken einlädt – an einer bestimmten Zahl von Tagen innerhalb eines Monats. Für drei Tage kostet Euro Domino in Italien etwa 226 DM, für fünf Tage 310 DM und für zehn Tage 454 DM. Die Tage sind innerhalb eines Monats frei wählbar, und Jugendliche unter 26 Jahren zahlen nur 200, 232 bzw. 340 DM. Bei der Anreise nach Italien hat man außerdem eine Vergünstigung von 50 % in den Transitländern, also in Österreich oder der Schweiz.

Kosten des Radtransports
Die Fahrradkarte nach Italien kostet von Deutschland 24 DM, egal ob man über die Schweiz oder über Österreich fährt. Für den Rückweg muss man bei der italienischen Bahn genauso tief in die Tasche greifen: 24.000 Lire kostet die Radkarte von dort nach Deutschland. Genaue und aktuelle Infos gibt es an allen Bahnhöfen oder im Internet unter *www.bahn.de*. Die Alternative Fahrradversand per Bahn mit Hauszustellung ist nur in Südtirol möglich. Der Versand von Deutschland nach Südtirol kostet 73 DM (jedes weitere Rad 51 DM), der Rückversand ist mit 59 DM (jedes weitere Rad 47 DM) etwas günstiger.

Über den Radtransport der Deutschen Bahn informiert auch deren Radfahrer-Hotline:
☎ 01803/194194
    (0,24 DM/Min.)

Mit dem Auto

Die Autoanreise nach Italien erfolgt am einfachsten über den Brenner-Pass, wobei allerdings für Österreich die Autobahnbenutzungsgebühr einkalkuliert werden muss. Auch die Autobahnen in Italien sind gebührenpflichtig, genauso wie die Parkplätze in den größeren Städten. Für eine Fahrt von Deutschland nach Firenze müssen inklusive der Kosten für die österreichische Vignette fast 80 DM bezahlt werden. Man bezahlt die Mautgebühren auf den italienischen Autobahnen in bar oder mit der *VIACARD*, die für 50.000 oder 100.000 Lire bei den Tankstellen oder beim ADAC erhältlich ist.

Die Gebühren der Autobahngebühren in Italien können auch im Internet nachgefragt werden:
www.teletour.de/italien/autostrade/maut.html

Dazu kommen Benzinkosten, die etwa um ein Viertel teurer sind als in Deutschland. Bleifreies Benzin (*senza piombo*) ist inzwischen flächendeckend erhältlich und wird in Italien auch als *benzina verde*, also »grünes Benzin«, bezeichnet – damit auch umweltbewusste Autofahrer mit gutem Gewissen ihren Brief zum nächsten Briefkasten befördern können.

Mit dem Bus

Einen besonderen Service für Radler bietet *Euroshuttle* an; dies ist eine Kooperation von mehreren Reiseveranstaltern für den Bustransport von Radlern inklusive Bike zu beliebten europäischen Radreisezielen. Man sitzt in der Regel in Nichtraucherbussen, die von zwei Fahrern gesteuert werden. Die Räder werden schonend in einem speziellen Anhänger oder auf dem Busdach transportiert.

Nach Italien sind derzeit zwei Linien im Einsatz: von Oldenburg über Bremen, Hannover, Frankfurt und Karlsruhe (Zustiegsmöglichkeiten) nach Livorno und von dort weiter nach Piombino, wo Fähranschluss nach Elba besteht. Von Oldenburg nach Piombino dauert die Fahrt 22 Stunden und kostet hin und zurück 395 DM. Der Nachteil: Man kann nur an vier Terminen von April bis September fahren. An sechs Terminen im Jahr, von April bis Oktober, verkehrt ein Natours-Bus mit Radtransport von Osnabrück nach Firenze zum Hin- und Rückreisepreis von 400 DM. Noch öfter, nämlich einmal wöchentlich (in der Regel freitags) von Mitte April bis Ende September, fährt ein Radbus von München über Rovereto (Lago di Garda), Firenze und Livorno bis nach Piombino oder Grosseto. Bis nach Firenze dauert die Fahrt nur 10 Stunden und kostet hin und zurück 230 DM. Einfache Fahrten kosten 60 % des angegebenen Preises.

Auf Anfrage werden auch Sonderfahrzeuge wie Tamdems, Liegeräder oder Fahrradanhänger transportiert. Weitere Infos zu Busfahrten für Radler erhält man u. a. bei *Natours Reisen*, wo man auch buchen kann:

    Natours Reisen
    Untere Eschstr. 15
    49179 Ostercappeln
    Tel. 05473/92290
    Fax 05473/8219
    natours@t-online.de
    www.natours.de

Mit dem Flugzeug

Die schnellste Anreisemöglichkeit muss nicht die teuerste sein. Wer einen günstigen Last-Minute- oder Charterflug erwischt, fährt bzw. fliegt ggf. sogar günstiger als mit dem Auto. Der Nachteil beim Fliegen: Der Transport des Rades ist aufwendig und manchmal teuer. Flüge von Deutschland nach Nord- und Mittelitalien – etwa Venezia, Milano, Roma – gibt es schon ab etwa 400 DM. Erfahrungsgemäß ist die von zahlreichen deutschen Flughäfen startende niederländische KLM sehr günstig.

Sofern das aufgegebene Gesamtgepäck weniger als 20 kg wiegt, ist der Radtransport bei Linienfluggesellschaften in der Regel gratis. Bei »Übergewicht« aber langen die Fluggesellschaften tief ins Portemonnaie. Für Flüge nach Italien muss man dann mindestens 15 DM pro Kilogramm einkalkulieren. Überschreitet man die Gewichtsgrenze nur minimal (etwa bis 25 kg), verzichten die Fluggesellschaften oft aus Kulanzgründen ganz auf die Übergepäckgebühr – abhängig von der Länge der Schlange beim Anstehen und der Freundlichkeit der Angestellten bei der Abfertigung.

Günstige Pauschalpreise für den Radtransport bieten Ferienfluggesellschaften wie LTU oder Condor an. Dort ist das Rad mit 30 bzw. 50 DM dabei. Für Nord- und Mittelitalien kann zwischen den Destinationen Genova, Rimini und Roma gewählt werden, Hin- und Rückflug kosten ab etwa 400 DM.

In jedem Fall sollte man das Fahrrad schon bei der Buchung des Fluges anmelden und sich rechtzeitig um geeignete Transportkartons kümmern, die im Fahrradfachhandel erhältlich sind.

REISEN INNERHALB ITALIENS

Mit der Bahn

Innerhalb Italiens ist das Bahnreisen auf einem Streckennetz von 16.000 km preiswert und relativ zuverlässig. Die Italiener unterscheiden folgende Zugtypen: *Locali* und *Regionale* halten an jeder Milchkanne, während *Diretti* nur wichtigere Stationen bedienen. Nur an den größten Bahnhöfen halten *InterCity* und *EuroCity*, die allesamt längere Entfernungen zurücklegen und einen Zuschlag (*supplemento*) sowie Platzreservierung erfordern. Der *ETR Pendolino* ist das italienische Gegenstück zum neuen deutschen ICE; der Zug neigt sich in die Kurven und erlaubt daher schnelles Fahren auf älteren Bahnstrecken bei hohem Fahrkomfort.

Bahn fahren ist in Italien sehr günstig, gerade mal halb so teuer wie in Deutschland. Richtwert: 100 Bahnkilometer kosten in der 2. Klasse rund 11.000 Lire. Beispielsweise die Fahrten von Roma nach Firenze oder von Venezia nach Milano kosten jeweils rund 40.000 Lire.

Jugendliche unter 26 Jahren zahlen mit der für 40.000 Lire erhältlichen und ein Jahr gültigen *Carta Verde* bei allen Bahnreisen innerhalb Italiens 20 % weniger. Das lohnt sich aber erst ab einer Strecke von rund 2.000 km!

Hin- und Rückfahrkarten (*andate e ritorno*) sind vor allem bei längeren Strecken wesentlich günstiger als einfache Fahrkarten (*andate*).

An den größeren Bahnhöfen kann man in Ruhe die dort aufgestellten sehr bedienungsfreundlichen Informations- und Fahrkartenautomaten nutzen, die auf Wunsch auch auf Deutsch mit einem »reden«. Per

Knopfdruck und Bildschirmanzeige erfährt man hier seine Verbindungen und kann mit Bargeld Fahrkarten lösen. Ansonsten wird man an den Bahnschaltern zwischen 8 und 20 Uhr, in größeren Städten auch länger, persönlich bedient; oft leider nur in italienischer Sprache. Auskünfte zu Bahnverbindungen gibt es auch telefonisch – allerdings in italienischer Sprache – unter der »grünen Nummer« (innerhalb Italiens):
☎ 147/888088

Das Rad kann in dafür ausgewiesenen Regionalzügen transportiert werden. Die dafür notwendige Radkarte kostet 5.000 Lire und ist einen Tag gültig. Der Radtransport auf längeren Bahnstrecken innerhalb Italiens ist nur möglich, wenn das Rad als Gepäckstück verpackt, also gewissermaßen »getarnt« ist. Bei den italienischen Eisenbahnen ist auch der Prospekt *Bici en Treno* erhältlich, der über den Radtransport in Zügen informiert.

Wichtig: Italienische Fahrkarten müssen vor Fahrtantritt an den entsprechenden Stempelautomaten auf den Bahnsteigen entwertet werden. Wer schon zu Hause die möglichen Bahnverbindungen innerhalb Italiens studieren möchte, kann die italienische Eisenbahn über ihre Internet-Adresse konsultieren:
www.FS-on-line.com/deu/index.htm

Mit dem Bus

In größeren Städten wie Roma oder Milano empfehlen sich für Stadtbesichtigungen oft der Bus oder andere Nahverkehrssysteme an Stelle des Rades. Die Karten für Busse muss man meistens vor der Fahrt kaufen, und zwar an Automaten, Schaltern der Verkehrsbetreiber oder in den *tabacchi*, den allgegenwärtigen Zeitschriften- und Tabakläden. Die einfache Fahrt kostet meist weniger als 2.000 Lire, und in Rom ist die Tageskarte für das gesamte öffentliche Nahverkehrsnetz schon für 6.000 Lire zu haben.

RADSERVICE UND -VERLEIH

Fahrradfahren ist in Italien populär; daher sind in allen größeren Orten Fahrradgeschäfte bzw. -reparaturstellen zu finden. Viele Radgeschäfte sind allerdings auf Mountainbikes (MTB) sowie Rennmaschinen spezialisiert und haben daher nur ein dürftiges Sortiment mit Zubehörteilen für »normale« Trekkingräder.

In vielen Städten kann man sich Räder leihen, wobei etwa zwischen 10.000 und 35.000 Lire pro Tag einkalkuliert werden müssen. Marken-MTBs sind um einiges teurer; sie kosten etwa am Gardasee rund 50.000 Lire pro Tag. Manchmal verleihen auch Campingplätze, Jugendherbergen oder Hotels Räder, etwa in Südtirol. Dort handelt es sich dann allerdings oft um MTBs. Radverleih heißt auf italienisch übrigens *Noleggi bicicletta*.

Bei Reparaturen helfen neben reinen Radläden oft auch Sportgeschäfte mit größeren Fahrradabteilungen sowie einige Radverleiher weiter, die daher bei vielen Orten angegeben sind. Einige Hotels, etwa in Cesenático, bieten sogar eigene Reparaturwerkstätten für Radler an.

BESTE REISEZEIT

Die optimale Reisezeit für Radtouren kann abhängig von Vorlieben und besonderen Regionen gewählt werden. Die Wahrscheinlichkeit für sonniges Wetter ist natürlich im Sommer am größten, aber südlich der Alpen wird es dann teilweise unerträglich heiß, teuer und in vielen Touristenorten voll. Optimal für Radler sind die »Randzeiten« der Sommersaison, also die Monate Mai, Juni, September und Oktober. Dann sind auch die Besucherzahlen und Preise niedriger – wobei der Frühling den Vorteil blühender Vegetation hat, während im Herbst die Weinlese in vollem Gange ist, mit entsprechenden Festivals in vielen Orten.

ÖFFNUNGSZEITEN

Das Leben in Italien ruht über Mittag weitgehend. Einige Geschäfte öffnen erst wieder zwischen 16 und 17 Uhr, haben dann allerdings weit in den Abend hinein geöffnet. Im Folgenden einige Richtwerte für die Öffnungszeiten unterschiedlicher Einrichtungen:

- Banken:
  Mo-Fr 8.30-13.30 Uhr,
  manchmal auch 15-16 Uhr
- Post:
  Mo-Fr 8.30-13.30,
  Sa 8.30-12 Uhr, in größeren Städten Mo-Fr ganztägig bis etwa 19 Uhr
- Kirchen:
  Mo-Sa 7-12, 15-18 Uhr,
  So 15-18 Uhr
- Sehenswürdigkeiten (Museen, Paläste usw.):
  Di-So 9-13, 15-17 Uhr,
  größere auch durchgehend
- Geschäfte:
  Mo-Sa 9-13, 16-19.30 Uhr,
  große Supermärkte auch durchgehend
- Touristinformationen und andere Büros:
  Mo-Fr 9-12.30, 15-18 Uhr,
  große Touristinfos auch Sa, So

Im August, der Hauptferienzeit in Italien, sind viele kleine Läden und Einrichtungen geschlossen.

GESETZLICHE UND NATIONALE FEIERTAGE

Neben den allgemeinen nationalen Feiertagen, die im Folgenden aufgeführt sind, haben noch zahlreiche Städte ihre eigenen Feiertage, die den Schutzheiligen gewidmet sind. Beispiele dafür sind *S. Marco* in Venezia (25. April), *S. Giovanni* in Firenze, Genova und Torino

(24.Juni), *S. Pietro e Paolo* in Roma (29.Juni), *S. Petronio* in Bologna (4.Oktober) oder *S. Ambrogio* in Milano (7.Dezember).

1. Januar	Neujahr
6. Januar	Hl. Drei Könige
März/April	Ostern
25. April	Jahrestag der Befreiung
1. Mai	Tag der Arbeit
15. August	Mariä Himmelfahrt
1. November	Allerheiligen
8. Dezember	Unbefleckte Empfängnis
25. Dezember	Weihnachten
26. Dezember	San Stefano

WÄHRUNG

Landeswährung ist die Italienische Lire (*Lire*), und zwar bis zum Jahr 2002; dann wird auch diese Währung – wie die DM – vom Euro abgelöst. Gemäß den 1998 festgelegten Euro-Wechselkursen haben 1.000 Lire den Gegenwert von 1,01 DM oder 0,52 Euro. Verwendet werden Münzen zu 50, 100, 200 und 500 sowie Scheine zu 1.000, 2.000, 5.000, 10.000, 50.000 und 100.000 Lire. Ab 1. Januar 2002 wird der Euro als Zahlungsmittel in den Kassen klimpern und ein halbes Jahr später auch in Italien das einzige Zahlungsmittel sein.

Geldumtausch ist überall möglich, wo *cambio* geschrieben steht. Umtauschbüros in Touristengebieten, an Bahnhöfen und Flughäfen haben gegenüber Banken den Vorteil längerer Öffnungszeiten. Die Kursdifferenzen beim Umtausch von DM in Lire sind seit Einführung des Euro verschwunden, dafür sollte man auf die unterschiedlichen Wechselgebühren achten. Kreditkarten aller Art sind weit verbreitet und werden von fast allen Banken, größeren Hotels, Restaurants und Geschäften akzeptiert. Dasselbe gilt für Reise- und Euroschecks. Pro Euroscheck können jedoch nur maximal 300.000 Lire eingelöst werden.

Beim Gebrauch von Geldautomaten sollte man auf folgenden kleinen Unterschied zwischen Kreditkarten (z. B. VISA, Eurocard) und den zahlreichen Plastikkarten mit dem EC/edc/Maestro-Symbol (bei fast jedem Girokonto) achten: Die Gebühr für den Geldautomaten beträgt bei Ersteren meistens 2-3 % der gezogenen Summe, während für Letztere pauschal ein Festbetrag (5 DM) abgebucht wird. Daher sollten die EC-Karten eher für größere (ab 150 DM) und Kreditkarten eher für kleinere Beträge verwendet werden. Wenn man die EC-Scheckkarte verloren hat, sollte man sein Konto sofort sperren lassen; für solche Verlustmeldungen gibt es in

Deutschland eine 24-Stunden-Hotline:
0049-69-740987
Als besonders praktikabel für Reisende erweist sich die 1999 neu eingeführte Postcard, der Nachfolger des Postsparbuches. Damit kann man bis zu viermal im Jahr gebührenfrei Geld im Ausland abheben, und zwar bis zu 3.000 DM im Monat. Möglich ist dies an allen Geldautomaten mit dem VISA-Symbol (in Italien üblich). Der Vorteil: Das Guthaben auf der Postcard wird verzinst.
Welcher Ort hat wo Geldautomaten? Darüber kann man sich schon vor der Reise informieren, und zwar unter der Adresse
www.mastercard.com/atm.

PREISE

Die Preise in Italien unterscheiden sich nicht wesentlich von denen in Deutschland. Vor allem bei Lebensmitteln sind die Differenzen minimal. Richtig teuer sind allerdings die Sehenswürdigkeiten. Eintrittsgelder von mehr als 18.000 Lire, wie etwa für den Dogenpalast in Venezia, sind keine Seltenheit. Für Senioren (meist ab 60 Jahren) sowie Kinder (unter 18 Jahren) und Studenten (Ausweis!) gibt es bei den meisten Sehenswürdigkeiten jedoch Ermäßigungen von rund 50 %. Oft ist der Eintritt für Senioren und Kinder sogar kostenlos.

Tipp: Einige Städte bieten kombinierte Museumskarten an, die an einem oder mehreren Tagen zum Besuch mehrerer Museen berechtigen. Damit können Kulturfreunde viel Geld sparen, etwa in Bologna: Das *Biglietto unico per i musei* kostet für einen Tag 12.000 Lire und für drei Tage 16.000 Lire; ein einzelner Museumsbesuch in Bologna schlägt dagegen schon mit bis zu 10.000 Lire zu Buche!
Wichtig bei Barbesuchen: Getränke trinkt man hier üblicherweise im Stehen. Sobald man sich an einen der (wenigen) Tische setzt, wird ein erheblicher Aufpreis erhoben, der den Getränkepreis leicht verdoppeln kann.
(Obwohl die Inflation mit rund 2 % derzeit in Italien sehr niedrig ist, sind Preise kurzlebig und können schon bald nach Drucklegung veraltet sein. Daher verstehen sich die in diesem Reiseführer angegebenen Preise als Richtwerte.)
Einige Preisbeispiele:
- 100 km Bahnfahrt:
  ca. 11.000 Lire
- DZ für eine Nacht:
  ab 50.000 Lire
- Camping für 2 Personen:
  ab 22.000 Lire
- Radverleih für einen Tag:
  ab 10.000 Lire
- Diafilm (36 Bilder): 10.000 Lire
- Diafilm-Entwicklung: 7.000 Lire
- Waschsalon, eine Ladung:
  8.000 Lire
- Eine Minute Auslandstelefonat:
  ab 1.000 Lire

- Menü im Restaurant: ab 25.000 Lire
- Pizzastück vom Blech: ab 2.000 Lire
- Espresso: ab 1.200 Lire
- Cappuccino: ab 2.000 Lire
- 100 g Käse: ab 1.500 Lire

Das italienische Gesetz schreibt vor, dass Belege für bezahlte Leistungen/Waren aufbewahrt werden müssen. Um bei entsprechenden Kontrollen der *Guarda di Finanza* nicht negativ aufzufallen (Geldstrafen!), sollten Sie daher nach Möglichkeit quittierte Rechnungen (*ricevuta fiscale*) aufbewahren.

MEDIZINISCHE VERSORGUNG

Für Italien stellen deutsche Krankenkassen das E111-Formular aus, mit dem man bei der italienischen Krankenkasse auf Wunsch einen Auslandskrankenschein erhält, der zur kostenlosen Behandlung berechtigt. Wem das zu kompliziert ist, der kann sich gebührenpflichtig behandeln lassen. Die deutsche Krankenkasse erstattet dann den Betrag, der für eine entsprechende Behandlung in Deutschland anfallen würde. War die Behandlung in Italien teurer – was bei italienischen Zahnärzten die Regel ist – kann man sich die Differenz erstatten lassen, wenn man zuvor eine Reise-Krankenversicherung abgeschlossen hat. Diese werden ab etwa 20 DM von zahlreichen Versicherungsgesellschaften angeboten und sind in der Regel bis zu sechs Wochen lang im Ausland gültig. Diese Versicherungen schließen oft auch den Krankenrücktransport im Notfall mit ein.

In einigen Touristengebieten, z. B. am Gardasee, gibt es auch Badeärzte, die sogar kostenlos behandeln. Aber darauf sollte man sich nicht verlassen, zumal Extraleistungen wie Medikamente dann gesondert berechnet werden.

Das Netz an Ärzten, Krankenhäusern, Zahnärzten und Apotheken ist in den hier beschriebenen Regionen relativ dicht. Im Routenteil sind bei einigen größeren Orten deutsch sprechende Ärzte aufgeführt.

POST

Briefmarken (*francobolli*) und Telefonkarten bekommt man, neben der Post, auch in den zahlreichen Zeitschriften- und Zigarettenläden (*tabacchi*). Der Standardbrief (bis 20 g) oder die Postkarte kosten in EU-Länder 800 Lire, in die Schweiz 900 Lire. Geöffnet sind Postämter Mo-Fr 8.30-13.30 und Sa 8.30-12 Uhr, in größeren Städten Mo-Fr auch ganztägig bis etwa 19 Uhr.

TELEFON

Münzfernsprecher arbeiten mit Münzen zu 100, 200 und 500 Lire oder den *gettone*, die man für 200 Lire pro Stück in Cafés und *tabacchi* bekommt. In letzteren erhält man auch Telefonkarten, die in den meisten Telefonzellen verwendet werden können. Telefonkarten gibt es zu 5.000, 10.000 und 15.000 Lire. Vor Gebrauch muss man die untere Ecke gemäß der Markierung abknicken.

Italien kennt folgende vier verschiedenen Telefontarifszeiten:
- Besonders teuer ist es werktags zwischen 8.30 und 13 Uhr.
- Danach ist es bis 18.30 Uhr etwas günstiger.
- Abends von 18.30 bis 22 Uhr ist der Tarif noch niedriger.
- Sparfüchse telefonieren nachts sowie samstagnachmittags und sonntags.

Grobe Richtwerte für Telefontarife: Pro Minute Auslandsgespräch 1.000 Lire und Inlandsgespräch 500 Lire.

Tipp: Von Telefonaten aus Hotels und Pensionen sollte man lieber Abstand nehmen, da dort ein Aufpreis von bis zu 100 % auf den regulären Telefontarif keine Seltenheit ist.

Viele Service-Nummern – genannt *Numero verde* (»Grüne Nummer«) – sind gratis. Sie beginnen mit *1...* und werden etwa für Touristeninformationen oder die italienischen Bahnen angeboten.

Italien gilt als Hochburg der Handys: Mindestens jeder fünfte Italiener hat ein solches Gerät (in Deutschland etwa jeder Zehnte). Mobilfunkteilnehmer der deutschen Netze D1, D2 und E-plus sind in Italien über die Netzbetreiber *Omnitel Pronto Italia* und *Telecom Italia Mobile* erreichbar.

Vorwahlnummern
Von Italien nach
☎ Deutschland 0049
  Österreich 0043
  und in die Schweiz 0041

Weiter geht es mit dem Ortsnetz ohne Null. Von Deutschland, Schweiz und Österreich nach Italien:
☎ 0039-Vorwahl (mit Null!) – Anschlussnummer

Letzteres ist kein Druckfehler: Italien ist eines der wenigen Länder Europas, wo nach der Auslandsnummer die »0« des Ortsnetzes nicht weggelassen wird.

Wichtige nationale Telefonnummern:
☎ Carabinieri: 112
  Allgemeine Notfälle: 113
  Feuerwehr: 115
  Unfallrettungsdienst/Erste Hilfe: 118
  Straßenhilfsdienst: 116
  Telefonauskunft: 176
  Wettervorhersage: 191
  Straßenzustandsbericht: 1678-67066
  (*Numero verde*, gratis)
  Bahnauskunft: 147/888088
  (*Numero verde*, gratis)

UNTERKUNFT

In Italien hat man die Qual der Wahl zwischen den verschiedensten

Unterkunftsarten. Für jeden Geldbeutel ist etwas dabei: Hotels aller Klassen (1 bis 5 Sterne), einfache Pensionen und Privatunterkünfte, Jugendherbergen oder Campingplätze aller Kategorien. Eine italienische Besonderheit ist *Agriturismo*; das sind in der Regel Gutshäuser oder Bauernhöfe mit ordentlich bis nobel ausgestatteten Zimmern, die sich sehr gut für Radfahrer eignen. Die meisten Agriturismo-Betriebe bieten den Gästen ihre selbstproduzierten Waren wie Weine, Käse, Obst an. Leider sind in einigen dieser Häuser nur mehrere Übernachtungen möglich. Daher sollte man sich vorher informieren. Generell ist bei allen Unterkünften (am wenigsten noch bei Campingplätzen) eine vorherige Reservierung ratsam – insbesondere dann, wenn man in der Hauptsaison unterwegs ist.

Bei den in diesem Buch angegebenen Unterkünften wurde nach Möglichkeit auf Fahrradfreundlichkeit geachtet – also vor allem darauf, dass das Fahrrad problemlos abgestellt werden kann, etwa in Innenhöfen, Gärten, Garagen oder auf bewachten Parkplätzen. Ansonsten kann man sein Rad auch im Hotelzimmer deponieren. Einige Hotels, z. B. in Cesenático, bieten sogar eigene Räume für Fahrradwartung und -reparaturen an. Andere Hotels verleihen auch Räder, vor allem in Südtirol (oft aber nur MTBs).

Agriturismo
ⓘ Agriturist
Corso Vittorio Emanuele 101
00186 Roma
Tel. 06/6852342
Fax 06/6852424

Hier bekommt man für 35.000 Lire den jährlich neu aufgelegten Führer für ländlichen Urlaub: *agriturismo e vacanze verdi, Guida dell'Ospitalità Rurale*, eine Liste aller Agriturismo-Betriebe Italiens.

Günstiger (24 DM) ist das in Deutschland erhältliche Buch »Grüne Ferien in Italien«, herausgegeben von der Grünen Liga Schwerin, zu bestellen auch online: *info@biohoefe.de*. In dem Buch sind vor allem biologisch wirtschaftende Höfe in Italien angegeben, bei denen man in Zimmern, Ferienwohnungen oder Zelten übernachten kann.

Italienischer Jugendherbergsverband
✉ Associazione Italiana Alberghi
per la Gioventù
Via Cavour 44
00184 Roma
Tel. 06/4871152
Fax 06/4880492
aig@uni.net
www.hostels-AIG.org

Bei der postalischen Adresse ist ein Gesamtverzeichnis aller rund 50 Jugendherbergen in Italien erhältlich, oder man informiert sich direkt bei der angegebenen Homepage. In beiden sind genaue Informationen zu den Jugendherbergen enthalten, etwa Adresse, Ausstattung, Preis (ab

20.000 Lire) oder die Möglichkeit des Radverleihs.

Italienischer Campingverband
- Federazione Italiana del Campeggio e del Caravanning
  Via Vittorio Emanuele II
  50041 Calenzano / Firenze
  Tel. 055/882391
  Fax 055/8825918

Hier ist der jährlich neu erscheinende *Guida Camping d'Italia* für 8.000 Lire erhältlich.

ADRESSEN

Italienischer Fahrradclub
- Federazione Italiana Amici della Bicicletta (FIAB)
  Via Andorno 35/B
  10131 Torino
  Tel. 011/888981
  Fax 011/7496108
  fiab@poboxes.com
  www.rcvr.org/assoc/ADB/fiab/assoc.htm

In den Routenbeschreibungen dieses Buches sind bei den größeren Orten die lokalen Kontaktadressen des FIAB angegeben, über die manchmal weitere Informationen und Tipps erhältlich sind.

Konsularische Vertretungen
- Italienische Botschaft in Deutschland
  Karl-Finkelnburg-Straße 51
  53173 Bonn
  Tel. 0228/8220
  Fax 0228/822169
- Italienische Botschaft in Österreich
  Rennweg 27
  A-1030 Wien
  Tel. 01/7125121
  Fax 01/7139719
- Italienische Botschaft in der Schweiz
  Elfenstrasse 14
  CH-3000 Bern
  Tel. 031/3524151
- Deutsche Botschaft in Rom
  Via San Martino della Battaglia 4
  00185 Roma
  Tel. 06/492131
  Fax 06/4452672
  www.ambgermania.it
- Deutsches Konsulat in Firenze
  Lungarno Vespucci 30
  Tel. 055/294722
- Deutsches Konsulat in Milano
  Via Solferino 40
  Tel. 090/6554434
- Deutsches Konsulat in Venezia
  Campo S.Sofia
  Cannaregio 4201
  Tel. 041/5237675
- Deutsches Konsulat in Genova
  Via San Vincenzo 4/28
  16121 Genova
  Tel. 010/5767411
- Österreichische Botschaft in Italien
  Via Pergolesi 3
  00185 Roma
  Tel. 06/8558241
- Schweizerische Botschaft in Italien
  Via Barnaba Oriani 61

00185 Roma
Tel. 06/8083641

Touristeninformationen

Vertretungen des Staatlichen Italienischen Fremdenverkehrsamtes (ENIT) in deutschsprachigen Ländern:
- ENIT Frankfurt
  Kaiserstraße 65
  60329 Frankfurt
  Tel. 069/259332
  Fax 069/232894
- ENIT Berlin
  Karl Liebknecht-Straße 34
  10178 Berlin
  Tel. 030/2478397
  Fax 030/2478399
  enit-berlin@t-online.de
- ENIT München
  Goethestraße 20
  80336 München
  Tel. 089/530360
  Fax 089/534527
- ENIT Österreich
  Kärntnerring 4
  A-1010 Wien
  Tel. 01/5051639
  Fax 01/5050248
  delegation.wien@enit.at
- ENIT Schweiz
  Uraniastrasse 32
  CH-8001 Zürich
  Tel. 01/2117917
  Fax 01/2113885
  enit@bluewin.ch

Über die gebührenpflichtige deutsche Telefonnummer
☎ 0190/799090

kann die kostenlose und jährlich neu aufgelegte Info-Broschüre »La Mia Italia« angefordert werden.

Zentrale Touristeninformationen der Regionen Nord- und Mittelitaliens
Die hier alphabetisch geordneten Informationsbüros verschicken auf Wunsch umfangreiches Informationsmaterial, darunter auch teilweise brauchbare Radroutenbeschreibungen sowie Karten der Regionen. Diese sind oft sogar im Maßstab 1:1.250.000 gratis.
Verwendete Abkürzungen:
- ART: Assessorato Regionale al Turismo
- APT: Azienda di promozione turistica
- ART Emilia-Romagna
  Via Aldo Moro 30
  40217 Bologna
  Tel. 051/283353
  Fax 051/283380
  www.regione.emilia-romagna.it

Hier bekommt man gratis die 208-seitige Broschüre »Rad-Touren Emilia Romagna« sowie »Meer und Berge mit dem Fahrrad«, eine Sammlung von 17 wasserfesten Kärtchen mit Beschreibungen von Touren in der Provinz Forli und Cesena.
- ART Friuli-Venezia-Giulia
  Viale Miramare 19
  34135 Trieste
  Tel. 040/3775747
  Fax 040/3775796

s.turismo@regione.fvg.it
www.regione.fvg.it
Hier ist gratis das Faltblatt »20 Fahrradtouren durch das Friaul-Julisch-Venetien« mit 20 Tourenvorschlägen erhältlich.

- ART Lazio
  Via Rosa Raimondi Garibaldi 7
  00145 Roma
  Tel. 06/516861
  Fax 06/51684059
  www.regione.lazio.it
- ART Liguria
  Via d'Annunzio 74
  16121 Genova
  Tel. 010/541046
  Fax 010/5704216
  turismo@regione.liguria.it
  www.regione.liguria.it
- ART Lombardia
  Via Sassetti 32
  30124 Milano
  Tel. 02/76751
  Fax 02/67656292
  www.regione.lombardia.it

Hier ist gratis die 216-seitige Broschüre »Mit dem Fahrrad durch die Lombardei« mit Routen und Tourenvorschlägen, herausgegeben vom Touring Club Italiano, zu bekommen.

- ART Marche
  Via Gentile da Fabriano 9
  60125 Ancona
  Tel. 071/8062284
  Fax 071/8062154
  servizio.turismo@regione.marche.it
  www.le-marche.com,
  www.regione.marche.it

- APT Südtirol
  Piazza Parrocchia 11
  39100 Bozen
  Tel. 0471/993880
  Fax 0471/993999
  tourism@provinz.bz.it
  www.provinz.bz.it
- APT Trentino
  Via Romagnosi 11
  38100 Trento
  Tel. 0461/839000
  Fax 0461/260245
  apt@provincia.tn.it
  www.trentino.it

Hier sind gratis Broschüren für einzelne Radwege erhältlich, unter dem Namen »Cycling in Trentino« (englisch).

- ART Toscana
  Via di Novoli 26
  50127 Firenze
  Tel. 055/4382111
  Fax 055/4383064
  www.turismo.toscana.it/

Hier ist gratis die 80-seitige Broschüre »Toskana per Rad entdecken« mit 20 Tourenvorschlägen durch die Toskana zu bekommen.

- ART Umbria
  Corso Vannucci 30
  06100 Perugia
  Tel. 075/5041
  Fax 075/5042483
  www.regione.umbria.it/turismo
- ART Veneto
  Palazzo Balbi Dorso
  Duro 3901
  30123 Venezia
  Tel. 041/2792832
  Fax 041/2792860

ass.turismo@mailregione.veneto.it
www.regione.veneto.it
Hier ist gratis die 64-seitige Broschüre »Fahrradwege in Venetien«, herausgegeben vom *Istituto Geografico de Agostini*, zu bekommen. Mit Karten, Fotos und Höhenprofilen werden 18 Radtouren in Veneto vorgestellt.

Reiseveranstalter

Die Vorteile von Veranstalterreisen gegenüber einer selbst organisierten Reise: Die Preise sind manchmal niedriger, weil die Hotels, Transportunternehmen und Radagenturen den Reisekonzernen günstige Großkundenkonditionen einräumen, die am Ende für den Endkunden auch dann noch vorteilhaft sind, wenn die Reisekonzerne ihrerseits ihre eigenen Kosten und Gewinne auf den Endverkaufspreis aufschlagen. Außerdem braucht man sich bei pauschalen Radreisen nicht um Planung und Organisation kümmern, und man hat (meistens) einen Begleitbus zur Verfügung, der das Gepäck oder auch die Radfahrer im Erschöpfungs- oder Pannenfall transportiert. Der Nachteil: Man ist wenig flexibel bei der Tourengestaltung, weil die Etappen und Übernachtungsorte vorgegeben sind. Allerdings lassen die Tagesetappen der Veranstalter mit 30 bis 70 km noch genügend Spielraum für kleine Abweichungen und Besichtigungstouren. Die meisten Veranstalter bieten neben den geführten Gruppenradreisen auch Individualtouren an: Dabei bezahlt der Teilnehmer mit dem Reisepreis die An-/Abreise, die Unterbringung sowie ein umfangreiches Informationspaket mit Routenbeschreibungen und Kartenmaterial. Leihräder und/oder Gepäcktransport sind auch oft im Leistungspaket enthalten. Nur fahren muss man noch selbst. Die Radreisen vieler Kataloge gleichen sich aufs Haar, weil sie von ein und demselben Veranstalter durchgeführt werden.
Zwei typische Beispiele von Touren, die in vielen Katalogen (z. B. ETS-Radreisen, EUROBIKE, Velociped, Pedalo, Rad & Reisen) auftauchen:
- *Vom Trentino nach Venezia*: Nach dem Start in Bozen geht es über Trient, den Lago di Garda, Verona, Vicenza bis vor die Tore von Venezia – summa summarum etwa 310 km.
- Eine andere Tour führt durch die *Toscana*: von Montecatini Terme über Vinci, Pisa, San Gimignano und Siena nach Firenze, pro Tag 40 bis 50 km.

Beide Touren dauern acht Tage und kosten jeweils rund 1.500 DM – inklusive Unterkunft, Halbpension, Radreiseleitung und Gepäcktransport. Die Anreise muss genauso wie die Mietgebühr für das angebotene 7- oder 21-Gänge-Rad (80 DM) selbst bezahlt werden.
Im Kommen sind thematische Radreisen, wie sie etwa *Wikinger-Reisen* neu ab 2000 anbietet: Eine kulinari-

sche Radtour durch die Emilia-Romagna kostet als 7-tägige Individualreise 1.200 DM, Start jeweils samstags von April bis Oktober. Reiseveranstalter mit Rad-Italienreisen im Überblick (kein Vollständigkeitsanspruch):

- Aktiv-Reisen velotours
  Mainaustr. 34
  78464 Konstanz
  Tel. 07531/98280
  Fax 07531/50025
  www.adventours.de
- Aktivferien
  Weidstr. 6
  CH-8472 Seuzach
  Tel. 0041/52/3351310
  Fax 0041/52/3351394
  aktivferien@swissonline.ch
  www.aktivferien.com
- AmphiTrek Radreisen
  Sandbergweg 28
  24943 Flensburg
  Tel. 0461/63790
  Fax 0461/63798
  www.amphitrek.de
- Austria Radreisen
  Joseph-Haydn-Str. 8
  A-4780 Schärding
  Tel. 0043-7712-55110
  Fax 0043-7712-4811
  office@austria-radreisen.at
  www.austria-radreisen.at
- BahnRadelReisen
  Aktiv Touristik Wilke
  Achtern Hollerbusch 42
  22393 Hamburg
  Tel. 040/6013738
  Fax 040/6019928
  bahnradelreisen@
  t-online.de
- bayer-rad-reisen
  Max-Planck-Str. 2
  89584 Ehingen
  Tel. 07391/707070
  Fax 07391/707077
  www.bayer-reisen.de
- bike adventure tours
  Obere Bahnhofstr. 13
  CH-8910 Affoltern a/A
  Tel. 0041-1-7613765
  Fax 0041-1-7619896
  info@bike-adventure-tours.ch
  www.bike-adventure-tours.ch
- DERTOUR
  Emil-von-Bering-Str. 6
  60424 Frankfurt a/M
  Tel. 069/958800
  Fax 069/95881010
- DNV-Touristik
  Max-Planck-Str. 10
  70806 Kornwestheim
  Tel. 07154/131830
  Fax 07154/182924
- Donau Radfreunde
  Michael Lötsch GmbH
  A-4090 Engelhartszell/Donau
  Tel. 0043-7717-8182
  Fax 0043-7717-81827
- ETS Radreisen
  Frankfurter Straße 291
  51147 Köln
  Tel. 02203/966080
  Fax 02203/9660816
  ETS@ETS-radreisen.de
  www.ETS-radreisen.de
- EUROBIKE Eurofun Touristik
  Mühlstr. 20
  A-5162 Obertrum am See
  Tel. 0043-6219-7444
  Fax 0043-6219-8272

eurobike@eurobike.at
www.eurobike.at
- EUROVELO
  Poststr. 13
  CH-6300 Zug
  Tel. 0041-41-7201313
  Fax 0041-41-7201314
  eurovelo@swissonline.ch
  www.eurovelo.ch
- HEIM-REISEN
  Abzuchtstr. 6
  38640 Goslar
  Tel. 05321/302799
  Fax 05321/302797
- in naTOURa
  Rosenstr. 6
  38102 Braunschweig
  Tel. 0531/797355
  Fax 0531/797351
  www.ferienzeit.com/innatoura
- jester bike tours
  Engelsteig 4
  78467 Konstanz
  Tel. 07531/79279
  Fax 07531/79259
- Kögel-Rad-Reisen
  Höllstr. 17
  78315 Radolfzell
  Tel. 07732/80050
  Fax 07732/800564
- Loacker Tours
  Bundesstr. 17
  A-6842 Koblach
  Tel. 0043-5523-590923
  Fax 0043-5523-590933
- Locke Tours Berlin
  Bundesallee 115
  12161 Berlin
  Tel. 030/8523030
  Fax 030/8524071
- Natours Reisen
  Untere Eschstr. 15
  49179 Ostercappeln
  Tel. 05473/92290
  Fax 05473/8219
  natours@t-online.de
  www.natours.de
- PEDALO (Etsch)
  Zelli 4b
  A-4712 Michaelnbach
  Tel. 0043-7248-635840
  Fax 0043-7248-635844
  pedalo@pedalo.com
  www.pedalo.com/pedalo
- RK Radreisen
  Rosenberger Str. 10
  92237 Sulzbach-Rosenberg
  Tel. 09661/871134
  Fax 09661/871140
  kaestl@t-online.de
  www.kaestl.de
- Rad & Reisen
  Schuldgasse 36
  A-1180 Wien
  Tel. 0043-1-40538730
  Fax 0043-1-405387317
  office@eurocycle.at
  www.eurocycle.at
- Rucksack Reisen
  Hammer Str. 418
  48153 Münster
  Tel. 0251/7636850
  Fax 0251/7636852
  www.rucksack-reisen.de
- Rückenwind Reisen
  Sonnenstr. 43
  26123 Oldenburg
  Tel. 0441/885596/885597
  Fax 0441/885593
  rueckenwind_reisen@

- Sittenauer-Reisen (Toscana)
  83623 Dietramszell
  Tel. 08027/90350
  Fax 08027/903540
- Soli-Touren
  (Südtirol, Toscana)
  In den Wingerten 21
  64291 Darmstadt
  Tel. 06150/82385
  Fax 06150/82904
- Sportbund Bielefeld
  Friedrich-Verleger-Str. 19
  33602 Bielefeld
  Tel. 0521/61188/89
  Fax 0521/62467
  bielefeld@blsb-nrw.de
- Studiosus Reisen
  Riesstr. 25
  80992 München
  Tel. 089/50060700
  Fax 089/50060100
- Die Vagabunden
  Schanzenstr. 75
  20357 Hamburg
  Tel. 040/437523
  Fax 040/438345
- Velociped Reisen
  Auf dem Wehr 3
  35037 Marburg
  Tel. 06421/24511
  Fax 06421/161627
- Weiss & Nesch
  Schönbuchstr. 51
  72202 Nagold-Vollmaringen
  Tel. 07459/368 oder 580
  Fax 07459/2285
  www.weiss-nesch.de
- Wikinger-Reisen
  Kölner Str. 20
  58135 Hagen
  Tel. 02331/904700
  Fax 02331/904704
  mail@wikinger.de
  www.wikinger-reisen.de

Informationen zur Sportart

PHYSISCHE VORAUSSETZUNGEN

Je besser die Vorbereitung, desto intensiver kann das Land, Italien, und der Sport, das Radfahren, erlebt werden. Dazu gehört ein ausreichendes Training, denn nur die Po-Ebene ist flach. Die restlichen Regionen variieren von herausfordernden Alpenpässen bis zu sanft gewellten Hügellandschaften. Vor allem in den Apenninen können die Steigungen steil und häufig sein. So mancher wird sich unterwegs fragen, warum die Italiener ihre Städte immer auf Berg- und Hügelkuppen bauen mussten. Für eine längere Tour durch Nord- und Mittelitalien sollte man etwas Erfahrung mit Radfahren im Gebirge mitbringen. Die Beinmuskeln müssen sich an Anstiege gewöhnen, vor allem wenn diese steil sind oder sich über viele Kilometer hinziehen, wie in den Alpen. Eine langsame Steigerung ist angesagt. Wer daran gewöhnt ist, lange Strecken im Flachland zu fahren, wird nach einigen Tagen auch in den Bergen schon spürbar gut vorankommen. Es empfiehlt sich, zur Vorbereitung hügelige Strecken zu fahren, um sich an die Bedienung der Gangschaltung zu gewöhnen.

Ist eine Tour mit Gepäck geplant, sollte auch zuvor schon mit Gepäck geübt werden. Vorderradtaschen können einen ganz schön aus dem Gleichgewicht bringen. Außerdem belastet das zusätzliche Gewicht am Vorderrad die Gelenke; durch entsprechende Vorbereitung können diese aber daran gewöhnt werden.
Fitness-Studios haben zur Vorbereitung auf eine solche Tour nicht viel Sinn. Sie sind nur für den Aufbau einer guten Kondition hilfreich. Fitness-Geräte wie Hometrainer bilden zwar die richtige Muskulatur aus, können aber die Vorbereitung auf dem Rad nicht ersetzen: Gegenwind, Gepäck, Steigungen usw. muss man »live« erleben.
Laufen als Vorbereitung auf eine Radtour ist nur hinsichtlich des Ausdauer- und Konditionstrainings sinnvoll. Kraft für das Radfahren bekommt man dabei jedoch nicht, denn beim Radfahren werden andere Muskeln als beim Laufen verwendet. Das Lauftraining kann manchmal sogar negative Folgen haben: nämlich Muskelschmerzen während der Radtour.
Für alle Touren dieses Buches genügt eine durchschnittliche Radkondition – die durch langsame Steigerung der Tagesetappen erhöht

werden kann. Man sollte mit Tagesetappen von – je nach Landschaft – etwa 40 bis 60 km beginnen und diese Streckenlänge langsam steigern. Jeder Radfahrer merkt schnell, wie viel er sich selbst zumuten kann.

AUSRÜSTUNG

Der Erfolg einer Radtour hängt ganz entscheidend von der Ausrüstung ab. Ohne geeignetes Rad und Gepäck wird die Tour eher zur Qual als zum Vergnügen. Umsicht beim Kauf ist also angesagt. Dabei sollte auf keinen Fall am falschen Fleck gespart werden. Das heißt aber nicht, dass die teuersten Sachen immer die besten sind. Selbstverständlich sollte ein kompletter Fahrrad-Check – hinsichtlich Funktionalität und Verkehrssicherheit (Gangschaltung, Bremsen, Lichter, Klingel) – vor der Reise stattfinden.

Was sich unterwegs nie verhindern lässt, ist, dass ein wichtiges Teil der Ausrüstung vergessen, verloren oder beschädigt wurde. Um vor Ort schnell sowohl Radgeschäfte mit Reparaturservice als auch Läden mit Campingzubehör finden zu können, sind bei den Routenbeschreibungen unter den größeren Orten entsprechende Adressen aufgeführt. Auch Adressen von regionalen und lokalen Fahrradclubs, die nicht selten weitere Tipps und Infos zu Touren bereithalten, fehlen nicht.

Radtyp

Für eine Radtour in Italien sollte das Fahrrad schon mindestens zehn Gänge haben – abhängig davon, wo und mit wie viel Gepäck man fahren will. Für die gebirgigen Routen, etwa in Liguria oder Südtirol, sind 18 bis 21 Gänge sicherlich kein übertriebener Luxus. Die eigentlich für Crosscountry-Touren konzipierten Mountainbikes (MTBs) sind für eine Radtour wenig praktikabel. Die breiten Reifen sorgen für unnötig viel Reibung und machen das Radfahren schwerer. Da die Straßen in Nord- und Mittelitalien fast durchgehend asphaltiert sind, genügen schmalere Reifen auch. Trekkingräder gibt es in guter Qualität und großer Auswahl. Für ein Mittelklasse-Rad müssen 1.000 DM einkalkuliert werden.

Rahmen

Das Material des Rahmens ist weniger wichtig. Ärger mit dem Rahmen gibt es eigentlich nur bei extremen Belastungen; viel eher ergeben sich Probleme mit Zubehörteilen wie den Rädern oder der Gangschaltung. Die wegen ihres geringen spezifischen Gewichts viel gepriesenen Aluminium-Rahmen sind nicht unbedingt leichter als Rahmen aus Stahl: Da Aluminium auch weniger stabil ist als Stahl, wird die größere Leichtigkeit durch dickere Röhren kompensiert. Damit kommt das Gewicht des Aluminium-Rahmens wieder demjenigen des Stahlrahmens nahe. Ein entscheidender Vorteil von Stahl: Falls es unterwegs einmal Probleme mit dem Rahmen geben sollte, ist Stahl leichter zu reparieren, etwa mit einem Schweißgerät. Viele Werkstätten haben dagegen nicht die spezielle Apparatur, die für das Reparieren von Aluminium nötig ist.

Dass das Fahrrad gut passen muss, ist selbstverständlich. Vor allem sollte auf dessen Länge geachtet werden, also auf den Abstand vom Sattel bis zum Lenker. Ist dieser zu lang, bekommt man leicht Rückenschmerzen. Vor allem Radfahrer mit verhältnismäßig langen Beinen haben oft Schwierigkeiten, einen geeigneten Rahmen zu finden. Sie sind oft auf Maßanfertigungen angewiesen. Eine erprobte Methode, um die passende Rahmengröße herauszufinden, ist die Kreuzhöhe: Die eigene Beinlänge mal 0,68 ergibt in etwa die Rahmengröße, d. h. den Abstand zwischen dem Sattelrohr und der Achse der Pedale.

Räder und Zubehör

Da die Räder das ganze Gewicht tragen müssen, sollte hier besonders auf gutes Material geachtet werden. Speichenbrüche sind bei längeren Fahrradtouren mit Gepäck leider keine Seltenheit. Daher sollte für die Speichen nicht zu wenig Geld ausgeben werden. Die so genannten »butted«-Speichen sind wegen ihres dikkeren Kopfes besonders belastungsfähig.

Wichtig ist, dass die Zubehörteile eine ordentliche Qualität haben, wie das z. B. bei den Marken Campagnolo, Sachs und Shimano durchschnittlich der Fall ist. Bei Shimano gibt es jedoch große Unterschiede: Die billigen Teile sind den teureren der STX- oder Deore-Gruppe qualitativ deutlich unterlegen. Campagnolo-Teile sind durchweg teuer, haben aber eine sehr lange Lebensdauer und funktionieren einwandfrei. Eine ordentliche Pflege von ausgesetzten und beanspruchten Teilen, wie beispielsweise der Kette, versteht sich von selbst. Hier sollte auf silikonhaltiges Öl geachtet werden, da dieses relativ feuchtigkeitsbeständig ist.

Der Lenker kann nach eigenem Geschmack ausgewählt werden. Angenehm sind die »altmodischen« Rennlenker, weil man damit viele verschiedene Haltungen annehmen kann. Auch der Sattel ist geschmacksabhängig: Manche Radler bevorzugen butterweiche Gel-Sättel, andere wiederum schwören auf die härteren Ledersättel, die sich allerdings erst nach einiger Zeit an den Fahrer anpassen. Bei Feuchtigkeit geben Ledersättel ihre Farbe gerne an die Kleidung weiter und hinterlassen an hellen Hosen am Gesäß hässliche Spuren.

Tourenausrüstung/Gepäck

Für Radfahrer, die mit dem Zelt unterwegs sind und sich selbst versorgen möchten, ist ein Rad mit Vordergepäckträger sinnvoll. So kann das Gewicht auf Hinter- und Vorderrad verteilt werden, wobei sich der größte Teil hinten befinden sollte.

Die Gepäcktaschen sollten leicht zu befestigen, nicht zu schwer und, wenn möglich, wasserdicht sein, denn auch in Italien kann es regnen! Ohne (teurere) wasserdichte Taschen geht es auch, nur sollte dann der ganze Inhalt in Plastiktüten verpackt werden. Wenn man zu zweit unterwegs ist, reichen auch ein Paar wasserdichte Taschen und ein Paar »normale« – wenigstens die wasserempfindlichen Sachen können dann sicher verstaut werden. Gute wasserdichte Taschen gibt es von Ortlieb und von Agu. Die niederländische Firma Agu ist in Deutschland weniger bekannt; die Taschen haben aber eine sehr lange Lebensdauer und ein ausgezeichnetes Preis-Leistungs-Verhältnis.

Kleidung

Kleidung ist natürlich Geschmackssache. Ihre Funktionalität sollte aber bei einer Radtour weit vor modischen Erwägungen stehen. Radhosen sind bequem, Jeans scheuern gegen die Beine – aber es gibt auch leichte, dünne Baumwollhosen, in denen es sich bequem radeln lässt. Rad-Shirts sind, solange man nicht auf sportliche Höchstleistungen fixiert ist, nicht notwendig. Lockere Baumwoll-Shirts und -Blusen sind angenehm zu tragen, nur trocknen sie sehr langsam. Sie saugen den Schweiß auf und bleiben dann lange nass. Spezielle Radkleidung lässt den Schweiß dagegen bis an die Oberfläche durch, wo er schnell verdunsten kann. Fleece-Pullover sind für kältere Tage und für die Abende unentbehrlich. Sie sind verhältnismäßig leicht, sehr warm und schnell trocken. Man sollte nicht vergessen, dass es in den Bergen und sogar an der Küste abends auch im Sommer sehr frisch werden kann.

Eine Regenjacke muss auch in Italien dabei sein. Es gibt heute gute Regenjacken, in denen man wenig schwitzt, weil das Material gut atmet. Solche Jacken aus Gore-Tex oder Sympatex sind allerdings bei Dauerregen nicht immer hundertprozentig wasserdicht. Eine Regenhose ist eher selten nötig, es sei denn, das Wetter ist sehr kalt. Ansonsten kann man gut mit der kurzen Hose im Regen fahren, zumal die Kunststoff-Radhosen auch sehr schnell trocknen.

Sportschuhe sollten ein wenig atmen, sonst schwitzen die Füße an wärmeren Tagen unangenehm. Es gibt spezielle Radschuhe, die besser atmen und besonders für guten Halt auf den Pedalen konzipiert sind. Sie haben steife Sohlen, damit sie die Tretkraft besser auf die Pedale übertragen können.

Ein Helm wird nicht von jedermann als angenehm empfunden. Bei schnellen Abfahrten und Verkehrsunfällen kann er jedoch ernsthaften Kopfverletzungen vorbeugen. Unter einem Helm mit unzureichender Belüftung kann es bei hohen Temperaturen sehr heiß werden. Beim Kauf eines Helms sollte daher auf die Belüftungsschlitze geachtet werden. Die besseren Helme sind allerdings nicht billig: Zwischen 150 und 300 DM müssen dafür schon einkalkuliert werden.

Kochausstattung

Wer zeltet, wird sich überlegen, ob er einen Kocher mitnehmen soll. Aber welchen? Gaskocher und nur auf einen Brennstoff spezialisierte Kocher sind oft nur in bestimmten Gegenden zu gebrauchen. Unabhängiger ist man mit Universalkochern, die mit Spiritus, Benzin oder Heizöl betrieben und damit fast überall verwendet werden können. Der Nachteil: Sie rußen meistens und sind nicht so fein regulierbar wie Gaskocher. Eine Alternative sind Coleman-Gaskocher, bei denen die Kartusche jederzeit abgeschraubt werden kann. Der Nachteil gegenüber den »normalen« Gaskochern besteht darin, dass die grauen Kartuschen selten erhältlich sind – nämlich nur in größeren Städten wie Roma oder Milano. Adressen von Läden mit Campingausrüstung sind im Radrouten-Teil unter den größeren Orten angegeben.

In Outdoor-Läden gibt es praktische Töpfe, die ineinander gestapelt werden können. In den kleinsten der Töpfe kann man dann wieder allerhand Gewürze, Salz etc. packen. Die Töpfe wiederum lassen sich praktisch in einem Plastikbottich verstauen, der zum Abwaschen und Waschen gut geeignet ist.

Weitere Tipps zur Ausrüstung

- Praktisch für Camper sind faltbare Wasserkanister oder -beutel mit einem Inhalt von bis zu 10 l (erhältlich in den meisten Outdoor-Läden).
- Zum Schutz der Fahrräder und für Picknicks im nassen Gras ist ein Stück wasserdichtes Nylon von etwa 2x2 m praktisch (erhältlich in Stoffläden oder im Outdoor-Laden).

Checkliste für die Ausrüstung
- Trekkingrad
- Vorderradtaschen, Hinterradtaschen, Lenkertasche
- Leichte Kleidung für schönes Wetter (Radhose, T-Shirt)
- Wärmere Kleidung für abends, auch im Sommer (Fleece-Pullover, lange Hose)
- Regenjacke (die »atmet«)
- Flickzeug: Kleber, Reifenabnehmer, Flicken, Sandpapier
- Öl für die Kette (silikonhaltig)
- Luftpumpe
- Ersatzreifen (mindestens einen)
- Ersatzschläuche (mindestens zwei)

Ausrüstung für die Gesundheit

Da die Sonne in Italien häufig und intensiv scheint, sollte ausreichender Sonnenschutz auf keinen Fall vergessen werden. Selbst bei bedecktem Himmel kann man sich in den Bergen einen Sonnenbrand holen! Zum Sonnenschutz gehören Kopfbedeckung und Sonnencreme. Der Schutzfaktor der Sonnencreme richtet sich nach der Aufenthaltszeit in der Sonne, der Höhenlage und natürlich dem Hauttyp, aber Faktor 8 sollte es schon mindestens sein. Eine gute Sonnenbrille mit ordentlichem UV-Schutz gehört ebenfalls zur Ausrüstung.

Erste Hilfe
An Erste-Hilfe-Zubehör ist Folgendes notwendig:
- Verbandszeug
- Jod (Betadine z. B. kann man auch zum Desinfizieren von Wasser verwenden: etwa 5 Tropfen in 1 Liter Wasser)
- Pflaster
- Zeckenpinzette
- Aspirin- oder Paracetamol-Tabletten
- Tabletten gegen Durchfall
- Salbe gegen Insektenstiche/-bisse

AUSRÜSTUNGSBESCHAFFUNG

Um sich eine brauchbare Ausrüstung zusammenzustellen, sollte man schon frühzeitig spezialisierte Radgeschäfte aufsuchen oder/und im Internet nach Adressen für den Radversand »surfen«.

Unter folgenden Internet-Adressen können online Artikel für Räder und Touren bestellt werden:
- *www.bike-o-bello.de*
  Viele Bekleidungsprodukte
- *www.bicycles.de*
  Über 7.000 Artikel von Bekleidung über Taschen bis zu Rädern und Zubehör
- *www.veloplus.ch*
  Sehr guter Online-Shop mit allen Sachen rund um Rad und Touren
- *www.roseversand.de*
  Räder, Bekleidung, Taschen und Radliteratur
- *www.globetrotter.de*
  Homepage der Ladenkette »Globetrotter Ausrüstung«, alles rund ums Reisen
- *www.adfc.de*
  Sortiment für Radtouristen und Alltagsradler, Angebot an Literatur und Karten sowie an praktischen Dingen rund ums Rad. Dort ist auch das Faltblatt »Landeskunde für Radler: Italien« erhältlich. Postadresse:

  ✉ ADFC-Shop
  Postfach 10 77 47
  28077 Bremen
  Tel. 0421/346 39-25
  Fax 0421/34639-60

Spezialgeschäfte für Radreisen

Deutschland

- *Aachen*: Bicycle
  Mauerstr. 110
  52064 Aachen
  Tel. 0241/28915
  Fax 0241/29796
  bicycle@bikeshops.de
  www.bikeshops.de/bicycle
- *Allershausen*: DAL Liegerad
  Münchenerstr. 8a
  85391 Allershausen
  Tel. 08166/857
  Fax 08166/8619
  webmaster@dalliegerad.com
  www.dalliegerad.com
- *Berlin*: Bike Haus
  Bülowstraße 90
  10783 Berlin
  Tel. 030/2615487
  info@bikehaus.de
  www.bikehaus.de
- *Berlin*: Fahrrad + Technik Lippke
  Rheinstraße 61
  12159 Berlin
  Tel. 030/8524099
  Fax 030/8526945
  lippke@berlin.sireco.net
  www.ftl-berlin.com
- *Berlin*: Fahrradstation
  Rosenthaler Straße 40/41
  10178 Berlin (Mitte)
  oder Bergmannstraße 9
  10961 Berlin (Kreuzberg)
  oder Auguststraße 29a
  10119 Berlin (Mitte)
  oder Friedrichstraße 141/142
  10177 Berlin (Mitte)
  Tel. 030/28384848
  Fax 030/28388877
  welcome@fahrradstation.de
  www.fahrradstation.de
- Radsport Heinze
  Forsthausallee 26
  (nahe Sonnenallee)
  12437 Berlin
  Tel. 0172/3011514
  Fax 030/6314712
  heinze@bikesport.de
  www.bikesport.de/heinze
- Globetrotter Ausrüstung
  Bundesallee 88
  Tel. 030/8508920
  Fax 8511169
- *Bielefeld*: Radsport Junker
  Braker Straße 29
  33729 Bielefeld-Braken
  Tel. 0521/76910 und 76906
  Fax 0521/76946
  junker@bikeshops.de
  www.bikeshops.de/junker
- *Bonn*: H&S Bike Discount
  Siemensstraße 1
  Am Probsthof
  53121 Bonn
  Tel. 0228/978480
  Fax 0228/626297
  webmaster@Bike-Discount.de
  www.bike-discount.de
- *Braunschweig*: Zweirad Hahne
  Welfenhof 17
  38100 Braunschweig
  Tel: 0531/44339
  Fax 0531/46383
  www.fahrrad-hahne.de
- *Bremerhaven*: Der Bastler
  Weserstr. 102
  Tel. 0471/7 56 97
  oder Georgstr. 9

Tel. 0471/2 16 44
oder Langener Landstr.269a
Tel.0471/80 21 05
bastler@bremerhaven-Net.de
*www.bremerhaven-Net.de/
bastler*
- *Dormagen*: Rufa-Sport
Kieler Str. 5
41540 Dormagen
Tel. 02133/210257
Fax 02133/210259
rufa@bikeshops.de
www.bikeshops.de/rufa
- *Dortmund*: Miles & More
Glückaufsegenstr. 82-86
44265 Dortmund (Hacheney)
Tel. 0231 / 717460
Fax 0231/717480
www.miles-and-more.de
- *Dresden*: Tretmühle
Alte Dresdner Straße 1
01108 Dresden
Tel./Fax 0351/8802147
mailing@tretmuehle.de
www.tretmuehle.de
- *Dresden*:
Globetrotter Ausrüstung
Freiberger Str. 39
Tel. 0351/4952116
Fax 4961089
- *Düsseldorf*: Fahrrad Müller
Blücherstr. 9
40477 Düsseldorf
Tel./Fax 0211/445714
team@fahrrad-mueller.de
Internet: *www.fahrrad-mueller.de*
- *Düsseldorf*:
Jung & Volke Zweiradstudio
Jahnstraße 22-24
40215 Düsseldorf
Tel. 0211/3760778
Fax 0211/381068
shop@JUNG-VOLKE.de
www.jung-volke.de
- *Forchheim*:
Radhaus Forchheim
Hainbrunnen Str. 2
91301 Forchheim
Tel. 09191/64885
oder 09196/489
Fax 09196/1613
radhaus.forchheim@gmx.de
http://surf.to/radhaus.forchheim
- *Frankfurt a.M.*:
Böttgen Fahrräder
Berger Straße 262
oder Alt Bornheim 42
60385 Frankfurt
Tel. 069/ 94510870
Fax 069/94510888
Fahrrad@t-online.de
www.bikes.de
- *Frankfurt a.M.*:
Brügelmann Fahrrad
Oberliederbacher Weg 42
65843 Sulzbach/Frankfurt
- *Frankfurt a.M.*:
Globetrotter Ausrüstung
Hanauer Landstr. 11-13
Tel. 069/434043
Fax 4909939
- *Hamburg*: Fahrzeug Marcks
Curslacker Neuer Deich 38
21029 Hamburg-Bergedorf
Tel. 040/7241570
Fax 040/72415720
Fahrzeug-Marcks@t-online.de
www.fahrzeug-marcks.de
- Globetrotter Ausrüstung
Geschäfte am Wiesendamm 1

und Rothenbaumchaussee 55
Tel. 040/67966179
Fax 040/67966186
info@globetrotter.de
www.globetrotter.de
- *Itzehoe*: Fahrrad Richter
Sieversstraße 32
25524 Itzehoe
Tel. 04821/952515
Fax 04821/952514
fahrrad_richter@t-online.de
http://home.t-online.de/Home/
fahrrad_richter
- *Köln*: Rufa-Sport Köln
Hansaring 29
50670 Köln
Tel. 0221/136367
Fax 0221/135673
rufa-koeln@bikeshops.de
www.bikeshops.de/rufa-koeln
- *Köln*: Schlembach Köln
Friesenplatz 17a
50672 Köln
Tel. 0221/516006
Fax 0221/522232
schlembach@bikeshops.de
www.bikeshops.de/schlembach
- *München*: Radl Discount
Benediktbeurer Straße 20-22
81379 München
Tel. 089/7242351
Fax 089/7243435
oder Trappentreustraße 10
80339 München
mail@radldiscount.de
www.radldiscount.de
- *Nürnberg*: Bike-Shop Hutzler
Johannisstr. 122
D-90419 Nürnberg
Tel./Fax 0911/332132

Bike-Shop@hutzler.com
www.hutzler.com
- *Oldenburg*:
Bonnke Fahrräder
Hauptstrasse 70
26122 Oldenburg
Tel. 0441/9558585
Fax 0441/9558587
bonnke@fit-in-ol.de
www.fit-in-ol.de/bonnke
- *Rostock*: Bike Market
Großer Katthagen 2-4
18055 Rostock
Tel. 0381/4902050
Fax 0381/4902051
Bike@meckpom.com
www.meckpom.com/Bike
- *Voerde Friedrichsfeld*:
Fahrradtreff
Alte-Hünxerstr.111
46562 Voerde Friedrichsfeld
Tel. 0281/45560
Fax 0281/45511
Fahrradtreff@t-online.de
http://home.t-online.de/Home/
Fahrradtreff
- *Wuppertal*:
Zweirad & Sport Müller
Luisenstr. 28-30
42103 Wuppertal
Tel. 0202/248030
Fax 0202/441406
mueller@bikeshops.de
www.bikeshops.de/mueller

Schweiz
- Veloplus
Rapperswilerstrasse 22
CH-8620 Wetzikon 1
Tel. 01/9335555
Fax 01/9335556
www.veloplus.ch

✉ 2 Rad Shop
Neuhofstrasse 15
CH-8309 Nürensdorf
Tel. 01/8364236
Fax 01/8364236
postmaster@velo-friedrich.ch
www.velo-friedrich.ch

VERPFLEGUNG

Unterwegs Essen: Pizza, Pasta, Polenta und mehr

In jedem noch so kleinen Ort ist meistens mindestens ein Lebensmittelladen zu finden, der in der Regel länger als bei uns geöffnet hat (dafür mit längerer Mittagspause). Die ganz großen Supermärkte außerhalb von Großstädten sind meistens durchgehend geöffnet. Der kalorienbedürftige Radfahrer hat hier eine große Auswahl. Frisches Brot ist meistens auch in den kleinen Läden erhältlich, aber am besten schmeckt es natürlich frisch – noch ofenwarm – vom Bäcker. Leider täuschen die vielen verschiedenen Brotlaibe eine große Auswahl oft nur vor: Der Geschmack ist bei allen Weißbroten mehr oder weniger identisch, nur eben die Formen unterscheiden sich. *Pane integrale* gibt es – wenn überhaupt – oft nur am Rande. Größer ist die Brotauswahl in den großen Supermärkten, die das Brot oft selbst (auf)backen. Hier bekommt man auch Brot aus Vollkornmehl, das allerdings nicht mit unserem viel massiveren Schwarz- bzw. Vollkornbrot verglichen werden kann. Dieses ist nur in einigen Touristengebieten erhältlich – als importiertes, in Plastiktüten verpacktes »Holsteiner Katenbrot«.

Italien hat als Brotbelag u. a. Käse, Marmelade, Honig, Schoko- und Kastanienmus zu bieten. Einige Käsesorten sind besonders praktisch für Radfahrer, da sie sich auch bei höheren Temperaturen gut halten und nicht allzu schnell schwitzen. Hier einige Beispiele:

- Der *Pecorino Romano*, ein bröseliger, trockener Schafskäse
- Der *Padano*, ebenfalls trocken und hart
- Der *Parmeggiano*, noch härter, in Deutschland bekannt als Parmesan, der auch in Pulverform (für warme Gerichte) erhältlich ist

Die genannten Käsesorten sind unterwegs für jeden Zweck gut geeignet. Ihrer harten Konsistenz wegen werden sie in der traditionellen italienischen Küche vor allem als Reibekäse verwendet.

Käse, Butter und andere leicht verderbliche Nahrungsmittel halten sich auf dem Fahrrad gut, wenn man sie in einen Behälter packt und um den Behälter einen nassen Lappen wickelt. Die durch den Fahrtwind beschleunigte Verdunstungskälte wirkt dann kühlend. Der Lappen sollte immer feucht gehalten werden.

Wer unterwegs etwas Warmes essen möchte, kann dies mit dem Einkauf kombinieren. Viele Supermärkte mit

eigener Backabteilung verkaufen ofenwarme Pizza-Stücke vom Blech zu relativ günstigen Preisen.
Für Selbstkocher sind die Tortellini aus dem Kühlregal zu empfehlen, die es mit Füllungen aller Art gibt: Fleisch, Basilikum und Ricotta-Käse, Champignons, Kürbis oder Walnuss und Gorgonzola-Käse. Mit einer Tomatensauce zubereitet (gibt es in Tuben-, Dosen-, Pulver- oder natürlich frischer Form) ergeben diese eine nahrhafte und sättigende Mahlzeit, die sich mit frischem Salat noch bereichern lässt. Eine in Lombardia und Veneto übliche Grundlage für Gerichte ist Polenta, Maisbrei, der sich mit allerhand Saucen veredeln lässt. Der Vorteil: Die Polenta ist schnell fertig, und das trockene und relativ kompakte Maismehl lässt sich leicht transportieren.

Trinken: Wasser und Wein

Das Leitungswasser ist in Norditalien meistens trinkbar, wobei es in manchen Gegenden, wie etwa Venezia, wegen des Chlors einen unangenehmen Geschmack und Geruch hat. Allerdings kann, insbesondere in größeren Städten, das Abkochen oder die Verwendung von Entkeimungstabletten nicht schaden. Das Wasser aus Brunnen ist in der Regel ebenfalls trinkbar und genügt dabei auch hygienischen Ansprüchen – es sei denn, die Aufschrift *non portabile* warnt vor dem Trinkgenuss.

Obwohl Italien natürlich viele gute Weine zu bieten hat und jede Stadt ihre *Enotecas* (Weinbars) besitzt, sind diese hier nicht angegeben. Als Radfahrer kann man abends natürlich Wein genießen, sollte sich zurückhalten – weit wird man sonst nicht mehr kommen: Der Alkohol macht die Beine bleischwer. Daher sind im Routenteil neben Restaurants und Cafés (wo die Weinkarten übrigens nicht schlecht sind) nur Eisdielen – für die Promille-lose Energie unterwegs – aufgeführt.

RADFAHREN UND VERKEHR

Italien ist ein autobegeistertes Land – sehr zum Leidwesen der Tourenradfahrer, die sich mit Mühe die wenigen Landstraßen suchen müssen, wo weniger Autoverkehr herrscht. Das italienische Straßennetz würde mit seiner Länge von 300.000 km fast von der Erde zum Mond reichen, wenn alle Straßen aneinandergereiht wären. Die PKW-Dichte ist mit 580 Autos pro 1.000 Einwohner (Deutschland: 530) so groß wie nirgendwo sonst in Europa. Auf einen Kilometer Straße kommen in Italien rund 110 Autos (in Deutschland etwa 70), was verhängnisvoll wäre, wenn alle zur selben Zeit unterwegs wären. Der Autoverkehr konzentriert sich natürlich auf städtische Ballungsräume und Hauptverkehrsstraßen, die der Radler daher lieber meiden sollte. Es ist aber ein Gerücht, dass

Radfahrer wegen der angeblich »chaotischen« Fahrweise der Autofahrer besonders stark gefährdet sind. Tatsache ist, dass sich die Italiener nicht immer so sklavisch an Verkehrsvorschriften halten. Dafür sind sie aber auch erfahrungsgemäß aufmerksamer bei der Sache, da sie jederzeit mit »anarchistischen« Auto- und Motorradfahrern oder eben Radlern rechnen müssen. So schnell, wie die Italiener anfahren und so laut wie sie hupen, so schnell treten sie auch auf das Bremspedal, wenn nötig.

In besonders schmalen Tälern der Alpen oder Apenninen sowie am Stadtrand hat der Radler oft keine Wahl und muss sich in das Verkehrsgetümmel stürzen. Umso schöner sind die Nebenstraßen. Außerdem verhalten sich die meisten Autofahrer durchaus rücksichtsvoll gegenüber Radlern: Vor allem Radrennfahrer und Mountainbiker sieht man allerorten. In Universitätsstädten wie Pisa, Pádova und Bologna sind die vielen Räder aus dem Straßenverkehr kaum wegzudenken.

Das Tourenradfahren erlebt derzeit einen Boom in Italien, und viele Gemeinden reagieren darauf mit vielen neuen Wegen, die ausschließlich Radfahrern vorbehalten sind. Reine Radwege, die vor allem auf Dämmen entlang der Kanäle und Flüsse verlaufen, gibt es etwa in Lombardia und Veneto. Aber auch große Städte wie Roma, Firenze, Ferrara, Rimini und Vicenza haben inzwischen zahlreiche Radwege angelegt, so Radfahrer nicht mehr auf den Straßen in die Städte hinein- und darin herumfahren müssen. Im Trentino und in Südtirol sind inzwischen mehrere Fernradwege entstanden, von denen der Etsch-Radweg der bekannteste ist.

Radservice

Fahrradfahren ist in Italien populär; daher sind in allen größeren Orten Fahrradgeschäfte bzw. -reparaturstellen zu finden. Viele Radgeschäfte sind allerdings auf Mountainbikes (MTB) und Rennmaschinen spezialisiert und haben nur ein dürftiges Sortiment an Teilen für »normale« Trekkingräder.

Radverleih
In vielen Städten kann man sich Räder leihen, wobei ab etwa 10.000 Lire pro Tag einkalkuliert werden müssen. Marken-MTBs sind um einiges teurer: etwa am Gardasee bis zu 50.000 Lire pro Tag. Radverleih heißt auf italienisch übrigens *Noleggi bicicletta*.

Viele der größeren Sportläden mit Radabteilung sowie einige Radverleiher bieten auch Service, also Wartung und Reparatur von Rädern, an. Dazu sind bei den einzelnen Orten meistens eigene Radverleiher und -läden angegeben. Einige wenige Hotels, etwa in Césenatico, haben sogar eigene Reparaturwerkstätten für Radler eingerichtet.

Touren

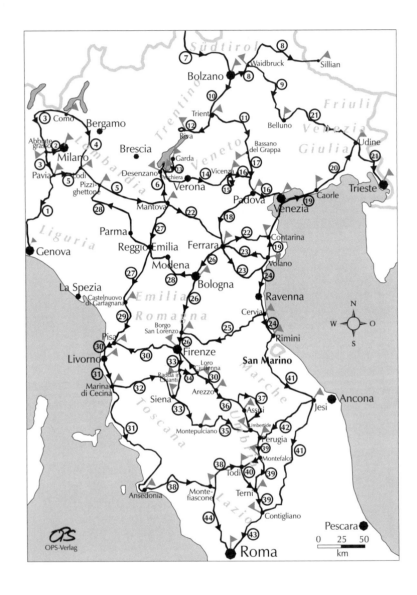

Die Touren im Überblick

LOMBARDIA, LIGURIA

① Von Lombardia zur Ligurischen Küste
Pavia – Zinasco – Cervesina – Garbagna – Voghera – Voltaggio – Compomorone – Genova

② Am Kanal »Naviglio Grande« nach Milano
Abbiategrasso – Gaggiano – Corsico – Milano

③ Von den oberitalienischen Seen am Ticino entlang zum Po
Como – Uggiate – Varese – Bodio – Corgeno – Turbigo – Sesto Calende – Abbiategrasso – Motta Visconti – Bereguardo – Pavia

④ Am Adda-Fluss entlang
Como – Merone – Costa Masnaga – Sirtori – Merate – Robbiate – Trezzo – Cassano d'Adda – Truccazzano – Lodi

⑤ In der Po-Ebene durch Lombardia
Pavia – Calignano – Sant'Angelo – Lodi Vecchio – Lodi – Cavenago – Montodine – Pizzighettone – Spinadesco – Cremona – Malagnino – Isola Dovarese – Canneto sull Oglio – Curatone – Mántova

⑥ Vom Po zum Lago di Garda
Mántova – Soave – Goito – Volta – Solferino – Desenzano

TRENTINO, SÜDTIROL

⑦ Etsch-Radweg I
Nauders (Österreich) – Reschenpass – St. Valentin – Burgeis – Glurns – Prad – Latsch – Marling – Meran – Nals – Frangart (– Bozen)

⑧ Durch den Norden Südtirols
Bozen – Waidbruck – Klausen – Brixen – Mühlbach – Bruneck – Toblach – Sillian – Drau-Radweg (Österreich)

⑨ Durch die Dolomiten
Waidbruck – St. Ulrich – Wolkenstein – Sellajoch – Canazei – Rocca Pietore – Agordo – Belluno

10
Etsch-Radweg II
Bozen – Frangart – Neumarkt – Salurn – Trient

11
Entlang der Brenta I
Trient – Borgo – Grigno – Rocca – Valstagna – Bassano del Grappa

12
Norden des Lago di Garda
Trient – Rovereto – Mori – Torbole – Riva – Lago di Ledro – Riva

VENETO

13
Süden des Lago di Garda
Garda – Bardolino – Lazise – Colà – Peschiera – Sirmione – Desenzano

14
Vom Lago di Garda nach Veneto
Peschiera – Verona – Montécchio – Vicenza

15
Rundtour durch die Berici-Berge
Vicenza – La Rotonda – Debba – Longare – Nanto – Barbarano – Sossano – San Germano – Lapio – Longara – Vicenza

16
Die Villen Venetos
Vicenza – Bertesina – Piazzola – Marsango – Strà – Mira – Malcontenta – Fusina (– Venezia)

17
Entlang der Brenta II
Bassano del Grappa – Stroppari – Barina – Piazzolo – Limena – Pádova

18
Durch die Colli Euganei
Pádova – Battáglia Terme – Arquá Petrarca – Este – Balduina – Badia Polesine – Ferrara

19
Entlang der Adriaküste I
Volano – Mesola – Contarina – Chióggia – Venezia – Lido – Cáorle

FRIULI, VENETIA, GIULIA

20
Entlang der Adriaküste II
Cáorle – Latisana – Palazzolo – Talmassons – Lestizza – Campofórmido – Údine

21
Von den Alpen zur Adria
Belluno – Maniago – Spilimbergo – Dignano – Flaibano – Údine – Pavia di Udine – Romans – Sáles – Opicina – Triest

EMILIA-ROMAGNA

22
Den Po entlang
Mántova – San Siro – Quingéntole – Ostiglia – Sérmide – Bondenno –

Ferrara – Guarda – Ariano – Contarina

Rundtour durch das Po-Delta
Volano – Codigoro – Massa Fiscáglio – Migliarino – Ferrara – Tresigallo – Portomaggioro – Argenta – Filo – Comácchio – Lagosante – Volano

Entlang der Adriaküste III
Volano – Porto Garibaldi – Marina di Ravenna (– Ravenna) – Cérvia – Cesenático – Bellária-Igea – Rimini

Von der Adria in die Toscana
Cérvia – Pisignano – Santa Maria Nuova – Terme di Panichina – Méldola – San Godenzo – Dicomano – Vicchio – Rabatta – Borgo San Lorenzo

Vom Po zum Arno
Ferrara – Póggio – San Agostino – Pieve di Cento – Bologna – Paderno – Monzuno – Passo della Futa – Borgo San Lorenzo – Sant'Ansano – Vetta la Croci – Fiésole – Firenze

Vom Po in die Marmorberge
Mántova – Césole – Póstolo – Guastalla – Reggio Emilia – Albinea – Carpineti – Colombaia – Villa Mirozzo – Piandellagotti – Castelnuovo di Garfagnana

Am Fuße der Apenninen
Bologna – Casalecchio de Reno – Castello di Serravalle – Vignola Castelvetro di Modena – Casalgrande – Reggio Emilia – Quattro Castella – Montécchio – Monticelli Terme – Parma – Piacenza – Pizzighettone

TOSCANA

Von den Marmorbergen zum Arno
Castelnuovo di Garfagnana – Borgo a Mozzano – Lucca – Orzignano – Pisa

Den Arno entlang bis zur Mündung
Arezzo – Loro Ciufenna – Castelfranco di Sopra – Incisa – Rignano – Firenze – Lastra a Signa – Montelupo – Vinci – Santa Maria al Monte – Pisa – Marina di Pisa – Livorno

Entlang der Etrusker-Riviera
Livorno – Castiglioncello – Marina di Cécina – Bolgheri – Castagneto Carducci – San Vincenzo (– Populonia) – Follónica – Grosseto – Magliano – Monte Argentário

Quer durch den Norden der Toscana
Marina di Cécina – Guardistallo –

Montecacini Val di Cécina – Volterra – San Gimignano – Poggibonsi – Lilliano – Siena

Durch den Chianti
Firenze – Badi a Ripoli – Greve in Chianti – Radda in Chianti – Vagliagli – Siena – Asciano – Trequanda – Pienza – Montepulciano

Die Burgenstraße des Chianti entlang bis zum Arno
Radda in Chianti – Castagnoli – Poggiolo – Montevarchi – Tasso – Bracciolini – Loro Ciuffenna

UMBRIA

Am Lago Trasimeno
Montepulciano – Pozzuolo – Ferreto – Passignano sul Trasimeno – Monte del Lago – Pieve del Véscovo – Perúgia

Vom Arno zum Tévere
Arezzo – Foce di Scopetone – Ansina – Morra – Trestina – Umbértide – Ponte Pattoli – Bosco – Petrignano – Assisi

Rundtour durch die umbrischen Apenninen
Umbértide – Cittá di Castello – Pietralunga – Gúbbio – Castiglione – Umbértide

Vom Mittelmeer zum Tal des Tévere
Monte Argentário – Capálbio – Manciano – Farnese – Valentano – Lago di Bolsena – Montefiascone – Bagnoregio – Orvieto – Lago di Corbara – Cerreto – Todi

Auf den Spuren des Heiligen Francesco
Assisi – Cannara – Bevagna – Montefalco – Spoleto – San Giovanni di Baiano – Terni – Marmore – Contigliano

Um die Monte Martani
Montefalco – Bastardo – Todi – Casteltodino – Rivo – Terni

MARCHE

Durch die Apenninen
Rimini – San Marino – Urbino – Fossombrone – Mondávio – Corinaldo – Iesi – Cingoli – San Severino – Camerino – Pievebovigliana – Visso – Forca di Gualdo – Forca di Santa Croce – Civita – Leonessa – Rieti – Contigliano

(42)

Von Marche nach Umbria
Iesi – Cupramontana – Fabriano – Fossato di Vico – Gualdo Tadino – Assisi

Lazio, Roma

Durch die Monti Sabini nach Roma
Contigliano – Póggio Catino – Fiano – Prima Porta – Roma

Durch den Norden von Lazio
Montefiascone – Viterbo – Lago di Vico – Ronciglione – Sutri – Trevignano – Anguillare – Ottavia – Roma

Lombardia und die Ligurische Küste

Das im Norden Italiens gelegene Lombardia (Lombardei) wird von den Alpen im Norden und den Apenninen im Süden eingerahmt. Der Po, mit 652 km der längste Fluss Italiens, der in Piemonte nahe der französischen Grenze entspringt, durchquert diese Region von Westen nach Osten, um bei Contarina in die Adria zu münden.

Lombardia gilt als wirtschaftliches »Boomland«: In der Region erwirtschaftet ein Siebtel der Bevölkerung ein Fünftel des Sozialprodukts von Italien. Der Wohlstand baut auf der hohen Produktivität der Landwirtschaft auf, die in der flachen Po-Ebene mit ihrem fruchtbaren Schwemmland gute Bedingungen vorfindet. Die feuchten Niederungen am Po gelten als das größte Reisanbaugebiet Europas. Wichtiger sind heute allerdings die Industrie sowie der Dienstleistungsssektor, zu dem vor allem die Medienbranche (Berlusconi) und der Fremdenverkehr – besonders an den Oberitalienischen Seen – zählen. Keine andere Region Italiens ist so dicht besiedelt wie Lombardia, wo mit mehr als 350 Menschen pro Quadratkilometer insgesamt fast 9 Millionen Menschen leben. Das als Modestadt bekannte Milano ist die Hauptstadt der Region und gleichzeitig das ungekrönte wirtschaftliche Haupt des ganzen Landes.

Fünf Touren führen durch Lombardia: parallel zum Po in Richtung Emilia-Romagna, westlich von Milano sowie von den Oberitalienischen Seen bis hin nach Génova (Genua) an der ligurischen Küste.

TOUR 1:
VON LOMBARDIA ZUR LIGURISCHEN KÜSTE

Pavia (Touren 3, 5) – Zinasco – Cervesina – Voghera – Garbagna – Voltaggio – Compomorone – Génova
Länge: ca. 140 km
Dauer: 2-4 Tage
Schwierigkeitsgrad: mittel
  keine extremen, aber zahlreiche Steigungen
Sehenswürdigkeiten:
  Pavia, Zentrum von Génova

Karten:
- Generalkarte Italien 1:200.000; Mailand/Turin/Italienische Riviera (4); 12,80 DM
- Kümmerly & Frey 1:200.000; Lombardei, Ligurien/Italienische Riviera (5); 16,80 DM
- Touring Club Italiano 1:200.000; Lombardia, Ligura; 9.500 Lire

Die ligurische Küste ist eine der beliebtesten Urlaubsregionen Italiens. Zum Leidwesen der Radfahrer konzentriert sich dort, an der italienischen Riviera, der ganze Rummel auf einem schmalen Küstenstreifen. Daher werden hier keine Touren entlang der italienischen Riviera beschrieben, wohl aber eine Zubringertour von Lombardia in die alte Seemachtsstadt Génova. Die Tour quert von Pavia kommend (Touren 3, 5) den Po, um dann auf Nebenstraßen die ligurischen Apenninen zu überqueren, die bergsteigerische Qualitäten fordern. Die Abfahrt auf Génova bietet schöne Ausblicke auf das Mittelmeer an der Italienischen Riviera.

Pavia (77 m)

Diese schon in römischer Zeit wichtige Festungsstadt hieß seinerzeit *Ticinum*, benannt nach dem Fluss Ticino. Pavia hat eine der ältesten Universitäten Italiens (seit 1361), als deren bekanntester Student der in Como geborene Alessandro Volta (1745-1827) herausragt. Seinen Höhepunkt erlebte Pavia vom 6. bis

8. Jh. als Hauptstadt von Lombardia. Heutet bietet das historische Zentrum mit seinen vielen roten Backsteingebäuden und seinen zahlreichen Kirchen und Kathedralen einen besonderen Charme.

☺☺ Das im Jahr 1396 gegründete Kartäuserkloster *Certosa di Pavia* gilt als berühmtestes Kloster aus der lombardischen Renaissance und liegt 10 km nördlich von Pavia. Hinter der Kirche liegt der Kreuzgang, wo es zu den 23 ehemaligen Mönchszellen geht. Geöffnet Di bis So 9.30-11.30 Uhr und 14.30-16.30 Uhr (Eintritt: Spende erbeten).

☺☺ Der im 15. Jh. begonnene *Duomo* aus der lombardischen Renaissance ist von außen ein schlichter Bau. Ein Teil des Entwurfs stammt von Leonardo da Vinci. San Siro, der erste Bischof Pavias, liegt hier beerdigt. Geöffnet 7.30-12 Uhr und 14.30-19 Uhr.

☺☺ Das *Castello Viscontéo* aus dem 14. Jh. liegt am Ende der zentralen Strada Nuova direkt an der Stadtmauer. Im Inneren sind das *Museo Civico* mit archäologischen Sammlungen und das *Museo Risorgimento* untergebracht. Geöffnet Di bis Sa 9-13 Uhr, So 9.30-12.30 Uhr (Eintritt: 5.000 Lire).

☺ Die *Basilica San Michele* in der Via Diacona gilt als interessantestes Bauwerk Pavias. In dieser Kirche aus dem 12. Jh. wurde Friedrich Barbarossa zum König von Italien gekrönt. Viele der Skulpturen wurden aus Sandstein gefertigt. Sehenswert ist der Hauptaltar aus Marmor von 1383.

☺ Die Kirche *San Pietro in Ciel d'Oro* ist eine römisch-lombardische Kirche aus dem 12. Jh., die schon in Dantes »La Divina Commedia« erwähnt wird. In der Kirche liegt das Grab von San Augustinus. Geöffnet täglich 7-12 Uhr und 15-19.30 Uhr.

ⓘ Via Fabio Filzi 2
27100 Pavia
Tel. 0382/27238
Fax 0382/32221
Das Touristenbüro liegt nahe am Bahnhof.

Radservice

🚲 Cicli Zamai
Viale T. Tasso 57
Tel. 0382/578242
etwas nordöstlich vom Castello Viscontéo

🚲 Destro
Via G. Aselli 29
Tel. 0382/423074
nordwestlich vom Bahnhof

Unterkunft

⇢ Hotel Stazione
Via Bernadino De Rossi 8
Tel. 0382/35477
Das Hotel hat ordentliche Zimmer mit Klimaanlage. Wegen der Nähe zur Bahn ist es aber manchmal etwas laut. DZ ab 90.000 Lire.

⇢ Albergo Aurora
Viale Vittorio Emanuele II 25
Tel. 0382/23664
Fax 0382/21248
gegenüber vom Bahnhof

Die Zimmer sind sauber, modern und bequem, der Empfang herzlich, Frühstück möglich in der Bar. DZ ab 105.000 Lire.

⌇ Hotel Excelsior
   Piazzale Stazione 25
   Tel. 0382/28596
   Fax 0382/26030

Dieses Hotel liegt gleich rechts vom Bahnhofsausgang: großes, stilvolles Haus, sehr gut ausgestattete Zimmer. Gutes Preis-Leistungsverhältnis. DZ ab 120.000 Lire.

⛺ Ticino
   Via Mascherpa 10
   Tel. 0382/527094

Dieser nicht allzu große Platz liegt 5 km vom Zentrum entfernt. Aufgrund der Nähe zum Fluss Ticino sind hier im Sommer viele Mücken. 2 Personen, 1 Zelt: 19.000 Lire. Geöffnet von April bis September.

Verpflegung

🍽 Osteria della Malora
   Via Milazzo 79
   Tel. 0382/34302

Sehr gutes Restaurant am Ticino-Ufer. Nette Bedienung, tolle Pastas. Empfehlenswert: Polenta-Gerichte (Maisbrei).

🍽 Pizzeria Ristorante Rabbit
   Piazza Ponte Ticino 6

Von diesem Restaurant aus hat man eine schöne Sicht auf die Ponte Coperto. Pizzen werden pro Meter (!) verkauft. Die Pizzeria ist montags und im August geschlossen.

In Pavia hat man Anschluss an die durch die Po-Ebene führende Tour 5 sowie Tour 3, die am Fluss Ticino entlang zu den Oberitalienischen Seen führt. Der Beginn der hier beschriebenen Tour zur ligurischen Küste verläuft durch den waldreichen *Parco Naturale della Valle del Ticino*, in dem noch typische flussnahe Landschaften wie Schilfzonen und Auwälder erhalten sind.

In Pavia überquert die Route zunächst den Po in südlicher Richtung über die gedeckte Ponte Coperto und biegt gleich danach rechts in die Via XXV. Aprile ein. Nach 500 m folgt eine Querung über die Nationalstraße 35 und bald darauf auch über die Bahn. Auf dieser Straße geht es 9 km am Ticino entlang, der einen schönen Anblick bietet – bis zur linken Abzweigung nach Villanova d'Ardenghi (86 m), die bald in einen nicht geteerten Feldweg übergeht, welcher östlich an Zinasco-Vecchio vorbeiführt.

Kurz nach der Bahnlinie überquert man auch die Hauptstraße und zweigt beim Bauernhof Zaccarina links nach Sommo ab. Dort geht es rechts weiter, und schon nach 3 km ist die Nationalstraße 35 erreicht, die rechts über den Po führt. Aber schon die erste Abzweigung nach links wird genutzt, um die viel befahrene Straße wieder zu verlassen. Bottarone, Pancarana (68 m) und Cervesina (72 m) heißen die nächsten Stationen. In Cervesina biegt man noch vor der Querung des Baches Stáffora links ab, um auf einer verkehrsarmen Nebenstraße nach 4 km Oriolo (78 m) zu erreichen. Dort geht es wieder links auf eine Nebenstraße, die 6 km bis nach Voghera führt.

Voghera (96 m)

Voghera liegt am Rand der Po-Ebene und gewährt bereits einen Blick auf die Ausläufer der Apenninen im Süden. Die an Voghera vorbeifließende Stáffora hat ein Stück flussaufwärts ein tiefes, schluchtähnliches Tal in die beginnenden Berge geschnitten. Mittelpunkt von Voghera sind die Piazza Duomo und die Piazza Vittorio Emanuele II. mit der im 17. Jh. restaurierten *Collegiata-Kirche*. Das *Museo Storico* in der Via Gramsci 1 hat sich auf die jüngere Geschichte (19./20. Jh.) spezialisiert.

Radservice
- Ciclomania
  Via F. Rosselli 74
- Comin
  Via F. Rosselli 15
- Bertin
  Via V. Veneto 28

Unterkunft
- Albergo Zenit
  Via Piacenza N. 8-10
  Tel. 0383/646182
  Fax 0383/40592

Nette, einfache Zimmer ohne Bad. Mit Restaurant. DZ 65.000 Lire.

- Albergo Ristorante Rallye
  Via Tortona 51
  Tel. 0383/45321
  Fax 0383/49647

Gepflegte Zimmer mit viel Komfort. Mit Restaurant und Garten. DZ mit Bad 110.000 Lire.

Verpflegung
- Gallo Rosso
  Via V. Emanuele 19
  Tel. 0383/647118

Von der Piazza Vittorio Emanuele II. geht es südlich auf die Via Cavour. Bei der Ausfahrt aus Voghera ist links das *Castello* nicht zu übersehen. Man fährt 1 km lang geradeaus in südlicher Richtung auf der Straße 461 Richtung Rivanazzano, bis rechts die Via Barbieri abzweigt. Hier geht es jetzt immer geradeaus weiter bis nach Casalnoceto (159 m). Von hier führt der Weg in südlicher Richtung in das 4 km entfernte Volpedo (182 m), wo der Bach Curone überquert wird. Und jetzt wird es ernst: Die Apenninen wollen erklommen werden. Nach der Überquerung des Baches fährt man ein kleines Stück auf der Hauptstraße links, um dann die erste Abzweigung nach rechts zu nehmen, Richtung Montemarzino (448 m). Kurz vor diesem Ort geht es rechts ab nach Segagliate. Nach 1 km ist eine Hauptstraße erreicht, der man nach links folgt (Richtung Garbagna). Die zweite Abzweigung rechts führt nach etwa 3 km in den Ort Avolasca mit einer Agriturismo-Übernachtungsmöglichkeit.

Avolasca

Unterkunft

↳ Agriturismo La Vecchia Posta
 Via Montebello 2
 15050 Avolasca
 Tel. 0131/876254

Dieser Biohof liegt in Avolasca, das nach der zweiten Abzweigung rechts in Richtung Garbagna nach etwa 3 km Fahrt erreicht ist. Die Übernachtung in einem der vier Doppelzimmer kostet mit Frühstück 30.000 Lire. Die regionalen Spezialitäten sind mit eigenen (biologischen) Zutaten zubereitet. Die Besitzer sprechen neben Englisch auch etwas Deutsch.

Die Radroute führt aber an Avolasca vorbei direkt nach Garbagna (293 m). Dort hält man sich rechts, um über San Martino und Vargo (265 m) in das Tal der Scrivia hinunterzufahren, das in Stazzano (225 m) erreicht wird. Hier überquert man Autobahn, Fluss sowie Bahn und erreicht so Serravalle.

Serravalle (225 m)

Unterkunft

↳ Albergo Eur
 Viale Stazione 4
 Tel. 0143/65165

Einfache Unterkunft mit Restaurant. DZ mit Bad 65.000 Lire.

Serravalle wird auf der Nationalstraße 35 in südlicher Richtung verlassen. Bei der ersten Möglichkeit geht es rechts ab. Schilder weisen den Weg nach Gavi – aber kurz bevor Gavi erreicht wird, zweigt die Route links nach Carrósio ab und führt von dort in südlicher Richtung weiter nach Voltaggio (342 m).

Von Voltaggio folgt man südlich dem Bach Lemme und durchquert dabei den *Parco Naturale delle Capanne Marcarolo*. Nach 21 km wird in Campomorone (118 m) die viel befahrene Nationalstraße 35 erreicht, auf der man 1 km in Richtung Génova fährt, ehe es die zweite Abfahrt rechts auf eine ruhigere Nebenstrecke geht, die an der anderen Seite des Baches Polcevera parallel zur Nationalstraße verläuft. Man bleibt auf dieser direkt zur Küste hinführenden Straße, auch wenn die Bebauung merklich zunimmt. Bald führt die Straße unter Bahngleisen und der Autobahn A10 hindurch, ehe die Via Cornigliano erreicht ist, wo es links Richtung Innenstadt geht.

Génova (19 m)

Génova – das ist ein Häusermeer auf einem schmalen Küstenstreifen zwischen Felsen und Mittelmeer. Der Radwanderer mag sich hier vorkommen wie 1843 Charles Dickens, den die Steine Génovas anfangs erdrückten. Jahrhundertelang (11. bis 14. Jh.) hat die Seemacht Génova das Geschehen im Mittelmeer wesentlich mitbestimmt, und die Stadt nennt sich auch heute noch selbstbewusst »Pforte zum Meer«. Kein Wunder, dass in der bedeutenden Messestadt Génova das größte Aquarium Europas steht. Die prunkvollen Paläste (16./17. Jh.) der Via Garibaldi erzählen noch vom Reichtum des alten Génova. Angenehm für Fußgänger und Biker: Die großen Plätze – darunter die Piazza Matteotti, Piazza Dante und Piazza Cavour – sind fast alle durch Fußgängerzonen miteinander verbunden.

Zur Erkundung des Hafens ist eine Hafenrundfahrt zu empfehlen, die vom Anlegekai Spinola aus startet (gleich neben dem Aquarium). Der eindrucksvolle Hafen wird leider von Industrieanlagen dominiert.

Ein schöner Blick auf Génova bietet sich vom Righi-Berg, auf den eine von der Piazza del Portello startende Standseilbahn fährt. Dort liegt der *Parco della Mura* mit seiner im 17. Jh. errichteten Befestigungsmauer, deren Länge von 13 km nur noch von der Chinesischen Mauer übertroffen werden soll.

In Génova gibt es eine Reihe bedeutender Museen und Galerien wie die *Galleria Nazionale* (siehe unten), außerdem die

- *Galleria di Palazzo Bianco*
  Via Garibaldi 11
  Tel. 010/2476377

geöffnet Di bis Sa 9-13 Uhr, Mi und Sa bis 19 Uhr und So 10-18 Uhr, und das *Museo di Arte Orientale*
☎ 010/6982776
geöffnet Di, Do bis So 9-13 Uhr.

- *Museo del Risorgimento*
  Via Lomellini 11
  Tel. 010/2465843

geöffnet Di, Do bis Sa 9-13 Uhr oder das

- Naturgeschichtliche Museum mit seinen vielen Fossilien und Mineralien
  Via Brigata Ligure 9
  Tel. 010/564567

geöffnet Di bis So 9-12.30 Uhr und 15-17.30 Uhr.

Eher unbekannt, aber eindrucksvoll ist der *Staglieno*-Friedhof mit seiner bunten Mischung aus verschiedenen Stilen, von makaber bis kitschig.

Bedeutendster Sohn von Génova ist Christoph Kolumbus (1451-1506), der in portugiesischen Diensten den Seeweg nach Indien entdecken wollte, aber dabei »nur« in der Karibik landete.

Was nur wenige wissen: Der Name »Jeans« kommt von »Génova«. Früher hatte Génova das Monopol auf den Jeans-Farbstoff »blu di Génova«, den Levi Strauss zum Färben seiner ersten Jeans benutzte.

Génova trennt die italienische Riviera in zwei Teile: Westlich von Génova erstreckt sich bis zur französischen Grenze die Riviera di Ponente entlang der Mittelmeerküste, an der bekannte Touristenorte wie San Remo, Bordighera und Ventimiglia liegen. Südöstlich von Génova beginnt die Riviera di Levante mit vielen Felsbuchten.

☺☺☺ Das *Acquario di Génova* im alten Hafen von Génova gilt als größtes Aquarium Europas und gleichzeitig als eines der meistbesuchten Museen von Italien. In 50 Becken tummeln sich mehr als 5.000 Tiere, darunter Haie, Delfine

Apenninen zwischen Spoleto und Terni

Assisi

Apenninen südlich von Bologna

Assisi

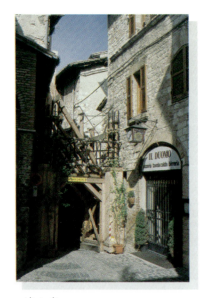
Altstadt

Spoleto: Römischer Aquädukt

und Seehunde. Zahlreiche Lebensräume sind hier nachgebildet: etwa der Molukken-Archipel, Korallenriffe vom Roten Meer, die Amazonas-Wälder oder der Meeresboden des Mittelmeers. Geöffnet Di bis Fr 9.30-19 Uhr, Sa und So bis 20 Uhr; Eintritt: 15.000 Lire.
☎ 010/2488011

☺☺ Der *Duomo San Lorenzo* aus dem 12. Jh. liegt direkt an der Piazza Matteotti. Die ganz in schwarz-weiß gehaltene Hauptkirche von Génova ist vor allem für ihren Domschatz bekannt, der im Museum in der Krypta des Duomo zu sehen ist. Darunter sticht das Heilige Becken hervor, ein Beutestück der Kreuzzüge, welche im Mittelalter von Génova aus das Heilige Land heimsuchten.

☺☺ Die Dauerausstellung *Padiglione del Mare e della Navigazione* am Alten Hafen informiert über die Geschichte Génovas und veranschaulicht dessen Bedeutung als Seehandelsstadt. Geöffnet Di bis Fr 10.30-17.30 Uhr, Sa und So 10.30-18 Uhr
☎ 010/2463678

☺☺ Die *Galleria Nazionale di Palazzo Spinola* ist in einer Residenz an der Piazza Pelliceria untergebracht, die die Familie Spinola 1958 dem italienischen Staat geschenkt hat. Seitdem sind dort neben der originalen Wohneinrichtung viele bedeutende Gemälde zu sehen. Geöffnet Di bis Sa 9-19 Uhr und So 14-17 Uhr.
☎ 010/2477061

☺ Der im 13. Jh. errichtete *Palazzo Ducale* an der Piazza Matteotti, das einstige Machtzentrum der Seefahrerstadt, beherbergt heute deren Kultur- und Kommunkationszentrum mit Kunstausstellungen, Kulturmessen, Konferenzräumen, Kneipen und Konzerten.

☺ Vom *Leuchtturm* bietet sich ein schöner Blick auf die Stadt mit ihrem ausgedehnten Hafen. Die 375 Stufen sind schon ein guter Vorgeschmack auf einige »Bergetappen«.

ⓘ Via Roma 11/3
16121 Génova
Tel. 010/576791
Fax 010/581708
www.provincia.Génova.it
www.apt.Génova.it

Weitere Touristenbüros gibt es am Flughafen, am Bahnhof sowie am alten und neuen Hafen. Dort ist neben weiteren Infos und einem Stadtplan auch eine Broschüre mit Rundwegen durch die Altstadt erhältlich.

Radverleih

🚲 La Scopa Meravigliante
Tel. 010/3774635

🚲 Punto noleggio
Tel. 010/8393285
oder 888789

Dieser Radverleih liegt nahe dem Bahnhof Génova-Casella. In Verbindung mit einer Bahnfahrkarte gibt es hier einen Preisnachlass.
Weitere Radverleiher findet man in der Corso Italia und auf dem Expo-Gelände Sottorina.

Radservice
- 🚲 Gi Esse
  Via Sturla 78r
  Tel. 010/3774674
- 🚲 Grazi
  Via Palazzo della Fortezza 47r
  Tel. 010/6451080

Radclub
- ✉ Amici della Bicicletta
  Via Caffa 3-5b
  16129 Génova
  adbge@tin.it
  www.provincia.Génova.it/legambiente/adb.htm
- ✉ Monte Fasce Bike Group
  Tel. 010/354705

Bei diesem MTB-Club in Génova gibt es Infos und Tipps zum Radfahren in der bergigen Umgebung von Génova, etwa bei Portofino.

Camping-Artikel
- ✉ Moisman Sport
  Via Luccoli 19r
  Tel. 010/2474595
- ✉ Boni
  Piazza dello Statuto 14r
  Tel. 010/2465801

Unterkunft
- ⌂ Ostello per la
  Gioventù »Génova«
  Via Costanzi 120n
  Tel./Fax 010/2422457
  hostelge@iol.it

Diese Jugendherberge liegt ziemlich weit vom Schuss, in den Hügeln nördlich der Stadt, 2 km vom Hauptbahnhof entfernt. Dafür bietet sie eine schöne Sicht und einen Garten, ist modern, englisch- und französischsprachig. Geöffnet Februar bis Dezember, Öffnungszeit der Rezeption 7-11.30 Uhr und 15.30-23.30 Uhr. Ü/F 22.000 Lire.

- ⌂ Albergo Fiume
  Via Fiume 9r
  Tel. 010/591691

Dieses einfache Hotel ist 300 m vom Bahnhof entfernt und bis spät nachts geöffnet. DZ ab 45.000 Lire.

- ⌂ Villa Bonera
  Via Sarfatti 8
  Tel. 010/3726164
  Fax 010/3728565

Nettes Hotel mit Garten, bewachter Parkgelegenheit und Restaurant. DZ ab 85.000 Lire.

- ⌂ Agnello d' Oro
  Via Vico Monachette 6
  Tel. 010/262084
  Fax 010/262327

Zimmer mit Klimaanlage, bewachter Parkplatz, nahe am Bahnhof gelegen. DZ ab 110.000 Lire.

- ▲ Villa Doria
  Via Vespucci Pegli
  Tel./Fax 010/6969600

Ruhig zwischen den Bäumen gelegen, mit neuen Sanitäranlagen. Ganzjährig geöffnet. 2 Personen und 1 Zelt ab 18.000 Lire.

Verpflegung
Besonders viele Trattorien und Imbissbuden gibt es an der Piazza Caricamento.

- 🍽 Trattoria Da Maria
  Vica Testa d'Oro 14

Nettes, gemütliches Restaurant. Mahlzeit mit Wein ab 14.000 Lire.

🍴 Sa Pesta
Via Giustiani 16

Liegt nahe am Duomo. Eines der ältesten Restaurants Génovas serviert ligurische Spezialitäten wie Farinata.

🍴 Trattoria Farinata Tugnin
Piazza Tommaseo
Ecke Via Caffa
300 m vom Bahnhof

Traditionelle Küche mit vielen regionalen Spezialitäten wie Farinata und verschiedenen Fischgerichten. Lockere Atmosphäre und niedrige Preise.

TOUR 2:
AM KANAL »NAVIGLIO GRANDE« NACH MILANO

Abbiategrasso (Tour 3) – Gaggiano – Corsico – Milano
Länge: ca. 25 km
Dauer: 2-3 Stunden
Schwierigkeitsgrad: leicht
  hauptsächlich ebene Strecken
Wichtigste Sehenswürdigkeiten:
  Villen am Naviglio Grande, Zentrum von Milano
Karten:
- Generalkarte Italien 1:200.000; Mailand/Turin/Italienische Riviera (4); 12,80 DM
- Kümmerly & Frey 1:200.000; Lombardei; 16,80 DM
- Touring Club Italiano 1:200.000; Lombardia; 9.500 Lire
- Stadtplan von Milano

Der *Naviglio Grande* ist einer der wichtigsten und größten Wasserwege Milanos. Seine Ufer bieten eine gute Gelegenheit, von der am Ticino entlangführenden Tour 3 abzuzweigen und relativ ruhig in die Innenstadt von Milano zu gelangen – ohne sich auf mehrspurigen Straßen im Slalom durch Autostaus kämpfen zu müssen. Die vielen Villen entlang der Strecke zeigen, dass das Umland von Milano schon lange Zeit eine beliebte Wohngegend ist.
Der Naviglio Grande wurde schon im Mittelalter als Verbindung zum Ticino und damit mit dem Lago Maggiore über den Po zum Mittelmeer angelegt: Im Jahr 1179 begannen die Bauarbeiten, und 30 Jahre später war der Kanal fertig. Anfangs diente er vor allem zur Bewässerung der umliegenden Felder, später auch dem Marmortransport aus dem Steinbruch von Candoglia sowie der Verbindung mit dem Lago Maggiore. Die Route führt teilweise über Treidelwege; das sind kleine Pfade, auf denen früher die Pferde gingen, um die Schiffe zu ziehen.
Die Route beginnt in Abbiategrasso, wo Anschluss an die Tour 3 besteht, welche am Ticino entlang führt.

Abbiategrasso (120 m)

Schon vor 1.000 Jahren war Abbiategrasso eine der wichtigsten Städte im Umland von Milano. Die führende Position war vor allem den Viscontis im 14. Jh. zu verdanken. An diese Zeit erinnert heute noch das *Castello*. Sehenswert ist die Pfarrkirche *Santa Maria Nuova* mit der Fassade von Bramante.

Radservice
- 🚲 Peretti
  Corso Italia 61
- 🚲 Viola
  Via Giovanni XXIII. 1

Unterkunft und Verpflegung
- ↪ Albergo Moretto
  Via Italia 1
  Tel./Fax 02/94966488

Das Haus hat 17 einfache Zimmer. Mit Restaurant. DZ ab 80.000 Lire.
- 🍽 Campari
  Via Novara 81
  Tel. 0294/968294

In Abbiategrasso fährt man links am Bahnhof vorbei, auf der Hauptstraße nach Milano. In Casteletto geht es dann rechts über die Brücke und gleich wieder links, am Kanal entlang. Nach einigen Kilometern, kurz vor Vermezzo, wird das Ristorante Naviglio Grande passiert.

Vermezzo liegt etwas abseits der Route, die weiter am Kanal entlang verläuft. Der Ort hat an der Piazza Comunale eine schöne Villa von 1600, die *Villa Pozzo Bonelli*.

Kurz vor Gaggiano, an der rechten Seite der Straße, stehen zwei weitere Villen: die *Villa Venini Uboldi* (1719) und die *Villa Marino* aus dem 16. Jh. In Gaggiano lohnt sich ein Blick auf die barocke *Pfarrkirche von Sant'Invenzo* aus dem Jahr 1618. Dort, wo die Hauptstraße 494 vom nördlichen zum südlichen Ufer führt, geht es weiter auf dem Treidelweg an der nördlichen Seite des Kanals entlang. Am anderen Ufer liegt Trezzano sul Naviglio; eine kleine Brücke führt zu dem Ort hinüber.

Trezzano sul Naviglio (116 m)

In Trezzano ist die
- 🍽 Pizzeria Taverna Di Pullano
  Via Kennedy 6
  Tel. 02/4455024

für leckere Pizzen bekannt.

Nach Trezzano geht es an zwei alten Häusern vorbei: *Cascina Guardia di Sopra* auf der diesseitigen und *Cascina Guardia di Sotto* auf der anderen Seite des Kanals. Dies sind alte Wachhäuser (*guardia*) nördlich, also oberhalb (*sopra*) und südlich, also unterhalb (*sotto*) des Kanals. Kurz danach fährt man über die Ponte di Corsico und weiter auf dem Treidelweg. Bald ist die *Chiesa di San Christoforo*, eine kleine Kirche aus dem 13./14. Jh. zu sehen. Je näher die Innenstadt von Milano rückt, desto belebter wird der Treidelweg (*Alzaia Naviglio Grande*), der schließlich an der Piazza XXIV Maggio endet.

Milano (122 m)

Die in der Po-Ebene gelegene Wirtschafts- und Modemetropole Italiens wird nicht von jedem Besucher als schöne Stadt bezeichnet – Milano ist von Technik und Fortschritt geprägt, wozu leider auch der Autoverkehr gehört. Lediglich die Umgebung des Duomo ist autofrei.
Ihren Namen verdankt die Stadt der Lage in der Po-Ebene: Die Römer, die 222 v.Chr. Milano besetzten, nannten den Ort *Mediolanum*, also »Mittelpunkt der Ebene«.
Als 1,5-Millionen-Einwohner-Metropole hat Milano eine Vielzahl von Museen, Galerien und Kirchen zu bieten. Das mittelalterliche Milano erstreckt sich rund um die Piazza Mercanti. Nahe dem Duomo liegen der 1228 erbaute *Palazzo della Ragione* und weitere Gebäude aus dem 14-16. Jh.

Zwischen Duomo und Giardini Pubblici erhebt sich der Monte Napoleone, benannt nach dem französischen Feldherr, der sich 1803 in Milano zum König von Italien und Milano krönen ließ.

Mit der zur Piazza del Duomo führenden *Galleria Vittorio Emanuele* ist eine tragische Geschichte verknüpft: Ihr Baumeister starb durch einen Sturz vom Baugerüst. Die 1877 fertig gestellte Galerie lädt mit ihren vielen Cafés, Restaurants und Luxusgeschäften zum Bummeln ein. Wer sich mit dem Rad nicht unnötig in das Verkehrsgetümmel von Milano stürzen möchte, kann eine Stadtrundfahrt mit der historischen Straßenbahn *Tram Turistico* unternehmen, die dreimal am Tag (ab Piazza Castello um 11, 13 und 15 Uhr) ihre Runde durch die Innenstadt dreht. Im Preis von 30.000 Lire sind mehrsprachige Erläuterungen, auch in Deutsch, eingeschlossen, und man kann die Fahrt jederzeit unterbrechen.

☺☺☺ Der 109 m hohe *Duomo* ist das Herz der Stadt. Der Bau dieser extravaganten Kathedrale wurde 1393 begonnen und 1813 fertig gestellt. Die Außenseite wird von mehr als 2.200 Marmorskulpturen verziert. Per Fahrstuhl oder Treppe gelangt man auf das Dach (täglich 9-17.30 Uhr, Eintritt: 6.000 Lire). Das Museo del Duomo informiert über Bau- und Kunstgeschichte des Duomo. Geöffnet Di bis So 9-12.30 Uhr und 15-18 Uhr (Eintritt: 8.000 Lire).

☺☺☺ Die in einem Renaissance-Palast aus dem 17. Jh. untergebrachte *Pinacoteca di Brera* am Monte Napoleone gilt als eine der schönsten Galerien Europas. Unter den Gemälden aus dem 15.-17. Jh. stechen Namen wie Botticelli, Caravaggio, Tizian, Tiepolo, van Dyck, El Greco, Rembrandt und Rubens hervor. Geöffnet Di bis Sa 9-17.30 Uhr, So 9-12.30 Uhr (Eintritt: 9.000 Lire).

☺☺ Das ehemalige Dominikanerkloster *Santa Maria delle Grazie* aus dem 15. Jh. birgt ein Kunstdenkmal von hohem Rang: Das Abendmahl-Fresko Leonardo da Vincis, das wie durch ein Wunder die Zerstörungen im Zweiten Weltkrieg überstanden hat. Geöffnet Di bis So 8-14 Uhr (Eintritt: 12.000 Lire).

☺☺ Das *Castello Sforzesco*, Sitz der gleichnamigen Adelsfamilie aus dem 15. Jh., liegt etwas außerhalb des Stadtkerns, am Nordbahnhof. Dahinter erstreckt sich der unter Napoleon eingerichtete Parco Sempione. In dem alten Wohntrakt ist das *Museo del Castello Sforzesco* mit einer schönen Gemäldegalerie und Skulpturensammlung untergebracht, u. a. mit Werken von Michelangelo, Tiepolo und Tizian. Geöffnet Di bis So 9.30-17.30 Uhr (Eintritt frei).

☺☺ Die zum Ende des 18. Jh. erbaute *Scala* mit ihren 3.000 Plätzen gilt als ältestes Opernhaus überhaupt. In dem Gebäude zeigt das Museo Teatrale alla Scala allerlei originale Exponate wie Liszts Kla-

vier oder Verdis Partitur. Geöffnet Mo bis Sa 9-12 Uhr und 14-18 Uhr sowie So 9.30-12.30 Uhr und 14.30-18 Uhr (Eintritt: 5.000 Lire).
☺☺ Das *Museo Nazionale della Scienza e della Tecnica* in der Via San Vittore 21 ist eines der größten technischen Museen. Schwerpunkte sind die Nachbildungen der Versuchsinstrumente da Vincis, Voltas und Galileis. Geöffnet Di bis Fr 9.30-17 Uhr, Sa/So 9.30-18.30 Uhr (Eintritt: 10.000 Lire).
☺ Die *Basilica di Sant'Ambrogio* wurde schon 386 n.Chr. vom Heiligen Ambrosius gegründet, der jetzt in der Kirche begraben liegt. Wegen zahlreicher späterer Umbauten findet man heute ein Stilgemisch vor. Ein Museum in der Basilica informiert über den Kirchenbau. Geöffnet Mo bis Mi und Fr 10-12 Uhr sowie 15-17 Uhr, Do 10-12 Uhr, Sa/So 15-17 Uhr.
☺ Eine der ersten Einkaufspassagen Europas ist die 1877 fertig gestellte *Galleria Vittorio Emanuele*. Der Architekt, Giuseppe Mengoni, war seiner Zeit mit dem Bau der 200 m langen überdachten Einkaufswelt um fast 100 Jahre voraus.
Etwas für Radsportfreunde: Im März ist Milano Treffpunkt der Radsportler, beim Radklassiker Milano – San Remo.
ⓘ Via Marconi 1
20123 Milano
Tel. 02/725241
Fax 02/72524250
Außerdem gibt es ein Touristenbüro am Bahnhof.

Radservice
- Il Paradiso della Bicicletta
  Via Novara 87
  Tel./Fax 02/4036693
- A.M. Ciclo
  Piazza Aspromonte 51
  Tel. 02/29409052
- Brera
  Via C. Pisacane 26
  Tel. 02/29406456

Radclub
- Ciclobby
  Via Cesariano 11
  20154 Milano
  Tel./Fax 02/3313664
  ciclobby@provincia.milano.it
  www.provincia.milano.it/associazioni/ciclobby

Camping-Artikel
- Air-Camping
  Via Amedeo D'Aosta 11
  Tel. 02/29414718
- Ferrario
  Via Pitagora 19
  Tel. 02/2573536
- Moscatelli
  Via Santa Rita da Cascia 63
  Tel. 02/817817

Südlich vom Naviglio Grande, etwa 1,5 km südwestlich vom Bahnhof Porta Génova.

Waschsalon
Zahlreich in Bahnhofsnähe, etwa
- Onda Blu
  Via Scarlatti 19

Unterkunft

⚐ **Ostello per la Gioventù »Piero Rotta«**
Via Martino Bassi 2
Tel. 02/39267095
Fax 02/33000191

Die 3 km vom Hauptbahnhof entfernte Jugendherberge ist eine typische Großstadtherberge in einem geschmacklosen Gebäude. Mit Internet-Café. Geöffnet vom 13.1. bis 23.12. von 7-9.30 Uhr und 15.30-24 Uhr, tagsüber geschlossen. Ü/F 24.000 Lire.

⚐ **Hotel Cesare Correnti**
Via Cesare Correnti 14
Tel. 02/8057609
Fax 02/72010715

Dieses neue Hotel befindet sich 10 Min. vom Bahnhof San Ambrosio entfernt, in der Umgebung des Duomo, und ist im zweiten Stock eines alten Gebäudes untergebracht. Familiäre Atmosphäre, schöner Innenhof.
DZ ab 70.000 Lire.

⚐ **Hotel Due Giardini**
Via Benedettino Marcello 47
Tel. 02/29521093
Fax 02/29516933

Dieses in der Nähe des Bahnhofs gelegene Hotel hat einen netten Garten und einfache Zimmer.
DZ ab 95.000 Lire.

⚐ **Hotel Aurora**
Corso Buenos Aires 18
Tel. 02/2047960
Fax 02/2049285

Das Hotel liegt an einer belebten Einkaufsstraße, aber der Innenhof sorgt für etwas Ruhe. Im ersten Stock liegen 16 sehr bequeme Zimmer. Gutes Preis-Leistungsverhältnis. Im August geschlossen.
DZ ab 120.000 Lire.

Camping

▲ **Città di Milano**
Via G. Ariaghi 61
Tel. 02/48200134

Nicht allzu weit vom Zentrum.
2 Personen, 1 Zelt ab 25.000 Lire.

▲ **Cascina Gaggioli**
Via Selvanesco 25
Tel. 02/57408357

Ganzjährig geöffnet, mit Laden.

Verpflegung

Zahlreiche gastronomische Angebote stehen zur Wahl. Für Schleckermäuler sind besonders die Eisdielen

🍴 **Gelateria Frullati Viel**
an der Piazza Cairoli

sowie die verheißungsvolle

🍴 **Gelateria Jack Frost**
Via Lazaretto

zu empfehlen.

🍴 **Masuelli San Marco**
Viale Umbria 80
Tel. 02/55184138

Sehr gute, traditionelle Küche mit Gerichten aus Lombardia und Piemonte. Nette Atmosphäre und Bedienung.

🍴 **Aurora**
Via Savona 23
Tel. 02/89404978

Top-Gerichte aus Piemonte, sehr gutes Preis-Leistungsverhältnis und tolle Atmosphäre.

🍽 L' Isola Fiorita
Ripa Ticinese 83
Tel. 02/89402060

Viele Spezialitäten von ausgezeichneter Qualität. Essraum in einem Wintergarten.

TOUR 3:
VON DEN OBERITALIENISCHEN SEEN AM TICINO ENTLANG ZUM PO

Como (Tour 4) – Uggiate – Varese – Bodio – Corgeno – Turbigo – Sesto Calende – Abbiategrasso (Tour 2) – Motta Visconti – Bereguardo – Pavia (Touren 1, 5)
Länge: ca. 135 km
Dauer: 2-3 Tage
Schwierigkeitsgrad: mittel
  am Anfang einige Steigungen, ab
  Sesto Calende flussabwärts
Wichtigste Sehenswürdigkeiten:
  Villen im Umland von Como
  und Varese sowie am Naviglio
  Grande, Pavia
Karten:
- Generalkarte Italien 1:200.000; Mailand/Turin (1); 12,80 DM
- Kümmerly & Frey 1:200.000; Lombardei; 16,80 DM
- Touring Club Italiano 1:200.000; Lombardia; 9.500 Lire
- ADAC-Regionalkarte, 1:150.000; Oberitalienische Seen; 12,80 DM

Die in der letzten Eiszeit entstandenen Oberitalienischen Seen gehören mit ihrem angenehmen Klima zu einer der beliebtesten Urlaubsgegenden Italiens. Die Gebirge rund um die Seen sind vor allem ein Eldorado für Mountainbiker. Diese Tour führt erst von Como (Tour 4) an den Fluss Ticino bei Sesto Calende. Von dort geht es bis nach Pavia quer durch den *Parco Naturale della Valle del Ticino* mit seinen vielen Auwäldern. Man radelt auf ruhigen Uferwegen flussabwärts über Abbiategrasso – wo sich ein Abstecher nach Milano anbietet (Tour 2) – bis nach Pavia kurz vor der Mündung des Ticino in den Po. Von Pavia kann man an die Ligurische Küste nach Génova (Tour 1) weiterfahren oder die Po-Ebene bis nach Mántova durchqueren (Tour 5).

Como (201 m)

Als Hauptort des gleichnamigen Sees hat Como eine lange Geschichte: Schon von den Kelten besiedelt, wurde hier um 196 v.Chr. ein römischer Ort gegründet, der als *Novum Comum* eine wichtige Bedeutung für das römische Kaiserreich hatte. Im Mittelalter genoss das zu Milano gehörende Como wegen seiner Seidenproduktion hohes Ansehen. Von dieser Zeit zeugen noch Reste der alten Stadtbefestigung, darunter der 40 m hohe *Torre Porta Vittoria*. Dieser Turm wurde als Teil der alten Stadtmauer im Jahr 1192 errichtet. An diese Zeit erinnert auch der *Broletto*, das in einer Mischung aus römischem und gotischem Stil erbaute ehema-

Umgebung des Lago Maggiore

lige Gemeindehaus. Heute ist das zwischen Bergen und Seen liegende Como mit seinen 95.000 Einwohnern eine wichtige Industrie-, Messe- und Tourismusstadt. Kein Wunder, dass bei so vielen Funktionen die Verkehrsverhältnisse, besonders in der engen mittelalterlichen Innenstadt, sehr schwierig sind. Die Altstadt liegt zwischen den Fixpunkten Bahnhof, Schiffsanleger und Piazza Vittoria.

Bekanntester Sohn von Como ist Alessandro Volta (1745-1827), der als Erfinder der Batterie gilt und nach dem die physikalische Einheit für die elektrische Spannung (Volt) benannt wurde. Erinnerungsstücke an Volta sind heute im *Tempio Voltiana* ausgestellt.

Die vielen Villen im Umland von Como, überwiegend im 16.-18. Jh. erbaut, zählen zu den schönsten im Gebiet der Oberitalienischen Seen. Die wesentlich jüngere Jugendstil-Villa *Charlotte* mit ihrem prächtigen Garten ist als Sommersitz Adenauers am Lago di Como bekannt geworden.

Der Lago di Como, mit bis zu 372 m Tiefe der tiefste Binnensee Europas, teilt sich in drei fast gleich lange Arme auf: Como, Colico und Lecco. Wer von Como gerne andere Orte entlang dieses von Alpen umgebenen Sees anschauen möchte, dem sei eine Bootsfahrt empfohlen, denn die Straßen entlang des Ufers sind sehr stark befahren und daher für Radfahrer keine Freude. Eine Alternative sind die

MTB-Strecken im Hinterland, die aber mit ihren teilweise erheblichen Steigungen ziemliche Anforderungen an Kraft und Kondition stellen.
Der Lago di Como wird von einer Flotte aus 26 Motorbooten befahren, die etwa Bellagio, Cadenabbia, Menaggio oder Varenna ansteuern. Die Fahrt kostet je nach Entfernung zwischen 2.000 und 12.000 Lire; für das Rad müssen zusätzlich noch etwa 6.000 Lire einkalkuliert werden. Der Fähranleger liegt gegenüber der Piazza Cavour.
☎ 031/304060
Infos zu Zeiten und Preisen gibt es bei Navigazione sul Lago di Como.
☎ 031/579211
☺☺☺ Der *Duomo Santa Maria Maggiore* aus der Renaissance gilt als eine der schönsten Kathedralen in Lombardia. Der Bau wurde 1396 auf den Resten einer älteren Kathedrale von 1013 begonnen. Das 87 m lange und bei der Vierung 75 m hohe Gotteshaus ist schon von weitem sichtbar. Während das Langhaus noch gotische Stilelemente aufweist, sind die marmorverkleideten Fassaden wie auch die reiche Innenausstattung der Renaissance zuzuschreiben. Sehenswert sind vor allem das meisterhafte Portal, die flämischen Teppiche und die schöne Orgel. Geöffnet täglich 7-12 Uhr und 15-19 Uhr.
☺ Im *Civico Museo Archeologico* in der Via Vittorio Emanuele II. sind umfangreiche archäologische sowie kunst- und kulturhistorische Sammlungen zu besichtigen. Das Gebäude, der Palazzo Giovo, wurde 1536 im Stil der Renaissance erbaut. Geöffnet Di bis Sa 9.30-12.30 Uhr, 14-17 Uhr und So 9.30-12.30 Uhr.
☎ 031/271343
☺ Das *Museo Civico del Risorgimento »Guiseppe Garibaldi«*, untergebracht im *Palazzo Olginati*, ist insofern etwas Besonderes, als hier ausführlich über die jüngere italienische Geschichte informiert wird, und zwar über die italienische Befreiungsbewegung im 19. Jh.
☎ 031/271343
☺ Das Museum ist nach dem Freiheitshelden Guiseppe Garibaldi benannt, dem nach der Befreiung von der österreichischen Besatzung in Como am 5. August 1848 ein stürmischer Empfang bereitet wurde. Como galt danach, von 1848 bis 1859, als Zentrum der italienischen Freiheitsbewegung. Geöffnet Di bis Sa 9.30-12.30 Uhr, 14-17 Uhr und So 9.30-12.30 Uhr.
☺ Die romanische *Basilica San Fedele* aus dem 11./12. Jh. steht im Schatten des Duomo. Dennoch ist diese Kirche für Como von großer Bedeutung, weil hier einer der Märtyrer begraben sein soll. In den darauf folgenden Jahrhunderten hat San Fedele zahlreiche Umbauten erlebt, so dass der rein romanische Stil nicht mehr durchgängig erhalten ist.
Besonders bunt geht es beim *Palio del Bandello*, einem historischen Umzug im Juni, sowie bei der *Fiera di Pasqua*, einem traditionellen Markt an der Stadtmauer im März/

April zu. Musikfreunde kommen beim Musikherbst im September/Oktober auf ihre Kosten. *Sagra del Lario* ist ein Volksfest, das im September am ganzen Lago di Como gefeiert wird.

- ⓘ Piazza Cavour 17
  22100 Como
  Tel. 031/3300111
  Fax 031/261152

Das Touristenbüro liegt nahe an der Schiffsanlegestelle. Ein weiteres Büro gibt es am Bahnhof.

Radservice
- 🚲 Cairoli & C.
  Via Dottesio 8
  Tel. 031/300160
- 🚲 Martinelli & C.
  Viale Lecco 95
  Tel. 031/264417

Camping-Artikel
- ⌧ Como Caravan
  Via Canturina 1
  Tel. 031/521215
  comocaravan@fvnet.it

Unterkunft
Die Unterkünfte in Como sind ziemlich teuer. Günstiger ist es in den Dörfern am See.

- ⌂ Ostello per la Gioventù
  »Villa Olmo«
  Via Bellinzona 6
  Tel./Fax 031/573800

Die Jugendherberge ist 1 km vom Bahnhof entfernt. Die Lage der schönen, nahe am See und in grüner Umgebung gelegenen Jugendherberge wird durch die belebte Straße vor der Tür etwas beeinträchtigt. Mit Fahrradverleih und Garten.
Ü/F 16.000 Lire. Geöffnet 7-10 Uhr und 15.30-23.30 Uhr.

- ⌂ Albergo Sociale
  Via Maestri Comancini 8
  Tel. 031/264042

Mit Restaurant. Einfache, saubere Zimmer. DZ ab 60.000 Lire.

- ⌂ Hotel Quarcino
  Via Salita Quarcino 4
  Tel. 031/303934
  Fax 031/304678.

Schön und ruhig gelegen im historischen Zentrum. Bequeme, gut ausgestattete Zimmer, freundlicher Besitzer, Garten und Parkplatz. Gutes Preis-Leistungsverhältnis. DZ ab 100.000 Lire.

- ▲ International
  Via Cecilio
  Tel. 031/521435

Gut ausgestattet, aber nicht am See. 2 Personen, 1 Zelt ab 18.000 Lire.

Verpflegung
- 🍽 Taverna Messicana
  Piazza Mazzini 6
  Tel. 031/266204

Diese Taverne liegt schön im historischen Zentrum. Im Sommer sitzt man draußen unter Sonnenschirmen; innen ist es rustikal eingerichtet. Beliebt bei Italienern. *Pizza al taglio*, d. h. die Zutaten der Pizza können selbst ausgewählt werden – und die Auswahl ist groß! Große Portionen für Radfahrer.

- 🍽 Ristorante Rino
  Via Vittani 7
  Tel. 031/273028

Mittags belebt, abends ruhig. Küche geöffnet bis 21 Uhr. Gemütliche Atmosphäre und gutes Essen.

🍴 Eissalon Nuova Galleria
Piazza Duomo

Hier gibt es für jeden Eisliebhaber eine große Auswahl an Sorten.

Aus dem quirligen Como geht es in südlicher Richtung heraus. Dazu wird die direkt vom Bahnhof südwärts führende Nebenstraße Richtung Albate gewählt, um nach 2 km rechts Richtung Breccia und San Fermo di Battaglia (397 m) abzubiegen. Kurz vor dem zuletzt genannten Ort überquert die Straße die Autobahn A9. Man folgt dem Weg westwärts über Cavallasca (400 m) nach Pare (412 m). Rechts liegt die Schweizer Grenze, die hier so wenig bewacht und löchrig wie ein ebensolcher Käse ist.

In Pare zweigt man rechts ab, um in weiterhin westlicher Richtung über Uggiate-Trevano (414 m) nach Rodero (394 m) zu fahren. Kurz danach geht es links auf die Hauptstraße und auf dieser durch Cantello (404 m) hindurch. Gleich nach dem Ortsende wird von dort die rechts abzweigende Nebenstraße gewählt, die kurz vor Varese auf die Hauptstraße 342 führt. Auf dieser kann der Radler zu Besichtigungs- oder logistischen Zwecken bis nach Varese hineinfahren, während die eigentliche Route einen südlichen Umweg um die Industriestadt macht.

Varese (380 m)

Varese ist eine Industriestadt, deren Umland für ihre vielen Villen, Parks und Gärten bekannt ist. Die Stadt selbst hat wenig Interessantes zu bieten.

Die wichtigste Straße, die Corso Matteotti, erstreckt sich westlich des Duomo zwischen der Piazza Carducci im Norden und der Piazza Monte Grappa im Süden mit ihrer monumentalen Architektur aus Mussolini-Zeiten. An der zentralen Piazza San Vittore erhebt sich die gleichnamige Kathedrale aus dem 16. Jh., deren heutige Fassade zwei Jahrhunderte später ergänzt wurde. Der Bahnhof befindet sich im Osten der Stadt, unweit des historischen Stadtkerns.

☺ Im Süden grenzt der im 18. Jh. erbaute *Palazzo Estense*, in dem heute die städtische Verwaltung untergebracht ist, an die Altstadt. Dieses barocke Bauwerk wurde im 18. Jh. nach dem Vorbild des Habsburger Schlosses Schönbrunn in Wien errichtet. Gleich dahinter beginnt der Englische Park, der vor allem für sein Prachtexemplar einer Libanonzeder bekannt ist. In dem Park liegt auch die *Villa Mirabello* mit dem *Museo Civico*.

☎ 0332/281590

☺ Das Observatorium der Zitadelle der Naturwissenschaften G.V. *Schiaparelli* thront 1.226 m hoch im Campo-di-Fiori-Massiv. Von dort bietet sich eine gute Aussicht auf die lombardischen Seen und Voralpen.

Zu erreichen ist das Observatorium zu Fuß durch den Naturpark in etwa 20 Minuten (Bus C von Varese aus, Piazzale Trieste, bis zur Endstation). Eine telefonische Anmeldung ist erforderlich:
☎ 0332/235491

🐞 Eine echte Herzenssache ist folgende Tradition: Am vorletzten Donnerstag im Januar schenken die Frauen ihren Männern oder Verlobten Gebäck in der Form eines Herzens. Am letzten Donnerstag des Monats passiert dasselbe umgekehrt.

ⓘ Viale Ippodromo 9
21100 Varese
Tel. 0332/284624
Fax 0332/238093

Ein weiteres Touristenbüro gibt es in der Via Carrobbio 1.

Radservice
🚲 Ambrosini
Piazza Madonnina in Prato 1
Tel. 0332/240109

🚲 Pavarin
Via A. Vespucci 19
Tel. 0332/329160

Radclub
✉ Ciclocittà
Via Piave 6
21100 Varese
Tel. 0332/234055

Unterkunft
↵ Hotel Stadio
Via Bolchini 24
Tel. 0332/224069
Fax 0332/212840

Nette Zimmer mit Klimaanlage. Garten und bewachter Parkplatz, wo das Rad sicher steht. DZ ab 70.000 Lire.

↵ Hotel Stelvio
Via Tonale 10
Tel. 0332/334800
Fax 0332/335080

Gut ausgestattete Zimmer. Bewachter Parkplatz und netter Garten. DZ ab 85.000 Lire.

▲ Agriturismo-Camping
Gioccia d'Oro
Tel. 0332/265389

Dieser kleine ländliche Zeltplatz liegt in Bizzozero, etwa 4,5 km südlich von Varese. Mit Restaurant und Laden.

Von der nach Varese südöstlich hineinführenden Straße 342 biegt man 1 km vor dem Bahnhof Richtung Capolago und Buguggiate links ab und folgt der Straße bis kurz hinter Bodio (273 m) am Südufer des Lago di Varese, der aus unterirdischen Quellen gespeist wird.

Etwa 2 km westlich von Bodio zweigt links eine Nebenstraße ab, die über Inarzo (261 m), Bernate und Varano Borghi (281 m) an den Lago di Comabbio heranführt. Dort radelt man auf der von Pappeln und Robinien gesäumten Uferstraße in südlicher Richtung bis nach Corgeno. Wer sich mal kurz im Lago di Comabbio erfrischen möchte, nimmt hier die rechte Abzweigung, die zu dem kostenlosen Strandbad am See führt. Der Radler verlässt Corgeno auf der Hauptstraße, zweigt nach 300 m rechts in die Via

San Rocco ab und überquert eine zweispurige Straße. Über Oneda geht es dann geradeaus weiter bis nach Sesto Calende.

Sesto Calende (198 m)

Die Industriestadt Sesto Calende liegt an einem alten Übergang über den Ticino-Fluss. Im Ort gibt es nicht viel zu sehen, aber die beiden mittelalterlichen Kirchen *San Donato* und *San Vincenzo* in der Umgebung lohnen einen kleinen Abstecher. An der zentralen Piazza Cesaro da Sesto informiert ein Museum über die vorgeschichtliche Besiedlung, vor allem über die eisenzeitliche Kultur Golaseccas (6. Jh. v. Chr.), die die dichten Wälder entlang des Ticino als Brennholz für das Schmelzen und die Verarbeitung des bei Verbano gefundenen Eisenerzes nutzte.

ⓘ Viale Italia 3
21018 Sesto Calende
Tel. 0331/923329

Unterkunft

⌁ Albergo La Pagoda
Via Umberto Maddalena 4
Tel. 0331/913776

Einfache Zimmer, mit Restaurant. DZ ab 30.000 Lire.

⌁ Albergo David
Via Roma 56
Tel. 0331/920182
Fax 0331/913939

13 gepflegte Zimmer mit Bad; mit Restaurant, Garten und Garage. DZ ab 120.000 Lire.

⌁ La Sfinge
Via per Angera 1
Tel. 0331/924531.

Verpflegung

🍴 Tre Re
Piazza Garibaldi 25
Tel. 0331/924229.

In Sesto Calende überquert man die Nationalstraße 33 und folgt der von der Piazza Cesaro da Sesto abzweigenden und flussabwärts führenden linksseitigen Uferstraße, wo sich bald Schotter und auch einige Schlaglöcher unter den Reifen bemerkbar machen. Der Fluss Ticino bildet hier die Grenze zwischen Lombardia und Piemonte, das auf der anderen Uferseite beginnt. Die Tour führt einen alten Treidelweg entlang, auf dem früher Pferde die Kähne auf dem Ticino zogen.

Es geht immer weiter am linken Flussufer entlang, vorbei an der Talsperre der Miorina. Bald ist der Damm von Porto della Torre erreicht, von wo es auf einer asphaltierten Straße weiter flussabwärts geht. Nach etwa 1 km, bei der Cascina Belvedere, einem alten Hof, zweigt man rechts ab, Richtung Maddalena, und bleibt am Ufer des Ticino. Die nicht asphaltierte Strecke führt zur großen Schleuse des Villoresi-Kanals. Diese Schleuse überwindet einen Höhenunterschied von 2,5 m und wurde 1884 errichtet. Nach der Schleuse können sich die Räder wieder über Asphalt freuen; man nimmt bei Maddalena die erste Straße rechts und gleich wieder links, am Flussufer entlang. Der wiederum nicht asphaltierte Weg verläuft zwischen zwei Kanälen: dem Canale Vizzola und dem Canale Villoresi. Kurz danach erreicht man das Wasserkraftwerk von Vizzola, das älteste in Italien. Jetzt geht es bergab auf dem Treidelweg am Canale Industriale entlang. Nach 2,5 km überquert man rechts den Kanal. Weiter geht es auf der Schotterpiste, die zwischen dem Ticino und dem Canale Industriale verläuft. Bald folgt die belebte Nationalstraße 527, die überquert wird. Zur Rechten ist die Schleuse des Naviglio Grande nicht zu übersehen. Links liegt der Ort Tornavento.

Hinter der Schleuse nimmt man die Brücke und fährt danach rechts, am Naviglio Grande entlang. Nach einer Kurve wird der Kanal noch einmal überquert. Dann biegt man rechts ab und fährt über die nächste Brücke. Jetzt folgen einige Kilometer Schotterpiste, die in einen Radweg übergeht, der den Kanal quert. Bei einer Kreuzung folgt man dem Kanal und fährt an Turbigo vorbei. Nach etwa 1 km geht es unter einer Eisenbahnbrücke hindurch und am Wasserkraftwerk von Turbigo vorbei.

Am historischen Hof *Cascina Padregnana* überquert man den Kanal und fährt auf der anderen Seite weiter. Links, bei Castelletto di Cuggione (156 m), taucht die eindrucksvolle *Villa Clerici* aus dem 17. Jh. mit schönem, terrassiertem Garten auf.

Es geht immer am Kanal entlang, vorbei an Rubone mit seinem Steinbruch, bis nach Boffalara (142 m), wo man wieder die Kanalseite wechselt. Vorbei an dem Friedhof von Boffalora und einer großen Fabrikanlage folgt man dem linksseitigen Treidelweg des Naviglio Grande bis kurz vor Abbiategrasso. Gleich hinter Ponte Vecchio (135 m) folgt eine erstaunliche Villenballung. Hier die Namen in der Reihenfolge der Durchfahrt, mit der Kanalseite in Klammern: noch in Ponte Vecchio die *Villa Castiglioni* (links), *Villa Archinto* mit ihren auffälligen Zinnen (rechts), *Villa Dugnani* (links), *Villa Gaia-Gandini* (rechts), *Villa Gromo di Ternengo* (rechts), *Villa Bassana* (links), *Villa Naj* mit netter Rokoko-Kapelle (links), *Villa Visconti-Maineri* (links) und schließlich die *Villa Negri* (links). Kurz nach der letztgenannten Villa geht es unter der Eisenbahnbrücke hindurch bis nach Castelletto (120 m), wo die Straße 494 rechts nach Abbiategrasso (s. Tour 2) und links nach Milano (s. Tour 2) abzweigt. Von hier führt Tour 2 direkt in die Modemetropole.

Diese Tour verläuft 1 km auf der Straße 494 bis nach Abbiategrasso. Abbiategrasso (120 m) verlässt man südlich auf der Nebenstraße nach Òzzero (107 m) und folgt der Straße bis zum Gehöft Cerina di Sopra, wo sie in einen Feldweg übergeht. Hinter dem Wäldchen Bosco Vacaresso hält man sich links, dem Bach Fosson Morto folgend, bis die Wassermühle von Basiano erreicht wird, die noch in Betrieb ist. Hier geht es über den Bach hinüber, dem Weg über Vallavecchia (107 m) nach Besate folgend.

Besate (104 m)

Als wichtigste Sehenswürdigkeit in Besate ist der *Palazzo Visconti di Modrone* zu nennen.
- ⌂ Agriturismo Cascina Caremma
  20080 Besate
  Tel./Fax 02/9050020

Rund 2 km nördlich von Motta Visconti liegt dieser Biohof von Gabriele Corti. Die Übernachtung in den Einzel- oder Doppelzimmern kostet ab 35.000 Lire inklusive Frühstück. Die Küche verwendet selbst produziertes Gemüse und Getreide. Fahrräder und Kanus können geliehen werden. Achtung: Im August ist der Betrieb geschlossen.
Der Radfahrer verlässt Besate in südlicher Richtung und radelt auf dem rechts am Friedhof vorbeiführenden Feldweg entlang. Vorbei am *Cerina Agnella*, einem Hof aus dem 18. Jh., geht es weiter bis kurz vor Motta Visconti (110 m), wo man rechts auf die Via Gasperi abzweigt, die den Ort umfährt. Sich rechts haltend, geht es über den Weiler Zelata (98 m) mit seinem prächtigen Palazzo nach Bereguardo.

Bereguardo (98 m)

In Bereguardo zeigen das *Schloss der Visconti* und die vielen prächtigen Häuser aus dem 18. Jh., dass es sich hier von der Landwirtschaft in der Umgebung ganz gut leben ließ.

Radservice
- ⌂ La Bicicletta
  Via Villette 1

Unterkunft
- ⌂ Albergo de la Ville –
  Ristorante il Fagiano
  Via Ticino 40
  Tel. 0382/928097

Das Haus hat 8 bequeme Zimmer und serviert im Restaurant recht gutes Essen; mit Garten. DZ mit Bad ab 90.000 Lire.

Verpflegung
Die meisten Gasthöfe liegen rund um die Ponte delle Barche.
In Bereguardo nimmt man erst die nach Garlasco in südliche Richtung führende Straße, um diese noch vor dem Ortsende wieder links zu verlassen. Es geht über die Autobahn A7 hinüber und dann auf der linken Seite des Ticino entlang, bis über San Varese und Torre d'Isola das Etappenziel Pavia (s. Tour 1) erreicht wird. Hier besteht Anschluss an zwei Touren: die zur ligurischen Küste führende Tour 1 sowie Tour 5, die durch die Po-Ebene bis nach Mántova verläuft.

Tour 4:
Am Adda-Fluss entlang

Como (Tour 3) – Merone – Costa Masnaga – Sirtori – Merate – Robbiate – Trezzo – Cassano d'Adda – Truccazzano – Merlino – Zelo – Montanasco Lombardo – Lodi (Tour 5)
Länge: 95 km
Dauer: 1-2 Tage
Schwierigkeitsgrad: mittel
   am Anfang einige Steigungen, danach gemäßigt bergab am Fluss entlang
Wichtigste Sehenswürdigkeiten:
   Como, Castello von Trezzo sull'Adda, Lodi mit Chiesa dell'Incoronata
Karten:
- Generalkarte Italien 1:200.000; Brenner /Verona /Parma (2); 12,80 DM
- Kümmerly & Frey 1:200.000; Lombardei; 16,80 DM
- Touring Club Italiano 1:200.000; Lombardia; 9.500 Lire

Die Adda verbindet die Oberitalienischen Seen mit dem Po, und genau diese Funktion hat diese Tour: Von Como (Tour 3), gelegen am gleichnamigen See, geht es auf kleinen Uferwegen flussabwärts der Adda in die Po-Ebene hinein bis nach Lodi, wo Anschluss an Tour 5 besteht, die die Po-Ebene von Pavia bis nach Mántova durchquert.

Um dem Verkehrsgewühl von Como (201 m) zu entfliehen, verlässt man vom Bahnhof aus die Stadt über eine in westliche Richtung führende Nebenstraße. Es geht zuerst aufwärts, an Ponzate, Tavernerio und Albese con Cassano vorbei in Richtung Erba. Kurz vor Erba nimmt man die rechte Abzweigung nach Parravicino, von wo es nach Alserio (260 m) am gleichnamigen See hinuntergeht – ein südlicher Linksbogen um den See, durch Anzano del Parco und Nobile bis nach Merone.

Merone (320 m)

Unterkunft
↪ Albergo Ponte Nuovo
   Via G. Puecher 1
   Tel. 031/650142
Kleine Unterkunft mit familiärer Atmosphäre; mit Restaurant.
DZ mit Bad ab 80.000 Lire.

In Merone quert man die Bahn und radelt in südlicher Richtung weiter, um kurz vor Lambrugo links nach Costa Masnaga (325 m) abzubiegen, das, die Nationalstraße 36 querend, in Richtung Barzago (358 m) wieder verlassen wird. In Barzago orientiert man sich südöstlich, überquert die Hauptstraße und gelangt so nach Sirtori, an das sich südlich der *Parco di Montevecchio e della Valle del Curona* anschließt. Die folgende Route umrundet den Naturpark nördlich und führt über Rovagnata nach Merate (292 m) und von dort in derselben (südöstlichen) Richtung weiter nach Robbiate (273 m), wo endlich das Tal des Flusses Adda erreicht wird, der den Lago di Garlate bei Lecco mit dem Po verbindet. Gleich unterhalb von Robbiate liegt Paderno d'Adda (266 m). Von dort führt ein Feldweg Richtung Elektrizitätswerk zum Ufer der Adda hinunter. Die asphaltierte Uferstraße ist durch eine Schranke verschlossen, an der man aber mit dem Rad vorbeifahren kann (und darf). Nun geht es – unter der mehr als 100 Jahre alten Brücke hindurch – den rechten Uferweg entlang flussabwärts. An mehreren, um die Jahrhundertwende errichteten Wasserkraftwerken vorbei wird nach 12 km Trezzo sull'Adda erreicht.

Trezzo sull'Adda (188 m)

In Trezzo sull'Adda ist vor allem das *Castello* sehenswert.

Radservice
- Motta
  Via Dante 25.

Unterkunft
- Albergo Giambellino
  Via Marconi 32
  Tel. 0290/961375
  Einfaches, kleines Hotel mit Restaurant und Garage. DZ ab 80.000 Lire.

Verpflegung
- San Martino
  Via Brasca 47
  Tel. 0290/90218

Südlich von Trezzo sull'Adda hält man sich weiter an der rechten Flussseite, überquert die Autobahn A4 und radelt an der Kapelle vorbei auf einem Feldweg, der zwischen der Adda und einem Zufluss, der Martesana, entlangführt. Zur Linken ist auf der anderen Adda-Seite die alte Arbeitersiedlung Crespi d'Adda nicht zu übersehen. Der Radweg führt an einem weiteren Wasserkraftwerk und dem Dorf Gropello d'Adda (144 m) vorbei nach Cassano d'Adda (133 m), das von dem 1.000 Jahre alten *Castello* und der *Villa Borromeo* bestimmt wird. In Cassano d'Adda hält man sich links und überquert auf einer Brücke den Canale di Muzza. Gleich danach geht es rechts ab, um dem linksseitigen Treidelweg 6 km bis zur nächsten Brücke zu folgen, wo es rechts nach Truccazzano (108 m) geht.

Die Radroute verläuft weiter auf dem Kanalweg, den man 500 m nach der Brücke links verlässt, um mit dem Ciba-Geigy-Werk ein weniger ästhetisches Bauwerk aus der heutigen Zeit rechts liegen zu lassen. Nach einem weiteren Kilometer geht es am Corneliano Bertario (102 m) vorbei, einer mittelalterlichen Burg (heute ein Bauernhof). Wo früher Ritter ihr Stelldichein gaben, betreiben heute Landwirte ihr mühsames Geschäft. Nun führt der Radweg nach Comazzo auf einem Flussdamm weiter, der einen weiten Blick auf die ländliche Flussniederung erlaubt. In Comazzo (98 m) ist die im 18. Jh. erbaute *Villa Pertusati* das erste Haus am Platze; hier ist heute das Rathaus untergebracht. Etwa 2 km hinter Comazzo biegt man bei der Trattoria Bocchi rechts ab und erreicht bald danach Marzano (95 m), das für den leider etwas heruntergekommenen *Palazzo Carcassola* mit seinem schönen Portal bekannt ist.

Durch Marzano radelt man hindurch und hält sich danach links, Richtung Lodi. Die Straße überquert kurz darauf die Nationalstraße 415 und läuft dann parallel zur Adda, aber weiter entfernt von dem Fluss. Durch Zelo Buon Pérsico, Villa Pompeiana, Galgagnano, Montanasco und Lombardo radelt man nach San Grato, wo die Nationalstraße überquert wird. Die Straße führt zwischen Stadtpark und Bahnhof in die Innenstadt. Von der Piazza Castello geht es links zur Stadtmitte über auf den Duomo zuführenden Corso Vittorio oder rechts durch die Viale Dante zum Bahnhof. In Lodi besteht Anschluss an die quer durch die Po-Ebene von Pavia nach Mántova verlaufende Tour 5.

Lodi (85 m)

Lodi liegt an der Adda, umgeben vom Parco dell'Adda Sud. Die zentrale Piazza Vittoria wird von dem *Duomo* dominiert. Gleich daneben zweigt die Piazza Broletto mit dem *Museo Civico* und seinen archäologischen Sammlungen ab. Die *Chiesa dell'Incoronata* aus dem 15. Jh. gilt als eines der schönsten Beispiele der lombardischen Renaissance. Sehenswert ist auch der *Duomo San Bassiano* aus dem 12. Jh., in dessen Krypta der Heilige Bassiano aufgebahrt ist.

ⓘ Piazza Broletto 4
20075 Lodi
Tel. 0371/421391
Fax 0371/421313

Radservice
🚲 Boccardo
Via San Bassiano 31
Tel. 0371/610230
🚲 Reaelli
Via Sant'Ambrogio 8

Unterkunft
↪ Albergo Anelli
Viale Vignati 7
Tel. 0371/421354
Fax 0371/422156
Gepflegte, bequeme Zimmer; mit Bar und Garage. DZ mit Bad ab 150.000 Lire.
↪ Albergo La Locanda
Via Emilia 87a
Tel. 0371/610003
Klein und einfach; mit Restaurant; DZ 50.000 Lire.

Tour 5:
In der Po-Ebene durch Lombardia

Pavia (Touren 1, 3) – Cura Carpignano – San Angelo – Lodi Vecchio – Lodi (Tour 4) – Cavenago – Montodine – Pizzighettone – Spinadesco – Cremona – Malagnino - Isola Dova-

rese – Canneto sull Oglio – Curatone – Mántova (Touren 6, 22, 27)
Länge: 195 km
Dauer: 2-3 Tage
Schwierigkeitsgrad: leicht, beinahe ausschließlich bergab
Wichtigste Sehenswürdigkeiten: Pavia, Chiesa dell'Incoronata und Duomo in Lodi, Cremona, Mántova
Karten:
- Generalkarte Italien 1:200.000; Brenner/Verona/Parma (2); 12,80 DM
- Touring Club Italiano 1:200.000; Emilia-Romagna; 9.500 Lire
- Touring Club Italiano 1:100.000; Fiume Po da Piacenza al Delta

Diese einfache Radtour führt durch die Po-Ebene, einer alten Kulturlandschaft, die von zahlreichen Kanälen und Flüssen durchzogen wird. Die Radtouren verlaufen teilweise durch üppig bewachsene Flusstäler, etwa am Ticino, der Adda oder der Oglio, die allesamt in den Po münden. Kulturelle Höhepunkte sind die Städte Pavia, Mántova und die Stradivari-Stadt Cremona. Vom Startpunkt in Pavia hat man Anschluss an die den Ticino bis zu den Oberitalienischen Seen hinaufführende Tour 3 sowie Tour 1, die der ligurischen Küste entgegenstrebt.

Von Mántova sind sowohl der Lago di Garda (Tour 6), das Po-Delta (Tour 22) als auch die toscanischen Marmorberge (Tour 27) erreichbar.

Die Innenstadt von Pavia wird verlassen, indem man, von der Piazza Italia kommend, rechts am Castello vorbeifährt, bis die quadratische Piazza E. Filiberto erreicht ist, die man geradeaus überquert. Der Viale Torquato Tasso überquert jetzt einen Kanal und führt dann in nordöstlicher Richtung aus der Stadt heraus. Die zweite größere Abzweigung nach rechts, Richtung Cura Carpignano, nimmt man unter seine Räder und verlässt so das Ticino-Tal.

In Cura Carpignano hält man sich erst links, überquert einen Bach, um dann rechts nach Calignano abzuzweigen. Sich rechts haltend, wird Vistarino (72 m) erreicht, wo man geradeaus nach Magherno (76 m) weiterradelt. Dort geht es rechts ab, bis nach 2 km die Hauptstraße 235 erreicht ist, der man bis San Angelo Lodigiano folgt.

Sant'Angelo Lodigiano (73 m)

Sant'Angelo Lodigiano wird von einer mächtigen Burg im Norden der Stadt beherrscht, in der ganz unbescheiden gleich drei Museen untergebracht sind.

Radservice
🚲 Diliè
Via XX. Settembre

Unterkunft
↵ Albergo Ristorante San Rocco
Via Cavour 19

Tel. 0371/90729
Fax 0371/210242
Einfache Zimmer und durchschnittliche Küche.
DZ mit Bad 90.000 Lire.

Von San Angelo Lodigiano führt die Nationalstraße 235 nach Lodi. Etwa 1 km nach Verlassen der Stadt, kurz hinter dem landwirtschaftlichen Betrieb Maiano, biegt man links ab. Auf einer Nebenstraße geht es jetzt über Domodossola (72 m) und Ca' dell'Acqua (68 m) nach Lodi Vecchio (82 m). In Lodi Vecchio hält man sich zuerst rechts und fährt dann geradewegs auf die sehenswerte *Basilica di San Bassiano* aus dem 14. Jh. zu, deren Vorläufer bereits im 4. Jh. als Apostelkirche gegründet wurde.

Von Lodi Vecchio geht es weiter nach Pezzolo, danach hält man sich kurz links auf der Nationalstraße 235, die bei der erstbesten Gelegenheit wieder nach rechts verlassen wird. Bald nach der Überquerung des Canale Muzza zweigt man rechts nach Cornegliano Laudense (79 m) ab, wo es links auf eine Nebenstraße geht, die kurz vor Lodi auf die Nationalstraße 235 mündet. Dieser folgt man jetzt, unter den Bahngleisen hindurch, bis in die Innenstadt. Von Lodi führt Tour 4 zu den Oberitalienischen Seen nach Como.

Die zentrale Piazza Vittoria verlässt man über den zur Porta Cremonese führenden Corso Roma. Dort fährt man ein kleines Stück auf dem Corso Mazzini in Richtung Piacenza, ehe es links nach Caviaga abgeht, wo man wiederum links abbiegt: nach Cavenago d'Adda (73 m). Hier geht es die Straße nach Rubbiano entlang, die alsbald die Adda auf einer neuen Brücke überquert. Sich rechts haltend, radelt man durch Rubbiano, Credera (60 m), Rovereto, Moscazzano (68 m) nach Montòdine (67 m), dessen Kirchplatz über die Via Crotti erreicht wird. Dieser Platz wird von der im 18. Jh. errichteten barocken Pfarrkirche beherrscht. Etwas älter ist der sehenswerte *Palazzo Benvenuti* (17. Jh.). In Montòdine quert man den Fluss Serio und radelt weiter über Gombito (65 m), San Latino und Formigara (59 m), wo wieder die Adda erreicht wird, nach Pizzighettone.

Pizzighettone (46 m)

Das am Fluss Adda gelegene Pizzighettone hat noch Bauwerke aus dem Mittelalter vorzuweisen, darunter Teile der Stadtmauern und einen Wachturm. Sehenswert sind auch die Kirche *San Bassano* sowie der *Palazzo Comunale*, das Rathaus. In dem kleinen Stadtviertel Gera am anderen Ufer der Adda informiert das *Museo Archeologico* über die vorgeschichtliche Besiedlung der Region.

Radservice
🚲 Zignani
   Corso Vittorio Emanuele 31

Unterkunft

⮩ Albergo La Plaza
Via Vittorio Emanuele 27
Tel. 0372/743017
8 einfach ausgestattete Zimmer ohne Bad; mit Restaurant.
DZ 45.000 Lire.

Verpflegung

🍽 Il Medioevale
Piazza Municipio 2
Tel. 0372/744355
Zentral gelegen und gut.

Pizzighettone wird durch die Porta Soccroso auf der am linken Ufer entlangführenden Dammstraße verlassen, die gute Aussichtspunkte bietet und teilweise nicht asphaltiert ist, ehe Crotta d'Adda (52 m) erreicht ist.

Von Crotta geht es ostwärts Richtung Acquanegra Cremonese. Aber schon hinter Farnace, noch vor der Überquerung des Canale Milano-Cremona, zweigt man rechts ab und hält sich danach links, durch den Ort Caselle hindurch. Bald erreicht man den Canale und radelt auf dem Kanalweg bis auf die Höhe von Spinadesco, wo die Kanalseite gewechselt wird. Am linken Kanalufer entlang geht es nun immer geradeaus. Kurz vor Cremona überquert man einen Fluss, zweigt dann rechts auf eine stark befahrene Straße ab, die bis in die Innenstadt von Cremona führt, wo der Himmel voller Geigen hängt. . .

Cremona (45 m)

Cremona ist bekannt für den Geigenbau, der hier seit Jahrhunderten Tradition hat. Von Cremonas wohl bekanntestem Sohn, Antonio Stradivari (1644-1737), sollen heute noch 550 Instrumente erhalten sein. Wahrzeichen von Cremona ist der 1267 erbaute und 111 m hohe *Torrazzo-Turm*, der bestiegen werden kann (geöffnet täglich 10.30-19 Uhr, Eintritt: 5.000 Lire). Nur wenig jünger ist die prächtige *Loggia dei Militi* (1292) an der Piazza del Comune, die zu den schönsten mittelalterlichen Plätzen Italiens zählt. Am Corso Garibaldi stehen weitere Baudenkmäler, darunter die *Palazzi Raimondi*, *Fodri* sowie *di Cittanova*. Auch heute noch sind viele Geigenbauer in Cremona aktiv, deren Werkstätten teilweise besichtigt werden können. Neben Geigen werden in Cremona auch profanere Dinge wie Wolle, Senf, Maschinen und Keramik produziert .

☺☺ Im gotischen *Palazzo Comunale* (13. Jh.) im Corso Vittorio Emanuele sind kostbare Geigen, darunter auch echte Stradivaris, zu bewundern. Geöffnet Mo bis Sa 8.30-17.45 Uhr, So 9.15-12.15 Uhr (Eintritt: 5.000 Lire).

☺ Der *Duomo* wurde im 12. Jh. in lombardisch-romanischem Stil erbaut, erhielt aber danach viele gotische Ergänzungen. Beim Domschatz stechen besonders die Goldschmiedearbeiten aus dem 15. Jh. hervor.

Cremona ist nicht nur die Stadt der Geigenbauer, sondern auch der klassischen Musik; vor allem beim alljährlichen *Festival di Cremona* mit Konzerten im *Teatro Ponchielli*.

- ⓘ Piazza del Comune 5
  26100 Cremona
  Tel. 0372/21722
  Fax 0372/534059

Radservice
- 🚲 Gaboardi
  Corso Vittorio Emanuele II 45
  Tel. 0372/23781
  Im Zentrum, nahe am Duomo.
- 🚲 Gosi Silvio
  Via Alighieri Dante 59
  Tel. 0372/23802

Camping-Artikel
- ▲ Expocar
  Via San Predengo 22
  Tel. 0372/471001

Unterkunft
- ⌂ Albergo Il Bersagliere
  Via Favagrossa 17
  Tel. 0372/41700

Nette Unterkunft mit 7 einfachen Zimmern mit oder ohne Bad; mit Restaurant. DZ ab 40.000 Lire.

- ⌂ Albergo Ristorante Al Duomo,
  Via Gonfalonieri 13
  Tel. 0372/35242
  Fax 0372/458392

Komfortable, gepflegte Zimmer; mit Restaurant und Bar. DZ mit Bad 110.000 Lire.

- ▲ Parco al Po
  Lungopò Europa 12
  Tel. 0372/21268

2 Personen und 1 Zelt ab 20.000 Lire

Verpflegung
- 🍽 Il Ceppo
  Via Casalmaggiore 222
  Tel. 0372/496363

Gutes schmackhaftes Essen und freundliche Bedienung.

Die Tour verlässt Cremona hinter dem Duomo Richtung Osten, entlang dem Corso XX. Settembre, der auf die Piazza IV. Novembre zuläuft. Diesen überquert man und fährt östlich weiter auf der Via Buoso da Dovara. Nach der Überquerung der Autobahn A21 geht es links neben der Bahnlinie über Malagnino (43 m) nach Pieve San Giacomo (39 m), dessen *Pfarrkirche* mit dem frühromanischen Turm schon von weitem erkennbar ist. Von hier aus führt die Straße, fortan »Via Postumia« genannt, dem Dugale Delmona folgend geradeaus weiter. Die erste Brücke über den Kanal überquert man, um durch Ca d'Andrea nach Torre de'Picenardi zu gelangen. Dieser Ort ist für die imposante *Villa Sommi-Picenardi* bekannt, einem Stilgemisch, dem zahlreiche Baumeister verschiedener Epochen ihren Stempel aufgedrückt haben.

In Torre de'Picenardi biegt man rechts ab und steuert Isola Dovarese (35 m) an, das an der Oglio liegt. Hochwasser dieses Flusses haben der Stadt öfter eine Insellage beschert, daher der Name Isola. Der zweite Namensteil bezieht sich auf

das einstmals mächtige Cremoneser Geschlecht der Dovara.
Von Isola Dovarese folgt man der am rechten Ufer flussabwärts verlaufenden Nebenstraße. Kurz hinter Castelfranco d'Oglio überquert eine Brücke den Fluss und führt geradewegs auf Canneto sull Oglio (35 m) zu. Nun hält man sich rechts und folgt der Straße, die den nördlichen Rand des waldreichen *Parco dell'Oglio Sud* bildet. Nach 15 km, dabei vorbei an den Orten Acquanegra sul Chiese (32 m) und Mósio, ist die Nationalstraße 10 erreicht, der man 2 km Richtung Mántova folgt.
An der zweiten Abzweigung links verlässt man die viel befahrene Straße und fährt immer geradeaus, durch Casático hindurch. Etwa 8 km später, nach einer langen Rechtskurve, ist das Dorf Gaffurro erreicht, wo man sich links hält. Jetzt geht es über einen Bach hinüber und schon empfängt einen das nächste Dorf: Sarginesco. Hier hält man sich erst rechts, dann links, um auf einer ruhigen Nebenstraße Grazie zu erreichen, wo es durch einen Zipfel des Schutzgebietes *Riserva Naturale Valli del Mincio* hindurchgeht. Bald darauf ist wieder die Nationalstraße 10 erreicht, der man erneut ein kleines Stück Richtung Mántova folgt, um sie in Curatone gleich wieder rechts zu verlassen.
Im nächsten Ort, Montanara (26 m), wird erneut eine Nationalstraße gekreuzt. Die linke Abzweigung führt nach San Silvestro, von wo man auf Nebenstraßen das Etappenziel Mántova erreicht.
Wer weiterradeln möchte, hat dazu in Mántova vielerlei Möglichkeiten: Tour 6 führt zum Lago di Garda, Tour 22 den Po entlang bis zu dessen Delta und Tour 27 in die toscanischen Marmorberge.

Mántova (20 m)

Diese am Fluss Mincio in der Po-Ebene gelegene und von den Etruskern im 10. Jh. v. Chr. gegründete Stadt ist vor allem von der Gonzaga-Dynastie geprägt. Die Gonzagas haben über 400 Jahre Geld in die Stadt investiert, die von berühmten Renaissance-Meistern immer weiter verschönert wurde. Die Stadt strahlt ihren Stolz noch heute aus. Das historische Zentrum rund um die Piazza Sordelli erinnert stark an das Mittelalter, vor allem abends. Lebhaft geht es auch auf der Piazza delle Erbe zu, wo jeden Vormittag (außer So) ein Markt abgehalten wird.
☺☺ Der *Palazzo Ducale* an der Piazza Sordello wurde in 400 Jahren immer wieder verändert und ausgebaut. Das Resultat ist eine erstaunliche Vielfalt an Zimmern, Korridoren und Sälen. Deren Zahl soll mit 500 noch höher sein als die der Baujahre. Die Gonzagas hatten es sich hier nett eingerichtet. Die Besichtigung ist nur mit Führer möglich, und der Rundgang dauert etwa 2 Stunden. Geöffnet Di bis Sa 9-14 Uhr und 14.30-18 Uhr, So und Mo 9-14 Uhr.

☺☺ Der mittelalterliche *Duomo* wurde im lombardisch-romanischen Stil erbaut. Die barocke Fassade wurde im 18. Jh. angebaut und sollte vor allem wegen der schönen Rosettenfenster über dem Eingangsportal beachtet werden.

☺☺ Der frisch renovierte *Palazzo Té* in der Viale Té gilt als eine der berühmtesten Renaissance-Villen Italiens. Er wurde 1525 von Giulio Romano erbaut und ist mit prächtigen Fresken des Manierismus ausgestattet. Im Inneren sind eine Galerie für moderne Kunst und ein Ägyptisches Museum untergebracht. Geöffnet Di bis So 9-18 Uhr, Mo 13-18 Uhr (Eintritt: 12.000 Lire).

☺ Die *Chiesa Sant'Andrea* an der Piazza delle Erbe ist vor allem wegen des eindrucksvollen Interieurs bekannt. Etwas älter als die im 18. Jh. fertiggestellte Kirche ist der gotische Turm von 1413. In der Chiesa Sant'Andrea soll angeblich eine Flasche mit Christi Blut aufbewahrt werden.

☺ Die ebenfalls an der Piazza delle Erbe gelegene *Rotonda di San Lorenzo*, erbaut im lombardisch-romanischen Stil, fällt durch ihre runden Formen auf. Wahrscheinlich wurde sie auf dem Fundament eines römischen Venus-Tempels errichtet. Geöffnet täglich 10.30-12.30 und 14.30-16.30 Uhr.

ⓘ Piazza A. Mantegna 6
46100 Mántova
Tel. 0376/321601
Fax 0376/363292

Radverleih
🚲 Ferrari
Via Conciliazione 6
Nicht weit vom Bahnhof entfernt. Es sind nicht nur rote Rennmaschinen erhältlich, wie es der Name vermuten lässt.

🚲 La Rigola
Lungolago dei Gonzaga
Dieser Radverleih liegt in der Umgebung von Castello San Giorgio, nahe am See.

Radservice
🚲 Bertoi Sport
Corso Giuseppe Garibaldi 70
Tel. 0376/324698
Südlich des Zentrums, Nähe Ippodromo und Campo Sportivo.

🚲 Boldrini
Via Principe Amedeo 12
Tel. 0376/225838
Zentral, Nähe Provinzgebäude (Prefettura).

Camping-Artikel
✉ Zaniboni
Piazzale Vittorio Veneto 7
Tel. 0376/327200

Unterkunft
⤴ Hotel ABC
Piazzale Stazione FF.SS. 25
Tel. 0376/322329
Fax 0376/325002
Dieses renovierte Hotel liegt in der Nähe vom Bahnhof, mit Garten. Hotelgäste können sich ein Fahrrad leihen. DZ ab 40.000 Lire.

⤴ Albergo Ristorante Pizzeria Marago

Via Villanova De Bellis 2
Tel. 0376/370313
Ordentliche Zimmer mit oder ohne Bad. Bewachter Parkplatz, auch für das Rad. DZ ab 48.000 Lire.

↳ Albergo Bianchi Stazione
Piazza Don Leoni 24
Tel. 0376/326465
Fax 0376/321504

Dieses Hotel liegt gegenüber dem Bahnhof. Alle Zimmer haben Klimaanlage und Bad. Die Zimmer an der lauten Straße sollte man lieber meiden. Innenhof mit Garten und bewachter Parkplatz.
DZ ab 120.000 Lire.

△ Agriturismo-Camping
Corte Rizzarda
Montanara
Tel. 0376/49121

Dieser etwa 5 km vom Zentrum entfernte Platz ist ganzjährig geöffnet.

Verpflegung

🍽 Leoncino Rosso
Via Giustiziati 33
Tel. 0376/323277

Diese Lokalität liegt hinter der Piazza delle Erbe. Günstig bei vorzüglichen Spezialitäten wie Risotti alla Mántovana.

🍽 Aquila Negra
Vicolo Bonacolsi 4

Dieses Haus ist in einer Seitengasse von der Piazza Sordello versteckt. Geschmackvolle Einrichtung mit sehr guter Küche. Eines der besten und bekanntesten Restaurants der Stadt.

TOUR 6:
VOM PO ZUM LAGO DI GARDA

Mántova (Touren 5, 22, 27) – Soave – Goito – Volta Mantovana – Solferino – Desenzano (Tour 13)
Länge: ca. 65 km
Dauer: ca. 1 Tag
Schwierigkeitsgrad: mittel
  nur eine erwähnenswerte, aber nicht steile Steigung vor Volta Mantovana.
Wichtigste Sehenswürdigkeiten: Mántova, Desenzano
Karten:
- Generalkarte Italien 1:200.000; Brenner/Verona/Parma (2); 12,80 DM
- Kümmerly & Frey 1:200.000; Lombardia (2); 16,80 DM
- Istituto Geografico deAgostini: 1.250.000; Veneto; gratis beim ART Veneto
- Touring Club Italiano 1:200.000; Lombardia; 9.500 Lire

Von der flachen Po-Ebene geht es durch den Regionalpark von Mincio in Richtung Norden. Die vielen Hügel sind ein Relikt der Eiszeit, als die Gletscher hier ihr Schuttmaterial zu Endmoränenwällen auftürmten. Hohe Zypressen geben der Landschaft schon ein mediterranes Gepräge. In Desenzano erreicht man den Lago di Garda, wo Anschluss an die Touren 13 und 14 sowie auch per Schiff an Tour 12 im Trentino besteht.

Von Mántova führen Touren in fast alle Himmelsrichtungen: Tour 5 durch die Po-Ebene nach Pavia, Tour 22 in die Emilia-Romagna und Tour 27 in die Toscana. Bei dieser Route Richtung Norden zum Lago di Garda verlässt man Mántova auf der Nationalstraße 236 nordwärts, überquert zusammen mit der Bahnlinie den Mincio und folgt der Straße 236 über Ponte Rosso bis zur Querung des nächsten Wasserlaufes, dem Diversivo Mincio. Gleich danach biegt man links in die Straße nach Soave ein und radelt an dem Wasserlauf entlang, der das Schutzgebiet *Parco Regionale del Mincio* durchfließt. Nach 3 km ist Soave erreicht.

Soave (25 m)

Oberhalb dieses Ortes thront das *Castello* inmitten des Bosco Fontana auf einem kleinen Hügel. Soave selbst liegt inmitten des Schutzgebietes Parco Regionale del Mincio.

Verpflegung
- 🍽 Ristorante Italia
  Via Libertà 44
  Tel. 0376/300632

Empfehlenswertes Restaurant mit gutem Preis-Leistungsverhältnis.
Von Soave geht es weiterhin parallel zum Diversive Mincio, über Maglio und Buonmaercato, bis wieder die viel befahrene Nationalstraße 236 erreicht wird, der man diesmal nur 200 m folgt; über den Fluss Mincio fährt man bis nach Goito hinein.

Goito (33 m)

Sehenswert ist in Goito die private *Villa Moschini*, ein klassizistischer Bau, der von einem schönen Park umgeben ist. Ein weiteres wichtiges Baudenkmal ist die *Basilica Madonna della Statute*, die im Jahr 1729 errichtet wurde.

Unterkunft
- ⌫ Albergo-Ristorante
  Al Bersagliere
  Via Statale Goitese 260
  Tel. 0376/660007

Das Restaurant serviert gute Gerichte und bietet 7 einfache Zimmer mit Bad zur Übernachtung an; mit Garage. DZ 110.000 Lire.
Der Radler verlässt Goito in nördlicher Richtung. Über Torre und Falzoni geht es nun bis nach Molini di Volta, wo der Fluss Mincio verlassen wird. Der den Mincio weiter flussaufwärts führende Weg erreicht nach 5 km Valéggio sul Mincio, wo Anschluss an Tour 14 besteht. Die Route nach Desenzano führt aber von Molini di Volta nordwestlich bis nach Volta Mántovana.

Volta Mántovana (127 m)

In der Nähe von Volta führte einst eine römische Brücke über den Mincio, deren Ruinen heute noch in Form von zwei Bögen zu erkennen sind.

Verpflegung
🍽 Bauernhof Lucillo
Fraktion Bezzetti
Tel. 0376/838284
Gute, traditionelle Küche.

Von Volta Mántovana geht es westlich weiter in Richtung Solferino. Dazu biegt man kurz hinter Volta Mántovana, in Foresto, rechts auf die Nebenstraße ab, die über San Cassiano nach Solferino führt. Zwischen Feldern und Weinbergen fährt man auf der Via Ridello di Mezzo in den Ort hinein.

Solferino (125 m)

Dieser schöne, inmitten der Moränenlandschaft gelegene Ort ist schon von weitem an dem Turm der *Rocca* aus dem 11. Jh. zu erkennen, der 1611 restauriert wurde. Solferino hat eine große Bedeutung für die jüngere italienische Geschichte und damit auch für die »Geburt« Italiens. Im Jahr 1859 besiegte Napoleon III. hier die Österreicher, die große Teile Norditaliens besetzt hielten. Das *Museo Storico* erinnert an diese Epoche des Risorgimento geöffnet April bis September 9-12.30 und 14-18.30 Uhr, Tel. 0376/854019

Unterkunft
🛏 Albergo La Spia d'Italia
Via Ossario 2
Tel. 0376/854041
Fax 0376/855098

Das Haus hat 9 gepflegte Zimmer mit Bad sowie Restaurant und Bar. DZ 80.000 Lire.

Verpflegung
🍽 Vecchia Fontana
Piazza Marconi 3
Tel. 0376/855000
Zentral gelegene Einkehrmöglichkeit.

Von Solferino geht es auf kleinen Straßen über Vaccarolo nach San Pietro, wo sich der Rummel am Lago di Garda mit mehreren Verkehrssträngen ankündigt, die überquert werden müssen: erst die Autobahn A22, dann die Nationalstraße 11 und schließlich die Bahnlinie. Gleich rechts davon liegt der Bahnhof und weiter geradeaus kommt man durch die Via Marconi in die Innenstadt von Desenzano.

Desenzano (67 m)

Desenzano gilt mit seinen rund 20.000 Einwohnern als größte Stadt am Lago di Garda. Entsprechend lebendig geht es hier zu, besonders am Markttag Dienstag. Schon zu Römerzeiten war Desenzano ein wichtiger Handelsplatz.

Die Innenstadt wird vom Rathaus, dem alten Hafen sowie dem Duomo dominiert. Empfehlenswert ist ein Spaziergang durch die Gassen des alten Desenzano zu den Ruinen einer Burg aus dem 16. Jh., von der man eine schöne Sicht auf Berge und See genießt.

Mit der Fähre sind alle größeren Orte am See und damit auch weitere Touren (12, 13, 14) erreichbar.

ⓘ Piazza Matteotti
Tel. 030/9141321
Fax 030/9144640

☺☺ Nicht versäumen sollte man das *Museo Archeologico* und die *Villa Romana* in der Via degli Scavi; Ausgrabungen einer römischen Villa mit Badehaus aus dem 3./4. Jh. n. Chr. mit markanten Mosaikböden. Geöffnet täglich 9-18.30, im Winter bis 16 Uhr.

☺ Der *Duomo* aus dem 16. Jh. ist besonders für das Abendmahl des Barockmalers Tiepolo bekannt.

ⓘ Via Porto Vecchio 34
25015 Desenzano
Tel. 030/9141510
Fax 030/9144209

Radservice und -verleih

🚲 Da Girelli
Via Annunciata

🚲 Bormolini
Piazza 1° Maggio.

Unterkunft

⌂ Hotel Touring
Via Grigolli 10
Tel. 030/9911289
Fax 030/9914243

Ruhig gelegen mit angenehmem Garten und Parkplatz; empfehlenswert. DZ ab 50.000 Lire.

⌂ Hotel Nazionale
Via Marconi 23
Tel. 030/9141501
Fax 030/9141410

Gut ausgestattete Zimmer; mit Parkplatz, Garten und Schwimmbad. DZ ab 90.000 Lire.

▲ Vò
Via Vò
Tel. 030/9121325

Dieser direkt am See gelegene Platz hat auch ein Restaurant und ein Schwimmbad. 2 Personen und 1 Zelt ab 23.000 Lire. Geöffnet Mitte März bis Mitte Oktober.

Verpflegung

🍽 Pizzeria Al Ceppo
Lungolago C Battisti 55
Tel. 030/9140565

Hier gibt es in typisch italienischer Atmosphäre sehr gute Holzofen-Pizzen und weitere Feinschmecker-Gerichte.

🍽 Master Gelateria
Piazza Matteotti 21

Diese Eisdiele bietet eine sehr große Auswahl und vorzügliche Qualität.

Trentino, Südtirol

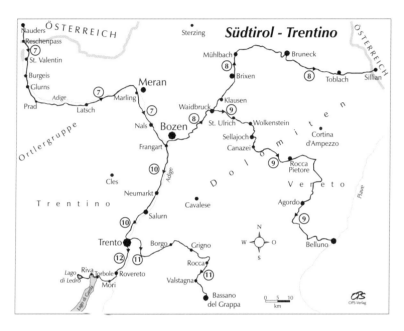

Der Trentino und das deutschsprachige Alto-Adige – daher hier Südtirol genannt – bilden die nördlichste Region Italiens. Diese Region ist insofern eine Ausnahme, als die beiden Provinzen Südtirol und Trentino weitgehend autonom sind.

Von den rund 420.000 Einwohnern Südtirols sprechen mehr als die Hälfte, etwa 250.000, Deutsch. Die meisten Ansässigen und daher Deutsch sprechenden Südtiroler trifft man in kleineren Orten in den Tälern. Die zugewanderten Italienisch-Sprachigen haben sich vor allem in größeren Städten wie Bozen, Brixen und Rovereto niedergelassen. Die bekannteste Berggruppe Südtirols sind die Dolomiten, überragt von der 3342 m hohen Marmolada.

Das Trentino mit seiner Hauptstadt Trient ist wie Südtirol überwiegend eine Gebirgslandschaft mit Höhen zwischen 500 und 2.000 m. Über die Hälfte der Fläche (53 %) ist bewaldet. Der Tourismus gilt auch hier als wichtigster Wirtschaftszweig: Auf jeden der rund 450.000 Einwohner kommt ein Fremdenbett in einem Hotel, einer Pension oder einer Ferienwohnung. Wegen seiner fast 300 Seen wird Trentino auch als »Finnland Italiens« bezeichnet. Anders als in Skandinavien liegen die Seen allerdings in sehr unterschiedlichen Höhen: zwischen 65 und 1.200 m.

Die Rad-Infrastruktur ist in der gesamten Region mit vielen speziellen Radwegen gut entwickelt. Und es werden immer mehr: Die Provinz Trentino ist gerade dabei, ihr Radwegnetz von 140 auf 400 km aufzustocken. Selbst kleinere Orte haben Radverleih-Stationen, etwa Sportgeschäfte, wo man allerdings oft nur MTBs erhält.

Die Radtouren führen vor allem durch das Haupttal Südtirols, das die Etsch (Adige) bildet. Dazu gibt es zwei »Zubringer« für Radler aus Österreich: einen vom Reschenpass (Inn-Radweg), der durch das Vinschgau über Meran nach Bozen führt, sowie einen von Sillian (Drau-Radweg) über Brixen nach Bozen. Neben einer kleinen Runde um den Lago di Ledro oberhalb des Lago di Garda führen zwei Routen durch die Alpentäler in südöstliche Richtung: von Trient die Brenta entlang nach Bassano del Grappa sowie durch die Dolomiten von Waidbruck, dem Eingang zum Grödner Tal, bis nach Belluno in Friuli-Venezia-Giulia.

TOUR 7:
ETSCH-RADWEG I

Nauders (Österreich) – Reschenpass – St. Valentin – Burgeis – Glurns – Prad – Latsch – Marling – Meran – Nals – Frangart – Bozen (Touren 8, 10)
Länge: ca. 120 km
Dauer: 1-2 Tage
Schwierigkeitsgrad: mittel;
  der Reschenpass ist die einzige erwähnenswerte Steigung auf dieser Tour, dann geht es bergab bis Bozen
Wichtigste Sehenswürdigkeiten: Reschensee mit versunkenem Kirchturm, Meran, Bozen
Karten:
- Generalkarte 1:200.000 Südtirol/Dolomiten; 8,80 DM
- Kümmerly & Frey: Karten 1:200.000; Trentino/Südtirol (3); 16,80 DM
- Touring Club Italiano 1:200.000; Trentino-Alto Adige; 9.500 Lire
- ADAC-Regionalkarte, 1:150.000; Vom Brenner zum Gardasee; 12,80 DM

Diese Tour beginnt in Österreich, wo Anschluss an den Inn-Radweg besteht. Nach der Überquerung des Reschenpasses geht es durch das Vinschgau an der Etsch entlang über Meran bis kurz vor Bozen, wo man entweder der Etsch weiter folgt bis nach Trient (Tour 10), oder von Bozen über Brixen und Bruneck bis zum Drau-Radweg in Österreich weitererradelt (Tour 8). Obstfreaks kommen im Spätsommer, wenn die Äpfel, Birnen, Zwetschgen, Aprikosen und anderen Früchte reif sind. Im Vinschgau verläuft der Radweg großteils auf der alten Bahntrasse. Der Etsch-Radweg ist zumindest bis Töll bei Meran als solcher ausgewiesen und entsprechend gut ausgeschildert. Danach geht es auf kleinen Wegen und Nebenstraßen weiter.

Vinschgau

Vom österreichischen Nauders (1.394 m) kommend, erreicht man kurz hinter der österreichisch-italienischen Grenze den Reschenpass (1.504 m), von wo es bis zu 11 % bergab nach Reschen geht.

Reschen (1.494 m)

Dieser 800 Einwohner zählende Weiler liegt inmitten von Wäldern am Nordufer des Reschensees. Bei der Aufstauung dieses Sees versank 1949 das alte Dorf Graun in den Fluten; der Kirchturm ragt bei niedrigem Wasserspiegel noch aus dem See heraus.

Radservice
- In der Hauptstraße gibt es zwei Sportgeschäfte, Folie und Winkler, die bei Radproblemen weiterhelfen.

Kurz vor Reschen geht es von der Nationalstraße 40 hinunter, um auf der Nebenstraße rechts am Reschensee vorbei zu fahren. Nach zwei hinaufführenden Spitzkehren muss man sich links halten, um nach 6 km den beliebten Urlaubsort St. Valentin (1470 m) zu erreichen. Von dort geht es in südöstlicher Richtung hinauf nach Dörfl mit seinen alten Bergbauernhöfen. Hier hält man sich rechts Richtung Mals. Die Straße gewährt schöne Blicke auf den Haidersee.

Bei den Fischerhäusern stößt man auf die Nationalstraße. Nach 500 m in südlicher Richtung geht es rechts auf einer Holzbrücke über die Etsch und auf dem flussabwärts führenden Forstweg bis nach Burgeis. Oberhalb dieses Ortes thronen zur Rechten das *Schloss Fürstenburg* aus dem 13. Jh. und das *Kloster Marienberg*. Es geht bis nach Schleis an der rechten Seite der Etsch entlang, ehe man dort auf die linke Seite überwechselt und – vorbei an Mals und Latsch – den Ort Glurns erreicht.

Glurns (920 m)

Glurns wurde 1168 erstmals urkundlich erwähnt und 1304 zur Stadt erklärt. Mit 800 Einwohnern gilt Glurns heute als kleinster Ort mit Stadtrecht in Südtirol. Außerhalb der mittelalterlichen Stadtmauern, umweit des Tauferer Tors, liegt die gotische *Pfarrkirche* aus dem 15. Jh., deren spätromanischer Turm von 1290 auf einen Vorgängerbau zurückgeht. Von dem Hügel der Pfarrkirche hat man einen hübschen Blick auf die Stadt.

ⓘ Florastraße 19
   39020 Glurns
   Tel. 0473/831097
   Fax 0473/831097

Unterkunft
⇃ Müllerhof
   Schleis 64
   Tel. 0473/81588

Dieser Hof liegt im Tal, zwischen Schleis und Mals. Ü/F in EZ oder DZ ab etwa 40.000 Lire.

▲ Zum Löwen
   Tartsch
   Tel./Fax 0473/831598
   p.tappeiner@rolmail.net
   www.loewen.vinschgau.suedtirol.com

Dieser nette kleine Platz liegt direkt an der Etsch. 2 Personen und 1 Zelt ab 27.000 Lire. Ganzjährig geöffnet.

Von der Pfarrkirche folgt der Radler der Beschilderung nach Lichtenberg. Der erste Teil des Radweges verläuft direkt am rechten Etsch-Ufer. Dann hält man sich rechts, ehe das am Waldrand liegende Lichtenberg erreicht wird. Dort geht es ein kleines Stück auf der in das Vinschgau hineinführenden Straße, ehe man rechts, noch vor Erreichen der Hauptstraße, auf einen Schotterweg abbiegt, der über Agums nach Prad führt.

Prad am Stilfser Joch (915 m)

ⓘ Hauptstraße 19
   39026 Prad
   Tel. 0473/616034
   Fax 0473/616776

Radservice und -Verleih
🚲 Baldi Sport
   Reutweg 19
   Tel./Fax 0473/617071

Ganz auf Räder spezialisiertes Sportgeschäft.

Unterkunft
▲ Sägemühle
   Dornweg 12
   Tel. 0473/616078
   Fax 0473/617120
   camp.saege@rolmail.net
   www.camping.saegemuehle.suedtirol.com

Dieser schön gelegene Campingplatz ist ganzjährig geöffnet. 2 Personen und 1 Zelt ab 31.000 Lire.

Man verlässt Prad über den Dornweg, der zum Campingplatz Sägemühle führt. Durch den fruchtbaren Talgrund mit seinem Obstanbau geht es nun rechts an der Etsch entlang bis nach Laas (868 m). Oberhalb von diesem Ort wird Marmor abgebaut, der per Seilbahn nach Laas heruntertransportiert und dort weiterverarbeitet wird. Der Radweg führt von Laas am rechten Ufer der Etsch weiter, um den Fluss kurz vor Brugg zu überqueren. Von dort geht es an der alten Bahntrasse entlang bis nach Göflan, das unterhalb von Schlanders liegt.

Schlanders (721 m)

Höhepunkt von Schlanders ist der fast 100 m hohe Turm der *Pfarrkirche*, einer der höchsten in Südtirol. Ganz von Obstplantagen umgeben ist die *Schlandersburg* aus dem 13. bis 16. Jh., deren Renaissancebau einen schönen Arkadenhof umgibt.
- ⓘ Göflaner Straße 27
  39028 Schlanders
  Tel. 0473/730155
  Fax 0474/621615

Unterkunft
- Mareinhof
  Vezzan 1
  Tel. 0473/742033

Wein- und Obsthof mit eigenen Produkten. EZ und DZ. Ü/F ab etwa 25.000 Lire.

Der Etsch-Radweg verläuft von Göflan weiter auf der linken Etsch-Seite: Man folgt der Beschilderung nach Morter und überquert die Etsch bei Holzbrugg. Von Morter geht es weiter zu den Ruinen der *Burg Untermontani*. Die Burg oberhalb, mit dem Namen *Obermontani*, ist etwas besser erhalten. In Untermontani überquert eine Holzbrücke den Bach Plima, und dahinter führt ein Wanderweg zu einer größeren Straße, wo man erst rechts und dann links, vorbei an Obstplantagen, bis nach Latsch fährt.

Latsch (639 m)

Latsch gilt als Hochburg des Obstanbaues, was die vielen Plantagen entlang des Weges zeigen. Im Ort selbst ist die *Spitalkirche zum Heiligen Geist* aus dem 14. Jh. sehenswert. Der schön geschnitzte spätgotische Holzaltar ist ein Werk von Jörg Lederer (1517). Kurz hinter Latsch sieht man auf der anderen Seite des Etschtales die Ruine der im 13. Jh. errichteten *Burg Kastelbell*. Die Radtour führt an zahlreichen Obstplantagen vorbei: Das milde Klima im unteren Vinschgau lässt besonders Aprikosen gut gedeihen.
- ⓘ Hauptstraße 38a
  39021 Latsch
  Tel. 0473/623109
  Fax 0473/622042

Radservice
- ⚲ Fahrrad Vent
  Kirchplatz
  Tel. 0473/623148

Unterkunft

⇘ Kartheinhof
Hofgasse 27
Tel. 0473/623397
Der Kartheinhof liegt nahe am Ort. Ü/F im DZ ab 25.000 Lire.

▲ Cevedale
Vinschgauer Str. 59
Tel./Fax 0473/742132
Dieser kleiner grüne Platz liegt in Goldrain, zwischen Schlanders und Latsch. 2 Personen, 1 Zelt ab 18.000 Lire; ganzjährig geöffnet.

Von Latsch geht es auf der rechtsseitig der Etsch verlaufenden Nebenstraße an Kastelbell (577 m) vorbei nach Staben.

☺☺ Links am Berghang erhebt sich *Schloss Juval*, seit 1983 Wohnsitz einer der bekanntesten Tiroler Persönlichkeiten: Reinhold Messner, der zahlreiche alpinistische Rekorde aufgestellt hat. Er erklomm erstmalig den Mount Everest ohne Sauerstoffflasche und bestieg als erster Mensch alle 14 Achttausender der Erde. Aber die eigene Burg machte ihm schwer zu schaffen: hier soll sich Messner beim Klettern vor einigen Jahren Verletzungen zugezogen haben. Inzwischen vertritt Messner die Interessen Europas und der Natur als Abgeordneter der Grünen im Europäischen Parlament. Von Staben fährt man an Naturns vorbei bis nach Plaus, wo die Etsch überquert wird. Jetzt geht es am linken Etsch-Ufer entlang bis nach Algund.

Algund (400 m)

Dieses Dorf lebt wie die meisten Orte im Vinschgau vor allem von den zahlreichen Obstplantagen. Lohnenswert ist hier ein Besuch der neuen *Pfarrkirche*.

ⓘ Alte Landstraße 33b
39022 Algund
Tel. 0473/448600
Fax 0473/448917

Radservice

🚲 Staffler
Dr. J. Weingärtner-Straße 52
Tel. 0473/222929

Unterkunft

⇘ Oberangerhof
Oberplars 48
39022 Algund
Tel./Fax 0473/448436
gamper.christian.algund@rolmail.net
Der auf Apfelanbau spezialisierte und mit dem Bioland-Siegel ausgezeichnete Oberangerhof von Christian Gamper bietet Einzel- und Doppelzimmer an, ab 41.000 Lire inklusive Frühstück.

Versorgung

🍽 Biohof Töllerhofladele
Alte Landstraße 36
Tel. 0473/440556
Der biologisch wirtschaftende Töllerhof hat einen Hofladen, in dem eigene Produkte (und andere Biowaren) verkauft werden: Apfelsaft, Polentamehl, Sauerkraut, Nüsse sowie Gemüse und Obst aller Art.

Nachdem Algund durchfahren ist, folgt man der Laurinstraße, die kurz nach der Überquerung der stark befahrenen Goethestraße in die Meinhard-Straße übergeht. An deren Ende liegt der zentrale Kornplatz.

Meran (320 m)

Der günstig gelegene und bekannteste Kurort Südtirols zieht schon seit dem 18. Jh. Kurgäste an. Der Tourismus ist heute so bedeutend, dass die Zahl der Fremdenbetten (40.000) die der Einwohner (35.000) übersteigt. Meran wird vom 80 m hohen Turm der dreischiffigen gotischen *Pfarrkirche St. Nikolaus* aus dem 14./15. Jh. überragt. Die beiden Stadtteile Ober- und Untermais werden von der Meraner Innenstadt durch den Fluss Passer getrennt.

Rund 50 km Promenadenwege durchziehen die Kurstadt; der bekannteste ist der 4 km lange Tappeiner Weg, der oberhalb der Stadt inmitten üppiger alpiner und mediterraner Vegetation verläuft. Benannt wurde der rund 100 Jahre alte Weg nach seinem Erbauer Franz Tappeiner.

Für müde Radlermuskeln ist die Regeneration im Thermalbad sicher das Richtige, aber kaum unter 40.000 Lire zu haben.

☺ Die von Herzog Siegmund im 15. Jh. errichtete *Landesfürstliche Burg* wurde 1879 restauriert und diente früher als Sitz der Fürsten von Tirol. Die Einrichtung mit Möbeln und Musikinstrumenten, die Kapelle sowie der nette Innenhof können besichtigt werden. Geöffnet Di bis Sa 10-17 Uhr, So 10-13 Uhr (Eintritt: 2.500 Lire).

☺ Im städtischen Museum in der Galilei-Straße sind Skulpturen und Gemälde Tiroler Meister sowie vorgeschichtliche Funde zu sehen. Geöffnet Mo bis Sa 10-17 Uhr, So 10-13 Uhr (Eintritt: 2.500 Lire).

🍇 Jedes Jahr im Oktober fiebern Winzer und Weinliebhaber dem Traubenfest mit Musik, traditionellen Trachten und Weinausstellungen entgegen.

ⓘ Freiheitsstraße 45
39012 Meran
Tel. 0473/235223
Fax 0473/235524
info@meranerland.com
www.meranerland.com

Radservice
🚲 Flarer
Wiesenweg 8
Tel. 0473/233181
🚲 M.M. Cycles Gasperi
Oswald v. Wolkenstein-Str. 29
Tel. 0473/445565

Camping-Artikel
⌂ Camping Garden
Via Nazionale Sinigo 77
Tel. 0473/244153

Unterkunft
↱ Hotel Steiner
Laurinstr. 58/65
Tel. 0473/448800

Fax 0473/222838
hotel.steiner@pass.dnet.it
www.hotel-steiner.it
Dieses große Hotel am Nordrand der Stadt ist dank seiner Lage inmitten von Obstplantagen angenehm ruhig. Ü/F ab 60.000 Lire.

▲ Meran
   Piavestr. 44
   Tel. 0473/231249

Dieser Zeltplatz liegt neben der Pferderennbahn.
2 Personen und 1 Zelt ab 23.000 Lire; ganzjährig geöffnet.

Meran verlässt man im Stadtteil Untermais über die Etsch-Brücke an der Pferderennbahn. Schon ist das nächste Dorf, Marling (363 m), erreicht. Dort geht es am *Schloss Baslan* vorbei durch die Baslinger Straße bis nach Tscherm und von dort weiter, über den Falschauer Bach hinüber, nach Lana.

Lana (320 m)

Das inmitten von Obstplantagen liegende Lana hat sich ganz auf die Verarbeitung der Früchte spezialisiert. Neben Betrieben zur Herstellung von Konfitüren, Konserven und Konzentrat gibt es hier auch das Südtiroler Obstbaumuseum (geöffnet April bis Oktober Di bis Sa 10-12 und 14-17, So 14-18 Uhr). Überregional bekannt ist der hölzerne Flügelaltar der *Pfarrkirche* von Niederlana, ein 14 m hohes Schnitzkunstwerk von Hans Schnatterpeck aus dem 16. Jh. Der Ort teilt sich in drei Teile auf: Ober-, Mittel- und Unterlana.

ⓘ Andreas-Hofer-Straße 7b
   30011 Lana
   Tel. 0473/561770
   Fax 0473/561979

Von Niederlana führt an der rechten Etschseite eine Nebenstraße nach Nals, die parallel zu der Nationalstraße 38 verläuft.

Etschtal bei Nals

Nals (331 m)

ⓘ Dr.G.Gasser-Str. 2
   39010 Nals
   Tel. 0471/678619
   Fax 0471/678141

Unterkunft
▲ Zum guten Tropfen
Mühlgasse 14
Tel. 0471/678516
Dieser kleine familiäre Campingplatz ist von Mitte März bis Ende Oktober geöffnet. 2 Personen und 1 Zelt ab 25.000 Lire.

Weiter geht es von Nals über Andrian nach Unterrain entlang einer Straße, die die Grenze zwischen den Obstplantagen im Tal und den sich darüber erhebenden Felswänden bildet. Noch weiter oben ist eine bunte Burgenballung kaum zu übersehen: ob *Burg Festenstein, Hocheppan, Korb* oder *Boymont*. Noch bedeutender ist die *Burg Sigmundskron*, zu der es in Missian links abgeht, über die Nationalstraße 42 hinüber und vorbei an Frangart bis zur Etsch.
☺☺ Die *Burg Sigmundskron* thront über der Mündung der Eisack in die Etsch und bedeutet für Südtiroler in etwa das, was die Wartburg für Deutsche ist: ein Symbol für Freiheit und Unabhängigkeit. Im Jahr 1957 sollen hier fast 50.000 Südtiroler mehr Autonomierechte von Roma gefordert haben. Der Fall wurde in höchsten Instanzen (UNO) beraten. Schließlich wurden Südtirol Zugeständnisse gemacht, darunter auch die weitere Pflege der deutschen Sprache. Ihren Namen verdankt die Burg dem Landesfürsten Herzog Sigmund, der sie im 15. Jh. gekauft hat.

Nach der Querung der Etsch hält man sich rechts, um gleich darauf links in den Radweg »Rechtes Eisackufer« einzubiegen, der an einer Sportanlage vorbei und über den Bach Talfer bis zum Verdi-Platz führt. Von dort geht es rechts zum Bahnhof und geradeaus in das Stadtzentrum, direkt auf den Walther-Platz zu.

In Bozen besteht Anschluss an die nach Trient führende Fortsetzung des Etsch-Radweges (Tour 10) oder die durch das Pustertal nach Österreich führende Tour 8, von der ein Seitenzweig durch das Grödner Tal bis nach Belluno abzweigt (Tour 9).

Bozen (266 m)

Bozen war und ist ein Marktort, der seine frischen Waren vor allem aus den vielen Obstplantagen der Umgebung bezieht. An nahezu jedem Tag in der Woche bereichert eine bunte Vielfalt an Obst- und Gemüseständen das Stadtbild.

Herz der fast 100.000 Einwohner großen Stadt ist der Waltherplatz, benannt nach dem mittelalterlichen Minnesänger Walther von der Vogelweide (1170-1230), der unweit von Bozen, bei Waidbruck, geboren worden sein soll. Ein 1889 aufgestelltes Denkmal erinnert an diesen Barden. Nördlich des Waltherplatzes sind viele der verwinkelten Altstadtgassen nur Fußgängern (und z. T. Radlern) vorbehalten. Bemerkenswert ist die Laubergasse mit ihren Handelshäusern aus dem 16.-18. Jh., deren Arkadengänge das Flanieren zum Vergnügen

Apfelplantagen im Etschtal

machen. Das Haus Nr. 39, der *Merkantipalast*, lohnt einen kurzen Stopp. Kunstfreunde haben in Bozen die Wahl zwischen mehr als 15 Galerien.

Das im 13. Jh. errichtete *Schloss Maretsch* im Norden von Bozen wird heute vor allem als Tagungshaus genutzt. Noch weiter außerhalb, Richtung Sarnthein, liegt das Schloss Runkelstein.

Radfahrer haben es gut in Bozen: Die Innenstadt ist autofrei, viele Einbahnstraßenregelungen gelten nicht für Radler, und mehrere Radwege (insgesamt 14 km) verlaufen durch die Stadt, besonders diejenigen entlang der Eisack und der Talfer. Im Umland von Bozen findet der ambitionierte Biker zahlreiche MTB-Strecken, z. B. von Bozen nach Colle.

☺☺ Das *Museo Archeologico dell'Alto Adige* in der Sparkassenstraße zeigt vorgeschichtliche Funde, darunter den 5.000 Jahre alten Medienstar »Ötzi«, einen im Gletschereis in 3.000 m Höhe mumifizierten Menschen– allerdings nur hinter dem Panzerglas einer Vitrine, in der »Ötzi« keimfrei bei minus 6 °C ruht. Geöffnet Mai bis September Di bis So 10-18 Uhr, Oktober bis Mai Di bis So 9-17 Uhr, Do immer bis 20 Uhr (Eintritt: 10.000 Lire, Tel. 0471/982098).

Einen Vorgeschmack auf »Ötzi« bekommt man auch im Internet: *www.provinz.bz.it/archaeologiemuseum*

☺☺ Am Südende des Waltherplatzes erhebt sich das Wahrzeichen der Stadt, der im 14. Jh. errichtete *Dom Maria Himmelfahrt* mit seinem auffälligen, 65 m hohen Turm. Im Inneren des gotischen Doms ist vor allem die Sandsteinkanzel von 1514 einen Blick wert. Geöffnet Mo bis Fr 9.45-12 und 14-17 Uhr, Sa 9.45-12 Uhr.

☺ Das *Museo Civico* liegt gegenüber dem Museo Archeologico und illustriert die Stadtgeschichte mit verschiedenen Sammlungen. Geöffnet Di bis So 9-12.30 und 14.30-17.30 Uhr (Eintritt: 6.000 Lire, Tel. 0471/974625)

Die *Festa tradizionale dei fiori*, der Blumenmarkt, taucht Bozen jedes Jahr Ende April/Anfang Mai in bunte Farben. Für Anhänger des Radsports interessanter sind aber wohl die von Bozen ausgehende Dolomiten-Rundfahrt sowie das *Mambo-Meeting della mountain bike* im Sommer.

ⓘ Waltherplatz 8
39100 Bozen
Tel. 0471/307001
Fax 0471/980128
bolzano@sudtirol.com
www.sudtirol.com/bolzano.it

Radverleih

✉ Velo Sport
Via Grappoli 56
Tel. 0471/977719

Hier gibt es allerdings nur MTBs.

✉ Piazza Gries
Viale Stazione

Hier kann man zwischen Ostern und Oktober Räder kostenlos leihen.

Radservice

🚲 Fusari Cicli Torchia
Florenzstr. 2
Tel. 0471/273036

Im Zentrum, nahe der Ponte Roma.

🚲 Turci
Florenzstr. 30
Tel. 0471/289082

Unweit des vorherigen Ladens gelegen.

Camping-Artikel

✉ Essebi Magazine
Giottostr. 12a
Tel. 0471/205117
Fax 0471/200547

Liegt etwas abseits im Industriegebiet südwestlich von Bozen, in der Nähe der Messe.

✉ Waschsalon
Lava e Asciuga
Rosministr. 81
Tel. 0471/9788414

Am Ostufer der Talfer, Nähe Talferbrücke.

Unterkunft

↳ Heinrichshof
Kaiserau 60
Tel. 0471/920177

Dieser Hof liegt im Tal, etwa 4 km vom Zentrum entfernt. Ü/F im DZ ab 35.000 Lire.

↳ Kolpinghaus
Spittalgasse 3
Tel. 0471/308400
Fax 0471/973917

Das Kolpinghaus liegt zentral und bietet Restaurant sowie Garage und Garten. DZ mit Bad und Frühstück ab 100.000 Lire.

▲ Moosbauer
Moritzring 83
Tel. 0471/918492
Fax 0471/204894

An der Hauptstraße nach Meran, kurz vor Teran, liegt dieser Platz zwischen Obstplantagen versteckt. 2 Personen und 1 Zelt ab 23.000 Lire; ganzjährig geöffnet.

Verpflegung

Nicht versäumen sollte man die Eisdiele an der Kreuzung Gerbergasse/Laurinstraße. Dieses Eisparadies unweit des Rathausplatzes hat eine Vielfalt an Sorten, die selbst im Eis-Schlaraffenland Italien ihresgleichen sucht. Wo sonst gibt es Geschmacksrichtungen wie Mohn, Marone, Marzipan, Melone, Minze, Orange-Karotte, Irish Coffee, Bounty, Lakritz oder Reis? Drei Kugeln kosten 3.000 Lire.

TOUR 8:
DURCH DEN NORDEN SÜDTIROLS

Bozen (Touren 7, 10) – Waidbruck (Tour 9) – Brixen – Mühlbach – Bruneck – Toblach – Sillian – Drau-Radweg (Österreich)
Länge: ca. 150 km
Dauer: 2-4 Tage
Schwierigkeitsgrad: schwer
große Höhenunterschiede, aber nur ab und zu steil, daher relativ gut zu fahren
Wichtigste Sehenswürdigkeiten:
Bozen, Brixen, Bruneck
Karten:
- Generalkarte 1:200.000 Südtirol/Dolomiten; 8,80 DM
- Kümmerly & Frey 1:200.000; Trentino/Südtirol (3); 16,80 DM
- Touring Club Italiano 1:200.000; Trentino-Alto Adige; 9.500 Lire
- ADAC-Regionalkarte 1:150.000; Vom Brenner zum Gardasee; 12,80 DM

Goldregen in Südtirol

Diese Tour verläuft von Bozen durch das Eisacktal, um von dort östlich in das Pustertal Richtung

Österreich abzuzweigen. Das Pustertal rund um Bruneck ist für sein gut ausgebautes Radwegenetz bekannt. Von Bruneck selbst folgt man der Fernradroute, die über Sillian, Lienz und Villach in Österreich bis nach Slowenien verläuft. Die Etappe von Bruneck bis nach Toblach ist sehr angenehm zu fahren; es geht meistens flach bzw. leicht bergab voran. Dabei radelt man durch ein Gebiet, in dem überwiegend Deutsch gesprochen wird. Bozen selbst gehörte bis 1919 zu Österreich.

Bozen (Tour 7) liegt unweit des Etsch-Radweges und ist daher sowohl von südlicher Richtung, aus Trient (Tour 10), als auch vom Nordwesten her, von Vinschgau (Tour 7) aus, zu erreichen.

Der erste Teil dieser Tour verläuft entlang des schmalen Eisacktales, das sich neben dem Fluss noch die Autobahn, eine Nationalstraße und die Bahn teilen. Für weitere, den Radler reizende Straßen ist kaum Platz. Daher ist für Radler bis Waidbruck die Nationalstraße 12 unumgänglich, um keine übermäßigen Umwege durch die Berge machen zu müssen. Die Alternative: mit der Bahn von Bozen nach Waidbruck und von dort Tourenbeginn.

Diese Route aber startet in Bozen: Dazu verlässt der Radler Bozen über die Rittnerstraße, die vom Bahnhof abzweigt, und nimmt dort die fünfte Querstraße links, der Beschilderung zum Renner folgend. Die Rentschnerstraße führt jetzt aus Bozen hinaus, man überquert alsbald Eisack und Autobahn. Von nun an geht es auf der Nationalstraße 20 km entlang bis nach Barbian, wo rechts die Abzweigung nach Waidbruck/Grödner Tal hinaufführt. Eine anstrengende Alternative für das letzte Stück ist die bei Blumau rechts abzweigende Nebenstraße über Seis (998 m), die etwa 10 km länger und 700 m höher verläuft als die Nationalstraße und in Waidbruck wieder in das Eisacktal herunterführt.

Waidbruck (470 m)

Bei Waidbruck zweigt das Grödner Tal (Val Gardena) in östliche Richtung ab (Tour 7). Im Ort selbst ist außer der *Pfarrkirche St. Jakob*, die 1331 als Kapelle errichtet und danach mehrfach umgebaut wurde, nichts Nennenswertes zu sehen.

☺☺ Das *Castel Forte*, die so genannte *Trostburg*, thront oberhalb von Waidbruck und ist von dort per Rad auf einer Zufahrtsstraße oder zu Fuß über den so genannten Rittersteig erreichbar. Die im 12. Jh. erbaute und frisch renovierte Burg wurde durch einen prominenten Mitbewohner im Mittelalter bekannt: Der Minnesänger Oskar von Wolkenstein soll hier aufgewachsen sein. Noch bis 1967 gehörte die Burg dem Geschlecht von Wolkenstein. Eindrucksvoll sind vor allem die gotische Stube sowie die 80 Modelle Südtiroler Burgen. Das Castel kann nur mit Führungen besichtigt werden, von April bis Oktober Di bis So um 10,

11, 14, 15 und 16 Uhr (Eintritt: 3.000 Lire).

In Waidbruck hält man sich links, überquert den Grödner Bach und fährt unter der Brennerautobahn A22 hindurch, ehe Serpentinen steil hinaufführen. Aber schon in der ersten scharfen Rechtskurve geht es links ab, zur Gaststätte Trogler. Rechts von der Straße liegt Lajen (1.089 m), nach Meinung von Experten der Geburtsort des Minnesängers Walther von der Vogelweide (1170-1230).

Kurz hinter der Gaststätte Troger wird die Nationalstraße 242 erreicht, der man links an Klausen vorbei parallel der Bahnlinie bis zur Haltestelle Villnöß folgt. Links thront oberhalb von Klausen das bekannte *Benediktinerkloster Säben* – erbaut auf den Ruinen einer Burg, die im 16. Jh. von einem Gewitterblitz zerstört wurde. Hinter der Haltestelle Villnöß überquert man die Villnösser Straße und folgt einem schmalen Schotterweg, der parallel zur Autobahn verläuft. Dieser steigt vor Albeins an, von wo es bergab und schließlich am Eisackdamm entlang hinein nach Brixen geht. Dort führt die Fußgängerbrücke Widmannbrückengasse über die Eisack direkt in das Zentrum.

Brixen (560 m)

Die alte Bischofsstadt Brixen liegt an der Mündung der Rienz in die Eisack. Die Stadtmauern mit dem dazugehörigen *Sonnentor* von 1336 sind noch gut erhalten, die Straßen rund um den Domplatz autofrei.

☺☺ Die ehemalige *bischöfliche Burg* aus dem 16. Jh. geht auf eine ältere Festung aus dem 13. Jh. zurück. Im Inneren des Renaissancegebäudes sind das Diözesan- und das Krippenmuseum untergebracht. Geöffnet März bis Oktober Di bis So 10-17 Uhr (Eintritt für beide Museen: 8.000 Lire). Vor der Burg sticht die Millenniumssäule in den Himmel, die 1909 – anlässlich des 1000-jährigen Stadtjubiläums – aufgestellt wurde.

☺ Der barocke *Dom* aus dem 18. Jh. ist vor allem für seinen reichen Domschatz bekannt, der im Diözesanmuseum nebenan zu besichtigen ist. Der Turm der Kirche ruht auf den Resten des früheren Kirchbaues aus dem 12./13. Jh., der noch anhand des romanischen Portals zu erkennen ist. Sehenswert ist auch der gotische Kreuzgang mit seinen 20 Arkaden und Fresken aus dem 14.-16. Jh. Geöffnet täglich 9-12 und 15-18 Uhr.

Beim *Brixner Altstadtfest* Ende August gibt es musikalische und schauspielerische Darbietungen zuhauf. Jeden Montag findet auf dem Parkplatz in der Brennerstraße ein Wochenmarkt statt.

ⓘ Tourismusverein Brixen
Bahnhofstraße 9
39042 Brixen
Tel. 0471/836401
Fax 0471/836067
info@brixen.org
www.brixen.org

Radverleih
- 🚲 Autoparkplatz an der Brennerstraße
  Tel. 0472/801351

Hier kann man Räder für bis zu 4 Stunden sogar kostenlos leihen.
- 🚲 Tandem
  Plosestraße 40
  Tel. 0472/830722

Leider Leihgebühr.

Radservice
- 🚲 Mister Bike
  Via Plose 24b
  Tel. 0472/200635
- 🚲 Profi Bike
  Via Hartwig 10
  Tel. 0472/831575

Unterkunft
- ⌂ Unterhuberhof
  Albeins 130
  Tel. 0472/851002

Dieser nahe am Ortszentrum gelegene Weinhof bietet auch eigene Produkte an. Ü/F im DZ ab 25.000 Lire.
- ⌂ Frühaufhof
  St. Jakob 128
  Tel. 0471/654382

Hier stehen 5 Privatzimmer mit Bad zur Wahl. Ü/F ab 20.000 Lire.
- ⛺ Löwenhof/Leone
  Löwenviertel 60
  Tel. 0472/836216
  Fax 0472/801337
  info@loewenhof.it
  www.loewenhof.it

Dieser nette Campingplatz gehört zu einem Hotel, wo man auch gutes Essen bekommt. 2 Personen und 1 Zelt ab 28.000 Lire. Geöffnet von Januar bis Oktober.

Verpflegung
Für Selbstversorger, die auf gesunde Ernährung Wert legen, sei der Laden »Pro Natur« in der Stadelgasse 14 empfohlen, mit Lebensmitteln aus garantiert biologischem Anbau.
- 🍽 Gasthaus Zum Finsterwirt
  Vicolo del Duomo 3
  Tel. 0472/835343

Hier konnte man schon zu jener Zeit einkehren, als der Ausschank nur tagsüber erlaubt war und abends keine Laternen angezündet werden durften. Also wurde man zu dieser Tageszeit im Finstern bewirtet. Nette Atmosphäre mit holzgetäfelten Stuben.

☺☺ Etwas nördlich von Brixen liegt das *Kloster Neustift*. Das ehemalige Augustinerkloster galt jahrhundertelang als geistiges Zentrum Südtirols. Davon zeugt vor allem der prächtige Bibliothekssaal mit seinen 76.000 alten Büchern, viele davon Handschriften. Ein mittelalterlicher Dichter liegt im Kloster begraben: Der Minnesänger Oswald von Wolkenstein. Mittelpunkt des Klosters ist die barocke Frauenkirche. Die Besichtigung ist nur mit Führungen möglich, und zwar Mo bis Sa um 10, 11, 14, 15 oder 16 Uhr (Eintritt: 6.000 Lire).

Brixen liegt inmitten des Eisacktals, das gerne von Mountainbikern aufgesucht wird.

ⓘ Tourismusinformation
Eisacktal
Großer Graben 28a
39042 Brixen
Tel. 0472/802232
Fax 0472/801315
info@eisacktal.com
www.eisacktal.com

Hier bekommt man gratis das – sehr einfach gestaltete – Faltblatt »22 Bikertouren«. Die darin vorgeschlagenen Routen richten sich allerdings vor allem an Mountainbiker.

Der Radler fährt (bzw. schiebt – Fußgängerzone!) vom Domplatz an der Pfarrkirche vorbei und überquert die Eisack auf der Adlerbrückengasse. Geradeaus gelangt man zur Schlipfgasse, wo es links hinaufgeht. Die Schlipfgasse endet an der Elvasterstraße, die sich in Serpentinen bis nach Elvas hinaufwindet. Man hält sich rechts und landet so schließlich in Natz. Nun geht es am oberen Rand der Rienzschlucht entlang. Hinter Viums hält man sich rechts und erreicht bald eine über die Rienz führende Rundbrücke. Nun windet sich der kleine Weg hinauf zum Schloss Roseneck.

☺☺ *Schloss Roseneck* gilt als eine der größten Burgen Tirols. Die im 12. Jh. errichtete Festungsanlage konnte selbst nach langer Belagerung zur Zeit der Bauernkriege nicht eingenommen werden. Im Inneren der Burg sind vor allem der prächtige Hochzeitssaal, der Pulverturm, die Schmiede, die Rüstkammer und die Schlosskapelle aus dem 16. Jh. sehenswert.

Vom Schloss Roseneck geht es bergab nach Mühlbach, das am Anfang des Pustertales liegt.

Mühlbach (777 m)

Dieser um 1269 erstmals urkundlich erwähnte Ort bildet die Grenze zwischen dem Eisack- und dem Pustertal. Architektonischer Höhepunkt sind die *Pfarrkirche zur Heiligen Helena* aus dem 13./14. Jh. sowie das *Schloss Freienthurn*, das heute ein Nonnenkloster beherbergt.

ⓘ Via Katherina
Lans 90
39037 Mühlbach
Tel. 0472/454044
Fax 0472/849849

Radverleih
🚲 Leitner
Talstation Vals
Tel. 0472/547221

Hinter Mühlbach geht es die Bundesstraße entlang durch die enge Talschlucht der Mühlbacher Klause, wo Ruinen einer Straßensperre von 1477 zu sehen sind. Die Strecke ist schön, aber die Straße leider belebt. Etwa 5 km nach Mühlbach nimmt man eine kleinere ruhige Straße nach links, Richtung Terenten. Jetzt geht es gleich aufwärts von 500 auf 1.250 m. Diese ruhige und sehr schöne Strecke entschädigt aber für die Strapazen. Terenten liegt sehr schön auf einer grünen Hochebene. Es ist bei den Italienern als Wochenend-Ausflugsziel beliebt, wovon in der Woche aber wenig zu spüren ist.

Terenten (1210 m)

Unterkunft

↯ Schmiedhof
Pustertaler Sonnenstr. 12
Tel. 0472/546188
Dieser Berghof liegt nahe am Ort. Halbpension möglich; EZ und DZ. Ü/F ab 25.000 Lire.

Nach Terenten folgt eine kurze Abfahrt, ehe es auf gleicher Höhe weiter geht. Kurz vor Pfalzen, in Issing, lohnt eine *Latschenölbrennerei* mit Kräutergarten einen Besuch. Seit 1912 werden dort ätherische Öle und Kräuterprodukte hergestellt. Eine Besichtigung ist möglich von Mai bis September, Mo bis Fr 8-12 und 13-17 Uhr (Eintritt frei, Tel. 0474/565373, *info@bergila.com*).

Pfalzen (1.022)

ⓘ 39030 Pfalzen
Tel. 0474/528159
Fax 0474/528413
pfalzen@kronplatz.com

Radverleih und -Service

🚲 Bike Technik Issing
Tel. 0474/565683
🚲 Sportbar
Tel. 0474/528336
🚲 Hotel Kristall
Tel. 0474/528190

Von Pfalzen geht es bergab ins Pustertal zurück. Bald ist Bruneck erreicht.

Alpental bei Bruneck

Bruneck (835 m)

Der Bischof von Brixen gründete Bruneck 1256, und die gut erhaltenen Stadtmauern sowie schöne alte Häuser künden noch von jener Zeit. Die zentrale Stadtgasse führt durch zwei Tortürme aus dem 15. Jh. zur 1850 errichteten Pfarrkirche. Hier ist mit dem großen *Kruzifix* das Kunstwerk des berühmtesten Sohnes von Bruneck zu bewundern: der Künstler Michael Pacher (1435-1498). In der oberhalb von Bruneck thronenden *Burg* aus dem 13. Jh. ist heute eine Schule untergebracht.
Musikfreunde kommen beim *New Orleans-Jazz-Festival* im Juli und bei den (klassischen) Sommerkonzerten von Juli bis August auf ihre Kosten.

- ⓘ Via Europa 24
  39031 Bruneck
  Tel. 0474/555722
  Fax 0474/555544
  bruneck@dolomitisuperski.com

Radservice
- 🚲 Velo
  Via San Lorenzo 9
  Tel. 0474/554844
- 🚲 Rad Boutique Steger
  Via Valle San Giorgio
  Aurina 28
  Tel. 0474/550442

Unterkunft
- ↲ Oberwieserhof
  Reintalstr. 6, in Reischach
  Tel. 0474/548095

Talhof mit EZ und DZ. Ü/F ab 35.000 Lire.
- ↲ Olivetto – Hochgruber
  Karl-Staudacher-Str. 1
  Tel. 0474/411045

Privatzimmer. DZ mit Bad. Ü/F ab 30.000 Lire.
- ▲ Bersaglio
  Via Dobbiaco
  Tel. 0474/401326

Dieser von Mai bis September geöffnete Platz hat auch einen eigenen Laden. 2 Personen und 1 Zelt ab 15.000 Lire.

Von Bruneck fährt man in südlicher Richtung aus dem Zentrum heraus, nach Reischach. Die kleine ruhige Straße führt durch Wälder am Berghang entlang, ehe *Schloss Lambrechtsburg* und einige Kilometer weiter Olang erreicht wird.

Olang (1.040 m)

Dieser kleine Luftkurort teilt sich in drei Stadtteile auf: Ober-, Mittel- und Niederolang.

- ⓘ 39030 Olang
  Tel. 0474/474092
  Fax 0474/498005
  olang@kronplatz.com

Unterkunft
- ↲ Villa Reden
  Wiesenweg 5, in Oberolang
  Tel. 0474/496044

Privatzimmer. 2 EZ und 4 DZ mit Bad. Ü/F ab 28.000 Lire.
- ↲ Schlosserhof
  Erschbaum 6, in Oberolang
  Tel./Fax 0474/496125

Zypressen

Orchideen

Erdbeerbaum mit Früchten

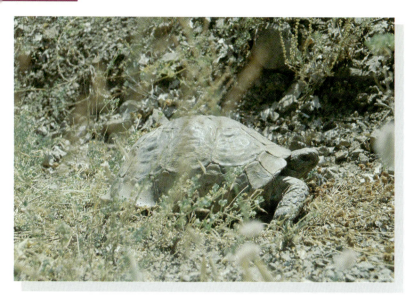

Griechische Landschildkröte

Haflinger

Bauernhof mit 6 DZ mit Bad. Ü/F ab 33.000 Lire.

Radverleih
- 🚲 Sport Sagmeister
  Tel. 0474/474748
- 🚲 Sport Corones
  Tel. 0474/495550

Nach Olang fängt eine beachtliche Steigung an. Diese lohnt sich aber allemal, da wunderbare Aussichten für die Strapazen entschädigen. Die Strecke ist mit ihrem Dreiklang aus Wald, Wiesen und Höfen sehr abwechslungsreich. Die kleine Straße führt weiter durch Wald, teilweise verläuft die Strecke jetzt über Radwege. Kurz vor Welsberg geht es steil hinunter. Aber man fährt nicht in den Ort hinein, sondern südlich vom Bahnhof weiter eine kleine Straße entlang.

Welsberg (1.087 m)

Beherrscht wird Welsberg von dem über dem Ort aufragenden *Schloss* des 12. Jh. sowie der 1738 geweihten *Pfarrkirche* mit Gemälden des hier geborenen Barockmalers Paul Troger (1698-1762).

- ⓘ Pusteriastr. 9
  39035 Welsberg
  Tel. 0474/944118
  Fax 0474/944599
  welsberg@kronplatz.com

Radverleih
- 🚲 Mountainbike-Verleih in der Sportzone
  Tel. 0474/944896

Von Welsberg setzt sich die Route an der Bahnlinie entlang auf einer Schotterpiste fort.
Hier wird die beschilderte Radroute »Hoch Pustertal« erreicht. Die Beschilderung ist aber nicht so gut, dass man ohne weiteres ohne Karte weiterfahren kann. Trotzdem bietet sie eine gute Hilfe zum Befolgen der Route, die hier durch eine hübsche, ländliche Gegend über kleine, nicht asphaltierte Straßen verläuft. Kurz vor Niederdorf geht es rechts am Fluss entlang und nach etwa 500 m wieder links. So fährt man um Niederdorf herum und bleibt dabei parallel zur Bahnlinie. Die Aussicht auf die schroffen Gipfel der Dolomiten ist phänomenal. Die ruhige Strecke führt jetzt durch den Wald. Bei Neu-Toblach lohnt sich ein Abstecher nach Toblach, das etwa 1,5 km nördlich der Route liegt.

Toblach (1.241 m)

Toblach liegt, umgeben von Nadelwäldern, etwas abseits der Strecke. Das war früher anders: Der Ort war eine beliebte Raststätte an dem von Venezia nach Augsburg führenden Handelsweg »Strada d'Alemagna«. Selbst ihre kaiserliche Hoheit beehrte Toblach mit einer Rast: Kaiser Maximilian nahm im Jahr 1511 im *Schloss Herbstenburg* Quartier.
Die Altstadt Toblachs wird von der 1782 geweihten *Kirche* inmitten des mittelalterlichen Stadtkerns beherrscht, während in Neu-Toblach Hotelbauten dominieren.

Einer der berühmtesten Gäste von Toblach war Gustav Mahler, der hier seine 9. und 10. Sinfonie komponiert haben soll.

- ⓘ Tourismusverein Toblach
  Dolomitenstraße 3
  39034 Toblach
  Tel. 0474/972132
  Fax 0474/972730
  toblach@dnet.it

Unterkunft
- Elslerhof
  Ehrenbergstr. 3
  Tel. 0474/72580

Dieser Talhof nahe am Ort verkauft auch eigene Produkte. Ü/F ab 27.000 Lire.

- ▲ Olympia
  Pusteriastr.
  Tel. 0474/972147
  Fax 0474/972713
  intercamp@dnet.it
  www.camping-olympia.com

Gut ausgestattet, schöne Lage. 2 Personen und 1 Zelt ab 30.000 Lire. Ganzjährig geöffnet.

Zurück auf der Route in Neu-Toblach beginnt jetzt ein beschilderter Radweg: ein Vorläufer des Drau-Radweges in Österreich, der zur österreichischen Grenze führt. Etwa 1,5 km hinter Neu-Toblach entspringt rechts von der Route die Drau. Obwohl hier eine Wasserscheide überquert wird, ist der Höhenunterschied kaum spürbar. Bei Innichen überquert man die Nationalstraße 49 und fährt nördlich von dieser Hauptstraße auf der Radroute weiter.

Innichen (1.175 m)

In Innichen wurde schon im 8. Jh. eine *Benediktinerabtei* gegründet, und noch heute gibt es eine Reihe schöner Kirchen, deren bedeutendste der romanische *Dom* von 1150 ist.

Der letzte italienische Ort vor der Grenze kündigt sich jetzt an: Winnebach. Etwa 1 km weiter erreicht man die Grenze, hinter der sofort der Drau-Radweg beginnt, der bequemes Radwandern flussabwärts in Österreich garantiert, u. a. nach Villach, das von Deutschland leicht mit dem Zug erreichbar ist. Der erste größere Ort ist das 5 km hinter der Grenze liegende Sillian.

TOUR 9:
DURCH DIE DOLOMITEN

Waidbruck (Tour 8) – St. Ulrich – Wolkenstein – Sellajoch – Canazei – Rocca Pietore – Ágordo – Belluno (Tour 21)
Länge: ca. 155 km
Dauer: 3-4 Tage
Schwierigkeitsgrad: schwer
   eine der schwersten Touren in diesem Buch mit mehreren, teilweise langen Anstiegen, oft auch steil
Wichtigste Sehenswürdigkeiten:
   Grödner Tal, Dolomiten, Belluno
Karten:
- Generalkarte 1:200.000 Südtirol/Dolomiten; 8,80 DM

- Kümmerly & Frey 1:200.000; Trentino/Südtirol (3); 16,80 DM
- Touring Club Italiano 1:200.000; Trentino-Alto Adige; 9.500 Lire
- ADAC-Regionalkarte, 1:150.000; Vom Brenner zum Gardasee; 12,80 DM

Diese Tour zweigt im Eisacktal von der Route zwischen Bozen und Toblach (Tour 8) ab, um von dort hoch in das Grödner Tal zu führen. Der dann folgende Abschnitt lässt das Herz eines jeden Alpinisten höher schlagen: Vorbei am Langkofel, Sellajoch, der Marmolada geht es häufig hinauf und hinunter bis zum Passo Duran, von wo man durch die Belluneser Dolomiten bis nach Belluna radelt, wo Anschluss an die Tour 21 nach Friuli-Venezia-Giulia besteht. Diese Tour verläuft durch schmale Alpentäler und über Pässe, wo meist nur eine Straße Platz hat. Daher ist diese Tour eine der am stärksten von Autos frequentierten in diesem Buch.

Waidbruck (Tour 8), das zwischen Bozen und Brixen im Eisacktal liegt, wird von Tour 8 berührt. Auf einer leider etwas stärker befahrenen Straße geht es am Grödner Bach entlang das Grödner Tal hinauf. Gleich nach der Unterführung der Brennerautobahn A22 sieht man rechts über sich das *Schloss Trostburg* liegen. Bald überquert die Straße den Bach und von dort sind es noch etwa 11 km bis nach St. Ulrich.

Das Grödner Tal (Val Gardena) erstreckt sich 20 km lang von Waidbruck in östliche Richtung. Bekannt ist das Tal vor allem für seine großen Wintersportzentren Wolkenstein, St. Ulrich und St. Christina. Die rätische Besiedlung zeigt sich bis heute in der Sprache: Fast 90 % der Bevölkerung sprechen – neben Deutsch und Italienisch – Ladinisch und nennen ihr Tal »Gherdëina«. Für kleine Wandertouren in den Bergen bieten sich von zahlreichen Orten Auffahrten per Seilbahn oder Sessellift an, die neben der Wintersaison zum Teil auch von Juni bis September in Betrieb sind.

Kurz vor St. Ulrich radelt man am Hotel *Goldenes Kreuz* vorbei den Grödner Bach entlang bis in die Innenstadt von St. Ulrich hinein. Der geschotterte Radweg verläuft auf der alten Bahntrasse, links neben der asphaltierten Straße.

St. Ulrich (1236 m)

Der Hauptort des Grödner Tals, St. Ulrich (italienisch *Ortisei*, ladinisch *Urtijëi*), verdankt seinen Namen der Pfarrkirche, in deren Inneren eine monumentale *St. Ulrich-Statue* von Ludwig Moroder zu sehen ist. Gleich neben der Kirche erinnert ein Denkmal an den ehemaligen Bürgermeister Purger, der den Bau der 1856 eröffneten Straße von Waidbruck in das Grödner Tal vorangetrieben hatte. Die Umgebung von St. Ulrich, wie das südlich gelegene Schlerngebiet bei

Kastelruth, gilt als Eldorado der Mountainbiker.

☺ Das *Grödner Heimatmuseum* umfasst Sammlungen zur Natur-, Ur- und Kunstgeschichte wie die Entwicklung der traditionellen Grödner Holzschnitzkunst. Ein Sonderteil des Museums widmet sich dem bekanntesten Sohn von St. Ulrich, dem Filmregisseur Luis Trenker. Geöffnet im Juni Di und Fr 15-18.30 Uhr, im Juli und August Di-So 10-12 und 15-19 Uhr sowie von September bis Mitte Oktober Di bis Fr 15-18.30 Uhr, Tel. 0471/797554.

ⓘ Reziastr. 1
39046 St. Ulrich
Tel. 0471/796328
Fax 0471/796749

Unterkunft
Eine Unterkunft in einem Ort mit mehr Gästebetten (6.000) als Einwohnern (5.000) zu finden, dürfte kein Problem sein.

↘ Sonnalp
Grohmannstr. 111
Tel./Fax 0471/796712
12 ordentliche Zimmer; mit Garten. DZ ab 58.000 Lire.

↘ Halali
Sacunstr. 109
Tel. 0471/796591
Fax 0471/797640
Klein, mit gepflegten Zimmern, Garten und Bar. Gutes Preis-Leistungsverhältnis. DZ mit Bad ab 60.000 Lire.

Am Kirchplatz nimmt man die direkt links an der Kirche vorbeiführende Straße, um sich gleich danach rechts zu halten und einem Schotter-Wanderweg mit dem passenden Namen »Luis-Trenker-Weg« zu folgen. Kurz hinter dem Hotel *Diamant* wird die Straße und bald darauf der Bach gekreuzt, um an der rechten Uferseite an St. Christina vorbeizufahren, das zur Linken liegt.

St. Christina (1.390 m)

ⓘ Tourismusverband Gröden
Dursanstr. 78
39047 St. Christina
Tel. 0471/792277
Fax 0471/792235
info@val-gardena.com
www.val-gardena.com

Südlich von St. Christina geht es an den Talstationen zweier Seilbahnen vorbei Richtung Fischburg. Unterhalb der *Fischburg* fährt man durch das schmiedeeiserne Tor, um sich danach auf dem Schotterweg immer links zu halten, der an der rechten Seite des Baches verläuft. Nach etwas mehr als 2 km ist Wolkenstein erreicht.

Wolkenstein (1.536 m)

Wolkenstein lebt vor allem vom Wintersport. Eine Million Übernachtungen von Gästen zählt die Gemeindestatistik, das sind mehr als 400 pro Einwohner!

ⓘ Gardena.net
Plan da Tieja
Tel. 0337/379878

ⓘ Via Meisules 213
39048 Wolkenstein
Tel. 0471/795122
Fax 0471/794245

Unterkunft
Wolkenstein hat 8.000 Gästebetten, dreimal so viele wie Einwohner.
↳ Soleigahof
Daunei 77
Tel. 0471/795576
Berghof mit schöner Lage. Ü/F ab 25.000 Lire.
↳ Hotel Alpenroyal
Meisules Straße 43
Tel. 0471/795178
Fax 0471/794161
Das Hotel Alpenroyal ist erst kürzlich gründlich renoviert und mit einer abwechslungsreichen Badelandschaft unter einem Glasdach versehen worden, darunter einer Dampfgrotte und einem Whirlpool. Das hat natürlich seinen Preis: Unter 180.000 Lire ist hier kein DZ zu bekommen.
Von Wolkenstein geht es entlang der rechten Seite des Grödner Baches weiter aufwärts, Richtung Sellajoch und Canazei. Von Plan an muss man auf der Hauptstraße 242 hinaufklettern. Rechts erhebt sich der markante Langkofel (3.181 m), und nach etlichen Serpentinen mit bis zu 9 % Steigung ist das Sellajoch (2.244 m) erreicht. Bei der 11 km langen Abfahrt nach Canazei müssen die Bremsen Schwerstarbeit leisten.

Canazei (1.464 m)

Diese Touristenhochburg im Fassatal wimmelt im Winter wie auch im Sommer, zu Tages- und Nachtzeiten nur so von erlebnishungrigen Menschen. Daher ist es kein Wunder, wenn das ganze Fassatal eine sehr gute Infrastruktur an Wanderwegen, Unterkünften und Gaststätten bietet.
ⓘ Via Costa 79
38030 Canazei-Alba
Tel. 0462/602466
Fax 0462/602278
info@fassa.com
www.DolomitiSuperski.com/ valfassa/
Weitere Touristenbüros gibt es in Canazei in der Via Roma 34 und in Alba in der Via Costa 216.
Von Canazei folgt man der Straße 641 Richtung Ágordo, die sich durch zahlreiche Tunnel bis 10 % steil hinaufwindet. Kurz vor dem Passo di Fedaia (2.047 m) geht es links am gleichnamigen Passsee vorbei. Nach dem Pass rollt man 11 km lang bis zu 16 % bergab. Kurz nach Rocca Pietore ist die Nationalstraße 203 erreicht, wo man nun rechts abbiegt. Kurz nach Caprile (1023 m) geht es links an dem lang gestreckten Lago d'Alleghe vorbei, an dessen unterem Ende sich ein Campingplatz befindet.

Alleghe (979 m)

Unterkunft

▲ Alleghe, in Masaré
  Tel. 0437/723737
120 Plätze. 2 Personen und 1 Zelt ab 24.000 Lire. Ganzjährig geöffnet. Die nächsten 15 km folgen nun der zwar panoramareichen, aber leider auch stark befahrenen Nationalstraße 203 bis nach Ágordo

Ágordo (612 m)

Der Hauptort des Cordévole-Tales ist für seine vielen prächtigen Häuser und Villen bekannt. An der zentralen Piazza della Libertá sticht die im 17. Jh. fertig gestellte *Villa Crotta de Manzoni* hervor, die einzige typisch venezianische Villa in den Dolomiten.

ⓘ Via XXVII Aprile 5/A
  32021 Ágordo
  Tel. 0437/62105
  Fax 0437/65205

Unterkunft

⌇ Albergo Edera
  Via Faion 20
  Tel./Fax 0437/62501
Bequeme Zimmer; mit Restaurant. DZ ab 55.000 Lire.

⌇ Villa Imperina
  Via Pragrande 5
  Tel. 0437/62046
  Fax 0437/640306
Das Haus hat 31 komfortable Zimmer mit oder ohne Bad. Mit Restaurant, Garage und Garten.

Zimmer in allen Preisklassen: DZ von 40.000 Lire bis 200.000 Lire. Für die Weiterfahrt nach Belluno seien zwei Varianten vorgestellt:

A. *Via Lago di Mis*:
Schwerer, länger, aber schöner. Südlich von Ágordo verlässt man die Nationalstraße 203 rechts auf der weniger stark befahrenen Nebenstraße Richtung Gosaldo. Die Straße überquert den Fluss Cordevole und klettert hinauf auf den Passo di Franche (992 m). Dort geht es links auf eine kleine Straße, die nach M. Titelle hinunterführt. Man hält sich immer links, überquert einen Bach und folgt schließlich links dem Canale del Mis auf einem Weg, dessen Belag zusehends einfacher wird. Hier beginnt der *Parco Nazionale delle Dolomiti Bellunesi*. Nach einiger Zeit führt rechts bergauf ein Weg nach Gena alta, aber es geht geradeaus weiter bis zum Lago del Mis bei Gena Bassa, der rechts auf einer tunnelreichen Straße umfahren wird. Bald nach dem See ist Sospirolo erreicht, wo es links weiter geht; Richtung Gron und Belluno. Nach 5 km stößt man in Mas auf die Nationalstraße 203. Von dort sind es noch 7 km bis nach Belluno.

B. *Auf der Nationalstraße 203*:
Direkt, leichter, aber stark befahren. Von Ágordo sind es noch rund 27 km auf der Nationalstraße 203, die größtenteils durch den Parco Nazionale delle Dolomiti Bellunesi am Fluss Cordevole entlang führen. Der Autoverkehr kann für 12 km

mitten in dem Nationalpark vergessen werden, wenn das Fahrrad geländetauglich ist: Dazu wird die Nationalstraße, 8 km bevor diese das zweite Mal die Cordevole quert, verlassen. Dann hält man sich immer links und radelt auf der rechten Seite des Flusses entlang, bis bei Mas wieder die Hauptstraße erreicht wird. Von dort sind es noch 7 km bis nach Belluno.

Belluno (385 m)

Das eigentlich zu Veneto gehörende Belluno thront auf einem Felsen über der Mündung des Ardo in die Piave. Der Ort geht auf eine rätische Siedlung zurück, die 180 v. Chr. dem römischen Reich einverleibt wurde.

Mittelpunkt ist die Piazza dei Martiri, in deren Umgebung die meisten Paläste und Brunnen zu finden sind, die überwiegend aus der Renaissance stammen.

Die Piazza del Duomo wird von der *Domkirche Santa Maria Assunta* beherrscht, einem Kirchbau der Frührenaissance (15./16. Jh.). Der später, im Barock, ergänzte 69 m hohe *Campanile* gehört zu den schönsten seiner Art in Italien. Gegenüber dem Duomo erhebt sich der *Palazzo dei Rettori* aus der Renaissance, seit dem 15. Jh. Sitz der venezianischen Gouverneure.

Bei einem Bummel durch die Altstadt sollte man auch die zentrale Piazza Castello sowie die arkadenumsäumte Piazza del Mercalo, den Marktplatz mit seinem alten *Brunnen* (1410), nicht auslassen. Dort befindet sich auch das *Museo Civico*. Geöffnet April bis Oktober Di bis Sa 9-12 und 15-18 Uhr, So 9-12 Uhr.

Rund um Belluno gibt es mehrere sehenswerte Villen, darunter die *Villa Coraulo* (17. Jh.) und die *Villa Buzzati* (19. Jh.).

ⓘ Via R. Pesaro 21
    32100 Belluno
    Tel. 0437/940083
    Fax 0437/940073

Ein weiteres Touristenbüro gibt es in der Piazza dei Martini 8.

Radservice

🚲 Michelin
    Via Caffi 128
    Tel. 0437/941831

🚲 Barbieri
    Via F. Pellegrini 94a
    Tel. 0437/33672

Radclub

✉ Bici Libere
    c/o Villa »ex Montalban«
    Loc. Safforze
    32100 Belluno
    Tel. 0437/981246

✉ Amici della Bicicletta
    Via San Giuseppe 32
    32100 Belluno
    Tel. 0437/34673
    ecrovat@tin.it
    space.tin.it/viaggi/afantat

Unterkunft
- Albergo Taverna
Via Cipro 7
Tel. 0437/25192
Gepflegte Zimmer ohne Bad. Mit Restaurant. DZ ab 20.000 Lire.
- Albergo Sole
Piazzale Marconi 11
Tel. 0437/25146
16 komfortabele Zimmer mit Bad. Mit Restaurant und Garage. DZ ab 50.000 Lire.

Von Belluno führt Tour 21 durch die Provinz Friuli-Venezia-Giulia bis an die Adriaküste bei Triest.

TOUR 10:
ETSCH-RADWEG II

Bozen (Touren 7, 8) – Frangart – Neumarkt – Salurn – Trient (Touren 11, 12)
Länge: ca. 60 km
Dauer: ca. 1 Tag
Schwierigkeitsgrad: leicht
flussabwärts am Etsch entlang
Wichtigste Sehenswürdigkeiten: Bozen, Salurn, Trient
Karten:
- Generalkarte 1:200.000 Brenner/Verona/Parma (2); 12,80 DM
- Kümmerly & Frey 1:200.000; Trentino/Südtirol (3); 16,80 DM
- Touring Club Italiano 1:200.000; Trentino-Alto Adige; 9.500 Lire
- ADAC-Regionalkarte, 1:150.000; Vom Brenner zum Gardasee; 12,80 DM

Diese Tour schließt an den oben (Tour 7) beschriebenen Etsch-Radweg sowie die aus dem Puster- und Eisacktal herunterführende Tour 8 an. Vorbei an zahlreichen Obstplantagen und Burgen folgt man der Etsch flussabwärts und überschreitet die deutsch-italienische Sprachgrenze. Am Etappenziel Trient besteht Anschluss an Tour 12 zum Lago di Garda und Tour 11, die durch das Valsugana bis nach Veneto führt.

Bozen wird aus nordwestlicher Richtung vom Vinschgau (Tour 7) oder die Eisack entlang vom Nordosten (Touren 8, 9) erreicht. Man verlässt die Provinzhauptstadt auf dem vom Verdi-Platz die Eisack hinabführenden Radweg, der den Bach Talfer überquert. Der Radweg verläuft bis zur Mündung der Eisack in die Etsch am rechten Flussufer, überquert dann die Etsch und führt an deren rechtem Ufer weiter. Auf der anderen Flussseite ist die Autobahn A22 weder zu übersehen noch zu überhören. Auf der Höhe von Leifers wechseln beide Verkehrslinien die Seiten: Die Autobahn kreuzt Radweg und Etsch, während der Radweg kurz darauf über die Etsch hinüberführt, um an deren linkem Ufer weiterzuführen. Zur Linken ragen zwei Burgen, *Laimburg* und *Leuchtenburg*, auf. Kurz vor Auer kreuzt der Radweg noch einmal die Etsch, um bei Neumarkt zum linken Ufer zurückzukehren.

Neumarkt (217 m)

ⓘ Vicolo Portici 28
39044 Salurn
Tel. 0471/812373
Fax 0471/820453

Unterkunft
⚐ Kuckuckshof
Bergstraße 1, in Mazon
Tel. 0471/812405
Dieser nette Hof liegt 3 km vom Zentrum entfernt und verkauft auch eigene Produkte. Ü/F im DZ etwa 20.000 Lire.
⛺ Markushof
Truidnstr. 1, in Auer
Tel. 0471/810025
Fax 0471/810603
Kleiner Platz. 2 Personen und 1 Zelt ab 18.000 Lire. Geöffnet von Mitte April bis Mitte Oktober.
Der Etsch-Radweg verläuft das ganze Stück zwischen Neumarkt und Salurn auf der linken Uferseite der Etsch; kaum zu verfehlen.

Salurn (224 m)

Das an der hörbaren Sprachgrenze (Deutsch-Italienisch) gelegene Salurn (Salorno) liegt im Tal der Etsch und wird von der *Pfarrkirche* aus dem 17. Jh. sowie alten Bürgerhäusern aus der Renaissance und dem Barock dominiert. Hoch über Salurn thront die *Hadeburg* aus dem 11./12. Jh., in der 1551 der Reformator Melanchthon residiert hat.
ⓘ Rathausplatz 2
39040 Salurn
Tel. 0471/884279
Fax 0471/885066

Unterkunft
⚐ Herrenhof
Via Dr. J. Noldin 3-5
Tel. 0471/884444
Fax 0471/885088
73 gut ausgestattete Zimmer mit Bad. Ü/F ab 40.000 Lire.
Von Salurn aus ist ein 32 km langer Radweg (Nr. 1) bis nach Trient ausgeschildert. Zuerst überquert man die Nationalstraße, und noch vor der Überquerung der Etsch zweigt der Radweg links ab und führt flussabwärts bis Masetto, wo die Etsch überquert wird. Am rechten Flussufer geht es weiter über Grumo nach San Michele all'Adige.

San Michele all'Adige (228 m)

☺ Das *Museo degli Use e Costume della Gente Trentina* informiert über traditionelle Bräuche und Handwerk im Trentino, darunter Weinbau, Weberei, Holzschnitzerei, Metallverarbeitung, Glauben und Kleidung. Zu sehen ist auch eine rekonstruierte Wassermühle. Untergebracht ist das Museum in einem alten Augustiner-Kloster, das schon im 12. Jh. gegründet wurde. Geöffnet Di bis Sa 9-12.30 und 14.30-18 Uhr (Eintritt: 5.000 Lire, Tel. 0461/650314).
☺ Einen Vorgeschmack auf das Museum erhält man im Internet: *www.delta.it/mucgt* (u. a. in deutscher Sprache).

Von San Michele all'Adige folgt der Radweg weiter dem rechten Etsch-Ufer und verläuft dabei fast in Spürweite zur Autobahn. Bei Nave San Roco wechselt der Weg wieder die Seiten und unterquert kurz hinter Zambana Vecchia die Autobahn A22. Die Mündung des Etsch-Zuflusses Avisio zwingt zu einem kurzen Abstecher nach Lavis (234 m).

Kurz vor dem Ort Lavis geht es rechts an dessen Industriezentrum vorbei, während sich rechts vom Radweg, am Flussbett des Aviso, ein wertvoller Biotop entwickelt hat, über welchen das dortige Ornithologische Zentrum informiert. Dessen Beobachtungsturm ermöglicht ein ungestörtes Beobachten der Vögel. Den Aviso überquert man am Ortseingang von Lavis. Gleich danach geht es links ab, am linken Avisio-Ufer entlang. Nach der Überquerung der Autobahn macht der Radweg einen Linksknick und folgt dem linken Etsch-Ufer.

Nach zwei unterquerten Autobrücken und einer weit geschwungenen Linkskurve der Etsch wird die Innenstadt von Trient (Trento) erreicht. Von Trient führen weitere Touren durch das Valsugana und die Brenta bis nach Bassano del Grappa in Veneto (Tour 11) oder weiter der Etsch folgend nach Rovereto (Tour 12), um von dort den Radweg zum Lago di Garda zu nehmen.

Trient/Trento (194 m)

Die Hauptstadt der italienischen Provinz Trentino wurde 24 n. Chr. von den Römern als *Tridentum* gegründet. Es folgten Langobarden, Franken, Bayern – und natürlich Italiener. Der heute 100.000 Einwohner zählende Ort ist die Hauptstadt der gleichnamigen Provinz. Als eines der ältesten Gebäude gilt die im 11. Jh. errichtete *Kirche Sant'Apollinare*.

Mittelpunkt von Trient ist die Piazza Duomo mit ihrem *Neptunsbrunnen* aus dem 18. Jh.

☺☺☺ Das *Castello del Buonconsiglio* mit seinem rundem Turm thront auf einem Felsen, am der Via San Marco, der Verlängerung der Via Manci. Die Burg besteht aus verschiedenen Teilen, die zwischen dem 13. und 17. Jh. erbaut wurden. Besonders gut erhalten sind die Türme, die wie die ganze Burg, in der sich ein historisches Museum befindet, besichtigt werden können. Geöffnet April bis September Di bis So 9-12 und 14-17.30 Uhr, Oktober bis März Di bis Sa 9-12 und 14-17 Uhr (Eintritt: 9.000 Lire, Tel. 0461/233770).

☺☺☺ Das Museum kann auch im Internet besucht werden: *www.museostorico.tn.it*.

☺☺ Die zentrale Piazza del Duomo wird beherrscht vom *Duomo San Vigilio*, bekannt für sein Stilgemisch: Der dreischiffige Bau aus dem 12./13. Jh. ist romanisch, das Innere überwiegend gotisch, das Portal stammt aus der Renaissance und der Altar aus dem Barock. Die Kirche erhielt im 16. und 17. Jh. zahlreiche Anbauten. Nicht zu vergessen die unter dem Duomo 1964-1977 ausgegrabene Basilica aus dem 6. Jh.

☺☺ Der *Palazzo Pretorio* erhebt sich direkt neben dem Duomo. Zu dem Palazzo gehört der *Torre Civica*, der städtische Uhrturm aus dem 12. Jh. und damit eines der ältesten Bauwerke von Trient. Im Palazzo Pretorio residierte einst der Bischof, ehe dessen Sitz 1255 in das Castello verlegt wurde. Der Palazzo beherbergt heute das *Museo Diocesana*, bekannt für seine flämischen Gobelins aus dem 16. Jh. Geöffnet Mo und Sa 9.30-12.30 und 14.30-18 Uhr (Eintritt: 5.000 Lire, Tel./Fax 0461/234419). Der Eintrittspreis von 5.000 Lire schließt den Besuch der großartigen archäologischen Fundstätten unter dem Duomo mit ein.

☺ Der *Palazzo Galasso* in der Via Manci wurde Anfang des 17. Jh. von den Augsburger Fuggern in Auftrag gegeben. Das prächtige Portal und der große Hof bestimmen den ersten Eindruck. Goethe, als Begründer der Weimarer Klassik mit einer sehr einseitigen Kunstauffassung in Italien unterwegs, bezeichnete den Palazzo Galasso wegen seines einheitlichen klassizistischen Stiles »als einziges Haus von gutem Geschmack« in Trient. Der Volksmund bezeichnet das Gebäude auch als »Teufelspalast«, weil es angeblich in nur einer Nacht mit Hilfe des Teufels errichtet worden sein soll.

ⓘ Via Alfieri 4
38100 Trient
Tel. 0461/983880
Fax 0461/984508
informazioni@apt.trento.it
www.apt.trento.it

Radservice

🚲 Cicli Baldo
Corso Tre Novembre 70
Tel. 0461/915406
Nah am Chiesa di Santa Chiara.

🚲 Pedalando
Via Vittorio Veneto 21
Tel. 0461/930142
Seitenstraße der Corso Tre Novembre.

Radclub

✉ Amici della Bicicletta
Via Coni Zugna 9
38100 Trento
Tel. 0461/349398
fcomai@seac.it

Camping-Artikel

✉ Scuola Alpinismo e Sci Alpinismo – Orizzonti Trentini
Via Petrarca 8
Tel. 0461/230141
Fax 0461/230141
Zentral, etwa 500 m östlich vom Bahnhof.

Unterkunft

⌂ Giovane Europa
Via Manzoni 17
Tel. 0461/234567
Fax 0461/268434

Diese Jugendherberge liegt in der Nähe des Castello. Ü/F ab 22.000 Lire. Öffnungszeiten der Rezeption: täglich 7.30-9.00 und 15.30-23.30 Uhr.

↷ Albergo Port'Aquila
  Via Cervara 66
  Tel. 0461/982950

Einfache Unterkunft. DZ ab 50.000 Lire.

↷ Albergo Al Parco
  Località Povo M. 398
  Tel. 0461/819988

Schlichte Zimmer; bewachter Parkplatz. DZ ab 60.000 Lire.

▲ Mezavia, in Sopramonte
  Tel. 0461/948178

Mit Laden und Restaurant. 2 Personen und 1 Zelt ab 15.000 Lire. Ganzjährig geöffnet.

Verpflegung
🍽 Locanda Port'Aquila
   Via Cervara 66.

In dieser traditionell eingerichteten Trattoria werden typische Trentiner Gerichte serviert.

TOUR 11:
ENTLANG DER BRENTA I

Trient (Touren 10, 12) – Borgo Valsugana – Grigno – Rocca – Valstagna – Bassano del Grappa (Tour 17)
Länge: ca. 115 km
Dauer: 2-3 Tage
Schwierigkeitsgrad: schwer
  einige anspruchsvolle Anstiege, von Arsiè geht es bergab bis Bassano del Grappa

Wichtigste Sehenswürdigkeiten: Trient, Levico Terme, Bassano del Grappa

Karten:
- Generalkarte 1:200.000; Brenner/Verona/Parma (2), Brenner/Venedig/Triest (3); 12,80 DM
- Kümmerly & Frey 1:200.000; Trentino/Südtirol (3); 16,80 DM
- Touring Club Italiano 1:200.000; Trentino-Alto Adige; 9.500 Lire
- ADAC-Regionalkarte, 1:150.000; Gardasee und Venetien; 12,80 DM

Die Brenta entspringt in der Nähe von Castelnuovo, das man von Trient (Anschluss an Touren 10 und 12) aus durch das Valsugana erreicht, das sich hinter dem Lago di Caldonazzo öffnet. Flussabwärts die Brenta entlang geht es aus den Alpen heraus bis in die Niederungen von Veneto. Die Wege machen einige Schleifen, um die viel befahrenen Verkehrsstränge im Tal so weit wie möglich zu meiden. Am Ziel, in Bassano del Grappa, hat man Anschluss an die Touren in Veneto (Tour 17).

Von dem im Etschtal gelegenen Trient/Trento (194 m) folgt man der Nebenstraße Povo, die sich in Serpentinen östlich hinaufwindet. Bald hinter dem Bergdorf wird ein nicht asphaltierter Weg erreicht, der in derselben Richtung (Osten) – zu Beginn tüchtig bergauf – über den Passo Cimirlo (733 m) nach Roncogno führt. In der Ortsmitte hält man sich rechts und zweigt 200 m nach Roncogno auf den am Waldrand entlang führenden Weg nach Costasavina ab. Am Hang entlang geht es leicht aufwärts in südlicher Richtung, durch Obstplantagen hindurch, über Susa nach San Vito. Der Weg führt mitten durch ein Obstanbaugebiet, das besonders zur Blütezeit der Kirschen reizvoll ist.

In San Vito zweigt man links auf einen Schotterweg ab, der durch ein waldiges Gebiet führt, das immer wieder von Lichtungen aufgelockert wird, von denen man einen schönen Blick auf den unterhalb gelegenen Lago di Caldonazza genießt. Vorbei an den Gebäuden Maso Posser und Maso Begher wird Santa Caterina erreicht. Von dort führt eine Schotterstraße, teilweise durch Kastanienwälder, sanft bergab in das Tal des Baches Mandola nach Bosentino. Hier geht es auf der Hauptstraße links bergab zum Lago di Caldonazzo, wo Calcerina al Lago erreicht wird.

Calcerina al Lago (465 m)

In Calcerina al Lago fällt der frühromanische *Glockenturm von San Ermete* auf, einer romanisch-gotischen Kirche, die im 16. Jh. auf dem Fundament eines Diana-Tempels errichtet wurde. Die *Assunta-Kirche* ist dagegen im gotischen und Renaissance-Stil erbaut und wegen ihrer kostbaren Orgel bekannt. Hier, am Südrand des Lago di Caldonazzo, beginnt das touristisch gut erschlossene Valsugana. Dieses Gebiet soll schon in vorgeschichtlicher Zeit besiedelt gewesen sein. Zu Römerzeiten führte die Via Claudia Augusta durch das Tal.

Kurz hinter dem südlichen Ortsende von Calcerina al Lago zweigt man links auf eine ebene Nebenstraße ab, die östlich von Caldonazzo auf der Hauptstraße herauskommt. Der Ortskern von Caldonazzo, nach dem der See benannt wurde, liegt etwas abseits vom Ufer.

Nach etwa 200 m auf der Nationalstraße Richtung Levico Terme geht es rechts, noch vor der Querung der Bahnlinie und des Flusses Brenta, auf einen kleinen Uferweg, welcher der Brenta bis zur Höhe von Novaledo ebenerdig folgt. Der Weg umrundet genauso wie die Brenta den etwas höher liegenden Kurort Levico Terme, das über eine der zahlreichen Brücken per Rad in wenigen Minuten erreicht ist.

Levico Terme (520 m)

Dank seines arsen- und eisenhaltigen Wassers hat sich Levico Terme zu einem bedeutenden Kurort entwickelt, dessen Heilquellen schon im 16. Jh. genutzt wurden.

Im Kurpark sticht vor allem das *Grand-Hotel* mit seiner Jugendstil-Architektur hervor, das Adelige aus ganz Europa schon vor einem Jahrhundert besucht haben. Sehenswert sind außerdem die *Kirche San Biagio* aus dem 14. Jh. sowie die etwas oberhalb von Levico Terme liegenden Ruinen des *Castels Selva*, das zur Zeit der Völkerwanderung als Fluchtburg errichtet und im 15./16. Jh. von den Trentiner Fürstbischöfen umgebaut wurde.

- ⓘ Levico Terme
  Viale V.Emanuele 3
  38056 Levico Terme
  Tel. 0461/706101
  Fax 0461/706004
  apturismo@valsugana.com
  www.valsugana.com

Dort ist gratis die Übersichtskarte »Valsugana Mountain Bike« des Valsugana im Maßstab 1:40.000 mit der Beschreibung von 15 Rundtouren für Mountainbiker erhältlich.

Radservice
- ⊛ Cetto
  Corso Centrale 60
  Tel. 0461/701314

Unterkunft
- ↵ Azienda zootecnica-orticola
  Pedrin Luciano
  Fraz. Selva »Masso Rosso«
  Tel. 0461/707379

Dieser rustikale Hof bietet neben Unterkunft auch typische Trentiner Küche. Ü/F 35.000 Lire.

- ▲ Lévico
  Loc. Pleina 1
  Tel. 0461/706491
  Fax 0461/707735
  campinglevico@valsugana.com

Dieser gut ausgestattete Platz liegt direkt am Lago di Caldonazzo und verleiht auch MTB. 2 Personen und 1 Zelt ab 24.000 Lire.

Verpflegung
- 🍽 Taverna dei Gonzaga
  Via Garibaldi 99
  Tel. 0461/701802

Diese Taverne ist für ihre regionalen Spezialitäten und hausgemachten Pasta bekannt.

In dem etwas flussaufwärts von Levico Terme liegenden Novaledo entfernt sich der Weg kurzzeitig von der Brenta. Man hält sich links in Richtung Oltebrenta. Nach etwa 100 m rollen die Reifen statt über Asphalt jetzt über Stock und Stein. Weiter geht es am Waldrand entlang, um bei Roncegno-Marter wieder das Ufer zu erreichen. Hier fällt die Ruine eines runden Turmes auf, der zusammen mit dem quadratischen Bruder in Novalengo Teil einer großen mittelalterlichen Befestigungsanlage war. Weiter flussabwärts, bei Maso Dordi, wird erst die Bahnlinie und später die Hauptstraße überquert, um danach Borgo Valsugana zu erreichen.

Borgo Valsugana (380 m)

- ⓘ 38051 Borgo Valsugana
  Tel. 0461/752949
  Fax 0461/752393

Radservice
- ⊛ Pepe Cicli e Motocicli Postai
  Viale Citta' di Prato 29
  Tel. 0461/754268

Unterkunft
- ↵ Albergo Centrale, im Zentrum
  Tel. 0461/753167

12 Zimmer mit oder ohne Bad. DZ ab 70.000 Lire.

In Borgo wird der Flusslauf verlassen, um der viel befahrenen »Superstrada Valsugana« zu entkommen. Man macht eine kleine Nordschleife über Carzano, Scurelle und Agnedo. Kurz hinter Ospedaletto geht es ein kleines Stück auf der Nationalstraße 47 weiter, ehe man bei Grigno links auf die Nebenstraße abzweigt, die an Sarafini und Tezze vorbei parallel zur Nationalstraße verläuft. Etwa 6 km hinter Tezze gabelt sich die Straße. Man hält sich links, Richtung Pusterno, und macht damit wieder einen kleinen Bogen um eine viel befahrene Schlucht der Brenta. In Arsiè geht es rechts weiter, und bald ist ein netter See erreicht, der Lago del Corlo, der bei Rocca verlassen wird, um seinem Abfluss zurück in das Brenta-Tal zu folgen. Die Straße windet sich in Serpentinen hinunter. Im Tal quert man die Bahn und Autobahn, um dann am rechten Ufer der Brenta entlang, über Valstagna und Campolongo sul Brenta, bis nach Bassano del Grappa (Tour 17) hinein zu radeln, wo Anschluss an Tour 17 besteht (die der Brenta bis in die Nähe von Pádova folgt).

TOUR 12: NORDEN DES LAGO DI GARDA

Trient (Touren 9, 10) – Rovereto – Mori – Torbole – Riva del Garda – Lago di Ledro – Riva (Boot und dann Touren 12-14)

Länge: ca. 80 km
Dauer: 1-2 Tage
Schwierigkeitsgrad: mittel
  bis Riva eine leichte Tour, besonders anstrengend ist allerdings der Aufstieg von Riva in das 600 m hohe Ledro-Tal
Wichtigste Sehenswürdigkeiten:
  Trient, Castel Beséno, Rovereto, Riva, Ledro mit Pfahlbaumuseum
Karten:
- Generalkarte Italien 1:200.000; Brenner/Verona/Parma (2); 12,80 DM
- Kümmerly & Frey: Karten 1:200.000; Trentino/Südtirol (3); 16,80 DM
- ADAC-Regionalkarte, 1:150.000; Gardasee und Venetien; 12,80 DM
- Polyglott FlexiKarte: 1:115.000; Gardasee; 12,90 DM
- Berndtson & Berndtson: 1:100.000; Gardasee mit Brescia, Innsbruck, Lago di Garda, Verona; 16,90 DM
- Kompass Touristenkarte 1:35.000; Alto Garda / Val di Ledro (Bl.096); 12,80 DM
- Lagir Alpina 1:25.000; Alto Garda (12); ca. 10.000 Lire. Sehr detailliert, inkl. Lago di Ledro.

Anmerkung:
Die Tunnel auf der alten Ponalestraße zwischen Riva und dem Val di Ledro sind nicht beleuchtet; daher sollte die Lichtanlage vor die-

ser Etappe noch einmal überprüft werden!

Diese Tour führt vom Etschtal zum Lago di Garda, dem größten der Oberitalienischen Seen, den man vom Norden her erreicht. Die Tour kann auch in Riva del Garda beenden werden, um von dort per Schiff zum Süden des Lago di Garda überzusetzen (Touren 12-14). Oder man wählt die Bergetappe zum Lago di Ledro, umrundet diesen und fährt wieder zurück nach Riva (45 km).

Zur Hauptstadt der Provinz Trentino, Trento/Trient (Tour 10), führen zwei Touren: Tour 11, vom Veneto und durch das Valsugana kommend, sowie Tour 12 aus nördlicher Richtung (Bozen) den Etsch-Radweg entlang. Von Trento folgt man dem südwärts am linken Etsch-Ufer verlaufenden Radweg. Dazu geht es kurz nach Trento unter einer größeren Autobahnbrücke hindurch nun immer an der Etsch entlang, wobei man erst einen Flughafen und später die Orte Mattarello und Besenello links liegen lässt.

☺☺ Bei Benetto erhebt sich das *Castel Beséno* 200 m hoch auf dem Gipfel eines Kreidefelsens. Die mehr als 8 Jahrhunderte alte Burganlage gilt als größte ihrer Art im Trentino. Von 1470 bis 1972 in Privatbesitz, gehört das Castel heute der Provinz und kann besichtigt werden. Geöffnet April bis Oktober Di bis Sa 9-12 und 14-17.30 Uhr (Eintritt: 6.000 Lire, Tel. 0464/834600).

☺☺ Dazu verlässt man den Etsch-Radweg auf der Höhe von Besenello und durchquert diesen Ort in südlicher Richtung, der Beschilderung »Castel Beséno« folgend. Zurück zur Etsch geht es auf demselben Weg.

Der Etsch-Radweg folgt weiter dem linken Ufer. Kurz darauf fallen die Mauern einer anderen Burg auf, des Castel Peitra, das einst als Vorwerk des Castel Beséno diente. Um den Turm gruppieren sich die später errichteten Gebäude. Vorbei an Volano geht es nun bis an das Ufer bei Rovereto. Dazu verlässt man den Radweg in San Giorgio zur Linken und radelt über die Bahnbrücke in die Innenstadt.

Rovereto (209 m)

Rovereto liegt an der Grenze zwischen dem Etschtal im Norden und dem Lagarinatal im Süden, das für seine vielen Burgen aus dem 13./14. Jh. bekannt ist. Genauso findet man hier die Sprachscheide zwischen dem Deutschen und dem Italienischen, wie schon Goethe bei seiner Italienreise 1786 bemerkte, als er in Rovereto einkehrte. Eine andere bekannte Persönlichkeit mit einem ähnlichen Vornamen, Wolfgang Amadeus Mozart, soll hier seinen ersten öffentlichen Musikauftritt gehabt haben.

In der Altstadt findet man noch bauliche Spuren, die an die Herrschaft der Venezianer im 15. Jh. erinnern. Kurz darauf blühte in Rovereto die Seidenproduktion auf. Im Umland wurden dafür Seidenraupen gezüchtet und Maulbeerbäume als Raupenfutter gepflanzt. Das jüngst in den *Palazzo Parolari* umgezogene *Museo Civico* informiert über diese wichtige Epoche.

Noch wesentlich ältere Spuren wurden südlich von Rovereto, bei den Lavini di Marco entdeckt: Paläontologen stießen dort auf Dinosaurierspuren mit einem Durchmesser von bis zu 40 cm, die auf rund 6 m lange Tiere schließen lassen.

☺☺ Vom Burgberg mit seinem *Castello* aus dem 15. Jh. bietet sich ein schöner Ausblick auf das Val Lagarina. Im Castello ist das *Museo Storico Italiano della Guerra*, kurz: Kriegsmuseum, untergebracht, das der Lage Roveretos an der Front zwischen Österreich und Italien im 1. Weltkrieg gedenkt (geöffnet April bis November Di bis So 8.30-12.30 und 14-18 Uhr)– genauso wie die Glocke Maria Dolens oberhalb von Rovereto, die jeden Abend zu Ehren der Gefallenen des 1. Weltkrieges geläutet wird. Die Glocke wurde aus den Kanonen aller am Krieg beteiligten Parteien gegossen und gilt mit ihrem Gewicht von 22 Tonnen als eine der größten Glocken überhaupt.

ⓘ Via Dante 63
38068 Rovereto
Tel. 0464/430363
Fax 0464/435528
rovereto@apt.rovereto.tn.it
www.apt.rovereto.tn.it

Radservice

🚲 Manfredi
Viale Vittoria 40
Tel. 0464/420651

🚲 Moser
Via Craffonara 4
Tel. 0464/434701

Unterkunft

↙ Albergo La Lanterna
Piazza Malfatti 12
Tel. 0464/436612
Nur 2 einfache Zimmer.
Ü/F 30.000 Lire.

↙ Albergo Aquila
Via Abetone 2
Tel. 0464/421433
oder 421829
Fax 0464/421837
19 nette Zimmer mit Bad.
DZ 100.000 Lire.

Von Rovereto geht es in südwestlicher Richtung am Ufer des Baches Leno entlang. Nach den Unterführungen unter Hauptstraße und Bahnlinie wird der links liegende Bach bei der nächsten Gelegenheit überquert. Nach 200 m zweigt man rechts auf den Radweg ab. Direkt vor der nächsten Bahnunterführung geht es rechts ab und so direkt an die Etsch, der man nun flussabwärts folgt. Kurz nach der Unterquerung der Autobahn A22 wird eine Kreuzung mit der nach Riva del Garda führenden Nationalstraße 240 erreicht, die hier die Etsch überquert: Immer geradeaus weiter. Ein kleines Stück verläuft der Weg auf der linken Uferseite, ehe er auf die rechte hinüberwechselt. Nach etwa

300 m geht es rechts ab, an der Kapelle von Seghe Ultime vorbei, bis nach Seghe Prime, wo man scharf links abzweigt und links am Velodromo, einer Radrennbahn, vorbeifährt. Nun geht es geradewegs durch Mori (204 m) hindurch. Am Ortsende von Mori wird die Nationalstraße links verlassen, noch bevor diese den Rio di Gresta überquert. Am linken Ufer folgt man dem Fluss nun auf einer kaum befahrenen Nebenstraße. Nach etwa 4 km, kurz bevor dieser Weg wieder auf die Hauptstraße einmündet, geht es links ab und gleich darauf rechts, um nach der ersten Linksabzweigung wieder rechts abzuzweigen. Nun ist es noch 1 km bis nach Loppio, von wo es auf der Nationalstraße weiter Richtung Nago geht. Zur Rechten liegt der Feuchtbiotop *Lago di Loppio*, und noch vor einer größeren Linkskurve zweigt rechts ein Weg ab, der direkt an dem Weiher vorbeiführt. Man hält sich links und gelangt so wieder auf die Hauptstraße, wo nach 300 m der Passo San Giovanni (287 m) erreicht wird. Unvorstellbar, dass die Venezianer im 15. Jh. ihre Flotte mit 30 Schiffen von der Etsch aus über diesen Pass getragen haben, um ihre Gegner am Lago di Garda zu überraschen. Am Pass lädt die Albergo San Giovanni zu einer kleinen Stärkung ein. Nach dem Pass nimmt man die dritte Abzweigung nach links, am Weiler Pandino, um nun auf Nebenstraßen das schon vor einem liegende Nago zu erreichen.

In Nago (220 m), 2 km nördlich von Torbole, überrascht der weite Ausblick auf den Lago di Garda. Von Nago führt ein kleiner Pfad hinauf zu den Ruinen des *Castello di Penede* (285 m), das auf eine Festung aus vorgeschichtlicher Zeit zurückgeht und im 18. Jh. von den Franzosen zerstört wurde.
Am westlichen Ortsende von Nago verlässt man die Nationalstraße 240 zur Linken, um auf einer weniger stark befahrenen Nebenstrecke, die etwas oberhalb der 240 am Waldrand verläuft, nach Torbole zu gelangen. Nach der Abfahrt in den Ort Torbole weisen Schilder schon nach rechts, Richtung Riva del Garda.

Torbole (66 m)

Torbole ist die Nr. 1 der Surfer und Segler am Lago di Garda. Nur wenige von ihnen werden sich der literaturgeschichtlichen Bedeutung dieses Ortes im Nordosten des Sees bewusst sein: Johann Wolfgang von Goethe begann hier 1786 am Anfang seiner fast zweijährigen Italienreise die »Iphigenie auf Tauris«. Eine Gedenktafel auf der Piazza Vittorio Veneto erinnert an den Aufenthalt des deutschen Dichterfürsten.

ⓘ Lungolago Verona 19
38069 Torbole
Tel. 0464/505177
Fax 0464/505643

Lago di Garda

Der Lago di Garda oder auch »Benaco« gilt als größter See Italiens: Mit seiner Oberfläche von 370 km² ist er etwa halb so groß wie der Bodensee. Der Lago di Garda wird von mehreren Flüssen gekreuzt: Sarca, Ponale und Campione münden im Nordwesten in den See, der im Süden mit dem Mincio einen dem Po bzw. der Adria zustrebenden Abfluss hat.

Der Norden des Lago di Garda wird eingerahmt von hohen Bergen, darunter dem 2.200 m hohen Monte Baldo oberhalb von Malcésine, während der Süden in die flache Po-Ebene übergeht. An seiner breitesten Stelle im Süden misst der rund 52 km lange Lago di Garda etwa 18 km, an seiner schmalsten Stelle im Norden dagegen gerade mal 3 km. Der im Durchschnitt 66 m tiefe See bildet zugleich die Grenze zwischen den drei Regionen Südtirol-Trentino, Lombardia und Veneto.

Entstanden ist der Lago di Garda als tiefe Furche bei der Auffaltung der Alpen im Tertiär, also vor rund 55.000 Millionen Jahren. Die Gletscher der Riss- und Würmeiszeiten vor 240.000 bis 100.000 Jahren haben diese Furche weiter ausgeschürft und mit ihren Endmoränenwällen an der Stirnseite die heutige hügelige Südbegrenzung des Sees geschaffen. Nach dem Abschmelzen des mehrere hundert Meter dicken Eises füllte sich dieser so genannte Zungenbeckensee schließlich mit Wasser.

Unterkunft

▲ Al Porto
Tel./Fax 0464/505891
An einem kleinen Hafen gelegen. 2 Personen und 1 Zelt ab 18.000 Lire. Geöffnet April bis Oktober.

▲ Europa
Tel. 0464/505888
Dieser neben Al Porto gelegene Platz verleiht auch MTBs. 2 Personen und 1 Zelt ab 19.000 Lire.

Nur noch 3 km trennen Torbole von Riva del Garda. Dazu verlässt man Torbole auf der viel befahrenen Nationalstraße 240, die hier Via Matteotti heißt. Nach der Brücke über die Sarca zweigt links ein Radweg nach Riva ab, der direkt am See entlang bis an die Altstadt heran führt.

Riva del Garda (70 m)

Der Name Riva leitet sich vom lateinischen »ripa« für »Ufer« ab. Schon die Römer wussten die Uferlage zu nutzen– sie sollen hier eine Seefahrerschule eingerichtet haben .

Einige Jahrtausende vorher lag Riva noch unter einer mehr als 1 km dicken Eisdecke begraben, und zwar während der Würm- und Risseiszeiten, als der heutige Gardasee von Gletschern ausgeschürft wurde. Im Mittelalter blühte Riva als Handelsstadt auf, wovon die ganze Altstadt zeugt, die von alten Stadttoren eingerahmt wird. Das *Rathaus* aus dem 15. Jh. beherrscht die zentrale Piazza Novembre III.

Direkt an den alten Hafen grenzt die Piazza San Rocco mit ihren alten Arkadenhäusern und dem *Uhrturm*. Der ganze Badebetrieb mit Yachthafen, Surfrevier und Stränden liegt östlich der Rocca.

☺☺ Die im 12. Jh. errichtete *Stadtburg La Rocca* mit ihren Wassergräben liegt an der Piazza Battisti südlich von der Altstadt. In der Burg, die über eine Hängebrücke erreichbar ist, zeigt das *Museo Civico* Funde aus der Römer- und Bronzezeit (Molina di Ledro), eine Gemäldegalerie und eine naturwissenschaftliche Sammlung. Geöffnet Mai bis September Di bis So 9.30-22 Uhr, Oktober bis April 9.30-17.30 Uhr (Eintritt: 4.000 Lire, Tel. 0464/573869).

☺ Sehenswert ist die Sammlung der *Pinakothek*. Geöffnet Di bis Fr 9.30-18.30 und So 14-18.30 Uhr (Eintritt: 4.000 Lire).

🚵 Für Mountainbiker interessant ist das alljährliche Internationale MTB-Meeting Ende April. Schön anzusehen sind die *Notte die Fiaba* Ende August, ein Fest mit Feuerwerk auf dem See.

ⓘ Giardini di Porta Orientale 8
    38066 Riva del Garda
    Tel. 0464/554444
    Fax 0464/520308
    apt.garda@anthesi.com
    www.gardatrentino.de

Radverleih
🚲 Girelli Mountain Bike
    Viale della Chiesa 15/17
    Tel. 0464/556602

Auch Radservice.
🚲 Carpentari Bike Shop
    Viale Trento 52
    Tel. 0464/554719

Radservice
🚲 Pederzolli
    Viale Canella Giuseppe 14c
    Tel. 0464/551830

Unterkunft
⌂ Ostello per la Gioventù
    »Benacus«
    Piazza Cavour 10
    Tel. 0464/554911
    Fax 0464/556554
Diese Jugendherberge liegt zentral in der Altstadt, gleich hinter der Kirche. Ü/F 18.000 Lire. Geöffnet März bis Oktober.

⌂ La Montanara,
    Via Montanara 18/20
    Tel. 030/554857
Zentral gelegen, einfache Zimmer. DZ ab 54.000 Lire.

⌂ Villa Minerva
    Viale Roma 40
    Tel. 0464/553031
Berühmtester Gast war hier wohl Thomas Mann. Stilvolle italienische Villa mit Garten. Die Zimmer nach hinten sind am ruhigsten. DZ ab 60.000 Lire. Geöffnet von April bis Oktober.

⌂ Ristorante-Hotel Restel de Fer
    Via Restel de Fer 10
    Tel. 0464/553481
Kleines ruhiges Hotel mit schöner Terrasse. Mit Parkplatz, auch für Räder. DZ ab 90.000 Lire.

Camping
Etwas östlich von Riva, in der Nähe des Porto San Nicolò, gibt es drei kleinere (und günstigere) Zeltplätze mit je etwa 60 Stellplätzen, denen einer der gehobenen (Preis-)Klasse gegenübersteht, letzterer mit 100 Stellplätzen und Schwimmbad. Noch mehr Zeltplätze findet man im benachbarten Torbole.

▲ Al Lago
   Viale Rovereto 112
   Tel. 0464/553186

Am Rande der Stadt Richtung Torbole gelegen, gleich neben dem Yachthafen. Kleiner schattenreicher Zeltplatz. Man kann hier auch Zimmer mieten, gut und günstig. 2 Personen und 1 Zelt ab 15.000 Lire. Geöffnet April bis Oktober.

Verpflegung

🍽 Ristorante Bella Napoli
   Via Diaz 29
   Tel. 0464/552139

In der Altstadt gelegen. Rustikale Einrichtung. Große Holzofen-Pizzen.

Riva wird in südlicher Richtung auf der Gardesana Occidentale (N45) verlassen, die auf einer Länge von 66 km westlich am Lago di Garda entlangführt. Etwa 500 m nach dem Ortsende von Riva zweigt rechts eine – abgesperrte – Straße mit dem Wegweiser »Albergo Panorama« ab. Die Absperrung gilt nur für Autos. Sobald man diesen Zaun überquert hat, geht es auf bis zu 6 % steilen Serpentinen hinauf – ohne Autoverkehr. Die spektakulär oberhalb des Lago di Garda verlaufende alte Ponale-Straße wurde im 19. Jh. in den Felsen gehauen. Nach etwa 4 km beendet eine weitere Absperrung das autofreie Vergnügen (350 m); nun geht es auf der neuen Ponale-Straße vorbei an Biacesa (418 m) und Pre di Ledro (501 m) hinauf in das 600 m hohe Val di Ledro mit dem Hauptort Molina di Ledro.

Molina di Ledro (638 m)

Der Ortsname verrät es: Hier hat früher einmal eine (Wasser-)Mühle gestanden. Etwa 1 km hinter dem beschaulichen Ort Molina liegt der Lago di Ledro. Dieser 655 m hoch gelegene See kann auf einer etwa 11 km langen Straße umfahren werden. Die Entstehung des Sees geht auf die Eiszeit zurück. Heute dient der durchschnittlich 48 m tiefe Lago di Ledro als Stausee für das Wasserkraftwerk von Riva.
Als 1927 der Seespiegel für die Bauarbeiten zu diesem Wasserkraftwerk abgesenkt wurde, kamen kurz darauf bei Molina di Ledro Reste von alten *Pfahlbauten* zum Vorschein, die auf die mittlere Bronzezeit (1.500 v. Chr.) datiert wurden. Über 10.000 Pfähle sind katalogisiert worden, die eine ganze Siedlung gestützt haben sollen. Über die Pfahlbauten und deren Ausgrabungen informiert gleich hinter Molina das *Museo delle Palafitte*. Außerdem wurde hier eines dieser alten Wohngebäude auf Pfählen am Seeufer

Lago di Ledro

rekonstruiert. Geöffnet täglich 9-12 und 14-18 Uhr, von September bis November Mo geschlossen.

Unterkunft

⌁ Albergo Al Lago
  Tel. 0464/508202
5 einfache Zimmer ohne Bad.
DZ 60.000 Lire.

⌁ Bar-garni Rosa
  Tel. 0464/508111
11 Zimmer mit Bad.
DZ 90.000 Lire.

▲ Al Sole, in Besta
  Tel. 0464/508496
Camping am Ledro-See mit 200 Plätzen. Mit Laden und Restaurant. 2 Personen und 1 Zelt ab 23.000 Lire.

Verpflegung
Gleich neben dem Pfahlbautenmuseum lockt eine empfehlenswerte Eisdiele mit selbst gemachten und sortenreichen Leckereien.

Vom Pfahlbautenmuseum geht es in rund einer Stunde um den Lago di Ledro, den man im oder entgegen den Uhrzeigersinn umfährt. An der anderen Stirnseite des Sees liegt Pieve di Ledro (668 m). Aufpassen muss man am Westufer des Sees, wenn es durch einen dichten Buchenwald geht: Ein Teil des (nicht asphaltierten) Waldweges ist offiziell für alle Fahrzeuge, also auch Räder, gesperrt. Man kann das Rad hier schieben oder es so halten wie die vielen munter weiterradelnden Mountainbiker...

Zurück nach Riva geht es denselben Weg durch das Val di Ledro wie auf der Hinfahrt, d. h. fast 12 km abwärts. Vor dem Tunnelportal der neuen Ponale-Straße biegt man rechts wieder – wie auf dem Hinweg – in den alten, für Autos gesperrten Weg ab.

Von Riva ist jede andere Stadt am Lago di Garda mit dem Schiff erreichbar, ohne sich mit dem Rad auf die viel befahrene Uferstraße wagen zu müssen. Der Radtransport ist auf allen Schiffen mit Ausnahme der schnellen (und teureren) Katamarane möglich. Die Preise schwanken für eine Person je nach Ort zwischen 2.300 und 16.600 Lire. Das Rad kostet einheitlich 4.800 Lire. Erreichbar sind u. a. die Orte Garda, Bardolino, Sirmione und Desenzano (Touren 12-14). Die Fahrt von Riva nach Desenzano dauert rund viereinhalb Stunden und kostet etwa 16.600 Lire. Die aktuellen Zeiten und Tarife erfragt man am besten direkt bei der Reederei Navigazione Lago di Garda:

☎ Tel. 030/9149511
   Numero Verde 800-551801
   Fax 030/9149520

Veneto

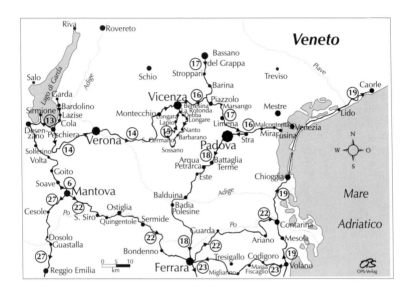

Veneto (Venetien) ist vor allem mit dem Namen seiner bekanntesten Provinz und Stadt, Venezia, verbunden. Die vielen fruchtbaren Felder im Hinterland und Kanäle zur Wasserregulierung waren und sind Garanten für eine ertragreiche Landwirtschaft. Deren Produkte – vor allem Reis und Mais – bilden die Grundlage regionaler Spezialitäten wie Polenta oder Risi e Bisi. Von dem Reichtum zeugen die vielen Villen, vor allem entlang des Brenta-Kanals. Leider sind aber auch viele der mehr als 2.500 prächtigen Häuser verfallen. Das Vorbild vieler Klassizismus-Architekten, nämlich der Renaissance-Baumeister Andrea Palladio aus Vicenza, hat sich in vielen Gebäuden Venetos verewigt bzw. viele Nachahmer zu klassizistischen Bauten inspiriert. Aber auch der Tourismus ist eine wichtige Einnahmequelle, auf welche die mehr als 3.300 Hotels und 188 Campingplätze setzen.

Veneto liegt zwischen Alpen und Adria, und mehr als 55 % der Fläche bestehen aus Ebenen. Vor allem der Süden der Region ist wegen seiner flachen Beschaffenheit ideal für leichte und lange Radtouren, zumal an vielen Flüssen und Kanälen Wege entlangführen, die ausschließlich

Radfahrern vorbehalten sind. Der Norden dagegen, mit seinem Anteil an den Dolomiten und bekannten Alpenorten wie Cortina d'Ampezzo, zieht mehr Mountainbiker und weniger Tourenradfahrer an.

Die Touren führen vom Lago di Garda in die Po-Ebene, wo Anschlüsse an Touren in der Emilia-Romagna bestehen. Mehrere Touren führen in die Provinz Pádova mit ihren vielen Villen, Thermen und Hügeln. Von Venezia aus erstrecken sich Radtouren an der Adriaküste entlang nach Friuli-Venezia-Giulia sowie in der anderen Richtung bis zum Po-Delta.

TOUR 13:
SÜDEN DES LAGO DI GARDA

Garda – Bardolino – Lazise – Colà – Peschiera (Tour 14) – Sirmione – Desenzano (Tour 6)
Länge: ca. 40 km
Dauer: 2-4 Stunden
Schwierigkeitsgrad: leicht
   fast nur ebene Strecke
Wichtigste Sehenswürdigkeiten:
   Garda, Villen und Parks von Lazise, Peschiera, Sirmione, Desenzano
Karten:
- Generalkarte Italien 1:200.000; Brenner/Verona/Parma (2); 12,80 DM
- ADAC-Regionalkarte, 1:150.000; Gardasee und Venetien; 12,80 DM
- Polyglott FlexiKarte 1:115.000; Gardasee; 12,90 DM
- Berndtson & Berndtson 1:100.000; Gardasee mit Brescia, Innsbruck, Lago di Garda, Verona; 16,90 DM
- Kompass Touristenkarte 1:50.000; Lago di Garda (Bl.102); 12,80 DM

Der Lago di Garda gehört zu den meistbesuchten Gegenden Italiens. Diese Radroute führt zu beliebten Urlaubsorten an der Südwestküste des Sees, die für ihre mediterrane Vegetation bekannt ist. Wegen der vielen Oliven wird sie auch als »Riviera degli Olivi« bezeichnet.

Garda (67 m)

Diese sehr lebhafte Kleinstadt hat dem Lago di Garda ihren Namen gegeben. »Garda« heißt auf langobardisch soviel wie »Wache«. Der Ort mit seinen gerade einmal 3.400 Einwohnern ist römischen Ursprungs und wird von der *Rocca* beherrscht. Auf dem flachen Plateau dieses markanten Felsens hat früher eine Burg gestanden, die im 16. Jh. geschleift wurde. Das Plateau (294 m), vom dem man eine schöne Aussicht auf den Lago di Garda genießt, lässt sich in etwa 40 Minuten besteigen; der Fußweg beginnt hinter der Pfarrkirche.

Gut erhalten ist der von zwei alten Stadttoren eingerahmte mittelalterliche Stadtkern, in dessen verwinkelten Gassen viele Bars, Cafés und Geschäfte einladen. Das lebhafte

Hafen von Garda

und laute Treiben in Garda findet jeden Freitag seinen Höhepunkt, wenn an der Seepromenade ein bunter Markt mit allerlei Kleinkram stattfindet; von Lebensmitteln über Blumen, Trödel, Schmuck, Schuhen bis hin zu Kleidung.

☺☺ Vor der Abfahrt Richtung Bardolino lohnt sich ein kurzer Abstecher 2 km in nordwestliche Richtung zur Landzunge *Punta di San Vigilio* mit ihren hohen Zypressen, von vielen als einer der schönsten Flecken der Erde gepriesen. Dieses kleine Paradies ist San Vigilio, dem Schutzpatron des Lago di Garda, geweiht. Die dort befindliche Villa Guarienti befindet sich leider in Privatbesitz und kann daher nicht besichtigt werden.

Der *Palio delle Contrade* ist ein traditioneller Umzug mit Wettfahrt von Fischerbooten im August.

ⓘ Lungolago R.Adelaide
37016 Garda
Tel. 045/7255279
Fax 045/7256720

Unterkunft

⤴ Hotel Sole
Via Monte Baldo 7
Tel. 045/6270222

Sehr gut gepflegt, reichhaltiges Frühstücksbuffet. Die Fahrräder haben Platz in der Tiefgarage. Große klimatisierte Zimmer.
DZ mit Bad ab 68.000 Lire.

⤴ Albergo Benaco
Via Giotto 9
Tel. 045/7256139
Fax 045/7255283

Gut ausgestattete Zimmer. DZ mit Bad ab 36.000 Lire. Die Dependence an der Corso Italia 96 hat auch einen Garten und DZ mit Bad ab 44.000 Lire.

Camping
In Garda gibt es einen einfachen Campinplatz mit 80 Stellplätzen, der etwa 500 m vom See entfernt ist.
In Garda orientiert man sich gleich am Hafen zum Ufer und folgt der Uferpromenade bis nach Bardolino. Die letzten 2 km vor Bardolino geht es auf einem Schotterweg an Campingplätzen und Badeplätzen vorbei; hier ist also insbesondere im Sommer Vorsicht vor den massenhaft auftretenden Badegästen geboten, die plötzlich den Weg überqueren können.

Bardolino (65 m)

Das von mehreren Campingplätzen umrahmte Bardolino ist mit seinem Yachthafen ein beliebter Ort für Touristen. Die breite Fußgängerzone mit vielen Läden lädt mit ihren vielen Cafés und Eisdielen (eine sehr gute ist gleich an der Promenade) zum Flanieren ein. Sehenswert sind die beiden Kirchen *San Zeno* aus dem frühen Mittelalter (8./9. Jh.) und die romanische *San Severo* von 1200 mit ihren bekannten Fresken. In der üppig bewachsenen Parkanlage von Bardolino findet man noch Reste einer alten *Scaligerburg*.

Die zahlreichen Weingärten im Hinterland von Bardolino sind Quelle eines bekannten Rotweines, der nach dem Ort benannt ist.

Die Weinernte wird jedes Jahr beim Traubenfest im Oktober gefeiert.

ⓘ Piazza Aldo Moro
   37010 Bardolino
   Tel. 045/7210078
   Fax 045/7210872

Unterkunft
Etwa 60 Hotels zählt diese kleine Ort.

↳ Albergo Paradiso
   Via Santa Christina 13
   Tel./Fax 045/7210151
Zimmer mit oder ohne Bad, komplett ausgestattet. Mit Restaurant, Schwimmbad und Garten. DZ ab 40.000 DM.

↳ Albergo Gardenia
   Via Campagnola 10a
   Tel. 045/6210882
   Fax 045/6210996
Das Haus hat 16 angenehme Zimmer mit Bad sowie Garage, Garten und Bar. DZ ab 70.000 Lire.

Camping
Zwischen Garda und Bardolino sind 7 Campingplätze entlang der Küste aufgereiht.

▲ Comunale
   Via Dante Alighieri
   in Bardolino
   Tel. 045/7210051
Der am See gelegene Platz hat auch einen Laden. 2 Personen und 1 Zelt

ab 30.000 Lire. Geöffnet von April bis Oktober.
Von Bardolino geht es weiter nach Cisano, wo man nach dem Friedhof links in die Via Pralesi biegt, die weiter auf die Strada Monte Rigno führt, die den Radler bis nach Lazise bringt.

Lazise (76 m)

Lazise ist schon bei den alten Römern als Lasitium besiedelt gewesen. Zu venezianischen Zeiten war Lazise ein wichtiger Hafen- und Handelsort. Aus jener Zeit (13./14. Jh.) stammt auch die alte Befestigungsanlage mit ihrem gut erhaltenen *Castello Scaligero*, deren sechs Türme schon weithin sichtbar sind. Die Altstadt wird von der noch gut erhaltenen Stadtmauer umrahmt. In der Umgebung von Lazise strahlen die vielen Villen und Parks viel Ruhe aus – inmitten einer Gegend, die sonst stark vom Fremdenverkehr geprägt ist.

ⓘ Via F. Fontana 14
37017 Lazise
Tel. 045/7580114
Fax 045/7581040

Radservice
🚲 World Bike
Via Roerlongo Pacengo 9
Tel. 045/7590097

Unterkunft
Auch hier hat man eine große Auswahl an Unterkünften.

↪ Albergo Smeraldo Due
Via Gardesana 18
Tel. 045/6470609
Fax 045/7580196
Diese Herberge hat 7 gut ausgestattete Zimmer, Garten und Garage. DZ mit Bad ab 95.000 Lire.

↪ Albergo Smeraldo
gleiche Adresse
Restaurant und DZ mit Bad ab 50.000 Lire.

↪ Albergo Gardesana
Via Roarlongo 6
Tel. 045/7590109
Das Haus verfügt über 15 Zimmer mit allem Drum und Dran sowie einen Garten. DZ mit Bad ab 40.000 Lire.

Camping
In Lazise hat man die Wahl zwischen mehr als 10 Campingplätzen verschiedener Kategorien, von denen einige sogar über ein Schwimmbad verfügen.

▲ Municipale
Via Roma
Tel. 045/7580549
Günstig gelegen: nahe am Zentrum und auch am See. Einfacher Platz. 2 Personen und 1 Zelt ab 25.000 Lire. Geöffnet April bis September.

Lazise wird auf der (viel befahrenen) Hauptstraße verlassen, der Gardesana Orientale, die die ganze Ostküste des Sees entlang führt. Nach einer auffälligen Rechtskurve geht es rechts ab Richtung Colà. Statt von Autos und Campingplätzen ist man auf dieser leicht aufwärts führenden Straße von Ruhe und Weingärten umgeben. Von Colá geht es wieder bergab Richtung Lago di Garda, wo die Urlauberzone mit vielen Campingplätzen bei Pacengo wieder erreicht wird. Von hier sind es nur noch 6 km bis nach Peschiera.

Peschiera (68 m)

Peschiera verdankt seinen Namen dem Fischreichtum im Süden des Lago di Garda, wo dieser seinen Abfluss in den Mincio findet (»pesce« ist das italienische Wort für »Fisch«). Die günstige Lage an diesem Fluss hat schon früh regen Handel bedingt: Im Mittelalter fuhren Schiffe von der Adria durch den Po und den Mincio bis zu dem auf kleinen Inseln angelegten Peschiera. Nicht minder bedeutend ist die strategische Lage: Die noch gut erhaltenen und bis zu 2 km langen *Burgmauern* gehen auf Befestigungsanlagen der Römer, Scaliger, Venezianer und Habsburger zurück. In der direkten Umgebung von Peschiera ist die im 16. Jh. errichtete *Wallfahrtskirche Madonna del Frassino* ein viel besuchtes Gotteshaus.

In Peschiera ist man bei Ausgrabungen auf antike Befestigungsanlagen gestoßen, die heute z. T. zu besichtigen sind.

- ⓘ Piazzale Betteloni 15
  37019 Peschiera
  Tel. 045/7551673
  Fax 045/7550381

Camping-Artikel
- Zerbato
  Strada Bergamini 7
  Tel. 045/7551084

Unterkunft
- Hotel Primavera
  Via Bell'Italia 30
  Tel./Fax 030/7550118

Gut ausgestattete Zimmer. Mit nettem Garten. DZ ab 40.000 Lire.

- Albergo Cristallo
  Località Fornacci 11
  Tel./Fax 045/7551216

Dieses ruhig gelegene Haus mit Garten liegt in Fornacci, 2 km von Peschiera entfernt. Die meisten Zimmer haben einen Balkon mit Aussicht auf den Hafen. DZ mit Bad ab 90.000 Lire.

Camping
In Peschiera gibt es 8 Zeltplätze aller Kategorien und Größen: von 100 bis zu 800 Stellplätzen.
- Vecchio Molino
  San Benedetto di Peschiera
  Tel. 045/7550544
  Fax 045/7551512

Zwischen Sirmione und Peschiera am Ufer gelegener ruhiger und schattenreicher Zeltplatz. Neben San Benedetto. 2 Personen und 1 Zelt ab 23.000 Lire.

Verpflegung
- La Vela
  Via Ottellio 11
  Tel. 045/7553571

Schön und ruhig. Gute und günstige Verpflegung in schlichter Einrichtung.

🍴 Trattoria Fioravante
Via Benacco 20
Tel. 045/7550155

Diese gemütliche Trattoria liegt nahe dem Campingplatz Butterfly, rechts am Fluss gegenüber der Bootsgarage. Fischspezialitäten und gutes Tagesmenü.

Weiter folgt man dem Küstenverlauf an San Benedetto, Santa Maria di Lugano und zahlreichen Campingplätzen vorbei bis nach Sirmione. Ein Genuss sind – trotz des Autoverkehrs – die letzten 2 km hinauf auf die Halbinsel mit der Stadt Sirmione.

Sirmione (68 m)

Sirmione liegt schon zwei Jahrtausende lang weit vorgerückt in den Gardasee auf einer langgestreckten Halbinsel. Heute ist diese für ihre schwefelhaltigen Thermalquellen bekannte Stadt noch vor Malcesine und Limone im Norden des Sees der meistbesuchte Ort am Lago di Garda. Schön für Radfahrer und Fußgänger gleichermaßen: Die Autos müssen draußen vor der Altstadt parken. Die Innenstadt ist autofrei.

Der römische Dichter Catull bezeichnete Sirmione als »Perle aller Inseln und Halbinseln«, und so ist es kein Wunder, dass hier heute die Überreste einer großen römischen *Villa* an der Inselspitze als »Grotte di Catulle« bezeichnet werden. Tatsächlich soll dieses Haus mit seiner Thermenanlage einige Zeit später, nämlich während der Kaiserherrschaft von Vespasian (70 n. Chr.) erbaut worden sein. Heute informiert neben dem *Ruinenfeld* ein Museum über diese Epoche (geöffnet täglich 9-18.45 Uhr, Eintritt: 10.000 Lire).

Noch lebendiger als ohnehin schon geht es freitags beim touristischen Markt an der Piazza Montebaldo und montags beim Lebensmittelmarkt in der Colombare-Gegend zu. Ruhig ist es dagegen am Ende der Halbinsel – trotz der Nähe zum Zentrum.

☺☺ Die Altstadt von Sirmione wird beherrscht von dem 1265 erbauten *Castello Scaligero*, einer »echten« Wasserburg mit Kanälen, künstlichem Hafen, Zinnen und bis zu 30 m hohen Türmen, die einen schönen Ausblick erlauben. Geöffnet im Sommer täglich 9-18.30 Uhr, im Winter Di bis So 9-13 Uhr (Eintritt: 10.000 Lire).

ⓘ Viale Marconi 2
25019 Sirmione
Tel. 030/916114
Fax 030/916222

Das Büro liegt nahe der Piazza Carducci in der Altstadt.

Unterkunft

Zahlreiche Hotels säumen die Zufahrtsstraße zur Altstadt.

⤴ Hotel Gardenia
Via Brescia 40

Tel. 030/9904557
Fax 030/919005
Gut ausgestattete Zimmer. Restaurant, Garten und Schwimmbad. Gutes Preis-Leistungsverhältnis. DZ ab 50.000 Lire.

⌇ Albergo Villa Rosa
  Via Quasimodo 4
  Tel. 030/9196320

Nettes Hotel mit gut gepflegten Zimmern, weit vorne auf der Halbinsel. Schöne Terrasse. DZ mit Bad ab 52.000 Lire.

⌇ Albergo Villa Maria
  Via San Pietro in Mavino
  Tel. 030/916090
  Fax 030/916123

Diese Herberge neben der Kirche San Pietro bietet bequeme Zimmer mit Balkon und Bad sowie einer guten Aussicht auf den See. Schattenreiche Terrasse.
DZ ab 135.000 Lire. Geöffnet April bis Oktober.

Camping
Sirmione bietet zwei Zeltplätze der gehobenen Klasse mit jeweils rund 200 Stellplätzen und einem großen Freizeit- und Gastronomieangebot.

▲ Tiglio, in Punta Grò
  Tel. 030/9904009

Mit Laden, Restaurant und Schwimmbad. Am See. 2 Personen und 1 Zelt ab 23.000 Lire. Geöffnet April bis September.

▲ Sirmione
  Via Sirmioncino 9
  Tel. 030/9904665

Der schattenreiche und große Campingplatz liegt in Colombare, an der östlichen Seite der Halbinsel direkt am See. 2 Personen und 1 Zelt ab 30.000 Lire. Geöffnet von Mitte März bis Mitte Oktober.

Von Sirmione folgt man der Straße zum nächsten und gleichzeitig bedeutendsten Ort am Lago di Garda: Desenzano, wo Anschluss an Tour 6 besteht.

TOUR 14:
VOM LAGO DI GARDA NACH VENETO

Peschiera (Tour 12) – Valéggio sul Mincio – Verona – Montécchio Maggiore – Vicenza (Touren 15, 16)
Länge: ca. 110 km
Dauer: 1-2 Tage
Schwierigkeitsgrad: leicht
  nur geringe Steigungen und netto mehr bergab als bergauf
Wichtigste Sehenswürdigkeiten:
  Peschiera, Parco Giardino Sigurtà, Verona, Montécchio Maggiore, Vicenza
Karten:
• Kümmerly & Frey 1:200.000; Friaul/Venetien; 16,80 DM
• Generalkarte Italien 1:200.000; Brenner/Verona/Parma (2), Brenner/Venedig/Triest (3); 12,80 DM
• Istituto Geografico deAgostini: 1.250.000; Veneto; gratis beim ART Veneto

Diese Tour führt durch das Flachland südlich des Lago di Garda mit seinen vielen Weingütern und Zypressen bis nach Verona. Von dort radelt man durch die Niederungen zwischen den Monti Berici nach Vicenza, der Stadt des Renaissance-Architekten Andrea Palladio. Dort besteht Anschluss an die Rundtour durch die Monti Berici (Tour 15) oder die Tour nach Venezia (Tour 16).

In Peschiera (Tour 12) wird die Festung über die Via Secolo verlassen, um die Bahnlinie zu überqueren. Man hält sich links und gelangt so auf einen alten Treidelpfad an der rechten Seite des Flusses Mincio. Früher haben hier Pferde die Schiffe gezogen. Bei der rechten Abzweigung nach Ponti sul Mincio fährt man 250 m rechts, um gleich danach links in südliche Richtung abzubiegen und parallel zum Mincio bis nach Monzambano zu fahren. Weiter geht es bis auf die Höhe von Valéggio, wo der Fluss Mincio überquert wird. Am Mincio fällt der 600 m lange und 10 m hohe Steindamm Ponte Visconteo auf, der 1393 von den Viscontis aus strategischen Gründen errichtet wurde: Die weiter flussabwärts liegende Stadt Mántova sollte von der Wasserzufuhr abgeschnitten werden. Aber dazu kam es nicht, der Mincio wurde nicht aufgestaut.

Valéggio sul Mincio (88 m)

Valéggio sul Mincio ist eine kleine Ortschaft mit Wassermühle, die von dem *Castello* mit markanten Türmen aus dem 15. Jh. sowie dem *Glockenturm* der Kirche beherrscht wird. Sehenswert ist die *Villa Quercia Sigurtà* aus dem 17. Jh.

☺ Valéggio sul Mincio ist für seinen 50 ha großen *Parco Giardino Sigurtà* bekannt, der leider nur mit dem Auto befahren werden kann. Benannt ist er nach dem Apotheker Sigurtà, der den Hügel 1941 kaufte und bepflanzen ließ. Heute wachsen in dem Park 500 Kiefern, 1.000 Fichten und 2.000 Buchen, von denen eine einen Umfang von 5,5 m hat. Zu den prächtigsten Bäumen zählen eine 300 Jahre alte Eiche sowie die noch älteren Buchsbäume. Geöffnet März bis November Do, Sa, So 9-19 Uhr.

Unterkunft
↵ Albergo San Giorgio
Via Cavour 42
Tel. 045/7950125
Fax 045/6370555
Das Haus bietet 13 Zimmer mit viel Komfort. Mit Restaurant, Garage, Garten und Bar. DZ mit Bad ab 60.000 Lire.
↵ Albergo Al Sole
Via A. Murati 30
Tel./Fax 045/7950021
Die günstigste Adresse des Ortes bietet 11 angenehme Zimmer ohne Bad. Mit Restaurant und Bar. DZ ab 45.000 Lire.

Von Valéggio sul Mincio fährt man die Nebenstraße in nordöstlicher Richtung entlang über Ossario nach Sommacampagna (121 m). Die Gegend ist für ihren intensiven Obstanbau, vor allem Pfirsiche, bekannt. Von Sommacampagna geht es direkt auf der leider etwas stärker befahrenen Straße nach Verona. Kurz vor und hinter Caselle quert man insgesamt drei Autobahnen sowie später noch zwei mal Bahngleise. Die Innenstadt wird bei Porta Nuova erreicht (gleichnamiger Bahnhof). Von dort führt der breite Corso Porto Nuova direkt zur Piazza Bra mit dem großen Amphitheater.

Verona (59 m)

Beim Stadtnamen Verona horchen Opernfreunde aus aller Welt auf. Die zwischen Alpen und Po-Ebene gelegene Stadt ist vor allem für die Freilichtopern bekannt, die jeden Sommer in der einmaligen Kulisse des römischen Amphitheaters aufgeführt werden. Beliebte Dauerbrenner sind dabei Verdi-Opern und Bizets »Carmen«.

Geschichte
Die günstige Lage zwischen Alpen und Po-Ebene an einer Fluss-Schleife der Etsch prädestinierte Verona für den Handel. Mehrere Volksgruppen siedelten sich hier in vorgeschichtlicher Zeit an, aber erst unter den Römern entwickelte sich Verona, seit 49. v. Chr. römisches *Municipium*, zur bedeutenden Stadt, deren Bauwerke bis in die Gegenwart hinein erhalten blieben. Dieses sind neben der Arena vor allem die Ponte Pietra, der Gavi-Bogen, die Porta Borsari sowie das Teatro Romano an den Hängen des Hügels San Pietro, die alle im 1. Jh. n. Chr. erbaut wurden.

Nach dem Zusammenbruch des Römischen Reiches machte der Ostgotenkönig Theoderich der Große, auch bekannt als »Dietrich von Bern«, Verona neben Ravenna und Pavia zu einer der Hauptstädte seines Reiches, das aber nur bis 526 n. Chr. hielt.

Eine Blüte erlebte Verona im späten Mittelalter während der Herrschaft des Scaliger-Geschlechtes: Verona wurde Hauptstadt eines Gebietes, das bis zur Toscana reichte und fast ganz Veneto mit einschloss. Der bedeutendste Herrscher der Familie, Cangrande della Scala, gewährte dem aus Firenze verbannten Dante Alighieri Exil an seinem Hof. Am Ende ihrer Herrschaft erbauten die Scaliger die *Burg Castelvecchio*. Die folgenden Jahrhunderte, von 1405 bis 1797, gehörte Verona zu Venezia. Es folgten kurze Gastspiele der Franzosen (Napoleon) und Österreicher (Habsburger), ehe Verona im Jahr 1866 dem Königreich Italien beitrat.

Unterwegs
Zentrum der Altstadt sind die Piazza Erbe, das ehemalige Römische Forum, sowie die Piazza dei Signori. Die längliche Piazza Erbe gilt mit ihren bunten sonnenschirmbedeckten Verkaufsständen als einer der schönsten Marktplätze Italiens. Mittelpunkt des Platzes sind die *Marcosäule* und das *Capitello* aus dem 16. Jh., unter dessen Baldachin frü-

Verona – Römisches Amphitheater

her die Bürgermeister gewählt wurden. Zwischen diesen beiden Plätzen erhebt sich der *Palazzo Comunale*.

An die Zeit der venezianischen Besatzung im Mittelalter erinnern die großen noch erhaltenen Stadttore Porta San Zeno, Porta Palio, Porta Vescovo und Porta Nuova.

Einen schönen Blick auf die Altstadt von Verona gestattet der 84 m hohe *Torre dei Lamberti* an der Piazza dei Signori (geöffnet Di bis So 9-18 Uhr). Man gelangt mit dem Lift (4.000 Lire) oder zu Fuß (3.000 Lire) auf den Turm.

Tipp: Museumsbesucher aufgepasst! Der Eintritt zu vielen Sehenswürdigkeiten ist am ersten Sonntag jeden Monats frei, darunter zum Romano Teatro, zum Castelvecchio Museo oder zur Casa dei Capuleti.

Verona mit seiner Vielzahl sehenswerter Paläste, Kirchen, Museen und römischer Baudenkmäler lohnt auch einen längeren Aufenthalt, zumal sich das Umland für Tagestouren mit dem Rad oder MTB gut eignet (s. u.). Die Altstadt ist überwiegend Fußgängerzone bzw. hat nur beschränkten Autoverkehr, und zwar nördlich der Arena bis zur Etsch.

☺☺☺ Die *Arena*, an der Piazza Bra zwischen Altstadt und dem Bahnhof Porta Nuova gelegen, gilt als eines der besterhaltenen römischen Amphitheater und nach dem Colosseum als das zweitgrößte überhaupt. Rund 25.000 Zuschauer erfreuten sich auf den 44 Sitzreihen vor fast 2.000 Jahren an blutrünstigen Gladiatorenkämpfen, während heute feinsinnigere kulturelle Veranstaltungen in Form der Freilichtopern (s. u.) geboten werden. Tagsüber kann die Arena besichtigt werden. Geöffnet Di bis So 9-18 Uhr, während der Festspiele nur bis 15.30 Uhr (Eintritt: 6.000 Lire, Tel. 045/8003204).

☺☺ *San Zeno Maggiore*, im westlichen Teil der Stadt, ist zusammen mit der Arena das bekannteste Monument der Stadt. Die Basilica gilt als eine der schönsten in romanischem Stil erbauten Italiens. Berühmt sind die Tür aus Bronze sowie der Kreuzgang. In der Krypta soll der Heilige Zeno bestattet sein.

☺☺ Die *Casa dei Capuleti*, das Haus der Familie Capuleti, befindet sich in der Via Capello 23, südlich der Piazza delle Erbe. In einem kleinen Innenhof tummeln sich zahllose Touristen, die den Balkon bewundern, an dem Romeo seine Geliebte Julia Capuleti getroffen haben soll. Bekannt wurde diese Liebesgeschichte durch das Drama William Shakespeares, der selbst allerdings nie in Verona gewesen ist. In dem Haus ist das *Museo degli Affreschi* untergebracht. Geöffnet Di bis So 9-18.30 Uhr (Eintritt: 6.000 Lire, Tel. 045/8034303).

☺☺ *Castelvecchio Museo*: Das Veroneser Geschlecht der Scaliger hat sich mit vielen Bauwerken verewigt, so auch der vor der Burg die Etsch querenden Ponte Scaligero mit ihren 3 Bögen. Die dahinterliegende Burg Castelvecchio mit ihren auffälligen 6 Türmen gilt als größte und bedeutendste dieser Dynastie, errichtet 1354-56 von Cangrande II. Die rosafarbenen Marmorblöcke des Fundaments sollen seinerzeit der zur Plünderung von Baumaterialien bereitstehenden Arena entnommen worden sein. In der Burg ist das Museo Civico d'Arte untergebracht, u. a. mit einer ständigen Ausstellung Veroneser Kunst des 14. bis 18. Jh.s. Geöffnet täglich 9-18.30 Uhr (Eintritt: 6.000 Lire, Tel. 045/594734).

☺☺ Der im 12. Jh. in romanischem Stil erbaute *Duomo* ist bekannt für seine vielen Skulpturen und Malereien. Das später in der gotischen Epoche und Renaissance erweiterte Gotteshaus ist mit einer Reihe weiterer Kirchen verbunden, darunter den Überresten einer karolingischen Basilica aus dem 8./9. Jh. Im Inneren des Duomo ist die Taufkirche San Giovanni in Fonte für ihren schönen Taufstein bekannt. Von dort gelangt man zur einschiffigen Kirche Sant'Elena. Der Duomo ist täglich um 9.30-18 Uhr, nur So erst ab 13.30 Uhr geöffnet (Eintritt: 5.000 Lire).

☺☺ *Teatro Romano* und *Museo Archeologico*: Das im 1. Jh. n. Chr. an den Hängen des Hügels San Pietro erbaute Teatro Romano ist wie die Arena auch heute noch Schauplatz vieler kultureller Veranstaltungen, etwa Aufführungen von Shakespeare-Stücken. Das Museo Archeologico ist oberhalb des Teatro Romano in dem Kreuzgang eines alten Klosters untergebracht. Zu sehen sind viele interessante Ausgrabungsstücke der Römerzeit. Geöffnet Di bis So 9-18.30 Uhr, im Winter nur bis 15 Uhr (Eintritt: 5.000 Lire, Tel. 045/8000360).

☺ Das *Museo di Storia Naturale* kann in Verona auf eine lange Tradition zurückblicken: Schon seit dem 16. Jh. werden naturhistorische Sammlungen hier der Öffentlichkeit zugänglich gemacht. Das städtische Museum für Naturgeschichte führt diese Tradition seit 1856 fort. Die 19 Säle lohnen einen Besuch. Geöffnet Mo-Sa 9-19, So 14-19 Uhr (Eintritt: 4.000 Lire, Tel. 045/8079400).

Im Sommer, von Ende Juni bis Ende August, steht Verona ganz im Zeichen der *Opernfestspiele*, die Abend für Abend jeweils mehr als 20.000 Zuschauer anziehen. In Volksfeststimmung werden hier ab etwa 21 Uhr unter freiem Himmel die Arien geschmettert; bei Regen unterbricht man die Veranstaltung kurz. Die Preise beginnen moderat: Einen Stehplatz gibt es schon für etwa 30.000 Lire. Für einen Parkettplatz muss man allerdings mit dem maximal zehnfachen Betrag rechnen. Der Vorverkauf ist an der Theaterkasse in der Via Dietro Anfiteatro 6/B möglich, geöffnet Mo bis Fr 9-12 und 15.15-17.15 Uhr sowie Sa 9-12 Uhr, an den Veranstaltungstagen durchgehend 10-21 Uhr. Die Karten kann man auch telefonisch (Tel. 045/8005151) sowie im Internet vorbestellen: *www.arena.it*. Parallel zu den Opernfestspielen finden im Teatro Romano Ballettaufführungen, Theaterstücke von Shakespeare und ein Jazz-Festival statt. Bei der Vinitaly, der größten Weinbörse Italiens, werden im April Sorten aus dem ganzen Land präsentiert.

ⓘ Piazza delle Erbe
37100 Verona
Tel. 045/8000065
Fax 045/8010682
veronapt@tin.it
www.verona-apt.net

Weitere Touristenbüros gibt es am Bahnhof Porta Nuova, bei Scavi Scaligheri, in der Piazza della Chiesa und am Flughafen. Möglichkeiten zum Surfen im Internet gibt es am Bahnhof sowie bei Diesis in der Via Sottoriva 15.

Radverleih

🚲 An der Piazza Bra werden unweit der Arena von Mai bis September Räder verliehen
Tel. 045/582389

Radausflüge

Für Tagestouren, vor allem mit einem MTB, nördlich von Verona in den Bergen von Lessinia, gibt es das empfehlenswerte (kostenlose) Faltblatt »Bus & Bike in Lessinia«, das neben den Routen die An- und Abfahrt mit dem Bus (inkl. Radtransport) beschreibt. Übersichtskarte und Höhenprofile sind auch angegeben. Zu bestellen bei

✉ Azienda Provinciale Trasporti Verona
Tel. 045/8004129
aptvr@apt.vr.it

Radservice
- 🚲 Bike Store
  Via A. da Mosto 23
  Tel. 045/8103390
- 🚲 La Bici
  Via San Lucillo 18
  Tel. 045/8904249

Radclub
- ✉ Amici della Bicicletta
  Via Porta San Zeno 15b
  37123 Verona
  Tel./Fax 045/8004443
  adbvr@iname.com
  www.rcvr.org/assoc/ADB/main.htm

Camping-Artikel
- ✉ Girimondo
  Via Legnago 126
  Tel. 045/501779

Unterkunft
- ⌂ Ostello per la Gioventù
  »Villa Francescatti«
  Salita Fontana del Ferro 15
  Tel. 045/590360
  Fax 045/8009127

Die Jugendherberge ist in einer alten Burg mit schönem Garten untergebracht, in dem man auch zelten kann. Ü/F 21.000 Lire. Geöffnet ganzjährig 7-23.30 Uhr.

- ⌂ Sud Point Hotel
  Via Enrico Fermi 13b
  Tel. 045/8200922
  Fax 045/8200933

Alle 64 Zimmer sind unterschiedlich ausgestattet. Mit Garage, Garten, Restaurant und Sauna. DZ ab 70.000 Lire.

- ⌂ Albergo Ciopeta
  Vicolo Teatro Filarmonico 2
  Tel. 045/8006843
  Fax 045/8033722

Nette kleine Unterkunft nahe der römischen Arena, mit Restaurant. DZ ab 80.000 Lire.

- ⌂ Albergo Siena
  Via Marconi 41
  Tel. 045/8003074

Ruhige Lage; zum Zentrum sind es 10 Min. zu Fuß. Terrasse und Garage.
DZ mit Bad ab 100.000 Lire.

- ▲ Castel San Pietro
  Via Castel San Pietro 1
  Tel. 045/592037

Innerhalb der Festung liegt dieser Campingplatz. Von den Terrassen hat man eine sehr schöne Sicht über Verona. Mit Laden und Restaurant. 2 Personen und 1 Zelt ab 18.000 Lire. Geöffnet Juni bis September.

Verpflegung
- 🍽 Vini e Cucini da Luciano
  Via Trotta 3

Gute und günstige Küche. Sehr leckere Ravioli. Viel lokale Kundschaft.

- 🍽 Trattoria Al Cacciatore
  Via Seminario 4

Diese in einer ruhigen Gasse gelegene Trattoria wird von Einheimischen wegen ihrer günstigen und traditionellen Gerichte besucht.

Nach Verona geht es durch die Veroneser Tiefebene »la Bassa Veronese«, durchzogen von der Adige (Etsch) und anderen Wasserläufen.

Die Innenstadt von Verona wird durch die östliche Porta Vescovo verlassen, wo auch der gleichnamige Bahnhof liegt. Von dort folgt man der Via F. R. Morando und später der Via Solferino durch den Stadtteil Quartiere Venezia in Richtung San Michele Extra. Weiter geht es in östlicher Richtung. Nach 3 km überquert man einen Bach und wählt kurz dahinter die rechte Abzweigung nach San Martino Buon Albergo. Von dort geht es weiter östlich bis nach Pieve, und die rechts neben der Nebenstraße verlaufende Autobahn ist kaum zu überhören. Hinter Pieve steigt die Straße bergauf nach Colognola ai Colli (177 m), das in Richtung Soave auf der Via Panoramica mit schöner Sicht auf die Po-Ebene wieder verlassen wird. Vorbei an zahlreichen Weinstöcken wird Soave mit seinen gut erhaltenen mittelalterlichen Befestigungsanlagen, der Stadtmauer und dem Castello, erreicht. Von Soave aus orientiert man sich in Richtung San Bonifácio (31 m), wobei Autobahn und Bahnlinie überquert werden. Von San Bonifácio geht es über Volpino und Madonna nach Lonigo.

Lonigo (31 m)

In Lonigo sticht der prächtige *Palazzo Comunale*, das Rathaus, hervor.

Unterkunft
↳ Albergo alle Acque
Via Acque 9
Tel. 0444/830274
Fax 0444/436043
Nette Unterkunft mit komfortablen Zimmern mit Bad, Garten, Restaurant und Bar. DZ ab 80.000 Lire.
Weiter geht es in nördlicher Richtung durch Santa Giustina, wieder über die Bahn und Autobahn sowie durch Montebello bis nach Montécchio Maggiore.

Montécchio Maggiore (72 m)

Oberhalb von Montécchio Maggiore thront das *Castello di Romeo e di Giulietta*, das im 13. Jh. von den Veroneser Scaligern erbaut und danach von den Venezianern geschleift wurde. Der Aufstieg auf die vor einigen Jahrzehnten rekonstruierte Burg lohnt sich, denn man genießt von dort einen schönen Blick über die Lessinischen Alpen, die Monti Berici und die weite Ebene. In Montécchio Maggiore kann die im 18. Jh. von G. Massari erbaute Villa *Cordellina Lombardi* besichtigt werden, in der Kunsthistoriker besonders die Fresken von Giovanni Battista Tiepolo (1743) rühmen.

Die nächste Station ist Sovizzo (48 m), wo sich ein Blick durch das prächtige Gittertor auf die *Villa Curti* lohnt, die am Ende des 15. Jh. erbaut wurde und seitdem zahlreiche Anbauten erhalten hat. Sie liegt in einem schönen Park mit Statuen, archäologischen Fragmenten sowie der etwas abstrusen Rekonstruktion eines antiken Theaters.

Hinter Sovizzo überquert man den Fluss Retrone und fährt nun über San Marco und Olmo bis zu einer Kreuzung mit der Hauptstraße 11. Man radelt geradeaus auf einer kleineren Straße weiter und hält sich dann links. Bei Albanello unterquert man die Stadtautobahn von Vicenza und nun geht es auf der Viale San Agostino weiter, parallel zu Retrone. Nach der Bahnunterführung kommt man wieder an die Hauptstraße von Verona (11), die man rechts Richtung Innenstadt entlang fährt. Immer geradeaus geht es durch den Corso San Felice, vorbei an der Stadtmauer zur Piazza del Castello, wo eine große Fußgängerzone beginnt. Hinter dem Platz zweigt die Hauptpromenade Vicenzas ab, der Corso Palladio.

Vicenza (39 m)

Schon bei den Römern war das damalige *Vicentia* eine bedeutende Handels- und Garnisonsstadt. Bekannt wurde Vicenza, eine alte Konkurrentin Venezias, aber durch einen enormen Bauboom im 16. Jh., in dem insbesondere der Renaissance-Architekt Andrea Palladio (1508-1580) der Stadt bis heute seinen Stempel aufdrückte. Um nur einige Beispiele zu nennen, die der später oft kopierte Baumeister, Sohn eines Bäckers, errichtet hat: das Teatro Olimpico, der Palazzo Chiericati, die Basilica auf der Piazza dei Signori und viele weitere Gebäude, etwa in der Corso Andrea Palladio (z. B. Nr. 13, 45, 47). Sein – besonders vom Italienreisenden Goethe bewunderter – Erfolg lag vor allem in der Wiedereinführung antiker Stilelemente und der harmonischen Baukunst des alten Griechenlands wie der schlanken ionischen Säulen. Wegen seiner zahlreichen prächtigen Paläste und Kirchen wird Vicenza auch als »Venezia des Festlandes« bezeichnet.

☺☺ Das *Teatro Olimpico* an der Piazza Matteotti gilt als ältestes Theatergebäude Europas und wurde – natürlich – auch von Andrea Palladio erbaut, und zwar 1580, kurz vor dessen Tod. Dabei hielt sich Palladio sich an die Vorlagen römischer (Freiluft-)Theaterbauten. Somit gilt Palladios letztes Werk gleichzeitig als das letzte klassische und das erste moderne Theater. In dem ersten gedeckten Theaterbau überhaupt hatten 1.200 Zuschauer Platz. In dem für seine gute Akustik bekannten Innenraum sollte man die festen Kulissen nicht missen, die perspektiv verkürzte Straßenzüge mit Palästen nachbilden. Geöffnet Di bis Sa 9-12.30 und 14.15-17 Uhr, So 9.30-12.30 und 14-19 Uhr, von Oktober bis März So nur 9.30-12.30 Uhr (Eintritt: 6.000 Lire).

☺☺ Der *Palazzo Chiericati* liegt gegenüber dem Teatro Olimpico und gilt als eines der vollständigsten Kunstwerke Palladios. In dem frisch renovierten Palazzo ist heute das

Museo Civico mit interessanten Malereien und Skulpturen untergebracht. Geöffnet Di-Sa 9-12.30 und 14.15-17 Uhr, So 9.30-12.30 und 14-19 Uhr, von Oktober bis März So nur 9.30-12.30 Uhr (Eintritt: 5.000 Lire).

Vicenza – Basilica Palladiana

☺ Die *Basilica Palladiana* an der Piazza dei Signori, im Herzen von Vicenza, war der erste bedeutende Auftrag für den Architekten Palladio. Die im 16. Jh. errichtete Basilica diente nie religiösen Zwecken, sondern weltlichen städtischen Funktionen: In dem Gebäude waren gleichzeitig Gericht, Börse und Behörden untergebracht. In der Basilica informiert das *Museo Palladiano* über den Architekten. Geöffnet Di bis Sa 9.30-12, 14.30-17 Uhr, So 10-12 Uhr. Zur Basilica gehört der 82 m hohe Uhrenturm aus dem 12. Jh., der auf den Vorgängerbau der heutigen Basilica zurückgeht.

ⓘ Piazza Duomo 5
36100 Vicenza
Tel. 0444/544122
Fax 0444/325001
aptvicenza@ascom.vi.it

Weitere Touristenbüros gibt es in der Piazza Matteotti 12 und am Bahnhof.

Radverleih
🚲 Räder werden bei der Gepäckaufbewahrung des Bahnhofs verliehen.
Tel. 0444/392528

Radservice
🚲 Ciscato
Contra XX. Settembre
Tel. 0444/514067
🚲 Liotto
Borgo Scroffa 32
Tel. 0444/507641
Etwa 1 km nordöstlich des Zentrums.

Radclub
✉ Tuttinbici
C.P. 419
36100 Vicenza
Tel. 0444/504776
Fax 0444/963402
tuttinbici@vicenza.org oder
bicenza@tin.it
http://vicenza.org/tuttinbici

Unterkunft

⌂ Ostello per la Gioventu
 Via Levà degli Angeli 9
 Tel. 0444/2222045
Diese Jugendherberge liegt zentral nahe der Piazza Matteotti.

⌂ Hotel Da Porto
 Via Brigata Edolo
 Tel. 0444/964848
 Fax 0444/964852
Gut ausgestattete Zimmer, netter Garten, Garage. DZ ab 55.000 Lire.

⌂ Albergo San Raffaele
 Viale X Giugno 10
 Tel. 0444/545767
 Fax 0444/542259
Dieses Gebäude mit Innenhof liegt nahe dem Bahnhof. Schöne Sicht auf die Stadt. Inkl. Frühstück. DZ mit Bad ab 60.000 Lire.

⌂ Albergo Italia
 Via Risorgimento 3
 Tel. 0444/321043
 Fax 0444/230455
Ordentliche Zimmer. Bewachter Parkplatz. Nähe Bahnhof. DZ ab 80.000 Lire.

▲ Vicenza
 Strada Pelosa
 Tel. 0444/582311
 Fax 0444/582434
Dieser 10 km südöstlich von Vicenza liegende Stadtcampingplatz ist von März bis September geöffnet. 2 Personen und 1 Zelt ab 32.000 Lire.

Verpflegung

Wer es gesund mag, kommt im Bioladen in der Corsa San Marco 8 auf seine Kosten, geöffnet 9-12.45 und 16.15-19.30 Uhr, Mittwoch nachmittags geschlossen.

🍽 Trattoria Vecchia Guardia
 Contra Pescheria Vecchia 15
 Tel. 0444/321231
Tische unter den Arkaden laden ein, zum Glück in einer autofreien Zone. Die Pizzen sind genauso bekannt wie gute lokale Gerichte, z. B. *Polenta al baccalà* (Maisbrei mit Kabeljau).

🍽 Antica Casa della Malavesia
 Contra delle Morette 5
 Tel. 0444/543704
Das Ambiente wird durch eine eindrucksvolle Sammlung von Teekannen verschönert. Und man kann zwischen 170 Tee- und 80 Weinsorten wählen. Gute, traditionelle Küche.

Eisfreunde finden in der Corsa Palladio Nr. 152 und 182 eine große Sortenvielfalt und hausgemachtes Eis, darunter kreative Sorten wie Jogurt-Getreide oder Lakritz-Minze.

TOUR 15:
RUNDTOUR DURCH DIE MONTI BERICI

Vicenza (Touren 14, 16) – La Rotonda – Debba – Longare – Nanto – Barbarano Vicentino – Sossano – San Germano – Lapio – Longara – Vicenza (Touren 14, 16)
Länge: ca. 75 km
Dauer: 1-2 Tage

Schwierigkeitsgrad: mittel
keine extremen, aber zahlreiche Steigungen
Wichtigste Sehenswürdigkeiten: Vicenza, Villa Valmarana (»La Rotonda«) u. a. Villen
Karten:
- Kümmerly & Frey 1:200.000; Friaul/Venetien; 16,80 DM
- Generalkarte Italien 1:200.000; Brenner/Venedig/Triest (3); 12,80 DM
- Eurocart: 1:100.000; Provincia Pádova; 10.000 Lire

Von Vicenza aus lohnt sich eine Tagestour, um die Monti Berici im Süden der Stadt zu erkunden. Ausgangs- und Zielpunkt ist Vicenza. Die Rundtour beginnt auf einem reinen Radweg, der an der bekannten Villa Rotonda und den Monti Berici entlangführt. Bei Longara erklimmt man diese Berge, um dann auf kurvenreichen Straßen nach Vicenza zurückzukehren. Nach dieser Tour schmeckt einer der typischen Weine der Monti Berici besonders gut: ob Garganega, Pinot, Merlot, Sauvignon oder Cabernet.

Die Innenstadt von Vicenza (39 m) wird am besten auf kleinen Wegen verlassen, um nicht in das Autogewimmel der Hauptstraßen zu geraten. Dazu fährt man von der Piazza Signori auf kleinen Wegen in südliche Richtung: Piazza Biade, Contra Gazzolle, Contra Ponte San Michele (Fußgängerzone), Comtra Pozzetto, Contra San Tommaso und Contra Santa Caterina, die auf die Piazzale Fraccon zuführt. Dort beginnt der 6 km lange Radweg »Riviera Berici«, der nach 1 km bei Gallo die zur Villa Rotonda hinaufführende Straße kreuzt. Hier lohnt sich ein kleiner Abstecher.

☺☺☺ Die *Villa Valmarana*, genannt *La Rotonda* oder auch *Villa Capra*, liegt etwas südlich von Vicenza und gilt als eines der meistkopierten Gebäude Palladios. Der Bau wurde 1550 begonnen und rund 50 Jahre später vom Palladio-Schüler Vincenzo Scamozzi fertig gestellt. Bekannt sind die 4 Fassaden, die der Villa von jeder Seite eine repräsentative Ansicht verleihen. Der Italienreisende Goethe hat die Villa seines Lieblingsarchitekten wie folgt beschrieben: »Heute besuchte ich das ... auf einer angenehmen Höhe liegende Prachthaus, die Rotonda genannt. ... Vielleicht hat die Baukunst ihren Luxus niemals höher getrieben. Der Raum, den die Treppen einnehmen, ist viel größer als der des Hauses selbst; denn jede einzelne Seite würde als Ansicht eines Tempels befriedigen. Inwendig kann man es wohnbar, aber nicht wohnlich nennen.« Öffnungszeiten des Gartens: März bis November Di bis Do 10-12 und 15-18 Uhr (Eintritt: 5.000 Lire). Das Innere der Villa kann nur Mi zu den genannten Öffnungszeiten besichtigt werden (Eintritt: 10.000 Lire).

Von der Villa fährt man wieder hinunter nach Al Gallo zum Radweg »Riviera Berici«. Dieser Radweg verläuft durch die Ebene an der nordöstlichen Seite der Colli Berici, am

Bacchiglione-Fluss entlang. Der Radweg ist auf einer alten Eisenbahnstrecke, der »Tramvia della Riviera Berica« angelegt. Sie berührt Campedello, früher ein Vorort Vicenzas, wo sich die Oberschicht niedergelassen hatte. Der Radweg führt weiter über Santa Croce Bigolina nach Lòngara, wo die Villa Squarzi von 1677 noch gut erhalten ist. Nach einem weiteren Kilometer wird in Debba der vorläufige Endpunkt des Radweges »Riviera Berici« erreicht, dessen Fortführung bis nach Lumignano geplant ist.

Von Debba geht es auf einer westlich der Nationalstraße 247 verlaufenden Nebenstraße bis nach Longare (29 m) und von dort aufwärts nach Costozza di Longare. Dort stehen gleich drei nennenswerte Villen, die alle im 16./17. Jh. erbaut wurden: die *Villa Carli*, die *Villa Da Schio* und die *Villa Eolia*. Die letzten beiden sind für ihre Fresken und Grotten bekannt. Alle Häuser können besichtigt werden. Am Ostrand der Monti Berici entlang geht es weiter auf kleinen Straßen über Lumignano, Castelnegro (56 m), Nanto (39 m), Mossano (89 m) bis nach Barbarano Vicentino.

Barbarano Vicentino (88 m)

In Barbarano Vicentino sind noch Reste römischer Besiedlung zu sehen. Der Ort wird schon lange für seine gute Luft gerühmt; hier soll die erste Lungenheilanstalt Italiens im Jahr 1902 eröffnet worden sein.

Albergo La Perla dei Berici
Via IV Novembre 10
Tel. 0444/886020
Das Haus hat 9 gut ausgestattete Zimmer ohne Bad sowie Restaurant, Garten und Bar.
DZ ab 45.000 Lire.

Von Barbarano geht es bis kurz vor Toara und von dort abwärts, vorbei am *Castello di Belvedere*, bis nach Sossano (19 m), dem südlichsten Punkt dieser Rundtour. Die gerade Straße führt nun in nördlicher Richtung am Westrand der Monti Berici entlang nach San Germano (90 m). Links fließt der Bach Scolo Liona. Kurz vor dessen Überquerung nach San Germano biegt man rechts auf eine Nebenstraße ab, die über Canton de Napoli führt und bald danach wieder auf die Straße nach Pederiva stößt. In Pederiva beginnt die Bergwertung: Die Straße nach Zovencedo (357) führt in Serpentinen rund 300 m aufwärts. Hinter Zovencedo gelangt man an eine Kreuzung, die geradeaus überquert wird. Ein kleiner Schotterweg fuhrt hier nach San Donello, von wo es auf etwas größeren Straßen in nordöstlicher Richtung nach Villabalzana geht. Weiter fährt man gen Norden bis nach Làpio und dort bergab zum Lago di Fimon. Von diesem Stausee führen kleine Wege direkt – rechts am Monte Bisortole (121 m) vorbei – nach Lòngara, wo wieder der Radweg »Riviera Berici« erreicht wird, dem man nun bis zum Startpunkt der Tour folgt: in die Innenstadt von Vicenza.

TOUR 16:
DIE VILLEN VENETOS

Vicenza (Touren 14, 15) – Bertesinella – Piazzola sul Brenta – Marsango – Strà – Mira – Malcontenta – Fusina (– Venezia)
Länge: ca. 80 km
Dauer: 1-2 Tage
Schwierigkeitsgrad: leicht bergab führende bis ebene Strecke
Wichtigste Sehenswürdigkeiten: Vicenza, Piazzola mit Villa Contarini, Strá mit Villa Pisani »La Nazionale«, Brenta-Kanal mit vielen Villen, Venezia
Karten:
- Kümmerly & Frey 1:200.000; Friaul/Venetien; 16,80 DM
- Generalkarte Italien 1:200.000; Brenner/Venedig/Triest (3); 12,80 DM
- Istituto Geografico de Agostini: 1.250.000; Veneto; gratis beim ART Veneto
- Eurocart: 1:100.000; Provincia Pádova; 10.000 Lire

Veneto ist bekannt für seine Villen; mehr als 2.500 sollen es sein. Ein Großteil davon steht entlang des Brenta-Kanals, im 16. Jh. ein beliebtes Naherholungsgebiet für die wohlhabenden Venezianer. Ein Landgut im Hinterland, zudem per Schiff von Venezia zu erreichen, war ein »Muss«.
Diese Radtour spürt dem Glanz der Vergangenheit mit den schön restaurierten Villen und prächtigen Palmengärten nach. Endpunkt der Tour ist Fusina, von wo man mit dem Schiff in wenigen Minuten nach Venezia übersetzen kann.
In Vicenza besteht Anschluss an Tour 14 zum Lago di Garda und Tour 15 um die Berici-Berge. Die Innenstadt von Vicenza wird verlassen, indem man an der Piazza Matteotti in die neben dem Teatro Olimpico abzweigende Piazza XX. Settembre hineinfährt. An deren anderem Ende geht es geradeaus auf der Contra' Porta Pádova weiter. Nach dem Überqueren der Via Gallieno wird der Corso Pádova erreicht, der Vicenza in östlicher Richtung verlässt.
Nun geht es bis nach Bertesinella (4 km) über der Viale della Pace und die – endlich! – weniger stark befahrene Strada di Ca' Balbi immer geradeaus. Bertesinella wird in südöstlicher Richtung verlassen und nach 2 km die Autobahn überquert. Man hält sich nun zweimal links, ehe es ab Marola geradeaus in östlicher Richtung, über Grantortino und Ganiago, weitergeht.
Über Grossa und Isola Mantegna nähert man sich der Brenta. Noch vor dem Fluss wird eine Hauptstraße erreicht. Hier hält man sich scharf rechts, um auf einer Nebenstraße in südliche Richtung bis nach Piazzola sul Brenta zu gelangen.

Piazzola sul Brenta (30 m)

☺☺ Die *Villa Contarini* an der Via Camerini beherrscht das Ortsbild von Piazzola. Der Bau geht auf

Piazzola sul Brenta – Villa Contarini

Pläne Palladios zurück, aber der ausführende Architekt ist unbekannt geblieben. Schön sind die im 17. Jh. angefertigen Fresken von Michele Primon. (Tel. 049/5590238).
Vor der Villa Contarini findet an jedem letzten Sonntag des Monats ein Antikmarkt statt.

↳ Locanda Mantegna
  Via Rolando 55
  Tel. 049/5590096

Einfaches Hotel, in dem man auch gut isst. DZ ab 45.000 Lire.

Gleich hinter Piazzola überquert man die Brenta, um auf einer Nebenstraße linksseitig der Brenta flussabwärts zu fahren. Über Campo, Marsango, Curtarolo und Santa Maria de Non wird Tavo erreicht. Kurz hinter Tavo, beim Gartencenter »Cavinato Alessandro«, biegt man rechts ab, durch das Gartencenter hindurch, und gelangt so auf einen alten Damm, auf dem ein anfangs schmaler, später breiter werdender Pfad verläuft, der nur Fußgängern und Radlern vorbehalten ist. Ganze 20 km führt der Dammweg, fern vom Autolärm, bis nach Strà. Bei einer 400 m langen steinigen Passage 5 km nach Tavo schiebt man sein Rad lieber – oder fordert sein (Mountain-)Bike heraus.

Ist der Tourenverlauf zwischen Piazzola und Limena identisch mit einem Teilstück von Tour 17, trennen sich beide Touren kurz hinter Tavo. Tour 17 zweigt bei Limena ab und führt nach Pádova weiter (Tour

18), während diese Route dem reinen Radweg entlang der Brenta folgt.

Strà (9 m)

In Strà zweigt der in die Laguna von Venezia führende Brenta-Kanal von der Brenta ab. Und in dem Ort bekommt man einen guten Vorgeschmack auf die vielen Villen des Kanals, die von reichen Venezianern im 16.-18. Jh. erbaut wurden: *Villa Foscarini*, *Villa Draghi*, *Villa Valier* oder *Villa Zoldon*.

Strà wird auf der Hauptstraße verlassen, die nördlich des Kanals Riviera del Brenta verläuft. Gleich am Ortsausgang sieht man auf der linken Seite die viel besuchte Villa Pisani.

☺☺☺ Die schlossartige *Villa Pisani* »La Nazionale« ist eine der bekanntesten von Veneto. Sie wurde im 17. Jh. im Auftrag des Dogen Alvisi Pisani errichtet und 1736 umgebaut. Danach erlebte sie historische Momente im Zeichen verschiedener Diktatoren: 1807 kaufte Napoleon das Gebäude und 1934 trafen sich hier erstmals Hitler und Mussolini. Die Säle im ersten Geschoss sind mit Fresken verziert, die Schlachten und Herrscherporträts zeigen. Höhpunkt ist der Tanzsaal mit einem Deckenfresko Tiepolos von 1761, das die Familie Pisani verherrlicht. Hinter dem Orangenhain an der Rückseite der Villa erstreckt sich eine große Parkanlage, aus der ein Aussichtsturm und ein mit Buchsbäumen gepflanztes Labyrinth hervorstechen. Öffnungszeiten der Villa: Di bis So 9-13.30 Uhr. Der Park ist Di bis Sa 9-18 und So 9-17 Uhr geöffnet.

Der stark befahrenen Straße 11 folgend, geht es nun 1 km bis nach Fiesso d'Artico. Nach diesem Ort biegt man links auf einen Pfad ab, der direkt am Brenta-Kanal verläuft. Auf der nächsten Brücke wird der Kanal überquert und der südlichen, weniger stark befahrenen Kanalstraße gefolgt. Die nächsten prächtigen Gebäude lassen nicht lange auf sich warten, darunter die *Villen Badoer Fazzoretto*, *Vini* und *Feretti* im Umland von Dolo. Südlich vorbei an Dolo geht es nach Mira.

Mira (10 m)

Dieser am Brenta-Kanal gelegene Ort ist neben vielen anderen vor allem für die *Villa Widmann Rezzonico* (Costanzo) aus dem 16. Jh. bekannt.

Radservice
🚲 Center Bike
  Via Mocenigo 3
  Tel. 041/420110

Unterkunft
⌂ Albergo Ristorante il Burchiello
  Via Venezia 40
  Tel. 041/472244
  Fax 041/429728

12 Zimmer mit Komfort. Mit Restaurant, Garten und Parkplatz. DZ ab 90.000 Lire.

↪ Albergo Venezia
Via Nazionale 241
Tel. 041/420146
oder 041/420961

Einfache Unterkunft mit Restaurant. DZ ab 60.000 Lire.

Hinter Mira macht der (ausgeschilderte) Radweg eine kleine Schleife am Kanal entlang, um danach die Hauptstraße 309 zu überqueren und Malcontenta zu erreichen.

Malcontenta (3 m)

☺☺ In Malcontenta liegt mit der 1560 erbauten *Villa Foscari*, genannt »La Malcontenta«, ein weiteres wichtiges Gebäude des Renaissance-Architekten Palladio. Geöffnet April bis Oktober Di bis Sa 9-12 Uhr.

Von Malcontenta sind es nur noch wenige Kilometer auf einer ebenen, gerade verlaufenden Straße bis nach Fusina, wo man mit dem Schiff über die Laguna nach Venezia übersetzen kann. Die Fähren verkehren (in der Hauptsaison) beinahe jede Stunde. Die Fahrt kostet je nach Zielort etwa 5.000 Lire sowie zusätzlich 1.000 Lire für das Rad.

Venezia (1 m)

Venezia – das sind mehr als 100 Inseln, die durch rund 400 Brücken miteinander in Verbindung stehen.

Venezia – Canale Grande

Schon in vorgeschichtlicher Zeit lebten Menschen in Venezia (Venedig), allerdings noch in primitiven Pfahlbauten. Ihren Höhepunkt erreichte die Lagunenstadt im Mittelalter (11.-13. Jh.), als Venezia sogar Konstantinopel erobern konnte (1204). Die Vorherrschaft als Kolonial- und Seemacht machten den Venezianern seit dem 13. Jh. die Genueser streitig, die Venezia allerdings Ende des 14. Jh.s bei Chióggia schlagen konnten. Venezia etablierte sich daraufhin auch als Festlandsmacht, ehe sich am Ende des 15. Jh.s das Ende als Weltmacht ankündigte. Ursachen waren das Abschneiden der Handelswege durch das sich ausdehnende Osmanische Reich im Osten sowie die Entdeckung neuer Handelswege, etwa der Seeroute um das afrikanische Kap der Guten Hoffnung. Seit 1797 musste sich Venezia anderen Mächten unterwerfen: erst den napoleonischen Franzosen, dann den habsburgischen Österreichern und schließlich dem jungen Italien.

Venezias bekanntester Sohn ist wohl Marco Polo (1254-1323), ein echter Abenteurer, der mit seinen Reisen den Landweg nach China erschloss und damit dem Handel neue Perspektiven eröffnete. Die großen Sehenswürdigkeiten Venezias liegen rund um die Piazza San Marco, von dem auch die Rialto-Brücke nicht weit entfernt ist. San Marco ist übrigens die einzige »Piazza« Venezias: Die übrigen Plätze werden »Campo« genannt.

Per Boot oder Gondel erreicht man andere Plätze, Paläste und Inseln. Die Gondel wird als Verkehrsmittel

Venezia – Rialto-Brücke

Lago di Garda

Bauernhof in der Po-Ebene

Lago di Como

Die Adda

Venezias schon seit dem 7. Jh. verwendet. Seit dem 15. Jh. schreibt ein Gesetz den Gondeln einheitlich eine schwarze Farbe vor, weil das gegenseitige Überbieten mit der prunkvollen Gondelgestaltung überhand nahm. Die Gondel fährt trotz des Ruderns an nur einer Seite geradeaus. Die Erklärung: Gondeln sind asymmetrisch gebaut; eine Seite ist etwas runder als die andere.

Am besten, man probiert eine Gondelfahrt morgens (gegen 9 Uhr) und mit mehreren Personen (bis zu 5) aus. Dann lässt sich noch eine bezahlbare Fahrt aushandeln. Oder man nimmt eine der im Linienverkehr den Canale Grande überquerenden Gondeln, was nicht viel mehr als 1.000 Lire kostet (sonst rund 100.000 Lire pro Person und Stunde!). Anderer Verkehr als Schiffsverkehr hat in Venezia keine Chance: Autos sind genauso verbannt wie Radfahrer. Und natürlich transportieren die Gondeln auch keine Räder!

Kaum eine andere Stadt ist so oft und gleichzeitig so traurig in der deutschen Literatur behandelt worden wie Venezia. Die Stadt in der Lagune gilt als Symbol des Verfalls. Und tatsächlich ist Venezia von existentiellen ökologischen Problemen bedroht: Die Stadt versinkt in dem sumpfigen Untergrund, während andererseits der Wasserspiegel innerhalb der Lagune steigt. Dazu gießen die aus der Po-Ebene zuströmenden Kanäle und Flüsse ihre mit Nährstoffen und Pestiziden hoch angereicherte Wasserlast in die Lagune. Milliardenschwere (in DM, nicht Lire!) Hilfsprogramme haben diesen Prozess bisher nur aufhalten, nicht aber stoppen können. Besonders an der Sanierung der Bausubstanz und der Verbesserung der Umweltqualität wird gearbeitet. Und der Kampf ums Überleben der Stadt hat Tradition: Um der Versandung der Lagune entgegenzuwirken, leitete man schon früh die in die Lagune fließenden Ströme um, etwa die Brenta.

☺☺☺ Die *Basilica San Marco*, erhebt sich schon seit dem 9. Jh. aus den Sümpfen Venezias. Im 9. Jh wurde der mumifizierte Körper des Heiligen Marcus von zwei venezianischen Händlern von Ägypten nach Venezia geschmuggelt. Der Körper wurde dazu mit verschiedenen Schichten gesalzenen Specks bedeckt und konnte so nach Venezia gebracht werden. Der jetzige byzantinische Bau, die sogenannte Cantarini-Kirche, wurde 1094 geweiht. Sie erhielt im 13. Jh. ihre romanische Fassade und wurde später in gotischem Stil erneuert. Im Inneren gilt die Pala d'Oro hinter dem Hochaltar als materiell wie künstlerisch besonders wertvoll: Die 3,5x1,5 m große Bildtafel aus Gold wurde in einem halben Jahrtausend angefertigt, und die Zwischenräume sind zusätzlich mit Edelsteinen ausgefüllt. Das Grab des Heiligen Marco befindet sich unter dem Altar.

Venezia – Basilica San Marco

Der zur Basilica gehörige 98 m hohe Campanile wurde 1514 vollendet. Er stürzte 1902 in sich zusammen, wurde aber schon 10 Jahre später wieder originalgetreu aufgebaut.
Öffnungszeiten der Basilica: April bis Oktober Mo bis Sa 9.45-17, So 14-17, November bis März Mo bis Sa 9.45-16, So 14-16 Uhr. Der Eintritt in die Kirche ist frei, aber für die Pala (3.000 Lire) und den Tesoro (4.000 Lire), den Schatz, muss die Geldbörse gezückt werden. Der Campanile ist täglich 9-20 Uhr, von November bis März nur bis 16 Uhr geöffnet (Eintritt: 8.000 Lire).
☺☺☺ Der *Palazzo Ducale*, der Dogenpalast, ist durch die gotische Porta della Carta mit San Marco verbunden und an seinen weißen und rosa Marmorplatten sofort zu erkennen. Der Palazzo wurde in mehreren Etappen vom 14. bis zum 18. Jh. erbaut, immer wieder unterbrochen von Bränden und Baumängeln. Davor hatte es vier Vorläuferformen an dieser Stelle gegeben, seit der Amtssitz der Dogen (Ratsherren) im 9. Jh. von Rialto nach San Marco verlegt wurde.
Bei Besichtigungen im Innern des Palastes stechen besonders die prächtigen Repräsentationsräume und Sitzungszimmer im Obergeschoss sowie die Versammlungsräume und die Dogenwohnung im mittleren Geschoss hervor. Im Sitzungssaal Sala del Maggior Consiglio sollen seinerzeit bis 1.600 Personen den Versammlungen beigewohnt haben.
Geöffnet April bis Oktober 9-19 Uhr, November bis März 9-

17 Uhr. Im Eintritt von beachtlichen 18.000 Lire sind der Zutritt zum Museo Correr, dem Museo Archeologico Nazionale und der Biblioteca Nazionale Marciana eingeschlossen. Der Zugang zum Innenhof des Palazzo ist erstaunlicherweise gratis.
☺☺☺ Die *Rialto-Brücke*, eines der meistfotografierten Motive überhaupt, war einst die einzige Querung über den 4 km langen Canale Grande, der Venezia S-förmig in zwei Hälften teilt. Der rund 5 m tiefe und bis zu 80 m breite Kanal wurde schon im 15. Jh. als schönste Straße der Welt bezeichnet. Der Kanalübergang und Anlegeplatz Rialto hatte eine große Bedeutung für den Warenumschlag, vor allem Gemüse, Obst und Fische. Vor der jetzigen, 1592 errichteten, 48 m langen und 22 m breiten Steinbrücke befand sich hier ein hölzerner Übergang.
☺☺ Die *Galleria dell'Accademia* auf dem Campo della Carità, Dorsoduro, gilt als die schönste Gemäldegalerie Venezias und eine der reichsten weltweit. In der ehemaligen Kirche Santa Maria della Carita sind venezianische Kunstwerke aus dem 14.-18. Jh. zu sehen, u. a. von Veneziano, Bellini, Tiepolo und Vivarini. Geöffnet Di bis So 9-20, Mo 9-14 Uhr (Eintritt: 12.000 Lire).
☺☺ *Santa Maria Gloriosa dei Frari* muss man gesehen haben. Diese gotische Kirche aus rotem Backstein ist im Inneren mit schönen bekannten Malereien und Holzschnitzereien ausgestattet. Das Gemälde über dem Altar stammt von Tiziano, der in der Kirche begraben liegt.
☺☺ Die gotische *Kirche Madonna dell'Orto* in Cannaregio ist eine der schönsten und gleichzeitig weniger bekannten Kirchen Venezias. Im Inneren findet man bekannte Fresken und Malereien von Tintoretto, der hier begraben ist.

Venezia – Gondoliere

☺ Das *Ghetto* in Cannaregio ist insofern interessant, als der Begriff von hier stammt: Früher wurde hier Metall verhüttet, und Metallschmelze heißt auf venezianisch »ghetò«. Der Name wurde später in ganz Europa für abgeschlossene (meist jüdische) Wohngegenden benutzt. In Cannaregio sind die Synagogen La Scuola Spagnola und

La Scuola Levantina besonders sehenswert.
☺ Die *Kirche San Giorgio Maggiore*, zu erreichen mit Vaporetto 83, ist ein weiteres Bauwerk von Andrea Palladio. Die Kirche mit ihrem reichhaltigen Interieur ist schon von weitem an ihrem 60 m hohen Glockenturm zu erkennen.
☺ Die barocke *Santa Maria della Salute* mit ihrer auffälligen Kuppel, am Anfang des Canale Grande, wurde am Anfang des 17. Jh.s erbaut. Die auf mehr als 1,5 Mio. Stützpfählen ruhende Kirche passt gut in die Landschaft. Im Inneren stechen die Altarbilder, u. a. von Tiziano und Tintoretto, hervor.
Der Lagune von Venezia ist der Lido (Tour 19) vorgelagert, eine lange und schmale Insel, die vor allem im Sommer dicht bevölkert ist. Hier findet alljährlich das Filmfestival von Venezia statt.

Venezia ist Schauplatz zahlreicher bedeutender Veranstaltungen, darunter der Karneval, der Kunstausstellung »Biennale« im Juni, dem Internationalen Film-Festival im August und dem Gondel-Wettrennen mit historischer Bootsparade auf dem Canale Grande am ersten Sonntag im September. Am 15. und 16. Juli wird mit der Festa del Redentore der Erlösung von der Pest im Jahre 1576 gedacht. Dabei bewegt sich ein Schiffskorso von San Marco zur Erlöserkirche auf der Insel Giudecca.

ⓘ Castello 4421
  30122 Venezia
  Tel. 041/5298711
  Fax 041/5230399
  aptve@provincia.venezia.it
Weitere Touristenbüros gibt es am Bahnhof, bei San Marco, am Flughafen und am Hafen.

Radservice
🚲 In Mestre: Breda
    Via Piave 184
    Tel. 041/927543
🚲 In Lido: Gardin
    Piazzale Santa Maria Elisabetta 2a
    Tel. 041/2760005
🚲 In Cavallino: Borsoi
    Via Pordelio 424
    Tel. 041/5370473

Radclub
✉ Amici della Bicicletta
   Viale Venezia 7
   30171 Mestre
   Tel./Fax 041/938092
   bici@provincia.venezia.it

Camping-Artikel
✉ Camping Serenissima
   Via Padana 338
   Tel./Fax 041/920286
In Oriago, zwischen Mira und Venezia.
✉ Scarpa
   Via Ca' Ritondeo 6
   Tel. 041/658397
In Treporti, bei Cavallino.

Unterkunft
Die Hotels in Venezia sind im Durchschnitt etwa um ein Drittel teurer als im übrigen Italien. Es

empfiehlt sich, eine Unterkunft auf dem Festland zu suchen. Da man in Venezia nicht Rad fahren darf, ist es nicht so leicht, hier etwas Geeignetes zu finden.

↳ Ostello per la Gioventù
»Venezia«
Fondamenta Zitelle 86
Tel. 041/5238211
Fax 041/5235689

Die Jugendherberge liegt gegenüber dem Dogenpalast auf der Insel Giudecca, nahe beim Schiffsanleger Zitelle. In der Hochsaison sollte man allerdings reservieren oder sich früh genug »einreihen«. Männlein und Weiblein schlafen getrennt in Schlafsälen von 10 bis 16 Personen. Mit Internet-Café. Ü/F 25.000 Lire. Geöffnet 7-24 Uhr.

↳ Hotel Rio
Castello 4356
Tel. 041/5284810
Fax 041/5208220

Sehr gutes Preis-Leistungsverhältnis in der Nähe von San Marco. DZ ab 50.000 Lire.

↳ Albergo Bernardi Semenzato
Cannaregio 4363/4365
Tel. 041/5227257
Fax 041/5222424

Renoviertes Hotel in attraktiver Gegend mit hellen Zimmern. DZ ab 68.000 Lire.

↳ Albergo Santa Lucia
Cannaregio 358
Tel. 041/715180

Gut ausgestattete Zimmer und Garten. DZ ab 80.000 Lire.

↳ Hotel Primavera
Via Orlanda 5
Tel. 041/5310135
Fax 041/5310274

Dieses **Hotel in Mestre hat gepflegte Zimmer, Parkplatz und Garten. DZ ab 110.000 Lire.

Camping

Zeltplätze gibt es viele, vor allem in Mestre und Littorale del Cavallino.

▲ Rialto
Via Orlanda 16
Campalto
Mestre
Tel. 041/900785

Freundlicher Empfang und gutes Preis-Leistungs-Verhältnis, leider auch Mücken im Sommer. Mit Laden. 2 Personen und 1 Zelt ab 12.000 Lire. Geöffnet Juni bis September.

▲ Serenissima
Via Padana
Mestre
Tel. 041/920286

Am Ufer des Brenta-Kanals. Gut ausgestattet, gut überwacht: Hier kann man die Fahrräder mal einen Tag stehen lassen. Busverbindung nach Pádova und Venezia (25 Min.). 2 Personen und 1 Zelt ab 27.000 Lire.

▲ Fusina
in Fusina
Tel. 041/5470055

Der Platz hat alles Notwendige und im Sommer auch Mücken. Nur 200 m vom Fähranleger der Fähren nach Venezia entfernt (stündliche Abfahrt in der Hochsaison). 2 Personen und 1 Zelt ab 30.000 Lire. Ganzjährig geöffnet.

Verpflegung
Die Preise steigen bekanntlich proportional zur Anzahl der Tagestouristen. Kein Wunder also, dass an der Piazza San Marco ein einfacher Capucchino rund 10.000 Lire kostet!

🍽 Trattoria Al Gaffaro
   Fondamenta Minotto 164

Hier gibt es gutes Essen und eine nette Atmosphäre zu erschwinglichen Preisen.

🍽 Altanella
   Calle dell'Erbe 268
   auf der Insel Giudecca
   Tel. 041/5227780

Nahe am Vaporetto-Anleger Giudecca gelegen, mit Terrasse über dem Kanal. Lockere Atmosphäre und leckere venezianische Spezialitäten.

🍽 Osteria della Pergola
   Fondamento della Sensa 3318
   Tel. 041/720198

Verpflegung auf dem Anleger, neben einer kleinen Grünanlage. Gute regionale Küche; der Fisch wird vom Besitzer selbst gefangen. Sehr günstige Touristenmenüs.

TOUR 17:
ENTLANG DER BRENTA II

Bassano del Grappa (Tour 10) – Stroppari – Barina – Piazzola sul Brenta (Tour 16) – Limena – Pádova (Tour 18)
Länge: ca. 55 km
Dauer: 3 Stunden-1 Tag

Schwierigkeitsgrad: leicht
   fast nur ebene Strecke und hauptsächlich bergab
Wichtigste Sehenswürdigkeiten:
   Bassano mit Burgen, Piazzola mit Villa, Pádova
Karten:
- Kümmerly & Frey 1:200.000; Friaul/Venetien; 16,80 DM
- Generalkarte Italien 1:200.000; Brenner/Venedig/Triest (3); 12,80 DM
- Istituto Geografico deAgostini: 1.250.000; Veneto; gratis beim ART Veneto
- Eurocart: 1:100.000; Provincia Pádova; 10.000 Lire

Diese sehr leichte Tour führt entlang der Brenta durch die Ebene der Provinz Pádova und dient vor allem als Bindeglied zwischen den Touren 10, 16 und 18.

Bassano del Grappa (129 m)

In Bassano sind noch viele mittelalterliche Gebäude erhalten, darunter das obere und untere *Schloss* (14. Jh.), die *Kirche San Francesco* (12. Jh.) sowie der *Turm von Ezzelino* (13. Jh.).

Wahrzeichen von Bassano del Grappa ist die überdachte *Brücke* über die Brenta, die nach Plänen des Renaissance-Architekten Andrea Palladio erbaut wurde. Sehenswert sind auch das *Rathaus* aus dem 16. Jh. sowie die *Villa Rezzonico* aus dem Jahr 1733, vermutlich erbaut von G. Massari.

☺ Das *Museo Civico* mit seiner bedeutenden Gemäldesammlung ist in einem alten Kloster neben der Kirche San Francesco untergebracht. Höhepunkte sind Werke von Albrecht Dürer, Bassano und Tiepolo. Geöffnet Di bis Sa 9-12.30 und 15.30-18.30, So 15.30-18.30 Uhr.

ⓘ Largo Corona d'Italia 35
36061 Bassano del Grappa
Tel. 0424/524351
Fax 0424/625301

Radservice
🚲 Nuova Dolomite
Via Bernucci 2a
Tel. 0424/37295
🚲 Serdinsech
Via San Giovanni Bosco 118
Tel. 0424/31113

Unterkunft
↪ Albergo Alla Corte
Via Corte 54
Tel. 0424/502114
Fax 0424/502410

Das Haus hat 30 bequeme Doppelzimmer mit Bad sowie Restaurant, Garten, Bar und Parkplatz. DZ ab 80.000 Lire.

↪ Hotel Palladio
Via Gramsci 2
Tel. 0424/523777
Fax 0424/524050

Gutes ****Hotel mit bequemen Zimmern, Garten, Sauna, Garage und Bar. DZ ab 150.000 Lire.

Bassano del Grappa wird in südwestlicher Richtung auf der nach Travettore führenden Ausfallstraße verlassen. Die Straße entfernt sich hier etwas von der Brenta, die nach Westen mäandriert. Charakteristisch für diese flache Landschaft sind die vielen nahezu rechtwinklig verlaufenden Entwässerungskanäle. In Travettore hält man sich links, Richtung Baggi. Von Baggi geht es dann lange Zeit immer geradeaus gen Süden, durch die Weiler Ca Dolfin, Santa Anna, Stroppari, Ca Tron, Casoni und Fratta. Bei Fontaniva wird die Nationalstraße 53 erreicht, die man genauso wie die darauffolgende Bahnlinie quert.

Über Barina, Santa Maria, Bocchiero geht es weiter bis Giarabassa. Nach dem Ortsende von Giarabassa hält man sich rechts, um hinter C. Carbogna die Brenta zu überqueren. Die erste Abzweigung hinter der Brücke nach links führt schließlich auf die Hauptstraße, auf der Piazzola sul Brenta (Tour 16) erreicht wird.

Gleich hinter Piazzola überquert man die Brenta, um auf einer Nebenstraße linksseitig der Brenta flussabwärts zu fahren. Über Campo, Marsango, Curtarolo und Santa Maria de Non geht es nach Tavo. Kurz hinter Tavo, beim Gartencenter »Cavinato Alessandro«, biegt man rechts ab, durch das Gartencenter hindurch, und gelangt so auf einen alten Damm, auf dem ein anfangs schmaler, später breiter werdender Pfad verläuft, der nur Fußgängern und Radlern vorbehalten ist. Nach 2 km, an einer Brücke, wird der Brenta-Radweg verlassen, um nach Limena hineinzufahren. Tour 16 verläuft von Piazzola an identisch mit der jetzigen, folgt aber weiter dem Brenta-Radweg bis nach Strà.

Limena (22 m)

⌁ Hotel-Ristorante Valbrenta
Piazza Armando Diaz 30
Limena
Tel. 049/767303

Erstes Haus am Platz (***). DZ mit Bad ab 90.000 Lire.

In Limena gibt es zwei Möglichkeiten, die Brentanelle entlang zu fahren, wobei die östlich verlaufende die autoärmere ist. Es geht nun schnurgerade weiter, unter der Autobahn A4 hindurch bis nach Ponterotto. Dort führt eine etwas stärker befahrene Straße über Monta bis hinein nach Pádova, dessen gut erhaltene Stadtmauer beim Porta Trento durchfahren wird.

Pádova (17 m)

Pádova wird als Stadt des Heiligen Antonius schon seit Jahrhunderten von christlichen Pilgern besucht. Aber schon lange vorher beginnt die Geschichtsschreibung Pádovas: Die Stadt soll um 1200 v. Chr. von dem trojanischen Fürsten Antenor gegründet worden sein. Bei den Römern ist seit 89 v. Chr. von *Patavium* die Rede. Der Heilige Antonius folgt weitere 1000 Jahre später: Der 1195 in Lissabon geborene Heilige lebte und predigte hier bis zu seinem Tod 1231.

Pádova gibt sich gerne elitär als Gelehrtstadt; schließlich befindet sich hier die nach Bologna älteste Universität Italiens (gegründet 1222). Deren bekanntester Dozent war wohl Galileo Galilei (1564-1642).

Ein Bummel durch die von gut erhaltenen Stadtmauern umgebene Altstadt lohnt sich allemal: Pádova ist wegen seiner vielen Arkadengänge und Ladengalerien bekannt. Die beiden Marktplätze Piazza delle Erbe und Piazza della Frutta sind das Herz der Stadt. Zwischen beiden Plätzen erhebt sich der im 13. Jh. errichtete *Palazzo della Ragione*, dessen großer Innensaal (79x27 m) mit seinen Fresken besichtigt werden kann (geöffnet Di bis Sa 9-19 Uhr, Eintritt: 7.000 Lire). Dieses Gebäude ist durch Bögen mit dem *Palazzo Municipale* aus dem 16. Jh. verbunden.

Das tägliche Markttreiben auf den beiden Marktplätzen (Obst, Blumen) und im Palazzo Ragione (u. a. Käse, Fleisch) lohnt sich zu beobachten.

Die Piazza dei Signori ist für einen der ältesten *Uhrentürme* Italiens bekannt (1427), der zum *Palazzo del Capitanio* gehört. Etwas abseits liegt der *Duomo*, der im 16. Jh. neu im Renaissancestil errichtet wurde, dessen Fassade aber unvollendet blieb.

Radfahren in Pádova

Viele Studenten bedeuten oft auch viele Fahrradfahrer. Das trifft auf Pádova durchaus zu, wo es eines der am besten ausgebauten Radwegenetze Italiens gibt. Und es kommen immer mehr dazu. Für die Anlage von 4 Radwegen hat die Stadt seit 1997 umgerechnet mehr als 5 Millionen DM investiert. Dazu kommen weitere radfreundliche Einrichtungen wie Radabstellplätze im Bereich der Innenstadt.

☺☺☺ Die *Basilica Sant'Antonio* liegt im Süden der Altstadt, an der Piazza del Santo. In dieser Basilica aus dem 13. Jh. sollen die Gebeine des Heiligen Antonius aufgebahrt sein. Schon seit Jahrhunderten von vielen tausend Christen aufgesucht, ist sie eine der berühmtesten Wallfahrtskirchen. Die Kapelle des Heiligen Antonius in der Basilica wurde im 16. Jh. erbaut und gilt als Meisterwerk der Renaissance. Man sagt, dass der Heilige Antonio helfen soll, verlorene Dinge wiederzufinden. Beachtlich sind die Ausmaße der im romanisch-gotisch-byzantinischen Stil errichteten Basilica: 118 m Länge, 33 m Breite und 68 m Höhe sowie 7 Kuppeln und 2 minarettähnliche Seitentürme. Das Licht dringt vor allem durch drei Rosettenfenster ein. Im Inneren fallen die Bronze-Skulpturen von Donatello auf. Geöffnet täglich 6.30-19 Uhr. Zur Basilica gehören die *Scuola di San Antonio* mit Gemälden Tizians und ein Minoritenkloster mit mehreren Kreuzgängen.

☺☺ Die im 14. Jh. errichtete *Capella degli Scrovegni* an der Piazza Eremitani ist eine der bekanntesten Kirchen Norditaliens, dank der vielen Fresken von Giotto, der im 14. Jh. in Pádova länger gewirkt haben soll. Gleich nebenan liegt das (im Eintrittspreis eingschlossene) Museo Civico mit venetischen Gemälden aus dem 14.- 18. Jh., u. a. von Tintoretto, Tiepolo und Giotto. Geöffnet täglich 9-19 Uhr (kombinierter Eintritt: 10.000 Lire).

☺☺ *Universität*: Bekannt ist der alte Anatomie-Hörsaal des Hauptgebäudes, dessen Zuhörertribünen extrem steil hinaufragen. Hier werden schon seit 1591 Studenten unterrichtet – so lange wie in keinem anderen Uni-Hörsaal. Eine Besichtigung ist möglich, allerdings nur, wenn man sich einer Führung anschließt, die Mo, Mi und Fr um 15, 17, und 17 sowie Di, Do und Sa um 9, 10 und 11 Uhr angeboten werden (Tel. 049/8205007).

☺ Der *Orto Botanico* in der Nähe der Prato della Valle gilt als einer der ältesten botanischen Gärten Europas. Bemerkenswert ist die Sammlung Fleisch fressender Pflanzen und Orchideen. Der Botanische Garten ist spätestens seit Goethes Italienreise bekannt. Goethe, der hier seinen Studien der Metamorphose nachging, soll dabei nach der Urpflanze gesucht haben. Diese ist hier zwar definitiv nicht zu finden, dafür eine Reihe anderer interessanter Pflanzen. Geöffnet im Sommer

Pádova – Palast am Marktplatz

täglich 9-13 und 15-18 Uhr, Eintritt: 5.000 Lire (Tel. 049/656614).
🚴 Höhepunkt in Pádova ist natürlich der *Tag des Heiligen Antonius* am 13. Juni.
An jedem dritten Sonntag des Monats kommen Antiquitätenfreunde beim Antikmarkt auf ihre Kosten.

ⓘ Riviera dei Mugnai 8
   35137 Pádova
   Tel. 049/8750655
   Fax 049/650794
   www.padovanet.it

Dieses Hauptbüro liegt etwas abseits der Innenstadt. Zentraler liegen die Büros in der Galleria Pedrocchi, der Via Cesarotti sowie im Bahnhofsgebäude. Die Broschüre »10 domeniche in bicicletta per scoprire padova e dintorni« (italienisch) beschreibt auf 108 Seiten 10 Radtouren in der Umgebung von Pádova und ist gratis bei der obigen Adresse erhältlich.

Radservice

🚴 Buratto
   Cavalcavia Borgomagno 10
   Tel. 049/605956
In der Nähe vom Bahnhof.

🚴 Cesare
   Via Venezia 29
   Tel. 049/7807800
Etwa 3 km östlich des Zentrums, Richtung Venezia.

Radclub

✉ Amici della Bicicletta
   Via Cornaro 1b
   35128 Pádova
   Tel./Fax 041/938092

Camping-Artikel
- Lando Sport
  Via Pertile 40
  Tel. 049/754788
  Fax 049/851484

Unterkunft
- Ostello per la Gioventù »Città di Pádova«
  Via Aleardo Aleardi 30
  Tel. 049/8752219
  Fax 049/654210

Angenehm bei dieser südlich des Duomo gelegenen Jugendherberge: Eine Reservierung ist über die Touristinformation am Bahnhof möglich. Inkl. Bettwäsche, Frühstück und warmer Dusche. Ü/F 20.000 Lire.

- Hotel Al Camin
  Via Cavallotti 44
  Tel. 049/687835
  Fax 049/680150

Schöne Zimmer, Restaurant und netter Garten. DZ ab 58.000 Lire.

- Casa del Pellegrino
  Via M. Cesarotti 21
  Tel. 049/8239711
  Fax 049/8239780

Dieses ursprünglich für Pilger gedachte große Gebäude in der Nähe von Sant'Antonio ist jetzt für jeden zugänglich. Einfache saubere Zimmer sowie Garage, auch für Räder. Reservierung empfehlenswert. Gutes, aber nicht billiges Restaurant. DZ ab 68.000 Lire.

- Hotel Arcella
  Via Jacopo D'Avanzo 7
  Tel./Fax 049/605581

Gut ausgestattete Zimmer. Mit bewachtem Parkplatz. DZ ab 90.000 Lire.

Verpflegung
- Ristorante Brek
  Piazza Cavour 20
  Tel. 049/8753788

Selbstbedienung, sehr gutes Buffet mit den verschiedensten Gerichten, alle schmackhaft zubereitet.

- Trattoria Marechavio
  Via D. Manin 37
  Tel. 049/8758489

Gute Bedienung und Riesenportionen; das Richtige für Radler!

TOUR 18:
DURCH DIE COLLI EUGANEI

Pádova (Tour 17) – Battáglia Terme – Arquá Petrarca – Este – Balduina – Badia Polesine – Ferrara (Touren 22, 23, 26)

Länge: ca. 105 km
Dauer: ca. 2 Tage
Schwierigkeitsgrad: mittel
  einige Steigungen in den Colli Euganei
Wichtigste Sehenswürdigkeiten:
  Pádova, Arquá Petrarca, Este, Ferrara
Karten:
- Kümmerly & Frey 1:200.000; Friaul/Venetien; 16,80 DM
- Generalkarte Italien 1:200.000; Brenner/Venedig/Triest (3); 12,80 DM

- Istituto Geografico deAgostini: 1.250.000; Veneto; gratis beim ART Veneto

Diese Tour führt von Pádova am Ostrand der Colli Euganei entlang bis nach Battáglia Terme (11 m), von wo es auf die Hügel hinaufgeht. Der Höhepunkt wird bei Arquá Petrarca erreicht. Über Este, Jahrhunderte lang Sitz eines gleichnamigen Herrschergeschlechtes, geht es wieder in die Po-Ebene hinein. Kurz nach Badia Polesine überquert man den Po und damit die Grenze zur Emilia-Romagna. Im Zielort Ferrara bestehen Anschlüsse an die Touren 22, 23 und 26.

Pádova (Tour 17) ist Zielort von der Brenta-Tour 17 aus Bassano del Grappa. Der erste Teil dieser Tour führt auf dem Damm des Canale della Battáglia entlang. Dazu verlässt man die Innenstadt von Pádova über die Piazzale Santa Croce, den südlichsten Punkt der Stadtmauer von Pádova. Ein kleines Stück geht es auf der Nationalstraße 16 entlang, die bis nach Monselice auf der östlichen Seite des Canale della Battáglia verläuft. Nach der Überquerung des Flusses Bacchiglione, in Paltana, fährt man dann auf einem ruhigen Weg an der Westseite des Kanals entlang.

☺☺ Etwa 1 km vor Battáglia Terme ragt rechts das *Castello Catajo* herauf, das im 16. Jh. von General Pio Eneo Obizzi fertig gestellt wurde, der als Erfinder der Kanone gilt. Die 350 Zimmer des Schlosses sind mit Sammlungen von Waffen, Münzen, Musikinstrumenten und anderen Kleinigkeiten nur so vollgestopft, die die Familie der Obizzi im Laufe von Generationen zusammengetragen hat.

Battáglia Terme (11 m)

In diesem Ort hat das Wasser schon immer eine große Rolle gespielt. Der schon im Mittelalter angelegte Canale della Battáglia ermöglichte die Ansiedlung von Mühlen, Sägereien und einer Eisenhütte. Es folgte im 14. Jh. eine Papierfabrik. Im 19. Jh. wurden Metallurgie, Mechanik, Handwerk, der Bergbau und das Thermalwesen ausgebaut.

In Battáglia Terme ist die im 18. Jh. errichtete *Kirche San Giacomo* einen kurzen Stopp wert, in der mehrere Barockgemälde zu sehen sind. Über Battáglia Terme erhebt sich auf dem Hügel Santa Elena die *Villa Selvatico-Capodilista* mit ihren markanten Türmen und der auffälligen Kuppel, errichtet im 17. Jh. von Benedetto Selvatico. Gleich neben der Villa liegen die Thermal-Kuranlagen, die noch heute von dem besonders chlor-, schwefel- und sodahaltigen Heilwasser profitieren.

Unterkunft

↳ Albergo Lucrezia
 Via Buonarotti 3
 Tel. 049/525241

Das Haus hat 11 ordentliche Zimmer ohne Bad. Mit Garten, Restaurant und Bar. DZ ab 45.000 Lire.

⌦ Albergo Terme Euganee
Viale Sant'Elena 34
Tel. 049/525055
Fax 049/525443
Gut ausgestattete Zimmer sowie Restaurant, Garten, Bar und Parkplatz. DZ ab 50.000 Lire.

In Battáglia Terme wird der Canale della Battáglia Richtung Colli Euganei verlassen. Dazu biegt man rechts ab Richtung Galzignano Terme. Nach dem Ortsende von Battáglia Terme geht es dann links ab, der Beschilderung nach Valsanzibio folgend. Von hier aus lohnt sich ein kurzer Abstecher zur Villa Barabarigo kurz vor Valsanzibio.

☺☺ Die südöstlich von Valsanzibio gelegene *Villa Barabarigo Pizzoni Ardemani* ist vor allem für ihren Barockgarten aus dem 17. Jh. bekannt, der mit 16 Brunnen und beeindruckenden Statuen verziert wurde. Geöffnet März bis November täglich 9-12 und 14-18 Uhr (Tel. 049/9130042).

Kurz vor Valsanzibio, gleich nach der größten Steigung hinauf in die Berge, geht es wieder links ab durch Weinfelder Richtung Monsélice und Arquà. Links, am Fuße des Monte Lispida, liegt die *Villa Italia*, in der Vittorio Emanuele II gewohnt hat. Dahinter erstreckt sich der Lago d'Arquà, der größte Thermalsee der Colli Euganei. Die Straße führt jetzt weiter bis nach Arquà Petrarca.

Die Colli Euganei

Die Colli Euganei sind im Tertiär, vor rund 55 Millionen Jahren, als unterirdische Vulkane entstanden, die magmatisches Gestein an die Oberfläche transportiert haben. Sie erreichen ihre höchste Erhebung mit dem 601 m hohen Monte Vena. In großer Tiefe hat sich hier mit Mineralien wie Jod und Brom sowie Schwefelwasserstoff angereichertes Wasser gesammelt, dass heute von rund 200 Brunnen aus bis zu 600 m Tiefe gefördert wird. Das in der Tiefe rund 80 °C heiße Wasser ist für seine Heilwirkung schon seit Jahrhunderten bekannt und hat zur Entwicklung bekannter Thermalbäder wie Montegretto, Abano oder Battáglia Terme geführt.

Arquà Petrarca (80 m)

Der Dichter Francesco Petrarca (1304-1374), geistiger Wegbereiter der Renaissance und bekannt geworden durch seine Besteigung des Mount Ventoux, soll in diesem Dorf ab 1370 seine letzten Lebensjahre verbracht haben. Gegenüber der Casa di Petrarca (s. u.) befindet sich eine empfehlenswerte Weinhandlung, die auch kleine Speisen anbietet. Ein kurzer Bummel durch dieses gerade 1.000 Einwohner zählende Bergdorf, das sein mittelalterliches Aussehen noch bewahrt hat, lohnt sich. Den Brunnen unterhalb des Kirchhofes, den so genannten Petrarca-Brunnen, soll der Dichter der Gemeinde geschenkt haben. Petrarca selbst liegt in dem Marmorsarkophag auf dem Kirchplatz begraben.

☺☺☺ Die *Casa di Petrarca*, das ehemalige Wohnhaus des Renaissance-Dichters, ist heute als geschichtliches Museum eingerichtet, in dem Dokumente und persönliche Gegenstände Petrarcas zu sehen sind, darunter eine ausgestopfte Katze, die ihm ständig gefolgt sein soll. Auch originales Mobiliar und eine kleine Bibliothek sind zu sehen. Geöffnet April bis Oktober Di bis So 9-12.30 und 13.30-19, Oktober bis März 9.30-12.30 und 14.30-17 Uhr.

🎉 An jedem ersten Sonntag im Oktober ist Feierstimmung in diesem Dorf; beim *Festa delle giuggiole ad Arquà Petrarca*. Aber auch sonst wird jeder Anlass zum Feiern genutzt, etwa beim Drachenfest im April, dem Dreifaltigkeitsfest im Mai/Juni oder dem Traubenlesefest im September.

Von Arquà Petrarca geht es auf einer Hangstraße, von der man einen weiten Blick auf die Po-Ebene genießt, südlich Richtung Este bis nach Baone. Dort ist in der *Villa Beatrice* ein kleines Naturmuseum untergebracht (Tel. 0429/601177). Von Baone, wo die Estenser Feudalherrscher ihr Schloss hatten, geht es dann wieder abwärts, hinein nach Este.

Este (15 m)

Este soll schon in vorgeschichtlicher Zeit besiedelt gewesen sein. Davon zeugen einige Funde, während das heutige Stadtbild vor allem durch das Mittelalter geprägt ist, in dem Este Sitz des gleichnamigen Herrschergeschlechtes (d'Este) und entsprechend gut mit Stadtmauern befestigt war (10.-13. Jh.). Zentrum von Este ist die von vielen Palästen umgebene Piazza Maggiore. Beachten sollte man den *Palazzo del Municipio*, das Rathaus, den *Duomo di Santa Tecla* mit Gemälden von Tiepolo sowie den *Torre Civica*, den Stadtturm. Alle genannten Gebäude wurden im 17.-18. Jh. errichtet. Este ist überregional für sein Keramikhandwerk bekannt.

☺☺ Das *Museo Nazionale Atestino* ist im Palazzo Mocenigo neben dem Schloss untergebracht. Mit seinen wichtigen Funden, besonders aus der Eisen- und Römerzeit, gehört es zu den bedeutendsten Museen Italiens. Sehenswert ist auch die Ausstellung von Kunst-Keramiken aus Este seit dem 10. Jh.

☺☺ Das *Castello Carrarese* wurde im 14. Jh. an der Stelle einer älteren Burg angelegt, welche die Veroneser Scaliger 1314 zerstört hatten. Von der Familie Este ging das Schloss mit seinen mächtigen Bauern später an die Familie Carrarese über.

🎉 Die Festivitäten ballen sich im September: beim *Fest der Heiligen*

Tecla sowie einer Ausstellung über regionale Keramik.
- ⓘ Piazza Maggiore 9
  35042 Este
  Tel./Fax 0429/3635

Radservice
- 🚲 Temporin
  Via Capitello 5
  in Schiavónia
  Tel. 0429/690109

Etwa 5 km östlich von Este.

Unterkunft
- ↵ Albergo Beatrice d'Este
  Viale Rimembranze 1
  Tel. 0429/600533
  Fax 0429/601957

Angenehme Unterkunft mit Restaurant, Garten und Parkplatz. DZ mit Bad ab 100.000 Lire.
- ↵ Albergo Leon d'Oro
  Viale Fiume 20
  Tel. 0429/602949
  Fax 0429/3072

Das Haus hat 13 komfortable Zimmer sowie Restaurant und Bar. DZ mit Bad ab 90.000 Lire.
Este wird in südlicher Richtung verlassen. Am Fluss entlang geht es nach Vighizzolo d'Este, und von dort über Tre Canne nach Balduina, wo die Adige (Etsch) erreicht wird. Jetzt geht es ein kleines Stück flussaufwärts bis nach Masi, wo der Adige auf einer alten dreibogigen Brücke überquert wird.

Badia Polesine (15 m)

Der schon zu Römerzeiten besiedelte Ort lebte erst im Mittelalter nach der Gründung der *Abtei Vangadizza* im 10. Jh. richtig auf. Der *Glockenturm* und die mit Fresken verzierte *Marienkapelle* zeugen noch von dieser Zeit. Auch das *Kloster* mit seinem gotischen Kreuzgang ist gut erhalten. Aus derselben Zeit (15. Jh.) stammen der *Palazzo degli Estensi*, der *Palazzo Baccaglini* sowie der *Palazzo Rosini*. Etwas jünger ist die *Villa Pellegrini* aus dem 17. Jh.
- ⓘ Piazza Vittorio Emanuele II 37
  45021 Badia Polesine
  Tel. 0425/590696

Unterkunft
- ↵ Albergo San Antonio
  Largo Gradassi 54
  Tel. 0425/52036

Hier gibt es 15 gepflegte Zimmer mit Bad sowie Restaurant und Bar. DZ 75.000 Lire.
- ↵ Park Hotel
  Via dello Zuccherificio 53
  Tel. 0425/51666
  Fax 0425/594283

Bequeme Zimmer, gutes Preis-Leistungs-Verhältnis. Mit Restaurant, Bar und Garten. DZ ab 90.000 Lire.
Südlich von Badia Polesine wird die Bahnlinie überquert, und Nebenstraßen führen über Crocetta, Canda und Castelguglielmo nach Capitello. Immer in südlicher Richtung nach Ferrara fahrend, quert man erst die Autobahn A13, dann

eine Bundesstraße und schließlich die Adige und damit auch die Grenze zwischen Veneto und der Emilia-Romagna. Die letzten 4 km geht es auf der Nationalstraße 16 nach Ferrara (Tour 22) hinein, wo der Bahnhof erreicht wird. Von dort radelt man durch das Porta Po auf der Viale Cavour in die Innenstadt. In Ferrara besteht Anschluss an die Touren 22, 23 und 26.

TOUR 19:
ENTLANG DER ADRIAKÜSTE I

Volano (Touren 23, 24) – Mésola – Contarina (Tour 22) – Chióggia – Venezia (Tour 16) – Lido – Cáorle (Tour 20)
Länge: ca. 140 km
Dauer: ca. 2 Tage
Schwierigkeitsgrad: leicht
  ebene Küstenlandschaft
Wichtigste Sehenswürdigkeiten:
  Chióggia, Littorale-Inseln und Venezia
Karten:
- Kümmerly & Frey 1:200.000; Friaul/Venetien; 16,80 DM
- Generalkarte Italien 1:200.000; Brenner/Venedig/Triest (3); 12,80 DM
- Istituto Geografico deAgostini: 1.250.000; Veneto; gratis beim ART Veneto

Anmerkung: Das feuchte Milieu der Lagunen zieht im Sommer nicht nur viele Badegäste, sondern auch Mücken an. Daher sollte man sich mit entsprechenden Anti-Moskito-Mitteln ausrüsten. Und wer Spitzenreisezeiten wie August sowie Wochenenden meidet, hat mehr von der Tour.

Diese leichte Tour verläuft zwischen Meer und Lagunen überwiegend auf Uferstraßen und -promenaden. Immer wieder sind Wasserläufe zu überqueren: per Brücke über Adige und Po sowie per Fähre von Lido zu Lido, die der Lagune von Venezia vorgelagert sind. Auf den schmalen Inseln wird viel Gemüse angebaut. Nicht zu übersehen und zu überhören ist die artenreiche Vogelwelt mit Wasservögeln wie Zwergtaucher, Fisch- und Purpurreiher. Die Tour hat im Norden Anschluss an die Adria-Tour II durch Friuli-Venezia-Giulia (Tour 20) und im Süden die Adria-Tour III in der Emilia-Romagna (Tour 24).

Volano (Tour 24) mit Anschluss an die Touren 23 und 24 wird in nördlicher Richtung verlassen, um in Carpani rechts abzubiegen und durch Gigliola nach Bosco Mésola zu radeln. Zur Rechten kann man anfangs über die Bucht bei Taglio della Flace bis zur Goro-Halbinsel hinüberschauen. Kurz danach wird ein Wäldchen erreicht, das 1.058 ha große Naturschutzgebiet Bosco Mésola.

Bosco Mésola

Der Bosco Mésola ist der bescheidene Rest eines großen Waldes und Buschgebietes, das sich früher im Delta erstreckte. In dem Bosco wachsen nicht nur die typisch mediterranen Baumarten wie Pinien sowie Stein- und Korkeichen, sondern auch Buchen, Ulmen und in Dünenniederungen Eschen. Pflanzenfreunde können im Bosco Mésola auch den Botanischen Garten besuchen (Tel. 0533/794918).

Unterkunft
↵ Albergo al Parco
   Via V. Veneto 17
   Tel./Fax 0533/794834
Die Herberge hat 10 nette Zimmer mit Bad sowie Restaurant, Garten und Bar. DZ ab 70.000 Lire.
In Bosco Mésola biegt man rechts ab, um über Belmonte VIII nach Torre di Abbata zu gelagen. Nach der Überquerung des Canale Bianco geht es links ab – immer parallel zum Kanal – bis nach Mésola.

Mésola (1 m)

Das eigentlich zur Emilia-Romagna gehörende Mésola schätzten schon die Herzöge d'Este als Erholungsort zum Jagen und Fischen, wovon der prächtige Renaissance-Bau des Castello Estense zeugt.
☺☺ Das *Castello Estense* wurde im 16. Jh. mit streng quadratischem Grundriss und auffälligen zinnenbewehrten Türmen von Antonio Pasi errichtet. Heute ist in der Burg neben der Touristinformation auch ein Umweltzentrum untergebracht. Hier stehen Labors, eine Bücherei, Video und Aquarien zur Erkundung der Natur des Po-Deltas bereit.

Geöffnet Di bis So (Tel. 0533/993644). In den flachen Nebengebäuden rund um die Burg, wo früher Personal und Pferde lebten, haben sich Geschäfte angesiedelt.
ⓘ Castello di Mésola
    Piazza Umberto I.1
    44026 Mésola
    Tel. 0533/993688

Unterkunft
↵ Albergo Felice
   Via XXV Aprile 64
   Tel. 0533/993780
Einfache Unterkunft mit Garten und Bar. DZ ab 55.000 Lire.
Bei Mésola überquert man den Po di Goro und fährt nun auf einer kleinen Nebenstraße in nördlicher Richtung durch die Dörfer C. Florida und Piano bis nach Táglio di Po. Die Straße verläuft auf einer alten Dünenkette, die zu etruskischen Zeiten (6. Jh. v. Chr.) das Adria-Ufer gebildet haben soll. Kurz vor der Überquerung des venezianischen Po-Nebenarmes kommt man durch Táglio di Po, wo die im 18. Jh. errichtete *Villa Nani* mit ihren schönen Giebeln einen kurzen Blick lohnt.
Der erste Ort nach der Po-Brücke ist Contarina (Tour 22), das für die prächtige *Villa Carrer* aus dem 19. Jh. bekannt ist. In Contarina besteht Anschluss an die den Po entlang führende Tour 22.
Contarina wird auf der durch Donada verlaufenden Nebenstraße in Richtung Loreo verlassen.

Loreo (2 m)

Dieser Ort war als *Lauretum* einst eine römische Hafenstadt. Loreo wurde im 16. Jh. neu erbaut, nachdem es zuvor gänzlich abgebrannt war. Sehenswert ist hier die im 17. Jh. von B. Longhena erbaute *Pfarrkirche*.

In Loreo führt eine direkt vom Bahnhof nordwärts verlaufende Stichstraße bis nach Tornova. Kurz danach erreicht man die Adige (Etsch). Etwa 2 km flussaufwärts führt eine Brücke bei San Pietro über die Adige. Man verlässt San Pietro in nordöstlicher Richtung und überquert nach gut 5 km, kurz hinter dem Gehöft Dolfina, den Canale Gorzóne. Sich rechts haltend, wird ein Kanal überquert, ehe das Ufer des nächsten Flusses erreicht ist: der Brenta. Ein kleines Stück rechts quert eine Brücke diesen Fluss, an dessen nördlichem Ufer man nun (linksseitig) bis zur Nationalstraße 309 fährt. Nach der Querung der Bahnlinie geht es rechts ab, und nach der Autobahnunterführung ist Chióggia erreicht.

Chióggia (2 m)

Die auf zwei Inseln liegende Fischerstadt Chióggia erlebte im 14. Jh. ihren schwärzesten Tag, als sie in der Schlacht zwischen Genuesern und Venezianern 1379-80 vollständig zerstört wurde. Nur wenige Gebäude überlebten, darunter der 1322 erbaute, lange Getreidespeicher *Granaio*. Chióggia war für Venezia vor allem wegen der Salzproduktion wichtig.

Sehenswert ist der *Duomo* mit seiner unvollendeten Fassade, der im 17./18. Jh. auf mittelalterlichen Fundamenten errichtet wurde und dessen 64 m hoher *Glockenturm* auf das 14. Jh. zurückgeht. Die Hauptstraße Corso del Popolo beginnt direkt an der Anlegestelle Piazetta Vigo. Parallel zum Corso läuft der für das Stadtbild von Chióggia typische *Canale Vena*.

Am 3. Sonntag im Juni wird der *Palio di Merciliana* und am 3. Sonntag im Juli des Fest des Fisches gefeiert, wobei ein Wettsegeln und ein Umzug mit traditioneller Tracht die Höhepunkte bilden.

ⓘ   Piazza Marconi
    30015 Chióggia
    Tel. 041/550911
    Fax 041/5509581

Unterkunft

↳   Locanda Val d'Ostreghe
    Via San Andrea 763
    Tel. 041/400527

Das Haus hat 11 bequeme Doppelzimmer sowie Restaurant, Garten und Bar. DZ ab 50.000 Lire.

↳   Hotel Gran Italia
    Via Rione San Andrea 597
    Tel. 041/400515
    Fax 041/400185

Für diejenigen, die einmal von bezahlbarem Luxus umgeben sein möchten: Zimmer mit allem Komfort, Restaurant, Bar, Garage, Schwimm- und Hallenbad, Sauna und Privatstrand. DZ mit Bad ab 150.000 Lire.

⚐ Paradiso
Via Barbarigo 13
Tel. 041/490564

Von Chióggia nimmt man die Fähre zur extrem schmalen Insel Pellestrina (Linie 11, stündlich) und radelt die rund 12 km bis zur Nordspitze. Zur Linken fallen unterwegs die Kirchen San António, San Pietro in Volta sowie Santa Maria di Mare auf. Weiter geht es per Schiff nach Alberoni auf Lido (wieder Linie 11, stündlich), wo die Hauptstrände Venezias liegen. Entsprechend voll ist es im Sommer auf dieser Insel. Malamocco, der nächste Ort der Tour, gehört noch zu den ruhigeren. Von Malamocco geht es weiter nördlich bis zum Ort Lido. Hier setzt man mit dem Boot nach Cavallino über (Linie 14), oder macht noch eine kleine Spritztour per Boot nach Venezia oder nach Fusina, wo Anschluss an Tour 16 besteht. Die Fähren verkehren in allen Richtungen beinahe jede Stunde. Die Fahrt kostet je nach Entfernung etwa 5.000 Lire sowie zusätzlich 1.000 Lire für das Rad.

Lido Venezia (2 m)

Der Lido mit seinem langen Sandstrand ist das Naherholungsgebiet für die Venezianer, wie die vielen und exklusiven Hotels beweisen. Der Strand und das Meerwasser gehören hier nicht gerade zu den saubersten ihrer Art.

Von Lidos, Litoralen und Lagunen

Venezia liegt inmitten einer großen Lagune, die von mehreren Lidos abgeschirmt wird, auch als Litorale (»Küstenstreifen«) bezeichnet: Pellegrino, Lido und Cavallino. Lidos sind Nehrungen, also Sandhaken, die eine Meeresbucht im Laufe von Jahrhunderten (fast) eingeschlossen haben. Dabei entsteht ein Haff, auch Lagune genannt. Solange die Lagune noch – wie bei Venezia – einen Zufluss zum Meer hat, bleibt das Wasser brackig. Erst bei völligem Abschluss der Lidos süßt die Lagune durch den Zustrom von Flusswasser zum Strandsee aus. Für Radfahrer wäre das nicht schlecht, dann wären keine Bootsfahrten zwischen den Litoralen mehr nötig.

ⓘ Lido di Venezia
Gran Viale Santa Maria Elisabetta 6a
Tel. 041/5265721
Fax 041/5298720

⚐ Albergo Villa Cipro
Via Zara 2
Tel. 041/5268873 oder 041/5161408
Fax 041/2760176

Hier gibt es 15 gut ausgestattete Zimmer sowie Garten und Bar. DZ ab 80.000 Lire.

Litorale Cavallino (1 m)

Der 12 km lange Litorale Cavallino wird auf überwiegend asphaltierten Wegen durchfahren. Man erreicht den Hafen dieses Küstenstreifens, Punta Sabbioni, von Venezia mit den Schiffslinien 14 oder 17 oder von Lido mit Linie 14 (jeweils etwa stündlich).

Auf der Hauptstraße Via Fausta fährt man dann bis Cá Savio, wo man beim Postamt links Richtung Treporti abbiegt. Die zweite Straße rechts, direkt vor der Brücke über den Canale Pordelio, fährt man auf die Via Pordelio, die parallel zum gleichnamigen Kanal bis nach Cavallino verläuft. Auffällig sind an dieser Straße die Militäranlagen, die im 20. Jh. zum Schutz von Venezia angelegt wurden. Cavallino selbst hat eine kleine Altstadt mit Kirche und Bronzedenkmal. Auf den Gemüsefeldern der Umgebung gedeihen Salat, Tomaten, Auberginen, Kürbisse und Paprika.

Unterkunft
- Albergo Villa Ginevra
  Via del Ghetto 19
  Tel. 0421/968074

Angenehme Unterkunft mit Restaurant und Garten. DZ mit Bad ab 56.000 Lire.

Camping
Cavallino ist ein Camping-Eldorado. Eine kleine Auswahl:
- Marina di Venezia
  Via Montello 6
  Punta Sabbioni
  Tel. 041/5300955
- Assocamping
  Via Triestina 214/b
  Cavallino
  Tel. 041/968071
- Campeggio San Marco
  Via Faro 10
  Cavallino
  Tel. 041/968163
- Campeggio 1° Maggio
  Via Petronia 1
  Treporti
  Tel. 041/53010690
- Campeggio Portobello
  Via Cà Savio
  Treporti
  Tel. 041/628251

Radausflüge
Die Broschüre »Itininerari del Cavallino« (dreisprachig, u. a. deutsch, gratis) beschreibt 5 Radtouren und andere Ausflüge auf der Litorale Cavallino. Erhältlich beim APT Venezia (*aptve@provincia.venezia.it*).

Im Ort Cavallino bleibt man am Ufer und gelangt so auf die Via del Casson, benannt nach dem historischen Canale Casson. Diese Straße endet kurz vor der Brücke über den Fluss Sile, welche überquert werden muss. Auf der Via Roma geht es nun auf den Lido Jesolo.

Lido di Jesolo (1 m)

Einer der meistbesuchten Strände Italiens ist von einer entsprechenden Tourismusinfrastruktur umgeben, mit hunderten von Hotels und Pensionen sowie Campinplätzen und einer Jugendherberge. In der Hauptsaison kommt man sich hier als

Tourenradfahrer etwas verloren vor und sollte aus Sicherheitsgründen die Küstenpromenade der viel befahrenen Straße vorziehen.

- ⓘ Piazza Brescia 13
  30017 Lido di Jesolo
  Tel. 0421/370601
  Fax 0421/370608

Camping
Eine kleine Auswahl der zahlreichen Campingplätze:
- ⛺ International
  Via dei 1000
  Lido di Jesolo
  Tel. 041/371843
- ⛺ Parco Capraro
  Via Correr 4
  II° ramo
  Lido di Jesolo
  Tel. 041/961073

Auf dem Lido di Jesolo geht es weiter die Küste entlang, bis hinter Cortellazzo auf einer Brücke die Piave überquert wird. Danach geht es rechts ab, über einen kleinen Kanal und dann geradeaus weiter bis nach Eraclea Mare, wo man wieder an die Adriaküste kommt. Hier geht es nun küstenparallel, teilweise etwas im Hinterland weiter Richtung Cáorle. Das letzte Stück, ab Porto Santa Margherita, wird der Küstenstraße bis nach Cáorle gefolgt, wo Anschluss an die Fortsetzung der Adria-Tour (Tour 20) bis nach Friuli-Venezia-Giulia besteht.

Cáorle (1 m)

Cáorle ist ein altes Fischerdörfchen an der Mündung der Livenza, das schon zu Römerzeiten besiedelt war. Die Altstadt wird dominiert von dem romanischen *Duomo* aus dem 11. Jh. mit sehenswerten byzantinischen Reliefs an seiner Außenseite. Im Inneren stechen die goldene Pala d'Oro auf dem Hauptaltar sowie ein Freskenzyklus aus dem 14./15. Jh. hervor. Der runde *Campanile* wurde aus gebrannten Tonziegeln errichtet. In der Hochsaison ist Cáorle sehr überlaufen, denn es gilt als einer der größten Badeorte an der italienischen Adriaküste.

- ⓘ Calle delle Liburniche 11
  30021 Cáorle
  Tel. 0421/81085
  Fax 0421/84251

Unterkunft
Man kann unter mehreren hundert Hotels und Pensionen sowie mehr als 10 Campingplätzen wählen.
- ↳ Albergo Astoria
  Viale G. Marconi 59
  Tel. 0421/81338
  Fax 0421/211057

Komfortable Zimmer mit Bad sowie Restaurant, Garage, Garten und Privatstrand. DZ ab 76.000 Lire. Geöffnet von April bis September.
- ↳ Albergo da Fiore
  Viale Santa Margherita 129
  Tel. 0421/81261

Kleine Herberge mit 13 Zimmern, Restaurant und Privatstrand. DZ ab 52.000 Lire.

Friuli-Venezia-Giulia

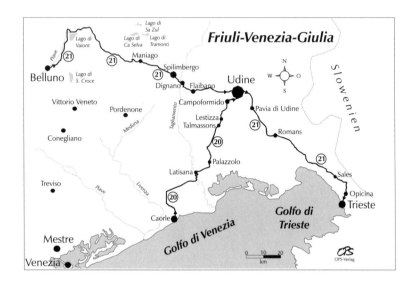

Die Region Friuli-Venezia-Giulia (Friaul-Julisch-Venetien) bildet die Grenze zwischen Slowenien und Rest-Italien. Von 1,1 Millionen Einwohnern sprechen 50.000 Slowenisch und 500.000 Friulani, eine rätoromanische Mundart. Den karnischen Alpen ist ein flacher Küstensaum vorgelagert, in dem auch die größten Städte – Trieste, Údine und Pordenone – liegen. Neben der Adriaküste mit ihren Seebädern sind auch die Alpen mit beliebten Wintersportorten touristisch erschlossen.

Zwei Radtouren kreuzen Friuli-Venezia-Giulia: Die aus Südtirol kommende führt von Belluno über Údine bis nach Trieste an der slowenischen Grenze. Die andere verläuft von Údine nach Cáorle an der Adria, und von dort weiter nach Venezia.

Tour 20:
Entlang der Adriaküste II

Cáorle (Tour 19) – Latisana – Palazzolo – Talmassons – Lestizza – Campofórmido – Údine (Tour 21)
Länge: ca. 80 km
Dauer: 1-2 Tage

Schwierigkeitsgrad: leicht
Anfangs ebene Strecke, ab Palazzolo steigt es langsam bis nach Údine an

Wichtigste Sehenswürdigkeiten:
Údine mit Duomo und Castello

Karten:
- Kümmerly & Frey 1:200.000; Friaul/Venetien; 16,80 DM
- Generalkarte Italien 1:200.000; Brenner/Venedig/Triest (3); 12,80 DM
- ART Friuli-Venezia-Giulia: 1.250.000 Friuli-Venezia-Giulia; gratis beim ART

Diese Tour beginnt dort, wo die aus Veneto kommende Tour 19 aufhört: in dem Adria-Badeort Cáorle. Von dort geht es ins Landesinnere durch eine überwiegend flache Landschaft bis nach Údine, wo man auf Tour 21 stößt.

In Cáorle (Tour 19) orientiert man sich gleich landeinwärts und umrundet die Laguna di Cáorle sowie den Valle Zignago. Weiter geht es über Sindacale und Lugugnana sowie San Filippo bis nach Latisana. Latisana liegt am Fluss Tagliamento, der hier die natürliche Grenze zwischen Veneto und Friuli-Venezia-Giulia bildet.

Latisana (9 m)

Unterkunft

↳ Albergo alla Stazione
Viale Stazione 40/42
Tel. 0431/50182

9 sehr einfache Zimmer. In der Nähe vom Bahnhof. Mit Restaurant. DZ ab 63.000 Lire.

↳ Hotel Bella Venezia
Via del Marinaio 3
Tel. 0431/59647
Fax 0431/59647

22 bequeme Zimmer, Garten, Garage und Restaurant. DZ mit Bad ab 135.000 Lire.

Weiter südlich an der Adriaküste, rund um Lignano, liegen bedeutende Badeorte. Wesentlich ruhiger geht es im Nordwesten von Latisana zu, wohin diese Tour verläuft. Dazu verlässt man Latisana in westlicher Richtung, überquert die nach Lignano führende Urlauber-Autobahn und gelangt über Paludo di Latisana bei Precenicco an den Fluss Stella, der weiter südlich in die Laguna di Marano mündet. In Precenicco lohnt sich ein Besuch der *Casa del Marinaretto*, dem Besucher-Zentrum des Parco della Fiume Stella. Von Precenicco (3 m) geht es in nördlicher Richtung flussaufwärts weiter, bis man eine Reihe wichtiger Verkehrsadern quert: erst die Bahn, dann die Bundesstraße 14 und schließlich die Autobahn E55.

Die Orte entlang der Strecke lauten: Palazzolo della Stella, Rivarotta, Driolassa. Kurz vor Rivignano, in Teor (12 m), biegt man rechts auf eine kleinere Straße ab, die nach Ariis führt. Kurz vor diesem Ort wird der Fluss Taglio überquert, der die Stella speist. Hinter Ariis radelt man auf der kleinen Straße in nördlicher Richtung bis nach Talmassons

(30 m). Auf etwas stärker befahrenen Straßen geht es von dort in derselben Richtung weiter über Lestizza (43 m), Sclaunicco und Carpeneto bis nach Campofórmido. Man könnte von dort auf der viel befahrenen Hauptstraße 13 direkt nach Údine fahren.

Wer sich etwas weniger Autoverkehr und mehr Ruhe gönnen möchte, wählt einen südlichen Umweg: Dazu verlässt man Campofórmido in westlicher Richtung. Links ist der Flugplatz weder zu übersehen noch zu überhören. Nach Basaldella werden drei viel befahrene Straßen überquert (darunter die Autobahn 23), die auf die nahegelegene Provinzhauptstadt Údine hindeuten. Kurz vor der Bahnlinie gelangt man an eine Kreuzung, wo es rechts nach Lumignacco und links nach Údine geht. Die linke Variante führt auf einer etwas weniger stark befahrenen Straße in die Innenstadt von Údine. Nach dem Überqueren der Bahngleise in Údine gelangt man auf einen großen Platz, die Piazzala Cella. Von dort geht es rechts auf der Via delle Ferriere zum Bahnhof oder geradeaus auf der Via Grazzano Richtung Innenstadt.

Údine (113 m)

Diese schon bei den Römern und Langobarden bedeutende Stadt ist voll von gotischen und Renaissance-Monumenten, prächtigen Plätzen und gemütlichen Gassen. Údine ist rund um einen Hügel erbaut, auf welchem ein *Castello* aus dem 16. Jh. thront, in dem heute die städtischen archäologischen und Kunstsammlungen untergebracht sind. Die meisten Sehenswürdigkeiten liegen an der Piazza della Libertà und wurden im Jahr 1976 als Folge eines Erdbebens schwer beschädigt. Darunter etwa der 1517 in venezianisch-gotischem Stil erbaute Palazzo Comunale, der Springbrunnen von Carrara (1542), der kleine Campanile oder die Loggia di San Giovanni, ein Säulengang im Renaissance-Stil von 1533. Von der Piazza della Libertà sind es nur wenige Schritte sowohl zum Castello als auch zum Duomo.

☺ Der romanisch-gotische *Duomo* an der Via Vittoria Veneto wurde im 13./14. Jh. errichtet. Unter der üppigen barocken Ausstattung im Innern stechen besonders die Fresken Tiepolos hervor. Der achteckige Glockenturm über der Taufkapelle blieb unvollendet und beherbergt heute das Museo del Duomo.

☺ Ebenfalls an der Piazza erhebt sich der *Palazzo Arcivescoville* mit bedeutenden Fresken von Tiepolo, die das Alte Testament illustrieren. Geöffnet Mi bis So 10-12, 15.40-18.30 Uhr (Eintritt: 8.000 Lire).

☺ Das *Castello* war einst Sitz der venezianischen Statthalter. Heute ist dort das Museo Archeologico untergebracht. Geöffnet Di bis Sa 9.30-12.30, 15-18 und So 9.30-12.30 Uhr (Eintritt: 5.000 Lire).

ⓘ Piazza I Maggio 7
   33100 Údine
   Tel. 0432/295972
   Fax 0432/504743

Radservice
🚲 Nadali
   Piazza Primo Maggio 40a
   Tel. 0432/295478
Dieses Geschäft liegt sehr zentral, nahe am Castello.
🚲 Granzon
   Viale Europa Unita 113
   Tel. 0432/501890
Nahe am Bahnhof gelegen.

Unterkunft
🛌 Hotel Friuli
   Viale Ledra 24
   Tel. 0432/234351
Moderne und bequeme Zimmer, gutes Preis-Leistungsverhältnis. Mit Garage. DZ mit Bad ab 125.000 Lire.
🛌 Pensione Al Fari
   Via Melegnano 41
   Tel./Fax 0432/520732
Etwa 300 m vom Bahnhof entfernt. Bequeme Zimmer, mit Garten und Restaurant. DZ ab 66.000 Lire.

Verpflegung
Dank der habsburgischen Geschichte der Stadt findet man hier viele Restaurants mit österreichischer und slowenischer Küche.
🍽 Trattoria All'Allegria
   Via Grazzano 18
Lockere Atmosphäre, sehr gute italienische Gerichte wie Gnocchi.

🍽 Birrerie Moretti
   Piazzale XXVI Luglio
   Tel. 0432/530543
Brasserie und Pizzeria mit schöner Terrasse auf dem Platz.

TOUR 21:
VON DEN ALPEN ZUR ADRIA

Belluno (Tour 9) – Maniago – Spilimbergo – Dignano – Flaibano – Údine (Tour 20) – Pavia di Údine – Romans – Sáles – Opicina – Trieste
Länge: ca. 200 km
Dauer: 2-3 Tage
Schwierigkeitsgrad: mittel
   anfangs stärker befahrene Alpenstraße mit kleinem Pass, dann bergab bis in die Ebene von Údine. Kurz vor Trieste wieder einige Steigungen in Karstlandschaft.
Wichtigste Sehenswürdigkeiten:
   Belluno, Údine, Karstgrotte Gigante bei Borgho, Trieste mit Castello und Basilica San Giusto
Karten:
- Kümmerly & Frey 1:200.000; Friaul/Venetien; 16,80 DM
- Generalkarte Italien 1:200.000; Brenner/Venedig/Triest (3); 12,80 DM
- ART Friuli-Venezia-Giulia: 1.250.000 Friuli-Venezia-Giulia; gratis beim ART
Anmerkung: Ein Teil der Tunnel (zwischen Bárcis und Maniago) ist nicht beleuchtet, aber die Straße viel befahren. Umso wich-

tiger ist die Funktionalität der Beleuchtungsanlage.

Diese Tour durchquert Friuli-Venezia-Giulia von West nach Ost, und dabei erlebt man die ganze landschaftliche Vielfalt dieser kleinen Region: anfangs Alpentäler, die flache Landschaft rund um Údine und schließlich die Anfänge des dalmatinischen Küstengebirges nahe der slowenischen Grenze bei Trieste, ein typisches Karstgebiet.

Die Tour beginnt in Belluno (Tour 9), das noch zur Region Veneto gehört. Dort besteht Anschluss an Tour 9, die durch die Südtiroler Dolomiten und das Grödner Tal führt.

Von Belluno (383 m) geht es auf der östlichen Seite der Piave flussaufwärts bis nach Ponte nelle Alpi (397 m). Dort muss man nun 2 km der Hauptstraße 51 in nördlicher Richtung folgen, die bei Plan di Vedóia rechts verlassen wird. Nach der Überquerung der Piave geht es auf einer wesentlich ruhigeren Straße auf der östlichen Seite des Flusses über Provagna und Dogna bis nach Castello Lavazzo (498 m). Hier verschnauft man am besten, denn nun geht es richtig bergauf: Auf Serpentinen und teilweise durch Tunnel erklimmt man den Passo di San Osvaldo (827 m) mit seiner Kapelle San Martino. Der Aufstieg wird mit schönen Ausblicken auf den Lago del Vaiónt und den Monte Cornetto im Süden (1792 m) sowie den Monte Lodina (1996 m) im Norden belohnt, der den Anfang des Naturreservats *Dolomiti Friulane* bildet.

Von nun an geht es kontinuierlich bergab, parallel zum Fluss Cellina. Das Tal bietet leider nur einer Straße (215) Platz, und daher ist es zuweilen recht voll auf diesem Weg. Vorbei an Cellino, Contron, Árcola und Armásio wird Bárcis (409 m) erreicht.

Bárcis (409 m)

Bárcis liegt an dem gleichnamigen, fast 5 km langen Stausee, der 1954 angelegt wurde, um die Wasserkraft zu nutzen und das rechte Ufer des Tagliamento bewässern zu können. In dem Ort selbst sticht der aus rohem Stein erbaute *Palazzo Centi* aus dem 17. Jh. hervor.

ⓘ Piazza Vittorio Emanuele 5
   33080 Bárcis
   Tel./Fax 0427/76300

Unterkunft

↳ Albergo Celis
   Via D. Alighieri 3
   Tel./Fax 0427/76376

Das Haus hat 32 komfortable Zimmer mit Bad. Mit Restaurant und Bar. DZ ab 110.000 Lire.

Wer auf Bárcis verzichten möchte, fährt oberhalb des Stausees rechts über die hölzerne Hängebrücke, um dann am südlichen Ufer des Sees entlang zu fahren. Am unteren Ende des Stausees vereinen sich beide Varianten wieder. Hier kann man die Straße 251 verlassen und deren alten Trassenverlauf wählen, der wesentlich weniger stark befahren ist und durch eine atemberaubende Schlucht mit überhängenden Felswänden führt. Nach zahlreichen, teilweise unbeleuchteten Tunneln wird Montereale Valcellina (317 m) erreicht, das auf eine alte Siedlung aus dem 5. Jh. zurückgeht. Dort hält man sich rechts, Richtung Maniago. Der Weg führt an der *Friedhofskirche San Rocco* vorbei, die für ihren Freskenzyklus von Calerari (1560) bekannt ist. Von hier sind es noch etwa 4 km bis Maniago.

Maniago (283 m)

Unterkunft

- Albergo Leon d'Oro
  Piazza Italia 1-2
  Tel. 0427/71118

Einfach und angenehm. Mit Bar und Garage. DZ mit Bad 90.000 Lire.
Von nun an geht es auf zahlreichen Nebenstraßen bis in die Provinzstadt Údine. Dazu überquert man bei Maniago die Bahnlinie und radelt weiter südöstlich in Richtung Arba (210 m), das durchfahren und in derselben Himmelsrichtung (Südwesten) wieder verlassen wird. Die Flora dieser trockenen Steppenlandschaft ist artenreicher, als der erste Blick vermuten lässt. Die hier wachsenden Pflanzen sind an extreme Umweltbedingungen angepasst: Hitze, Wind und Trockenheit, aber auch Überschwemmungen und Kälte. Dieses wertvolle Ökosystem wird durch großflächige Landwirtschaft bedroht. Etwa 7 km nach Arba geht es an Tauriano (136 m) vorbei, ehe kurz vor Baséglia-Spilimbergo eine größere Straße erreicht wird.

Spilimbergo (132 m)

Unterkunft

- Albergo Stella d'Oro
  Via XX Settembre 58
  Spilimbergo
  Tel./Fax 0427/2262

33 gepflegte Zimmer mit Bad. Mit Restaurant, Bar und Parkplatz. DZ ab 80.000 Lire.
Baséglia-Spilimbergo wird südlich umrundet und kurz darauf der Fluss Tagliamento erreicht, der hier die Grenze zwischen den Provinzen Pordenone und Údine markiert. Nach dem Überqueren des Flusses, in Dignano, hält man sich zunächst rechts. Im Süden dieses Ortes führt links eine Nebenstraße nach Flaibano (104 m). Von dort geht es über mehrere Nebenstraßen östlich nach Údine, vorbei an folgenden Ortschaften: Barazetto, Savalóns, Plaséncis, Colloredo di Prato und Pasian di Prato, wo schon der Vorortverkehr von Údine zu spüren ist. Gleich nach Pasian di Prato überquert man mehrere Hauptstraßen, darunter eine Autobahn, und gelangt auf die geradewegs in die Innenstadt führende Viale Venezia in die Provinzhauptstadt Údine (Tour 20).
Von der zentralen Piazza della Libertà zweigt südöstlich der Viale

Ungheria ab, an deren Ende die Piazza d'Annunzio überquert wird, von wo man die Unterführung unter die Bahngleise nimmt. Hier geht es in die erste Querstraße links, die Via Cernaia, die in die Via Pradamano führt. Man fährt nun immer geradeaus, Údine verlassend, bis nach 5 km Pradamano (88 m) erreicht ist, das südlich in Richtung Pavia di Údine über die Via Roma wieder verlassen wird. Nach der Überquerung der Bahnlinie und der Hauptstraße 56 kommt man nach Lovària, wo die *Villa Dragoni Giacomelli* und die 200-jährige *Rosskastanie* sehenswert sind.

Von Lovària sind es noch gut 2 km bis Pavia di Údine, wo es in derselben Richtung bis nach Percoto weitergeht. Dort erinnert die *Villa der Familie Frattina* an den Reichtum vergangener Tage. In Percoto fährt man ein kleines Stück nach links und dann rechts Richtung San Vito al Torre (24 m), das nach gut 12 km erreicht wird. Hier geht es links auf die stärker befahrene Straße 252, der man über Romans d'Isonzo bis nach Gradisca d'Isonzo folgt.

Gradisca d'Isonzo (32 m)

Gradisca d'Isonzo soll schon vor den Römern besiedelt gewesen sein. Nicht zu übersehen ist die auf einem Felsen thronende *Burganlage*, die nach dem 15. Jh. immer wieder verbessert wurde, unter anderem auch von Leonardo da Vinci.

ⓘ Via Ciotti
34072 Gradisca d'Isonzo
Tel. 0481/99217
Fax 0481/99180

Unterkunft
Die Hotels sind relativ teuer.

↵ Albergo al Pellegrino
Piazza Marconi 5
Tel./Fax 0481/99918

9 sehr einfache Zimmer mit oder ohne Bad. Mit Restaurant. DZ ab 70.000 Lire.

↵ Albergo al Ponte
Viale Trieste 124
Tel. 0481/961116
Fax 0481/93795

Gut ausgestattete Doppelzimmer mit Bad. Mit Parkplatz und Garten. DZ ab 120.000 Lire.

▲ Agricamping Alture di Polazzo
Via Fornaci 1a
34070 Fogliano Redipuglia
Tel. 0330/936836
Fax 0339/4842085
alturedipolazzo@code.it
www.code.it/alturedipolazzo

Dieser Biohof liegt etwas südlich von Gradisca, auf der anderen Seite des Flusses Isonzo, und hat Platz für 15 Zelte. Die Übernachtung kostet inklusive aller Nebenkosten für 2 Personen gerade mal 15.000 Lire. Der Hof verkauft eigene Produkte wie Käse, Honig oder Gemüse. Die Betreiber, Familie Samsa, sprechen auch Deutsch.

Gradisca d'Isonzo wird in südlicher Richtung verlassen, wobei man den in Slowenien entspringenden Fluss Isonzo überquert. Etwa 15 km flussaufwärts liegt die Grenzstadt Gorizia mit ihrem schönen Schlossberg *Colle di Castello*. Die Route verläuft aber weiter in südöstlicher Richtung über Doberdò del Lago (92 m) und den namensgleichen See (Lago di Doberdo), einen der wenigen Karstseen Italiens, bis nach Iamiano.

Das dalmatinische Küstengebirge macht sich mit Anstiegen bemerkbar. Nach Iamiano geht es wieder bergab bis kurz vor die Autobahn E63, die aber nicht überquert werden soll. Kurz vor der Autobahn biegt man links ab und fährt über Medeazza nach Málchina. Während eines Anstieges entlang des 323 m hohen Monte Ermada wird kurzzeitig slowenisches Staatsgebiet befahren. Hinter Málchina geht es auf Nebenstraßen über Precenico, San Pelágio und Sáles bis nach Scónigo. Dabei folgt man teilweise der Weinstraße »Strada del terrano«. Der Terrano ist ein starker, leicht säuerlicher Wein, der sich mit dem Superlativ schmückt, der einzige in einem Karstgebiet angepflanzte Rotwein zu sein. Er ist in allen Gaststätten erhältlich, die mit seinem Emblem, einer Efeuranke, werben.

In Scónigo kann man einen 2 km kurzen Abstecher nach Gabrovizza machen, das für seinen 30 Jahre alten botanischen Garten bekannt ist. Dort gedeihen mehrere hundert für den Karst typische Pflanzenarten. Weiter geht es von Scónigo nach Rupinpiccolo und zu seiner größeren Version: Rupingrande. Statt des direkten Weges zwischen diesen beiden Orten kann man einen kleinen Schwenker über die Grotten von Borgho machen.

☺☺ Die *Grotta Gigante* gilt als eine der größten Grotten der Welt: 280 m tief, 65 m breit und bis zu 136 m hoch. Mit ihren vielen Stalagmiten (von unten wachsend) und Stalaktiten (von oben) ist sie das typische Resultat einer Karstregion. Beeindruckend sind die Beleuchtungseffekte. Am Höhleneingang informiert ein Museum über die Geschichte der Höhlenforschung. Geöffnet täglich 9-12 und 14-19 Uhr (Eintritt: 10.000 Lire).

Von Rupingrande geht es weiter bis nach Villa Opicina, einen Vorort von Trieste.

Villa Opicina (300 m)

Von diesem Ort genießt man einen schönen Blick auf die Hafenstadt Trieste und die sich dahinter erstreckende Halbinsel Istrien.

Unterkunft
▲ Obelisco
   in Villa Opicina
   Tel. 040/211655

Der ganzjährig geöffnete Platz ist etwa 5 km von Trieste entfernt. Mit Laden und Restaurant. 2 Personen und 1 Zelt ab 12.000 Lire.

Von Villa Opicina geht es auf kürzestem Weg, immer bergab, Richtung Küste, die Hafenstadt Trieste vor Augen. Im Triester Stadtteil Scorcola gelangt man auf die Via Romagna, die rechts Richtung

Innenstadt führt. Die Piazza Dalmazia wird überquert, und von dort zweigt die Via Ghega zum Bahnhof ab, der sich gleich am nächsten Platz, der Piazza della Libertà, befindet. Von dort gelangt man auf dem Corso Cavour am Hafen entlang zum Herzen der Stadt, der Piazza de l'Unità.

Trieste (2 m)

Die 220.000 Einwohner zählende Handels- und Hafenstadt Trieste hatte in der Vergangenheit eine wichtige Bedeutung für die Österreicher als einziger Seehafen der Habsburger. Davor wussten bereits die Karrier (keltischer Stamm), Römer (seit 178 v. Chr.), Ostgoten, Byzantiner und Langobarden die günstige Lage zwischen Adria und den Abhängen des Karstgebirges zu nutzen. Die Altstadt erstreckt sich über den Hang des San Giusto-Hügels.

Die wichtigsten Gebäude liegen alle um die zentrale Piazza dell'Unità d'Italia, den größten Platz Italiens: das Rathaus und der Palazzo Modello von Bruni sowie der Palazzo del Governo, der Regierungspalast der Provinz – alle im 19. Jh. unter österreichischer Herrschaft errichtet. Auch das am Hafen gelegene *Acquario Marino* befindet sich nahe der Piazza dell'Unità d'Italia. Das weiter außerhalb gelegene *Teatro Romano* aus der Zeit des Kaisers Trajan (100 n. Chr.) kann leider nicht besichtigt werden.

☺☺ Im *Civico Museo di Storia ed Arte* sind archäologische Sammlungen (ägyptische, griechische und römische Funde), eine Galerie sowie Exponate zur Geschichte und Wirtschaft zu sehen. Im Garten des Museums befindet sich das Grabmal von Johann Joachim Winckelmann (1717-1768), der mit seiner »Geschichte der Kunst des Altertums« als Begründer der Archäologie gilt und hier einem Raubmord zum Opfer fiel. Geöffnet Di bis So 9-13 Uhr (Eintritt: 2.000 Lire).

☺ Die *Basilica San Giusto*, auf einem Hügel in dem höheren Stadtteil gelegen, ist im 14. Jh. aus dem Zusammenbau zweier Gotteshäuser entstanden, von denen eines auf das 5. Jh. zurückgeht. Auffällig ist das große gotische Rosettenfenster in der Fassade der fünfschiffigen Kirche, die von dem Glockenturm aus dem Jahr 1313 überragt wird. Über dessen Portal erinnert die Statue des Heiligen Justus (ital. »Giusto«) an den Schutzheiligen von Trieste.

☺ Vom venezianischen *Castello* aus dem 15. Jh. auf Colle di San Giusto hat man eine schöne Aussicht auf Trieste (geöffnet 9 Uhr bis Sonnenuntergang, Eintritt: 2.000 Lire). Im Inneren lockt ein interessantes Burgmuseum (geöffnet Di bis So 9-13 Uhr, Eintritt: 3.000 Lire).

☺ Das im 19. Jh. erbaute *Castello di Miramare* thront etwa 8 km nordwestlich der Stadt. Das in einem sehr schönen Park gelegene Habsburgische Schloss hat auch Kaiserin Elizabeth von Österreich (Sissi)

beherbergt. Das Innere kann besichtigt werden. Geöffnet täglich im Sommer 9-18, im Winter 9-16 Uhr (Eintritt: 9.000 Lire).
- ⓘ Via San Niccolò 20
  34121 Trieste
  Tel. 040/6796111
  Fax 040/6796299
  info@triestetourism.it
  www.triestetourism.it

Radservice
- 🚲 Bike Service
  Viale G. D'Annunzio 9
  Tel. 040/774241

Dieser Radladen liegt zwischen Zentrum und Ippodromo di Montebello.
- 🚲 Cicli Fleur
  Via delle Sette Fontane 19
  Tel. 040/660468

Östlich von Bike Service gelegen.

Radclub
- ✉ Ulisse – Gruppo Cicloturista
  Via del Sale 4b
  34121 Trieste
  Tel. 040/304414
  ulisse@retecivica.trieste.it
  www.fvg.peacelink.it/ciclopagine/index.html

Camping-Artikel
- ✉ Caravan Trieste
  Via delle Sette Fontane 14b
  Tel. 040/632600

Dieser Ausrüstungsladen liegt nur einige Häuser entfernt vom Radladen Cicli Fleur.

- ✉ Indri
  Via di Cavana 3
  Tel. 040/300958

Unterkunft
- 🛏 Ostello per la Gioventù
  »Tergeste«
  Viale Miramare 331
  Tel./Fax 040/224102

Die 5 km vom Bahnhof entfernte Jugendherberge verleiht auch Fahrräder. Das hübsche Gebäude mit seinem Garten liegt direkt an der Küste. Mit Restaurant. Ü/F 20.000 Lire.
- 🛏 Albergo alla Valle di Banne
  Via Banne 25
  Tel. 040/211089

Einfache Zimmer. Mit Garten. DZ 75.000 Lire.
- 🛏 Albergo Valeria
  Via Nazionale 156
  Tel. 040/211204

Einfache Unterkunft, mit Restaurant und Garten. DZ ab 60.000 Lire.

Verpflegung
Viele Cafés und gute Eisdielen gibt es in der Viale XX Settembre.
- 🍽 Galleria Fabris
  Piazza Dalmazia 4
  Tel. 040/364564

Dieses traditionelle Restaurant nahe am Bahnhof ist gepflegt und nicht übermäßig teuer. Gute Pizzen und andere Gerichte.

Emilia-Romagna

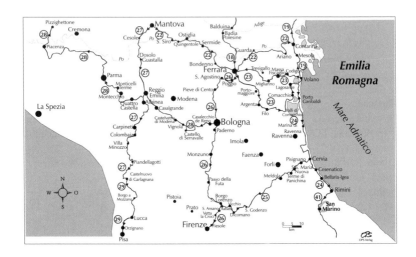

Die Emilia-Romagna bildet den Übergang von der flachen Po-Ebene hin zu den Apenninen.

Früher wie heute wird dieser Übergang durch die Hauptverkehrslinien gebildet: heute die Bahnlinie und Autobahn A14 von Rimini nach Piacenza, früher die *Via Emilia*, die die Römer im 2. Jh. v. Chr. zur Sicherung ihrer Provinzen anlegten und der die Region ihren Namen verdankt. Die 282 km lange Römerstraße erhielt ihren Namen nach ihrem Initiator, dem römischen Konsul Marcus Aemilius Lepidus.

Die günstige Lage als Kreuzungspunkt alter Handelswege wie auch der fruchtbare Boden führten zu Wohlstand, der sich in Städten wie Bologna, Modena, Ferrara, Parma, Piacenza oder Reggio Emilia zeigt. Die Hauptstadt der 4 Millionen Einwohner zählenden Region ist Bologna, bekannt für seine Universität (die älteste Europas) und seine Küche.

Radfahrer merken den Übergang vom Flachland zum Gebirge: Der Schwierigkeitsgrad der Touren ist sehr unterschiedlich; die Touren von den nördlichen Nachbarn Lombardia und Veneto nach Reggio Emilia und Ferrara sind noch relativ flach. Aber weiter südlich, Richtung Lucca, Firenze und San Marino, wird das Gelände herausfordernder.

TOUR 22: DEN PO ENTLANG

Mántova (Touren 5, 6, 27) – San Siro – Quingéntole – Ostiglia – Sérmide – Bondeno – Ferrara (Touren 18, 23, 26) – Contarina (Tour 18)
Länge: ca. 220 km
Dauer: 2-3 Tage
Schwierigkeitsgrad: leicht
  immer flussabwärts
Wichtigste Sehenswürdigkeiten:
  Mántova, Ferrara
Karten:
- Kümmerly & Frey 1:200.000; Emilia-Romagna; 16,80 DM
- Generalkarte Italien 1:200.000; Brenner/Verona/Parma (2), Brenner/Venedig/Triest (3); 12,80 DM
- Touring Club Italiano 1:200.000; Emilia-Romagna; 9.500 Lire
- Touring Club Italiano 1:100.000; Fiume Po da Piacenza al delta

Der Po ist mit 652 km der längste Fluss Italiens und fließt durch eine der fruchtbarsten Gegenden des Landes. Diese Tour führt quer durch den Norden der Emilia-Romagna auf kleinen Uferstraßen und -dämmen entlang des Po. Die Start- und Endpunkte liegen jeweils in anderen Regionen: Mántova in Lombardia und Contarina in Veneto, wo die Adria-Tour I (Tour 19) entlang führt.

Vom Startpunkt Mántova besteht Anschluss an die Touren durch die Toscana (Tour 28) sowie Touren durch Lombardia, etwa nach Pavia (Tour 5) oder zum Lago di Garda (Tour 6).

Mántova (20 m, Tour 5) wird in südlicher Richtung über den Corso Garibaldi und weiter geradeaus auf der Nationalstraße 62 in Richtung Suzzara verlassen. Nach der Querung des Baches Paiolo hält man sich links und gelangt so schließlich auf einen kleinen Uferweg, der an der rechten Seite des Mincio entlangführt. An der dritten Brücke über den Mincio, auf der Höhe von Govérnolo (17 m), führt rechts eine Straße nach Serraiolo. Dort hält man sich rechts und gelangt schließlich an eine große Brücke über den Po, auf welcher der Fluss überquert wird. Nun nimmt man die erste Abzweigung links und gelangt so an eine Straße, die bis nach Mirasole am rechten Po-Ufer verläuft und dann rechts nach San Siro abzweigt.

San Siro (17 m)

Unterkunft

↪ Agriturismo Zibremonda
  Via Argine Sécchia
  46026 Quistello
  Tel./Fax 0368/3390005

Dieser alte Biohof aus dem 16. Jh. liegt 5 km südlich von San Siro, auf der anderen Seite des Flusses Sécchia. Die 4 Zimmer haben ein Etagenbad, aber dafür ist die Übernachtung mit 20.000 Lire ausgesprochen günstig. In rustikaler Atmosphäre werden vegetarische Gerichte serviert, ab 30.000 Lire.

In San Siro hält man sich links, überquert die Secchia und gelangt so nach Santa Lucia, von wo es geradeaus bis nach Quingéntole weitergeht. Bis dahin werden drei Kanäle überquert. In Quingéntole biegt man links ab und gelangt so wieder auf den rechtsseitigen Uferweg, der flussabwärts über Révere, Borgofranco, Carbonara und Carbonarola bis nach Sérmide führt. Der Weg zieht sich hin, da er dem Po bei nahezu allen Schleifen folgt.

Sérmide (12 m)

Unterkunft

↱ Albergo Ristorante Da Eolo
Viale Rinascita 46
Tel. 0386/61150
Fax 0386/960466
Das Haus hat 13 ordentliche Zimmer. DZ ab 60.000 Lire.

In Sérmide hält man sich links, um am Ende des Gehölzes, bei Caposotto, wieder auf den Uferweg zu gelangen, der über Felónica (11 m) bis nach Stellata verläuft. Dort wird der Bau überquert, um die große über die Brücke führende Straße bei der ersten Gelegenheit gleich wieder zu verlassen. Dazu biegt man noch vor der Ortschaft Vegri rechts ab und erreicht nach 5 km Gáiba. Dort geht es rechts auf den kleinen, nicht asphaltieren Uferweg, der ab Stienta etwas breiter wird. Kurz hinter Occhiobella wird die Po-Brücke der Autobahn A13 unterquert und der Ort Santa Maria Maddalena nach einer Linksschleife des Po erreicht.

Dort geht es südwärts über den Po hinüber und dann noch 5 km auf der viel befahrenen Nationalstraße 16 entlang bis nach Ferrara. Dort radelt man nach der Bahnunterführung durch das Porta Po auf der Viale Cavour in die Innenstadt. In Ferrara besteht Anschluss an die Touren 18, 23 und 26.

Ferrara (9 m)

Ferrara liegt inmitten einer fruchtbaren Agrarregion. Seit 1115 freie Stadt und vom venetischen Geschlecht d'Este zur bedeutenden Stadt aufgebaut, erlebte die Festungsstadt Ferrara in der Renaissance eine neue Blüte und zog viele Künstler und Gelehrte an. Alterto V. d'Este gründetet 1391 die Universität.

Prägend wirkte in dieser Epoche vor allem der Baumeister Biagio Rosetti, auf dessen Pläne u. a. die Kirche San Francesco, der Palazzo dei Diamanti, der Palazzo di Ludovici il Moro und die Kirche des Certosa-Klosters zurückgehen.

Die Lebens- und Umweltqualität von Ferrara ist gut geblieben, wofür nicht zuletzt die großzügigen Gebäude und weiten Parkanlagen beitragen. Die Stadt hat sowohl aus dem Mittelalter als auch aus der Renaissance großartige Bauten bewahrt, darunter die friedliche mittelalterliche Gasse Via delle Volte oder den *Palazzo Comunale* aus dem 13. Jh. mit seiner schönen Renaissance-Treppe im Innenhof.

Kein Wunder, dass Mitte der 1990er Jahre die UNESCO den Stadtkern von Ferrara zum Weltkulturerbe erklärt hat.

Ferrara bezeichnet sich selbst als »Radfahr-Hauptstadt« Italiens, und tatsächlich kann man mit dem Rad besonders gut die Sehenswürdigkeiten erkunden oder um die gut erhaltene 2 bis 15 m hohe Stadtmauer mit ihren 4 historischen Toren und 2 Wachttürmen herumfahren (8,5 km).

☺☺☺ Der *Palazzo dei Diamanti* liegt in der von Biagio Rosetti angelegten Residenzstadt der Renaissance – im nördlichen Teil von Ferrara jenseits der Corso Giovecca. Seinen Namen verdankt der Palazzo den 1.200 – ähnlich wie Diamanten – spitz zugeschnittenen Marmorquadern der Fassade, die ein wenig an umgedrehte Eierschachteln erinnern. In dem Palazzo ist die *Pinacoteca Nazionale* untergebracht. Geöffnet Di bis So 9-14 Uhr (Eintritt: 8.000 Lire, Tel. 0532/205844).

☺☺☺ Am *Duomo* aus dem 12.-14. Jh. ist der Übergang von der Romanik zur Gotik besonders gut in der Fassade zu erkennen: unten noch Romanik, oben in der Giebelzone Gotik. Die Apsis stammt aus der Renaissance, der (unvollendete) Glockenturm von Battista Alberti aus dem 15. Jh. Das Innere des Duomo wurde im 18. Jh. nach dem Vorbild des Petersdoms neu gestaltet. Im Duomo ist das *Museo della Cattedrale* untergebracht mit vielen wertvollen kirchlichen Kunstgegenständen, darunter Gemälden, Goldschmiedewerk und Gobelins. Geöffnet Mo bis So 10-12, 15-17 Uhr (Eintritt: freiwillige Spende).

☺☺ Das *Castello Estense* mit seinen 4 markanten Ecktürmen wurde im 14. Jh. für die Herrscherfamilie d'Este gebaut. Zwei Jahrhunderte erlebte die Festung den Umbau zur Hofresidenz, was an den Brüstungen aus Marmor zu erkennen ist, an deren Position vorher die Burgzinnen heraufragten. Geöffnet Di bis Sa 9.30-17 Uhr (Eintritt: 8.000 Lire, Tel. 0532/299233).

☺☺ Der *Palazzo Schifanoia* in der Via Scandiana 23 ist ein Lustschloss, dessen Name sich vom Italienischen »schifare la noia« (»die Langeweile vertreiben«) herleitet. Schon das prachtvolle Portal aus Marmor lässt alles andere als Langeweile aufkommen. Das gleiche gilt für den Salone dei Mesi mit seinem Freskenzyklus aus dem 15. Jh. Ein weiteres schönes Zeugnis aus der Renaissance ist der benachbarte Stucksaal mit seiner aufwendig verzierten Decke.

In dem Palazzo zeigt das *Museo Civico d'Arte Antica* griechisch-etruskische Ausgrabungsfunde. Geöffnet täglich 9-19 Uhr (Eintritt: 8.000 Lire, Tel. 0532/64178).

☺ Der *Palazzo di Lodovico il Moro*, ursprünglich Palazzo Costabili, wurde in der Renaissance von Biagio Rossetti errichtet und beherbergt heute das *Museo Archeologico Nazionale*, u. a. mit Funden der Etrusker bei Spina, das vom 6.-

3. Jh. v. Chr. seine Blütezeit erlebte. Geöffnet Di bis So 9-14 Uhr, Eintritt: 8.000 Lire, Tel. 0532/66299).

☺ Die *Casa Romei* in der Via Savonarola 30 ist das ehemalige Wohnhaus von Giovanni Romei, einem abenteuerlustigen Kaufmann aus dem späten Mittelalter, der viel riskierte – und viel gewann. Trotz mehrerer Rückschläge konnte dieses frühkapitalistische Stehaufmännchen seinen Reichtum und Ruhm erstaunlich mehren. Geöffnet Di bis Sa 8.30-19, So/Mo 8.30-14 Uhr (Eintritt: 4.000 Lire, Tel. 0532/240341).

☺ Das im Jahr 1452 geweihte *Kartäuserkloster Certosa* ist wegen seiner schönen Kirche San Cristoforo bekannt, die 1551 vollendet wurde. Bis 1796 lebten hier Mönche, heute befindet sich auf dem Gelände ein Friedhof.

Der *Palio di Ferrara* Ende Mai ist ein traditionelles Wettrennen. Der Sieger erhält den Palio, das Stadtbanner.

ⓘ Corso Giovecca 21-23
    44100 Ferrara
    Tel. 0532/209370
    Fax 0532/212266
    infotur@provincia.fe.it
    www.comune.fe.it/turismo

Dieses Touristbüro ist direkt am Castello Estense untergebracht und verleiht auch Räder. Bei der Touristeninformation ist die Ferrara-Bicicard erhältlich. Diese gewährt an bestimmten Tagen freien Eintritt in allen Museen, die Miete eines Rades, einen freien Auto-Abstellplatz und Ermäßigungen in zahlreichen Hotels und Restaurants.

Radverleih

🚲 Corso Giovecca 21.
Hier, bei der Touristinformation, kann man für Fahrten innerhalb der Stadt Räder mieten; die Eintrittspreise für Museen sind im Mietpreis inbegriffen!

🚲 Via Kennedy 4/6
    Tel. 0532/765123
Liegt am Südrand, unweit der Piazza Travaglio.

🚲 Pirani & Bagni
    Piazzale della Stazione 2
    Tel. 0532/772190
Radverleih direkt am Bahnhof. Auch Radservice.

Radservice

🚲 Frignani
    Via XX Settembre 195
    Tel. 0532/61155
Im Südosten des Zentrums, nahe der Stadtmauer.

🚲 Caselli
    Via Ippolito d'Este 3
    Tel. 0532/760143
Bei der Brücke über den Canale di Burana/Darsena.

Radclub

✉ Amici della Bicicletta
    Via de Romei 48
    44100 Ferrara
    Tel. 0532/202135
    Fax 0532/764194
    annagoli@tin.it
    www.comune.ferrara.it/associa1/briciole/bici.htm

Unterkunft

🛏 Hotel Nazionale
  Corso Porta Reno 32
  Tel./Fax 0532/209604
Das saubere Hotel liegt in der Nähe von Duomo und Schloss. DZ mit Bad ab 110.000 Lire.

🛏 Albergo San Paolo
  Via Baluardi 9
  Tel./Fax 0532/762040
Dieses Haus im alten jüdischen Ghetto hat sehr saubere Zimmer mit Bad. Fahrradverleih. DZ ab 60.000 Lire.

🛏 Albergo Daniela
  Via Arginone 198a
  Tel. 0532/771398
Diese Unterkunft hat 29 gut ausgestattete Zimmer mit Bad sowie einen Garten. DZ ab 60.000 Lire.

▲ Campeggio Estense
  Via Gramicia 80
  Tel. 0532/752396
Dieser saubere, aber fast schattenlose Platz ist 4 km vom Bahnhof entfernt. Fahrradverleih. Mit Laden. 2 Personen und 1 Zelt ab 18.000 Lire. Ganzjährig geöffnet.

Verpflegung

🍽 Trattoria Ai Tri Scalin
  Via Darsena 50
Gemütliche Atmosphäre mit Terrasse am Burano-Kanal. Lokale Spezialitäten zu angemessenen Preisen.

🍽 Al Doro
  Via Pádova 11/13
  Etwas außerhalb
Hier soll es die besten Pizzen der Stadt geben.

🍽 Ristorante Il Ciclone
  Via Vignatagliata
  Tel. 0532/210262
Bekannt für seine große Pizza-Auswahl (50 Sorten) und Fisch-Spezialitäten.

Die Innenstadt von Ferrara wird durch die Porta Mare im Nordosten der Stadtbefestigung verlassen, umweit des Kartäuserklosters mit der San Cristoforo-Kirche. Nach der Querung der darauffolgenden Piazzale San Giovanni geht es links in die Via Giovanni XXIII. und an deren Ende links in die Via Borgo Punta, die in die Via dei Calzolai übergeht. Nach der Überquerung des Baches Scolo Gramicia geht es weiter in nördlicher Richtung. Nach etwa 8 km, vorbei an Barchetto, erreicht man wieder den Po.

Hinter Francolino geht es auf einem kleinen Weg am rechten Ufer des Po weiter, der mit kleinen Waldstücken aufgelockert ist. Kurz hinter Zocca wird der Po überquert und Polesella (6 m) erreicht. Hier hält man sich rechts, um dem Flusslauf nun am linken Ufer zu folgen; vorbei an Passetto, Vigentina; Canalnuovo, Villanova Marchesana, Borgo, Piazza, Panarella, Bottrighe und Cavanello Po bis schließlich zum Zielort Contarina, der schon zur Region Veneto gehört. Von hier führt Tour 19 an der Adria entlang.

Contarina (1 m)

Unterkunft

⇘ Albergo Da Mino
Piazza Repubblica 1
Tel. 0426/631710
Klein mit ordentlich ausgestatteten Zimmern, Restaurant und Bar. DZ ab 40.000 Lire.

⇘ Albergo Villa Carrer
Piazza Matteotti 44
Tel. 0426/632686
Fax 0426/320718
Angenehme Zimmer, Garten, Schwimmbad und Restaurant. DZ mit Bad ab 90.000 Lire.

TOUR 23:
RUNDTOUR DURCH DAS PO-DELTA

Volano (Touren 19, 24) – Massa Fiscáglia – Codigoro – Migliaro – Ferrara (Touren 18, 22, 26) – Portomaggiore – Argenta – Filo – Comácchio – Lagosanto – Volano
Länge: ca. 175 km
Dauer: 2-3 Tage
Schwierigkeitsgrad: leicht
ebene Landschaft
Wichtigste Sehenswürdigkeiten:
Ferrara, Parco Regionale del Delta del Po, Abtei von Pomposa, Oasi di Campotto bei Argenta, Comácchio
Karten:
- Kümmerly & Frey 1:200.000; Emilia-Romagna; 16,80 DM
- Generalkarte Italien 1:200.000; Adria/Umbrien/Marken (6); 12,80 DM
- Touring Club Italiano 1:200.000; Emilia-Romagna; 9.500 Lire
- Touring Club Italiano 1:100.000; Fiume Po da Piacenza al delta

Im flachen Po-Delta gibt es angenehm zu fahrende ruhige Wege, die einen guten Überblick über das Delta und die Erwerbsquellen ermöglichen: Neben den Mais-, Weizen-, Zuckerrüben- und Sojafeldern fallen hier und dort auch einige Reisflächen auf. Die Lagunen werden wegen ihres Fischreichtums geschätzt, vor allem Aalen und Seebarschen. In den vorgelagerten Seebuchten werden Muscheln gezüchtet. Und das Delta ist ein Vogel-Paradies: Rund 250 Arten sollen hier gesichtet worden sein.
Infos zum ganzen Po-Delta sind im Info-Büro des Delta-Parks erhältlich:

ⓘ Via Cavour 11
Comácchio
Tel. 0533/314003
parco.deltapo@provincia.fe.it

Volano mit seinem in den 1930er Jahren angelegten Staatsforst ist der Ausgangspunkt dieser Rundtour durch das Po-Delta. Dort besteht Anschluss an zwei Adria-Touren: nördlich Richtung Venezia (Tour 19) oder gen Süden nach Rimini (Tour 24).
Von Volano geht es landeinwärts den Po di Volano entlang. Kurz vor

der Nationalstraße 11 biegt man rechts in die nach Pomposa führende Nebenstraße.

☺☺ Die *Abtei von Pomposa* gilt als eine der schönsten ihrer Art in Norditalien. Die Abteikirche wurde in frühromanischem Stil um 800 erbaut und im Mittelalter (11./12. Jh.) umgestaltet. Die Mönche verließen die Benediktinerabtei im 14. Jh. wegen der Malariagefahr. Kurz davor, um 1200, wirkte hier der berühmte Musiktheoretiker und Mönch Guido di Arezzo.

Der Mosaikfußboden mit eingelegtem Marmor lässt byzantinischen Einfluss erkennen. Die ehemalige Benediktinerabtei wird überragt von einem 50 m hohen romanischen Glockenturm. Gegenüber der Abteikirche liegt der Palazzo della Ragione aus dem 11. Jh. mit seinem sehenswerten Säulengang, in dem im Sommer ein Touristenbüro Informationen bereithält:

ⓘ Abbazia di Pomposa
S.S.Romea 309
44020 Codigoro
Tel. 0533/719110

Pomposa wird in westlicher Richtung verlassen. Nach der Querung der viel befahrenen Nationalstraße sind es noch etwa 6 km bis nach Codigoro. Die Dünen bei Pontemaodino gehören zu einer nordsüdlich verlaufenden Dünenkette, die zu etruskischen Zeiten (6. Jh.) das Meeresufer gebildet haben soll.

Codigoro (3 m)

Codigoro mit seinem kleinen Hafen und dem sehenswerten *Bischofspalast* wurde schon in der Antike als *Caput Guari* erwähnt. Schon im Mittelalter soll die Umgebung durch Entwässerung ein Zentrum der Agrarproduktion gewesen sein. Daraus erklärt sich auch die strategische Bedeutung; in Codigoro sollen sich Venezia und das Herzogtum d'Este mehrere Schlachten geliefert haben. Im Netz der Entwässerungsanlagen spielte Codigoro einst eine entscheidende Rolle. Das *Monumento allo Scariolante* soll an die Arbeiter erinnern, die an der Trockenlegung der Lagunenlandschaft – also der Voraussetzung für die Landwirtschaft – beteiligt waren. Einen guten Überblick über das Po-Delta mit seinen vielen Feldern genießt man vom Aussichtsturm.

Am Flussufer des Po erinnert der 1000 Jahre alte und im 18. Jh restaurierte *Palazzo del Vescovo*, einst Residenz des Bischofs, an das frühe Mittelalter.

Unterkunft

↳ Albergo Vittoria
Via Curiel 18
Tel. 0533/713039

Das Haus bietet 16 einfache Zimmer. Mit Restaurant und Bar. DZ mit Bad ab 38.000 Lire.

↳ Albergo Aquila d'Oro
Via Riviera Cavalotti 98
Tel. 0533/712531

Hier stehen 7 ordentliche Zimmer zur Verfügung. Mit Restaurant, Bar, Garten und Parkplatz. DZ mit Bad ab 60.000 Lire.

In Codigoro überquert man den Po und fährt am weniger befahrenen Südufer entlang Richtung Massa Fiscáglia. Kurz vor dem Ort liegt eine Insel im Po, auf der ein Turm hervorragt. Der dazugehörige Zwillingsturm wurde im 10. Jh. von den Venezianern zerstört. Zwischen den beiden Türmen war einst eine Kette gespannt, mit der das Eintreiben der Zölle von durchfahrenden Schiffen erleichtert werden sollte. Von Massa Fiscáglia geht es weiter nach Migliaro, das der Sage nach von ehemaligen Einwohnern des erstgenannten Ortes gegründet wurde, die aus Massa Fiscáglia vertrieben worden waren.

Über das schon 1287 erwähnte Migliarino radelt man nun bis nach Medelana. Dort wird der Po abermals gequert und der Straße Richtung Norden bis nach Finale di Rero gefolgt. Von dort radelt man an der nördlichen Seite des Po bis nach San Vittoro, wo der Fluss wieder überquert wird, denn von jetzt an verläuft die ruhigere Straße wieder am Südufer.

Die nächsten Stationen sind Villanova, Albarea und Viconovo, wo es links nach Contrapó geht. Man hält sich hier rechts, überquert den Po ein weiteres Mal und radelt nun immer geradeaus über Pontegradella bis nach Ferrara (Tour 22). Von der Via Pomposa kommend, wird bei der Stadtmauer die Piazzale Medáglie d'Oro erreicht, von der die Hauptstraße Corso della Giovecca geradewegs zum zentralen Castello führt.

Ferrara ist ein Mittelpunkt im Radtourennetz, d. h. hier besteht Anschluss an Touren in fast alle Himmelsrichtungen (Touren 18, 22 und 26).

Ferrara wird südlich über die unweit des Porto Turistico an der Stadtmauer liegende Piazza Travaglio verlassen. Auf der stadtauswärts führenden Via Bologna geht es über den Po Volano hinüber, um gleich nach der Brücke links in die Via O. Putinati abzubiegen. An der ersten Kreuzung fährt man immer geradeaus weiter und gelangt so in die Via Guiseppe Fabbri. Links davon fließt der Po Morto di Primaro, an dessen rechtem Ufer es jetzt ein langes Stück entlang geht. Sobald man mehrere verkehrsreiche Straßen unterquert hat, wird es ruhiger. Vorbei an Sant'Egidio und Cavo geht es bis nach Marrara. Etwa 4 km danach quert man den Fluss und gelangt so nach San Nicolò Ferrarese auf der andere Flussseite. Von dort sind es 9 km ostwärts bis nach Portomaggiore.

Portomaggiore (3 m)

Der Ortsname verrät: Dieser erstmals 955 n. Chr. erwähnte Ort muss früher mal einen Hafen gehabt haben; und tatsächlich reichten die Sümpfe von Mezzano vor ihrer

Trockenlegung noch fast bis an den Ort heran. Dank der Entwässerung ist das Umland von Portomaggiore schon seit langem eine landwirtschaftlich äußerst produktive Region. Und das erklärt auch, warum Portomaggiore lange Zeit Zankapfel zwischen Ferrara und Ravenna gewesen ist. Im Zweiten Weltkrieg war Portomaggiore einem starken Bombardement ausgesetzt, das aber u. a. folgende bedeutende Bauwerke überstanden haben: die Palazzi Fioravanit Vaccari (18. Jh.) und Exgulinelli (19. Jh.), die Villa Aventi (19. Jh.), das Teatro Concordia und die Wallfahrtskirche der Madonna dell'Olmo.

Unterkunft
- Albergo Speranza
  Via Carlo Eppi 22g
  Tel. 0532/811230
  Fax 0532/814781

Angenehme, gut ausgestattete Zimmer sowie Restaurant, Bar und Garten. DZ mit Bad ab 100.000 Lire.

Portomaggiore wird in südlicher Richtung verlassen und auf wenig befahrenen Straßen durch Bonifica Galavronara e Forcello nach Argenta geradelt, wobei zahlreiche Entwässerungskanäle überquert werden.

Argenta (4 m)

Das auf einer kleinen Anhöhe liegende, von Sümpfen umgebene Argenta war schon bei den Römern ein bedeutender Handelsplatz, der später zu Ravenna gehörte. Beim Durchradeln sollte man vor allem die Wallfahrtskirche der *Beata Vergine della Celleta* sowie das restaurierte Kapuzinerkloster beachten. Eine kleine Gemäldegalerie ist in der Kirche San Domenico untergebracht.

☺☺ *Oasi di Campotto*: Südlich von Argenta ist beim Zusammenfluss der beiden Bäche Sillaro und Idice im Jahr 1977 ein Regenwasserrückhaltebecken angelegt worden, das sich zu einem Eldorado für Feuchtigkeit liebende Pflanzen und Tiere entwickelt hat. Hinter dem Namen Oasi di Campotto verbirgt sich ein 1.600 ha großes Areal voller mit Rohrkolben durchsetzter Schilfflächen, die sogar von Fischadlern und Merlinfalken besucht werden. Im ehemaligen Jagdhaus von Campotto illustriert ein Infozentrum die Geschichte der Lagunen von Argenta und Marmorta. Geöffnet Di bis So (Tel. 0532/808058). Man kann die Lagunen auch mit dem Boot besichtigen. Zum Service-Angebot gehören außerdem eine Gaststätte sowie ein Radverleih.

▲ Agriturismo Prato Pozzo
  Via Rotta Martinella 34/A
  44010 Anita
  Tel./Fax 0532/801058

Dieser Biohof im Naturpark des Po-Deltas bietet Wohnwagen und Campingmöglichkeit (5.000 Lire) am Hof an. Die Küche verwendet eigene Produkte aus Tierhaltung, Fischzucht und Getreideanbau.

Argenta verlässt man vom Bahnhof aus, radelt südöstlich aus der Stadt heraus, die Bahnlinie auf der linken Seite lassend. Nach 1 km werden die Bahngleise gequert, und es geht immer geradeaus, bis kurz vor Filo eine Stichstraße erreicht wird, die bis nach Menate gen Osten verläuft. Hier hält man sich rechts, ehe es nach 1,5 km, in Longastrino (3 m), links in eine kaum befahrene Nebenstraße geht. Die von hier an sehr symmetrisch verlaufenden Straßen und Kanäle zeigen, dass diese Fläche als ehemaliger Sumpf urbar gemachtes Land ist.

Nach Longastrino nimmt man die zweite Straße rechts, nach 2 km geht es wieder links ab und nach weiteren 0,5 km biegt man erneut rechts ab. Jetzt sind es nur noch 2 km bis zum Argine Agosta, dem Damm, der die trockengelegten Valle del Mezzano und die Lagune von Comácchio voneinander trennt. Auf diesem Damm verläuft eine Straße, die einen schönen Blick auf die Lagunen gestattet.

Der Agosto-Damm bildet die landwärtige Grenze der Lagune von Comácchio, die früher mehr als doppelt so groß war wie heute. Das gesamte Gebiet links, die bis nach Ostellato reichende Ebene von Mezzano, war einst ebenfalls Lagune und ist durch Entwässerung urbar gemacht worden. Und die Tage der Restlagune auf der rechten Seite scheinen bei einer Wassertiefe von weniger als einem Meter ebenfalls gezählt. Die erst kürzlich restaurierten Fischerhütten erzählen von einem einst ertragreichen Wirtschaftszweig.

Wenn man den Damm in nördlicher Richtung bis zum Ende der Lagune entlanggefahren ist, geht es rechts ab, um am Nordrand der Lagune sowie einer alten Lagune entlang nach Comácchio zu fahren.

Comácchio (1 m)

Dieses kleine, schon von Griechen und Etruskern geschätzte Fischerdörfchen liegt inmitten einer Lagune auf 13 kleinen Inseln, die durch zahlreiche Brücken miteinander verbunden sind. Wegen dieser Lage und der vielen Wasserwege wird Comácchio auch als Venezia in Miniaturausgabe bezeichnet. Archäologen sehen in diesem Dorf den Nachfolger des legendären etruskischen *Spinas*, in dessen Hafen schon 500 Jahrhunderte v. Chr. Waren aus Gebieten von Skandinavien bis Afrika umgeschlagen worden sein sollen. Die Bedeutung erklärt sich daraus, dass bis in die römische Zeit hinein der Po bei Comácchio ins Mittelmeer gemündet sein soll.

Westlich von Comácchio befinden sich bedeutende Ausgrabungsstätten. Neben der Fischerei war auch die Salzproduktion Grundstein des Reichtums. Zur Zeit der Herrschaft des Hauses d'Este sollen die Salinen Anlass für kriegerische Auseinandersetzungen mit Venezia gewesen sein. Die heute noch bestehenden Anlagen im Süden von Comácchio gehen auf die napoleonische Zeit zurück. Das Stadtbild Comácchios aus dem 17. Jh. ist um einiges besser erhalten. Sehenswert sind vor allem die *Trepponti* (drei Brücken) von 1634, die *Vecchia Pescheria* (alter Fischmarkt), die *Ponte degli Sbirri* (Kornbrücke), das Hospital *San Camillo*, der *Torre dell'Orologio* (Uhrenturm) und die *Cattedrale San Cassiano*, die dem Schutzheiligen der Stadt gewidmet ist.

☺ In einer alten Fischereistation ist das Lagunen-Museum *Casone Foce* untergebracht, wo das Leben der Lagunenfischer dokumentiert wird. Zum Lagunenmuseum gehören Fischerhäuser, die originalgetreu mit Holz und Schilfrohr rekonstruiert wurden. Hier sind die Fischfanginstrumente des 17. Jh.s in der typischen Umgebung zu sehen (Tel. 0533/81159).

ⓘ Via Buonafede 12
44022 Comácchio
Tel. 0533/31014
Fax 0533/312880
www.comune.comacchio.fe.it

Ein weiteres Touristenbüro gibt es in der Piazza Folegatti 28.

Radservice und -Verleih

🚲 Cicli e Motocicli Garden
Viale dei Pini 91
Tel. 0533/328398

Unterkunft
Die meisten Hotels liegen an der Küste, z. B. in Lido degli Estensi.

↩ Albergo La Pace
Via E. Fogli 21
Tel. 0533/81285

Einfach, mit Restaurant und Bar. DZ ab 60.000 Lire.

↩ Albergo Trepponti
Via Marconi 3
Tel./Fax 0533/312766

Kleines einfaches Hotel mit Restaurant und Bar. DZ ab 76.000 Lire.

In Comácchio nimmt man die nach Lagosanto führende Nebenstraße (nicht die Autbahnzufahrt!), die nach der Autobahnquerung schnurgerade bis nach Lagosanto (1 m) führt. Von Lagosanto geht es wieder ostwärts zur Küste. Dazu folgt man der Beschilderung zur Nationalstraße 309, die nach 4 km erreicht wird. Hier geht es 500 m nach rechts, ehe links eine Abzweigung nach Lido Nazioni und Borgo Manara führt. In Borgo Manara geht es links ab auf eine aussichtsreiche Straße, die zwischen dem Lago di Volano und dem Valle Bertuzzi zurück zum Ausgangsort Volano (9 m) verläuft.

TOUR 24:
ENTLANG DER ADRIAKÜSTE III

Volano (Touren 19, 23) – Porto Garibaldi – Marina di Ravenna (– Ravenna) – Cérvia (Tour 25) – Cesenático – Bellária-Igea Marina – Rimini (Tour 41)

Länge: ca. 110 km
Dauer: 1-2 Tage

Schwierigkeitsgrad: leicht
flache Küstenstrecke
Wichtigste Sehenswürdigkeiten:
Parco Regionale del Delta del Po mit Lagunen und Lidos, Ravenna mit Mosaiken, Cesenático mit Schiffsmuseum, römische Ruinen in Rimini
Karten:
- Kümmerly & Frey 1:200.000; Emilia-Romagna; 16,80 DM
- Generalkarte Italien 1:200.000; Adria/Umbrien/Marken (6); 12,80 DM
- Touring Club Italiano 1:200.000; Emilia-Romagna; 9.500 Lire

Diese Tour führt die Adriaküste südlich des Po-Deltas entlang: ein Abschnitt, der besonders im Haupturlaubsmonat August aus allen Nähten platzt, wenn die rund 1.400 Strandbäder mit ihren mehr als 250.000 Strandliegen den größten Ansturm erleben. Die Etappen führen als »Lido-Hopping« durch zahlreiche Badeorte, die auf schmalen Sandhaken vor Lagunen liegen und damit genau das bieten, was Badetouristen so schätzen: lange Sandstrände und Orte mit einer gut ausgebauten Touristeninfrastruktur, die von Pinienwäldern umgeben sind.

Volano (9 m)

Beim Ausgangsort Volano fallen zuerst die vielen Kiefern auf: Der *Foresta Demaniale* in der Umgebung ist ein in den 1930er Jahren gepflanzter Kiefernwald, der gegen die Meereserosion schützen soll. Von Volano bietet sich auch eine Rundtour durch das Po-Delta (Tour 23) oder eine Fortsetzung der Adriaküsten-Tour in Richtung Venezia (Tour 19) an.

⌦ Albergo Canneviè
Via per Volano
Tel. 0532/719103
Fax 0532/719108

Gut ausgestattete Zimmer. Mit Restaurant, Parkplatz und Garten. DZ mit Bad ab 110.000 Lire.

Von Volano geht es südwärts auf der Panoramastraße zwischen Valle Bertuzzi und Lago di Volano entlang nach Lido delle Nazioni.

Lido delle Nazioni (1 m)

ⓘ Viale Inghilterra 21
44020 Lido delle Nazioni
Tel. 0533/379068

Von Lido delle Nazioni geht es in südlicher Richtung an zwei weiteren Lidos vorbei: Lido di Pomposa und Lido degli Sccachi, bis man Porto Garibaldi erreicht.

Porto Garibaldi (2 m)

Dieser Badeort mit seinem großen Fischerhafen und einem bekannten Fischmarkt ist der älteste der Provinz Ferrara. Vom Hafen aus werden täglich Bootsausflüge in das Po-Delta angeboten. Überragt wird Porto Garibaldi von einem Leuchtturm, dessen Lichtsignale noch in einer Entfernung von 30 km zu sehen sind.

ⓘ Viale Ugo Bassi 36/38
44029 Porto Garibaldi
Tel. 0533/310225

Von Porto Garibaldi geht es weiter inmitten von Tourismusbauten durch Lido degli Estensi nach Lido di Spina.

Lido di Spina (1 m)

Der Name dieses Ortes leitet sich von dem legendären Hafenort der Etrusker namens *Spina* ab.
☺ Das *Museo Alternativo d'Arte Moderna* liegt spektakulär auf einer Sanddüne und wartet im Inneren mit Kunstwerken aus dem 20. Jh. auf, darunter Moore, Matisse und Dali.
ⓘ Piazzale Caravaggio
44024 Lido di Spina
Tel. 0533/333656

Unterkunft
Hier gibt es nur 3-Sterne-Hotels, aber diese sind relativ günstig.
⌂ Hotel Gallia
Via Leonardo da Vinci 45
Tel. 0533/333400
Fax 0533/333500
Gut ausgestattete Zimmer. Mit Restaurant, Bar und Garten. DZ ab 70.000 Lire.
⌂ Hotel Continental
Viale Tintoretto 19
Tel. 0533/330120
Fax 0533/330121
Nette Zimmer, Privatstrand, Garten, Bar und Restaurant. DZ mit Bad ab 80.000 Lire.

Weil über die Mündung des südlich von Lido di Spina in die Adria fließenden Flusses Reno keine Brücke in Ufernähe führt, muss man von Lido di Spina ein kleines Stück ins Landesinnere radeln und der Nationalstraße 309 südwärts bis nach Cippo di Anita Garibaldi folgen. Gleich nach der Querung des Reno wird diese viel befahrene Straße links verlassen, um bis zum nächsten Badeort zu radeln: Casalborsetti, das aus einer Aneinanderreihung von Campingplätzen besteht.

Casalborsetti (2 m)

ⓘ Via delle Viole 1a
48010 Casalborsetti
Tel. 0544/444912

Radverleih
🚲 Via Spallazzi 22.

Unterkunft
⌂ Albergo Ortensia
Via al Mare 92
Tel. 0544/445150
16 Zimmer. Mit Restaurant und Bar. DZ mit Bad ab 60.000 Lire.
⌂ Albergo Cosetta-Rosa
Via Gardenie 14
Tel. 0544/445218
18 Zimmer mit Bad. Mit Restaurant und Garten. DZ ab 65.000 Lire.

Von Casalborsetti geht es nach Marina Romea, das nach 3 km erreicht wird. Auf der rechten Seite erstreckt sich der unter Naturschutz stehende Kiefernwald *Pineta San Vitale*.

Marina Romea (2 m)

Marina liegt zwischen Adria, Pinienhainen und einer Lagune. Die Werbung verspricht »totalen Relax in einer ruhigen, eleganten Umgebung«. Ruhig weniger in der Hauptsaison. Mittwochvormittag ist Marktzeit.
- ⓘ Viale Ferrara 7
  48023 Marina Romea
  Tel. 0544/446035

Radverleih
- 🚲 Viale Italia 118

Nächste Station entlang der Uferstraße ist Porto Corsini, von wo man entweder per Schiff nach Marina di Ravenna übersetzt, um von dort der Küstenstraße weiter zu folgen. Oder es geht direkt weiter nach Ravenna, um sich in das Großstadtgewühl zu stürzen.

Marina di Ravenna (3 m)

Marina di Ravenna ist ein traditionsreicher Ferienort mit einem der besten Yachthäfen in der nördlichen Adria. Geprägt wird der Ort neben den üblichen Tourismusanlagen von weiten Sandstränden und einem großen Pinienhain. Mittwoch- und Samstagvormittag ist Markttag. Nach Ravenna sind es 13 km.
- ⓘ Viale Nazioni 159
  48023 Marina di Ravenna
  Tel. 0544/530117

Radverleih
- 🚲 Sporting Shop
  Viale dei Mille 27

Unterkunft
- ▲ Piomboni
  Lungomare
  Tel. 0544/530230

Dieser große Zeltplatz liegt direkt am Strand und ist 8 km von Ravenna entfernt. Mit Laden und Restaurant. 2 Personen und 1 Zelt ab 23.000 Lire. Geöffnet von Mai bis August.

Verpflegung
- 🍽 Pagadebit
  Viale delle Nazioni 178
  Tel. 0544/538438

Gemütlich. Einfaches Menü mit leckeren Meeresfrüchte-Gerichten zu bezahlbaren Preisen.

Ravenna (3 m)

Ravenna war noch zu römischen Zeiten eine bedeutende Hafenstadt, heute sind es 7 km bis zur Küste. Diese ganz »normale« Stadt kann sich nicht mit den Kunststädten Firenze, Ferrara oder Venezia messen. Aber Ravenna ist bekannt für seine prächtigen Mosaiken, die vor allem in folgenden Bauten zu finden sind: *San Vitale, Baptisterium »dei Neoniani«, Mauseoleum der Galla Placidia* sowie *San Apollinare.* Schon der Dichter Dante Alighieri (1265-1321), der seine letzten Lebensjahre im spätmittelalterlichen Ravenna verbrachte, rühmte die

»funkelnden Lichter« der Mosaiken, deren byzantinischer Einfluss unverkennbar ist. Und tatsächlich war Ravenna vom 6.-8. Jh. eine byzantinische Kolonie, nachdem es im 5. Jh. kurzzeitig Hauptstadt des Weströmischen Reiches gewesen war.

Eine wichtige historische Gestalt für Ravenna war der Westgotenkönig Theoderich, der Ravenna zur Residenzstadt ausbaute und dort 526 n. Chr. starb. Wegen seines Versuches, antike und germanische Traditionen mit dem Christentum zu vereinen, wurde er bald zur Sagengestalt »Dietrich von Bern« stilisiert, der ein *Mausoleum* in Ravenna gewidmet ist.

Oberhalb dieser Stadt thront die von den Venezianern im 15. Jh. errichtete Felsenburg *Rocca Brancalone*. Das Leben von Ravenna pulsiert vor allem auf der Piazza del Popolo und der Piazza Garibaldi, wo auch die meisten Baudenkmäler zu sehen sind, etwa der elegante *Palazzetto Veneziano*.

☺☺ Das *Museo Nazionale* in der *Via Fiandrini* enthält Sammlungen der römischen, byzantinischen und mittelalterlichen Epoche. Geöffnet Di bis So 8.30-19 Uhr (Eintritt: 8.000 Lire). Für das Theoderich-Mausoleum und das Museo Nazionale gibt es auch eine kombinierte Eintrittskarte zum Preis von 10.000 Lire, und für weitere 2.000 Lire ist auch der Eintritt in die Basilica von Sant'Apollinare (s. u.) im Preis enthalten.

☺☺ Das *Mausoleum* des Gotenkönigs Theoderichs ist 2 km vom Zentrum Ravennas entfernt. Die Gebeine der Sagengestalt »Dietrich von Bern« ruhen in einem Porphyrgrab zentral unter der 11 m breiten Kalksteinkuppel eines zweistöckigen Gebäudes. Geöffnet täglich 8.30-19 Uhr (Eintritt: 4.000 Lire).

☺ Der *Duomo Vescovado* wurde bereits im 5. Jh. von Bischof Orso gegründet. Das heutige Gebäude stammt allerdings aus dem 18. Jh. Im Duomo sind vor allem die Kanzel aus dem 6. Jh., Sarkophage aus dem 5. Jh. sowie die Krypta aus dem 10. Jh. sehenswert. Geöffnet täglich 7.30-12 und 14.30-17 Uhr (Eintritt frei). Das *Museo Arciviscoville* hinter dem Duomo ist für den Elfenbein-Thron des Bischofs Maximianus aus dem 6. Jh. bekannt.

☺ Wie der Duomo geht die *San Francesco-Kirche* auf einen Bau aus dem 5. Jh. zurück, der allerdings später (9.-12. Jh.) umgebaut wurde. In dem Gebäude befindet sich das *Tomba di Dante*, das Grab des bekannten Dichters, der von 1302 bis 1321 – nach der Verbannung aus Firenze – in Ravenna lebte. Geöffnet täglich 7.30-12 und 15-19 Uhr (Eintritt frei).

☺ Die *Basilica von Sant'Apollinare in Classe* liegt 5 km südöstlich von Ravenna, Richtung Rimini. Der Bau ist eine gelungene Komposition aus rotem Backstein, Marmor, Holz und Mosaiken. Sehenswert ist auch die schöne Apsis. Geöffnet täglich 9-19 Uhr (Eintritt: 4.000 Lire). Leider ist der Bau per Rad nur entlang stark befahrener Hauptstraßen zu erreichen.

🎷 *Ravenna Jazz* Ende August gilt als ältestes Jazzfestival Italiens. Klassikfreunde kommen etwas früher auf ihre Kosten: Ende Juni und im Juli werden beim *Ravenna Festival* zahlreiche Opern und klassische Konzerte aufgeführt.

ⓘ Via Salara 8-12
  48100 Ravenna
  Tel. 0544/35404
  Fax 0544/482670
  turismorav@provincia.ra.it

Ein weiteres Touristenbüro gibt es in der Via delle Industrie 14, nahe dem Theoderich-Mausoleum.

Radverleih
🚲 Piazza Farini
  Tel. 0544/37031
🚲 Piazza La Giustiniano
  Tel. 0544/33245

Links beim Verlassen des Bahnhofs warten die Räder.

Radservice
🚲 Galassi
  Viale Pallavicini 28
  Tel. 0544/32415

Nah am Bahnhof, an der Straße in südlicher Richtung.

🚲 L'Albero delle Ruote
  Via Grandi Achille 88
  Tel. 0544/451588

Unterkunft
⌂ Ostello per la Gioventù
  »Dante«
  Via Aurelio Nicolodi 12
  Tel./Fax 0544/421164

Diese neue große Jugendherberge liegt gegenüber einem Supermarkt, 1 km vom Bahnhof entfernt. Mit Garten, Restaurant und Internet-Café. Ü/F 20.000 Lire. Geöffnet April bis Oktober, 7-24 Uhr.

⌂ Hotel Diana
  Via G. Rossi 49
  Tel. 0544/39164

Dieses Hotel liegt zentral, unweit der Piazza del Popolo, und bietet ruhige, schöne Zimmer sowie gutes Frühstück. DZ ab 130.000 Lire.

⌂ Albergo San Marco
  Via Trieste 403
  Tel. 0544/436125

Kleine Herberge mit 13 einfachen Zimmern, Garten und Restaurant. DZ ab 75.000 Lire.

Camping
▲ Classe
  Lido di Dante
  Tel. 0544/492005

Der Platz liegt im Parco Regionale del Delta del Po direkt am Meer und hat Restaurant, Schwimmbad und Laden. 2 Personen und 1 Zelt ab 25.000 Lire. Geöffnet Mai bis September.

▲ La Pineta
  Casal Borsetti
  Richtung Marina Romea
  Tel. 0544/445298

Dieser Platz liegt gleich neben Camping Reno. Bar, Laden, Restaurant und strenge Siesta. 2 Personen und 1 Zelt ab 15.000 Lire.

Roma: Forum Romanum

Roma: Colosseum

Pantheon

Verpflegung

🍴 La Gardela
   Via Ponte Marino 3
   Tel. 0544/217147

Nettes Restaurant, freundliche Bedienung und gute, preiswerte Mahlzeiten.

🍴 Chilò
   Via Maggiore 62
   Tel. 0544/36206

Die Einrichtung ist weniger attraktiv, aber umso besser sind die Gerichte, die in ordentlichen Radfahrerportionen serviert werden. Besonders gutes Eis gibt es in der Via Armando Diaz und in der Via Cavour 112.

Sowohl von Marina di Ravenna als auch von Ravenna erreicht man leicht Lido Adriano, den Hauptstrand der Großstadt Ravenna.

Lido Adriano (2 m)

Lido Adriano ist mit 10 km Entfernung der am schnellsten von Ravenna zu erreichende Badeort. Entsprechend voll ist es hier, vor allem in der Hauptsaison und an Wochenenden.

ⓘ Viale Petrarca
   48020 Lido Adriano
   Tel. 0544/495353

Radservice und -verleih

🚲 Bissi Freebikes
   Viale Virgilio 6
   Tel./Fax 0544/496711

Weitere Radverleiher gibt es in der Viale Leonardo 68 und in der Viale Marziale 119.

Von Lido Adriano geht es weiter südlich über den kleineren Badeort Lido di Dante mit seinen Dünen und Pinienhainen bis zur Flussmündung des Bevano mit ihren seichten Süßwassersümpfen, die unter Naturschutz gestellt und damit verkehrstechnisch schlecht erschlossen sind. Das heißt, man muss sich jetzt wieder ein kleines Stück ins Landesinnere orientieren, flussaufwärts am Bevano entlang, bis die Nationalstraße 16 erreicht ist, der nun 5 km in südliche Richtung bis nach Savio (3 m) gefolgt wird. Dort geht es wieder zur Küste, Richtung Lido di Classe.

Das Gebiet ist als Parco Regionale del Delta del Po geschützt. Wo früher die Küste verlief, wachsen heute auf alten Dünenstreifen Pinienwälder. Schon die alten Römer sollen in diesem Gebiet Pinien gepflanzt haben, um ihre vor Ravenna liegende Flotte mit Holz versorgen zu können.

In Lido di Classe hält man sich rechts, überquert den Fluss Sávio und erreicht so den gleichnamigen Lido. Von Lido di Sávio sind es dann nur noch wenige km bis nach Cérvia.

Cérvia (3 m)

Cérvia ist eigentlich ein Doppelort zusammen mit Milano Marittima – ein zutreffender Name, denn in der Hochsaison geht es hier zu wie in der Metropole Milano. Selbst die Fremdenverkehrswerbung spricht von »eindrucksvoller Industrie« in Cérvia. Dafür gibt es im Hinterland schöne, schon von Dante und Lord Byron erwähnte Pinienhaine sowie alte Salinen mit einer reichen Vogelwelt. In den vergangenen 1.000 Jahren war die Salzgewinnung und -lagerung ein wichtiger Wirtschaftsfaktor. Daran erinnern heute noch ehemalige Salinen und Salzlagerstätten, die aber alle außer Betrieb sind. Heute sind Touristen das Salz in der Suppe – was die wirtschaftliche Bedeutung angeht: Allein Milano Marittima zählt rund 500 Hotels, 5.000 Ferienappartements und 10 Campingplätze.

ⓘ Nahe der Bundesstraße 16
   Via Bova 61
   Tel. 0544/979111
Infozentrum über den Deltapark.

☺ Der *Palazzo Comunale* wurde Anfang des 18. Jh.s erbaut. Sehenswert ist vor allem der Uhrenturm mit der steinernen Statue Dell'Assunta.

☺ Der *Duomo* aus dem 18. Jh. bietet im Inneren einen sehenswerten Barockaltar und Gemälde von Francesco und Barbara Longhi.

🎭 Zu Himmelfahrt wird mit einem großen Volksfest der alte Brauch *Sposalizio del Mare* gefeiert, wobei die Naturgewalten für den Fischfang und die Salzgewinnung gnädig gestimmt werden sollen. Im Juli und August wird bei der großen Sommerbühne so ziemlich alles geboten: Musik, Literatur, Ballett, Tanz, Marionetten- und Drachenfestival.

ⓘ Piazza Garibaldi 1
   48015 Cérvia
   Tel. 0544/979111
Diese Information liegt zentral im Rathaus. Weitere Touristenbüros gibt es für Cérvia in der Viale Roma 86 und für Milano Marittima in der Viale Romagna 107. In den Informationsbüros erhält man gratis die spiralgebundene 120-seitige Broschüre »Pedalare in Romagna«, in der 25 Tagestouren in der teils bergigen Umgebung von Cérvia für Mountainbiker und »normale« Radfahrer beschrieben sind. Leider in Italienisch, dafür mit guten Kartenskizzen und Höhenprofilen.

Radservice
🚲 Radservice Forlivesi
   Via Lesina 7
   Tel. 0544/973682

Unterkunft
Die Auswahl fällt bei hunderten von Hotels und mehr als einer Hand voll Campingplätze nicht leicht.

⤴ Albergo Aurora
   Viale Colombo 7
   Tel./Fax 0544/971110
Schlichte Zimmer, mit Garten, Bar und Restaurant. DZ ab 55.000 Lire.

⤴ Albergo Villa Liliana
   Via Marsala 2
   Tel./Fax 0544/971104
Einfach, mit Restaurant und Garten. DZ mit Bad ab 60.000 Lire.

⤴ Hotel Trocadero
   Via Lungomare
   D'Annunzio 32
   Tel. /Fax 0544/71507

Nahe am Strand, mit Garten, Restaurant und Bar. DZ mit Bad ab 80.000 Lire.

▲ Adriatico
Via Pinarella 90
Tel. 0544/71537

Der Platz liegt am Meer und hat einen Laden, Restaurant und Schwimmbad. 2 Personen und 1 Zelt ab 28.000 Lire. Geöffnet von Mai bis September.

Von Cérvia führt Tour 25 durch die Apenninen bis in die Toscana. Diese Adria-Tour hingegen folgt weiter der Küste, vorbei an Pinarella und Tagliata, bis nach Cesenático.

Cesenático (2 m)

Die Gegend von Cesenático soll schon um die Bronzezeit (1800 v. Chr.) besiedelt gewesen sein. Beherrscht wird der Ort von dem Hafenkanal, der 1502 von Leonardo da Vinci geplant worden sein soll und in dem heute ein Schiffahrtsmuseum angelegt ist. Die *Garibaldi-Statue* auf der Piazza Pisacanei ist 1885 als eines der ersten Denkmäler des Freiheitskämpfers errichtet worden. Garibaldi war am 2. August 1849 an der Küste von Cesenático zusammen mit anderen Patrioten auf der Flucht von Roma nach Venezia gelandet. Cesenático, Badeort seit 1878, hat heute rund 19.000 Gästebetten, fast eines pro Einwohner.

In den zwei großen Parks von Cesenático kann man auf schattigen Alleen spazieren gehen – oder Rad fahren. Radler finden im teils bergigen Hinterland von Cesenático viele Radwege, auf denen schon das italienische Radidol und Tour de France-Sieger Marco Pantani, bekanntester Sohn von Cesenático, trainiert hat. Anregungen für 15 teils herausfordernde, weil in den Bergen verlaufende Rundtouren enthält die Kartensammlung (wasserfest!) »Meer und Berge mit dem Fahrrad«, die kostenlos bei der Touristeninformation von Cesenático erhältlich ist.

☺☺☺ Das *Museo Gallegiante della Marinera*, im Hafenkanal parallel zur Via Armellini gelegen, ist ein in Italien einzigartiges »schwimmendes« Freilicht-Schifffahrtsmuseum, das aus mehreren alten Schiffen im Hafenkanal besteht. Geöffnet 24 Stunden pro Tag, Eintritt frei.

☺ Die *Kühlgruben* auf der Piazetta Conserve sind eine eher ungewöhnliche historische Sehenswürdigkeit: Drei von ehemals 30 Kühlgruben, quasi Vorläufer der heutigen Kühlschränke, sind hier wiederhergestellt worden.

☺ Die *Casa Moretti* am Hafenufer ist ein kulturelles Museum, das über den in Cesenático geborenen Dichter Moretti (1885-1979) informiert.

🚲 Im Mai lockt das *Nove Colli* zahlreiche Radfreunde nach Cesenático. Dieses anspruchsvolle Radrennen führt 205 km lang über neun Hügel. Im Sommer ist der Kanal Schauplatz des Palio della Cuccagna, ein Wettkampf auf einem schräg über den Kanal ragenden Maibaum. Das Garibaldi-Fest am ersten Sonntag im August gedenkt der Landung des Freiheitskämpfers im 19. Jh. an der Küste von Cesenático.

- ⓘ Via Roma 112
  47042 Cesenático
  Tel. 0547/674411
  Fax 0547/80129

Ein weiteres Touristenbüro gibt es in der Via Michelangelo 40.

Radservice
- 🚲 Nanni
  Viale Pitagora Villamarina 4
  Tel. 0547/85065

Unterkunft
Die Wahl fällt bei den rund 380 Hotels nicht leicht. Einige von ihnen bieten speziell für Radler Räume für Radwartung und -reparaturen an, etwa das folgende:
- ⌂ Hotel Beau Soleil
  Dante Del Vecchio
  in Zadina Pineta
  Tel. 0547/82209
  Fax 0547/82069
  beausoleil@linknet.it,
  www.romagna.com/beausoleil

Mit Garten, Schwimmbad, Restaurant und Sauna. DZ ab 75.000 Lire.
- ⌂ Albergo Gaia
  Via Milano 45
  Tel. 0547/80607
  Fax 0547/673312

Großes ***Hotel mit Schwimmbad, Restaurant und Garage. DZ mit Bad ab 55.000 Lire.

- ⌂ Albergo Villa Lea
  Via C. Menotti 17
  Tel. 0547/80221

Einfache Zimmer. Mit Garten, Parkplatz, Restaurant und Bar. DZ mit Bad ab 39.000 Lire.

Camping
Rund um Cesenático gibt es drei Campingplätze.
- ▲ Zadina
  in Zadina Pineta
  Tel. 0547/82310

Dieser Platz liegt am Meer und hat einen Laden und ein Restaurant. 2 Personen, 1 Zelt ab 33.000 Lire. Geöffnet von Anfang Mai bis Mitte September.

Verpflegung
Man hat die Wahl zwischen rund 500 gastronomischen Einrichtungen, die vor allem Fischspezialitäten servieren.

Die nächsten Orte entlang der Küstenstraße sind aufgereiht wie Perlen auf einer Kette und gehen direkt ineinander über: Valverde, Villamarina sowie Gatteo a Mare.

Gatteo a Mare (20 m)

Gatteo a Mare ist seit 1921 ein bedeutendes Badezentrum – mit Pizzerias, Pubs, Discos, Bars und Badebetrieben. Der Ort liegt an der Mündung des Flusses Rubikon und hat seit kurzem eine eigene Fußgängerzone.

🚲 Im Sommer gibt es zahlreiche Veranstaltungen, darunter einen

Wettkampf um die beste Sandskulptur oder -burg.
- ⓘ Palazzo del Turismo
  Piazza della Libertà
  Tel. 0547/86083
  Fax 0547/85393

Wenn man hinter Gatteo a Mare den Bach Pisciatello überquert hat, ist es nur noch 1 km bis zum Doppelort Bellária-Igea Marina.

Bellária-Igea Marina (2 m)

Passend zur Küstenlage findet man in Bellária-Igea Marina mit dem *Museo delle conchiglie* ein Muschelmuseum mit Weichtierschalen aus aller Welt, das daneben auch eine Papiergeldsammlung zeigt (geöffnet täglich 16-19 und 20-23 Uhr, Eintritt frei). Das Museum ist im *Torre Saracena* untergebracht, der im 17. Jh. zur Verteidigung vor Piratenüberfallen gebaut wurde. Angenehm ist es, dem Urlaubsautoverkehr auf die autofreien Plätze am Hafen und der Viale Emilio sowie der Via Panzini ausweichen zu können. Letztere ist nach dem Dichter Alfredo Panzini benannt, der in der *Casa Rossa* in Bellária-Igea Marina gelebt hat.
- ⓘ Via Leonardo da Vinci 10
  47044 Bellária-Igea
  Tel. 0541/344108
  Fax 0541/345491
  iat.bellaria@iper.net

Unterkunft
- Ostello per la gioventù
  »La Marinella«
  Via Pinzon 302
  Tel. 0541/331678
  Kleine Jugendherberge.
- Albergo Villa Tonetti
  Via Tombesi 17
  Tel. 0541/344390
  Einfache Zimmer. Mit Restaurant, Bar und Garten. DZ mit Bad ab 37.000 Lire.
- Hotel Adria
  Via Rovereto 8/9
  Tel. 0541/347559
  Angenehm. Mit Restaurant und Garage. DZ mit Bad ab 80.000 Lire.

Camping
Campingplätze gibt es in Bellária-Igea wie Sand am Meer; die meisten groß und in der Hauptsaison alles andere als leise.
- ▲ Castellabate
  in Igea Marina
  Tel. 0541/331424
  Dieser nicht allzu große und direkt am Meer gelegene Platz ist einer der günstigsten in der Gegend. 2 Personen und 1 Zelt ab 27.000 Lire. Geöffnet von Mai bis September.

Nach der Überquerung des Baches Uso, der die Ortsteile Bellária und Igea-Marina voneinander trennt, hält man sich links, um auf der Viale Pinzon direkt am Strand weiterzufahren. Diese Küstenstraße führt über Torre Pedrara, Viserbella und Viserba bis nach Rimini, wo man über die Via Coletti und die Ponte della Resistanza am Bahnhof herauskommt. In Rimini besteht Anschluss an die durch die Apenninen verlaufende Tour 41.

Rimini (5 m)

Das im Jahr 268 v. Chr. gegründete Rimini war schon bei den Römern eine bedeutende Hafen- und Handelsstadt. Daran erinnern noch einige mehr schlecht als recht erhaltene Bauten wie das *Amphitheater*, der *Augustus-Bogen* oder die *Ponte di Tiberio*, über die noch heute der Verkehr in die Innenstadt strömt. Von der Herrschaft der Malatestas im Übergang vom Mittelalter zur Renaissance zeugen noch viele prächtige Bauten. Heute ist Rimini ein bekannter Badeort mit viel Beton, der schon seit dem 19. Jh. als privilegierter Strandplatz viele Gäste anlockte. Entlang des 15 km langen Strandes erstrecken sich zahllose Hotels, Restaurants, Campingplätze und andere Anlagen der Tourismusindustrie.

Es gibt sicherlich schönere Städte in Italien als Rimini, das sich dafür als Ausgleich ein ehrgeiziges Radprogramm auf seine Fahnen geschrieben hat: Ein Netz von 33 km Radwegen durchzieht die Stadt, und mindestens genauso viele sollen demnächst dazukommen. In der Innenstadt stehen für den Drahtesel rund 25 Radabstellplätze zur Verfügung. Einen Überblick über das Radwegenetz gibt der von der Gemeinde in Kooperation mit dem Umweltverband *Legambiente* herausgegebene Rimini-Stadtplan »Strada alla Bici«, der gratis bei der Touristinformation erhältlich ist.

☺ Der *Tempio Malatestiano* in der Via IV. Novembre 35 wurde von Leon Battista Alberti im späten 15. Jh. als Kathedrale von Rimini erbaut. Das Innere dieses Renaissance-Gebäudes ist erst kürzlich renoviert worden. Geöffnet Mo bis Sa 8-12.30 und 15.30-18.30, So 9-13 und 15.30-19 Uhr. In dem prächtigen Palast finden alljährlich bekannte Musikfestspiele statt.

☺ Im *Museo Civico* in der Via Luigi Tonini 1 sind historische, kunstgeschichtliche und archäologische Sammlungen zu bewundern, die seit 1990 in einem alten Jesuitenkolleg untergebracht sind. Geöffnet Mo bis Sa 10-12.30 und 16.30-19.30, So 16.30-19.30, im Juli und August auch Fr 21-23 Uhr (Eintritt: 6.000 Lire, Tel. 0541/21482).

☺ Das *»Dinz Rialto« Museo*, auch *Museo delle Culture Extraeuropee* genannt, nimmt den Besucher mit seinen völkerkundlichen Sammlungen mit auf eine Reise rund um die Erdkugel; die ersten Exponate wurden vom 1920 geborenen Globetrotter Delfino Dinz Rialto gesammelt. Dieses bedeutende völkerkundliche Museum ist im *Castel Sigismondo* untergebracht. Geöffnet Di bis So 17-19, im Juli und August auch 21-23 Uhr (Eintritt: 4.000 Lire).

ⓘ Piazzale F.Fellini 3
47900 Rimini
Tel. 0541/56902
Fax 0541/54290
rimini.turismo@comune.

rimini.it
www.comune.rimini.it
Ein weiteres Touristenbüro gibt es im Corso D'Augusto 156/158. Bei der Touristeninformation ist die kostenlose 48-seitige Broschüre »Mit dem Fahrrad. Große und kleine Touren durch das Hinterland von Rimini« erhältlich, die sich an ambitionierte Radsportler und Mountainbiker wendet, aber leider den Radler auf viele Hauptstraßen führt.

Radverleih
Viele Urlaubsgäste mieten sich ein Rad für kleine Ausflüge. Das haben zahlreiche Geschäftsleute erkannt, und daher bieten mehr als 25 Radverleiher ihre Dienste an. Eine kleine Auswahl:
- Augusto Corini
  Via Marconi 3
  in Miramare
- Luciano Manuelli
  Piazza Tripoli

Südöstlich v. Bahnhof, an der Küste.
- Mini Tiberio
  Viale Ortigara
  in San Giuliano Mare
- Paola Pagliarani
  Via Coletti 133
  in Rivabella
- Mirella Zepp
  Viale Mántova
  in Rivazzura

Radservice
- Nocita
  Piazzale J.F. Kennedy 6
  Tel. 0541/27016

Nordöstlich vom Bahnhof, an der Küste.
- Amadori
  Via A. Serpieri 11
  Tel. 0541/781546

Im Zentrum, zwischen Arco d'Augusto und Piazza Tre Martiri.
- Mazzocchi
  Via M. Bufalini 18a
  Tel. 0541/784754

Camping-Artikel
- Giacomelli Sport
  Via Nuova Circonvallazione 14-16
  Tel. 0541/756841
  Fax 0541/743056
  info@giacomellisport.com

Unterkunft
In der Bademetropole Rimini gibt es eine riesige Zahl an Hotels (rund 1.300), die sich untereinander nicht viel tun. Im Winter sind die meisten allerdings geschlossen.
- Hotel Vienna Ostenda
  Viale Regina Elena 11
  Tel. 0541/391744
  Fax 0541/391032

Zentrales ****Hotel mit schönen Zimmern. Den Luxus gibt es in der Nebensaison zu günstigen Preisen: DZ ab 60.000 Lire.
- Hotel Villa Souvenir
  Viale Trento 16
  Tel. 0541/24365

Ordentliche Zimmer, mit Garten und Restaurant. DZ ab 40.000 Lire.
- Albergo Maria Gabriella
  Via Imperia 21
  Tel. 0541/380431

Das schlichte Hotel mit seinen gepflegten Zimmern liegt nahe am Strand und hat einen Garten. DZ ab 35.000 Lire.

▲ Italia International
Via Toscanelli 112
Viserba
Tel. 0541/732882
Fax 0541/732322

Dieser sehr große und strandnahe Campingplatz in Viserba besteht aus 2 Teilen: einem ruhigen und einem stimmungsvolleren für Jugendliche. Außerdem gibt es hier Hotelzimmer, viele mit Balkon. 2 Personen und 1 Zelt ab 35.000 Lire. Geöffnet Juni bis September.

▲ Agriturismo-Camping Biolife
Via San Salvatore 29-31
Tel. 0541/730204

Dieser kleiner Platz mit Laden liegt im Hinterland. Geöffnet von April bis Januar.

Verpflegung

🍽 Trattoria Il Ludiro
Piazzetta Ortaggi 7
Tel. 0541/24834

Diese ruhige Oase im Rummel von Rimini serviert gutes Essen.

🍽 Osteria di Santa Colomba
Via di Duccio 2-4
Tel. 0541/780048

Die Osteria liegt nahe am Duomo im alten Glockenturm der Santa Colomba-Kirche. Exzellente Küche zu erstaunlich günstigen Preisen. Reservierung empfehlenswert.

🍽 Eissalon Nuova Fiore
Viale Regina Elena

Hier gibt es sehr gutes Eis in fast 40 Geschmacksrichtungen.

TOUR 25:
VON DER ADRIA IN DIE TOSCANA

Cérvia (Tour 24) – Pisignano – Santa Maria Nuova – Terme di Panichina – Méldola – San Godenzo – Dicomano – Vícchio di Mugello – Rabatta – Borgo San Lorenzo (Tour 26)

Länge: ca. 120 km
Dauer: 2-4 Tage
Schwierigkeitsgrad: schwer
  zahlreiche, oft starke Steigungen
Wichtigste Sehenswürdigkeiten:
  Cérvia, Méldola, Predáppio, Nationalpark Foreste Casentinesi Monte Falterona-Campigna, Borgo San Lorenzo
Karten:
- Kümmerly & Frey 1:200.000; Emilia-Romagna; 16,80 DM
- Generalkarte Italien 1:200.000; Toskana (5), Adria/Umbrien/Marken (6); 12,80 DM
- Touring Club Italiano 1:200.000; Emilia-Romagna; 9.500 Lire

Diese Tour ist eine herausfordernde Bergetappe, die durch die dünner besiedelten Bergregionen der Apenninen führt. Als Anschlusstour verbindet sie die Adria (Tour 24) mit der Toscana (Tour 26) und als eine der wenigen in diesem Buch beschriebenen Touren verläuft diese Route zum großen Teil entlang grö-

ßerer Straßen. In Cérvia (Tour 24) gibt es Anschluss an die Adria-Tour 24.
Vom Zentrum aus fährt man in Richtung Castiglione di Cérvia. Nach etwa 500 m geht es über die Nationalstraße 16 »Via Adriatica«. Hier beginnt das Naturreservat *Salina di Cérvia*, wo man gleich die erste Abzweigung nach links nimmt. Die nächste Straße geht es nun, kurz vor Villa Inferno, rechts ab. Am Ende dieser Straße nimmt man die linke Abzweigung nach Pisignano, von wo es geradeaus weiter nach Cannuzzo geht, das beschaulich zwischen Feldern liegt. Weiter radelt man in südlicher Richtung am Fluss Savio entlang, ehe man links über die Autobahn A71 hinüberfährt.

An der folgenden Kreuzung geht es wenige Meter links und gleich wieder rechts. Noch einmal quert man eine Autobahn, diesmal die A14, ehe Santa Maria Nuova erreicht wird. Von hier geht es weiter südwestlich in Richtung Bertinoro. Nachdem man die Bahnlinie sowie die ursprünglich von den Römern angelegte Via Emilia (heute Nationalstraße 9) überquert hat, wird es gebirgig: Die Straße steigt bis La Paninghina, einem kleinen Thermalort, ordentlich an. Hier geht es rechts ab, Richtung Forlimpópoli.

Der Weg mündet in eine Hauptstraße, wo man links abbiegt und nach Spedaletto gelangt. Nach etwa 1 km wird die Hauptstraße wieder verlassen und die Nebenstrecke gewählt, die geradeaus nach Selbagnone führt. Zuvor dreht man sich um und sieht einen Hügel im Rücken, auf dem das mittelalterliche Bertinoro (257 m) mit seiner *Burg* thront. Kurz vor Selbagnone geht es links auf einer größeren Straße nach Méldola.

Méldola (58 m)

Schon in antiker Zeit soll hier eine Residenz gestanden haben, aber erst seit 1882 darf sich Méldola auf königliche Weisung hin »Stadt« nennen. Sehenswert sind die restaurierte Burganlage *Rocca*, der *Palazzo Cumale*, der *Torre Civica*, die prächtige Residenz *Loggiato Aldobrandini* aus dem 16. Jh. sowie verschiedene Kirchen.

↳ Albergo Red River
 Via G. Bruno 20
 Tel. 0543/495174
Einfache Unterkunft. DZ mit Bad ab 50.000 Lire.

Méldola verlässt man westwärts auf der Straße nach Predáppio, die bald steil bergauf führt. Der höchste Punkt wird nach 7 km bei der Rocca delle Caminate (380 m) erreicht. Von dort geht es auf 4 km 250 m bergab bis nach Predáppio.

Predáppio (130 m)

In Predáppio sind zwei bedeutende italienische Personen geboren, die gegensätzlicher kaum sein könnten: der »Duce« Benito Mussolini (1883-1945) und Adone Zoli, als italienischer Ministerpräsident der christdemokratischen Partei im Jahr 1957 Gegner des Faschismus. Die Grabsteine beider Familien liegen auf dem Friedhof der *Dorfkirche San Casiano* in Pennino.

Das *Geburtshaus Mussolinis* steht in der Nähe der zentralen Piazza Garibaldi. In den alten Kellern der Familie Zoli ist heute ein Weinmusem untergebracht. Erwähnenswert sind noch die Reste des *Amphitheaters* sowie das *Schloss* mit dem Schlosspark *Rocca delle Caminate* und dem Gebäude *Santa Rosa*, die besichtigt werden können.

In Predáppio fährt man den Rabbi flussaufwärts auf der Straße 9 über San Savino, Santa Marina bis nach Premilcuore (450 m). Nach Premilcuore geht es weiter bergauf, und man radelt etwa 10 km lang durch den Nationalpark *Foreste Casentinesi Monte Falterona-Campigna*, der kurz vor dem Passo del Murgalione (907 m) wieder verlassen wird. Von dort geht es 4 km lang über 500 m bergab, bis nach San Godenzo.

San Godenzo (404 m)

Unterkunft

⤴ Albergo Silvano
   Via Forlivese 69-71
   Tel. 055/8374043
   Fax 055/8374397
Nettes Hotel mit Garten, Restaurant und Parkplatz. DZ ab 62.000 Lire.

⤴ Albergo Agnoletti
   Via Forlivese 64
   Tel. 055/8374016

Einfache Zimmer. Mit Restaurant und Bar. DZ ab 55.000 Lire.

Von San Godenzo folgt man der Nationalstraße 64 bergab bis nach Dicomano (162 m), wo die Bahnstrecke sowie der Fluss Sieve überquert werden, um damit die stark befahrene Straße zu verlassen. Auf einer Nebenstrecke geht es nun auf der rechten Seite des Flusses San Quirico und Sagginale bis zum Etappenziel Borgo San Lorenzo, wo Anschluss an Tour 26 besteht.

Borgo San Lorenzo (193 m)

Borgo San Lorenzo ist die wichtigste Stadt des Mugello. Sehenswert sind der *Palazzo Comunale*, die *Villa Pecori* Giraldi sowie die romanischen Kirchen *San Lorenzo* und *San Giovanni* aus dem 10. Jh. mit ihrem achteckigen Turm und einer Madonna von Giotto (1266-1337), der hier in der Nähe geboren wurde.

ⓘ   Via P. Tagliatti 45
    50032 Borgo San Lorenzo
    Tel. 0558/495346
    Fax 0558/456288

Radverleih

🚴 Cooperativa Ischetus
   Viale IV Novembre 14
   Tel./Fax 0558/457056
Diese Kooperative verleiht nur MTBs und organisiert auch MTB-Radtouren.

Radservice

- 🚲 Mugello Bike
  Via Beato Angelico 5
  Tel. 0558/458713
- 🚲 Crazy Bike
  Via Divisione Partigiana
  Garibaldi 23
  Tel. 0558/458584

Unterkunft

Auch hier gibt es nur wenige, teure Hotels. Die ***Hotels bieten das beste Preis-Leistungs-Verhältnis.

- Hotel Tre Fiumi
  Via Madonna Tre Fiumi 16
  Tel. 055/8403015
  Fax 055/8403197

Nette Zimmer. Mit Garten, Restaurant und Bar. DZ mit Bad ab 140.000 Lire.

- Hotel Villa Ebe
  Via Ferracciano 11
  Tel. 055/8457507
  Fax 055/848567

Gut ausgestattete Zimmer. Mit Garten, Restaurant und Bar. DZ mit Bad ab 150.000 Lire.

- Albergo La Colla
  Via Faentina 69
  Tel. 055/8405013

Einfache Unterkunft mit Restaurant. Das günstigste Hotel der Stadt ist dennoch teuer: DZ ab 100.000 Lire.

TOUR 26:
VOM PO ZUM ARNO

Ferrara (Touren 18, 22, 23) – Póggio Renatico – Sant'Agostino – Pieve di Cento – Bologna – Paderno – Monzuno – Passo della Futa – Borgo San Lorenzo (Tour 25) – San Ansano – Vetta la Croci – Fiésole – Firenze (Tour 30)

Länge: ca. 205 km
Dauer: 3-5 Tage
Schwierigkeitsgrad: schwer
  bis Bologna flach, aber danach zahlreiche starke Steigungen und einige Pässe
Wichtigste Sehenswürdigkeiten:
  Ferrara, Bologna, Fiésole, Firenze
Karten:
- Kümmerly & Frey 1:200.000; Emilia-Romagna; 16,80 DM
- Generalkarte Italien 1:200.000; Adria/Umbrien/Marken (6); 12,80 DM
- Touring Club Italiano 1:200.000; Emilia-Romagna; 9.500 Lire

Bedeutende Kunststädte wie Ferrara, Bologna und Firenze liegen entlang dieser Strecke, die zudem die verschiedensten Landschaften berührt. Diese Tour durchquert die Apenninen und führt von der flachen Po-Ebene mit ihren vielen Feldern hin zur lieblichen, hügeligen Landschaft der Toscana, die von Zypressen und Oliven geprägt ist. Am Ausgangspunkt der Tour, Ferrara (Tour 22), besteht Anschluss an Touren, die in fast alle Himmelsrichtungen verlaufen (Touren 18, 22, 23), während von Firenze aus per Rad die Toscana erobert werden kann.

Zwischen Bologna und Firenze

Ferrara wird südlich über die unweit des Porto Turistico an der Stadtmauer liegende Piazza Travaglio verlassen. Auf der stadtauswärts führenden Via Bologna überquert man den Po Volano, um danach in die zweite Straße links abzubiegen, die Via Argine Ducale, der bis zur Bahnunterführung gefolgt wird. Danach wird die Straße schmaler und ändert alsbald ihren Namen: Via Arginone, aber die Richtung (Westen) bleibt. Noch vor der Unterquerung der Autobahn A13 geht es rechts auf einen kleinen Weg, der über Pamperso nach Coronella verläuft. Dabei quert man zuerst die Bahngleise und dann die Autobahn, ehe die Straße scharf nach links abknickt.

Coronella wird in südlicher Richtung durchfahren und Póggio Renático (10 m) erreicht. Man verlässt den Ort südwärts in Richtung San Giórgio di Piano. Aber schon nach 2 km, noch vor der Brücke über den Fluss Reno, geht es rechts über Chiesa Nuova und Marvelli nach Sant'Agostino (15 m). Dort hält man sich links, quert den Fluss Reno und radelt auf kleinen Straßen durch Roggetto bis nach Pieve di Cento.

Pieve di Cento (14 m)

⤴ Locanda Le Quattro Piume
Via XXV Aprile 15
Tel. 051/6861500
Fax 974191

Ordentliche Zimmer. Mit Garten. DZ mit Bad ab 85.000 Lire.

Von Pieve di Cento geht es weiter über Castello d'Argile (23 m) nach

Malacappa. Dort wird der Verkehr etwas dichter, aber dafür gewährt die linksseitig des Reno führende Strecke schöne Blicke auf den Fluss. Nach rund 10 km erreicht man Trebbo di Reno, das weiterhin in südlicher Richtung durchfahren wird. Es geht unter zahlreichen Verkehrssträngen (Bahn, Nationalstraße, Autobahn, Bahn) hindurch, die das nahende Bologna ankündigen. Die Via Zanardi führt bis in die Innenstadt von Bologna, die an der Porta Lame erreicht wird.

Bologna (55 m)

Bologna gilt als gelehrte, fette und rote Stadt. Rot nicht nur wegen der vielen roten Dächer: Als einzige Stadt wird Bologna seit 1945 durchgehend von einer sozialistischen Ratsversammlung regiert. Gelehrt, weil hier seit 9 Jahrhunderten studiert wird – an der ältesten Universität Europas, die im Jahr 1087 gegründet wurde. Im 13. Jh sollen hier schon 10.000 Studenten eingeschrieben gewesen sein. Schon zur Römerzeit sprach man von »Culta Bononia«, also dem »gelehrten Bologna«. Den Beinamen »fette Stadt« erhielt die Stadt Bologna schließlich wegen ihrer guten Küche.

Das Stadtbild wird beherrscht von zahlreichen Kirchen, Palästen und Türmen aus dem Mittelalter, der Renaissance und dem Barockzeitalter. Zentren der Stadt sind die Piazza Maggiore, einer der schönsten Plätze Italiens, und die Piazza del Nettuno, benannt nach dem *Neptunsbrunnen* aus dem 16. Jh. Die Piazza Maggiore wird von dem *Palazzo del Podestà* beherrscht. Hinter dem Gebäude steht der *Palazzo von König Enzo*. In der unterirdischen Passage, die die Piazza del Nuttno mit der Via Ugo Bassi verbindet, sind Reste der römischen Straße von Milano nach Rimini wie auch von dem Wasserleitungssystem der alten Römer zu sehen.

Wegen der Lage am Fuße der Apenninen regnet es in Bologna häufiger als in vielen anderen Städten Italiens. Das macht aber nichts, weil ein Großteil der Fußwege – rund 40 km – von Arkaden geschützt ist, unter denen man trockenen Hauptes die Stadt durchlaufen (weniger gut durchradeln) kann. Zum Glück der Fußgänger und Radler sind viele Straßen in der Innenstadt autofrei und wurden in den letzten Jahren im Rahmen der Kampagne BBB (»Bologna by Bike«) einige Radwege angelegt.

☺☺☺ Wahrzeichen von Bologna sind die Zwillingstürme *Torre Asinelli* (98 m), der höchste mittelalterliche Bau Europas, und *Torre Garisenda* (48 m), die sich wegen der Absenkung des Bodens etwas zur Seite geneigt haben (letzterer um 3,2 m). Von diesen im 11. Jh. errichteten Wohntürmen soll es im Mittelalter 170 in der Stadt gegeben haben. Vom Torre Asinelli genießt man einen weiten Blick auf die roten Dächer Bolognas, die Po-

☺☺ Die im 13. Jh. begonnene *San Domenico* gilt als eine der interessantesten Kirchen der Stadt. Das Innere ist in üppigem Barock ausgestattet. An dem außergewöhnlichen Grabmal des heiligen Domenico wurde 300 Jahre lang gebaut. Unter den fünf an dem Grabmal beteiligten bekannten Künstlern war auch der junge Michelangelo.

☺☺ Die gotische *Basilica San Petronio*, des Schutzheiligen von Bologna, fällt durch ihre merkwürdige, nie vollendeten Fassade auf. Das Innere der Basilica hat geradezu gigantische Ausmaße. Das Portal der Kirche nimmt die ganze Südseite der Piazza Maggiore ein.

☺ Der *Palazzo Comunale*, das Rathaus, liegt an der Piazza del Nettuno. Im 2. Stock, der eine schöne Sicht über die Stadt bietet, befinden sich zwei Kunstsammlungen: die *Collezioni Comunali* und das *Museo Morandi*. Geöffnet Di bis So 10-18 (Eintritt: 5.000 Lire für eine Kunstsammlung, 8.000 Lire für beide).

☺ Die *Pinacoteca Nazionale* in der Via Belle Arti 56 ist eine große Gemäldesammlung mit Werken vom 14.-18. Jh., darunter Raffael, Carraci, El Greco, Giotto, Guercino und Tintoretto. Geöffnet Di bis Sa 9-14, So 9.30-11.30 Uhr (Eintritt: 8.000 Lire, Tel. 051/243222).

☺ Das Stadtmuseum besteht aus zwei räumlich getrennten Abteilungen: Dem *Museo Civico Archeologico* mit vorgeschichtlichen Funden und dem *Museo Civico Medievale* mit Informationen über Bologna im Mittelalter. Geöffnet Di bis Fr 9-14, Sa/So 9-13 und 15.30-19 Uhr (Eintritt: 8.000 Lire, Tel. 051/233849).

☺ Die Besonderheit an der Kirche von *San Stefano* besteht darin, dass diese eigentlich aus vier untereinander verbundenen Kirchen mit acht Gebäuden besteht. Das Hauptgebäude ist die im 17. Jh. umgebaute Chiesa del Crocifisso mit ihrer sehenswerten Krypta. An San Sepolcro schließen sich ein schöner Säulenhof und ein Kreuzgang an.

ⓘ Piazza Maggiore 6
40124 Bologna
Tel. 051/239660
Fax 051/231454

Weitere Touristeninformationen befinden sich am Flughafen und am Bahnhof.

Radverleih

🚲 Senzauto
Piazza Madaglie d'Oro 4
Tel. 051/251401

Dieser am Bahnhof gelegene Radverleih ist einer der günstigsten in Bologna: Das Rad kostet pro Tag 10.000 Lire oder pro Stunde 3.000 Lire. Ein weiterer Vorteil sind die sehr langen Öffnungszeiten (Mo-Fr 6.30-11 und 12-21 Uhr, Sa 7-11 und 12-15 Uhr). Auch Radservice.

🚲 Tandem
Strada Maggiore 90
Tel. 051/308830

Hier gibt es die preiswerten »Stundenräder«; ab 2.000 Lire. Geöffnet ist zu den normalen

Geschäftszeiten (von 8.30-12.30 und 15-19 Uhr).
- 🚲 Due Ruote
  Via San Stefano 14
  Tel. 051/233337

Hier gibt es nur Mountainbikes. Günstig ist der Wochenendtarif (30.000 Lire). Geöffnet zu den normalen Geschäftszeiten (8.30-12.30 und 15-19 Uhr).

- 🚲 Treno e Scooter aby Car
  Piazza Medaglie d'Oro 4
  Tel. 051/253832

Die besten Öffnungszeiten: jeden Tag 6-2 Uhr nachts. Die Garage ist allerdings in der Via Boldrini 3.

Radservice
- 🚲 C.M.F. di Carlo Cova & C.
  Via San Felice 149
  Tel. 051/550605
  Fax 051/552107

Im Zentrum, Straße vom Zentrum nach Porta San Felice.

Radclub
- ✉ Monte Sole Bike Group
  Piazza Allende 8
  40064 Ozzano Emilia (BO)
  Tel./Fax 051/797103,
  nic2762@iperbole.bologna.it
  members.theglobe.com/monte-sole/homepage.htm

Camping-Artikel
- ✉ Calesini Bottega del
  Campeggiatore
  Via Beverara 157
  Tel. 051/6341504

Unterkunft
- ⌂ Ostello per la Gioventù
  »San Sisto«

Durch die Apenninen

Via Viadagola 14
Tel./Fax 051/519202
Diese Jugendherberge ist 6 km vom Bahnhof entfernt und hat Fahrradverleih sowie einen Garten. Ü/F 18.000 Lire. Geöffnet 7-10 und 15.30-23.30 Uhr.

⌁ Ostello per la Gioventù
»Due Torri«
Via Viadagola 5
Tel./Fax 051/501810
Die Adresse ist fast dieselbe wie bei obiger. Auch hier sind Garten und Radverleih vorhanden. Aber das moderne Gebäude bietet mehr Plätze an. Ü/F 20.000 Lire. Geöffnet 7-24 Uhr.

⌁ Albergo San Vitale
Via San Vitale 94
Tel. 051/225966
Fax 051/239396
Etwa 500 m vom Zentrum entfernt. Mit Garten. Zimmer mit Badezimmer. DZ ab 90.000 Lire.

⌁ Hotel dell'Academia
Via Belle Arti 6
Tel./Fax 051/232318
oder 263540
Dieses nette Hotel liegt in der Uni-Gegend, die leider nicht zu den leisesten gehört. Garage. DZ ab 70.000 Lire.

⌁ Albergo Arcoveggio
Via Lionello Spada 27
Tel./Fax 051/355436
Gut ausgestattete Zimmer sowie Garage und Garten. DZ ab 65.000 Lire.

▲ Hotel/Camping
Città di Bologna
Via Romita 12
Tel. 051/325016
Fax 051/325318
Dieser moderne und saubere Campingplatz liegt 6 km nördlich von Bologna. Mit Laden. 2 Personen und 1 Zelt ab 23.000 Lire. Ganzjährig geöffnet.

Verpflegung

In einer Stadt, die für ihre gute Küche bekannt und zudem eine große Studentenstadt ist, fällt die Auswahl schwer. Im Juli und August sind allerdings viele Essgelegenheiten in Bologna wegen der Semesterferien geschlossen, denn: Die Stadt lebt im Rhythmus des Uni-Jahres. Besonders gut isst man übrigens im Stadtteil Quadrilatero, dem so genannten »Bauch« der Stadt.

🍽 Trattoria da Vito
Via Musolei 9
Tel. 051/349809
Beliebt bei Bolognesern wegen der reichlichen, schnörkellosen und bezahlbaren Gerichte.

🍽 Trattoria-Pizzeria Belle Arti
Via delle Belle Arti 14
Tel. 051/225581 oder 229075
In der rustikalen, aber gemütlichen Einrichtung munden die kompetent zubereiteten regionalen Spezialitäten wie *Cotoletta alla Bolognese* oder *Garganelli Belle Arti* hervorragend.

In Bologna sollte man die bekannte gute Küche noch einmal zum Auftanken der Energiereserven nutzen, denn nun geht es bergauf in die Apenninen. Dazu geht es in südlicher Richtung über die Piazza di

Porta San Mamolo, um Bologna über die gleichnamige Straße zu verlassen. Ungewöhnlich schnell lässt man das bebaute Gebiet hinter sich und befindet sich plötzlich in der freien Landschaft. Die kaum befahrene Straße verläuft parallel zur Autobahn und zur Nationalstraße 65, die den Großteil des Verkehrs zwischen Bologna und Firenze aufnehmen. Kurz nach Paderno geht es rechts am Monte Sabbiuno (392 m) vorbei. Die kurvenreiche Straße führt in südlicher Richtung nach Monzuno.

Monzuno (621 m)

Unterkunft
↵ Albergo La Fornace
Via Val di Setta 68
Tel. 051/6777538
Fax 051/6777308

Gut ausgestattete Zimmer. Mit Garage, Garten und Restaurant. DZ mit Bad ab 120.000 Lire.

↵ Albergo Monte Venere
Via Luigi Casaglia 5
Tel. 051/6770548

Einfache Zimmer. Mit Restaurant, Parkplatz und Garten. DZ ab 60.000 Lire.

Von Monzuno geht es weiter gen Süden. Nach einer größeren Rechtskurve kommt man nach Madonna dei Fornelli, wo es endlich mal ein längeres Stück bergab geht: nach Castel dell'Alpi, wo Kräfte für die anstehende Steigung gesammelt werden sollten.

Castel dell'Alpi

Castel dell'Alpi (694 m)

Dieses kleine beschauliche Dorf liegt schön an einem Stausee.

Unterkunft
↪ Albergo Belvedere
   Via Provinciale 47
   Tel. 0534/94108
Direkt am Stausee gelegen. Einfach, aber nett. Mit Restaurant. DZ ab 50.000 Lire.

Hinter Castel dell'Alpi wartet schon der Monte Bastione (1.190 m). Von diesem Berg geht es in westlicher Richtung hinunter bis zur Zufahrtsstraße zur Autobahn A1, wo man links Richtung Brúscoli abbiegt. Jetzt geht es wieder kräftig bergauf, zum Passo dell Futa (903 m), wo rechts die Nationalstraße 65 erreicht wird, der man rechts 3,5 km bis nach Santa Lucia folgt. Dort geht es links auf die Nebenstraße, um sich rechts zu halten und nach 8 km Galliano zu erreichen. Dort überquert man den Bach und fährt an der Kirche vorbei auf der linken Seite des Gewässers, bis die links nach Borgo San Lorenzo führende Querstraße erreicht wird. Nach der Querung der Nationalstraße 503 bei Petrona sind es noch etwa 5 km bis Borgo San Lorenzo (Tour 25), wo Anschluss an Tour 25 besteht, die quer durch die Apenninen bis zur Adria führt.

In Borgo San Lorenzo biegt man rechts in Richtung Firenze ab und fährt nun über Gricignano, Póggiolo, Vetta lo Croci und Montereggi nach Fiésole. Diese wenig befahrene Straße schlängelt sich ohne nennenswerte Steigungen am Hang entlang und gewährt schöne Ausblicke auf das Seitental bis hinein in das Arno-Tal. Die vielen Olivenbäume und Zypressen sind ein schöner Vorgeschmack auf die typische Landschaft der Toscana.

Fiésole (295 m)

Fiésole thront schon seit dem 7. Jh. v. Chr. 8 km nordöstlich von Firenze auf einem Hügel, der eine wunderbare Aussicht auf die Kunststadt am Arno erlaubt. Zu Zeiten der Etrusker und Römer war das heute gerade einmal 15.000 Einwohner zählende Fiésole sogar bedeutender als Firenze. Aus jener Zeit zeugen noch Reste der etruskischen Stadtmauer und das *Teatro Romano* sowie zahlreiche, im *Museo Archeologico* ausgestellte Fundstücke, die bis zur Bronzezeit zurückreichen (14. Jh. v. Chr.).

Wo einst die Römer auf ihrem Forum Handel trieben, liegt heute die zentrale Piazza Mino da Fiésole, die von mittelalterlichen Gebäuden und dem romanisch-gotischen *Duomo San Romolo* aus dem 11. Jh. mit seinem 42 m hohen Glockenturm mit markanten Zinnen gesäumt wird.

☺ Ganz oben auf dem Hügel von Fiésole thront das sehenswerte *San Francesco-Kloster*. Genau an jener Stelle stand einst die etruskische Akropolis.

Landschaft nördlich von Fiésole

ⓘ Piazza Mino 36
50014 Fiésole
Tel. 055/598720
Fax 055/598822

Unterkunft

Fiésole hat so ziemlich die teuersten Unterkünfte der Toscana.
Wer will, kann für ein DZ rund 2.300 DM ausgeben – pro Nacht!

↙ Bencistà
Via B. da Maiano 4
Tel./Fax 055/59163

Nicht gerade billig, aber einige Zimmer bieten eine schöne Sicht auf Firenze. Mit Garten und Restaurant. DZ ab 240.000 Lire.

↙ Albergo Dino
Via Faentina 329
Tel. 055/548932
Fax 055/548934

Die Herberge hat ein Restaurant, Garage und einen netten Garten. DZ ab 150.000 Lire.

▲ Panoramico
in Prato Pini
Tel. 055/599069

Sehr schöne Sicht über Firenze. Gut ausgestatteter Platz mit Zypressen und gepflegten Sanitäranlagen. 2 Personen und 1 Zelt ab 30.000 Lire. Ganzjährig geöffnet.

Verpflegung

🍴 Le Terrazze
Via Gramsci 19
Tel. 055/59272

Nicht typisch italienisch, aber mit sehr schöner Aussicht. Angemessene Preise und leckere Gerichte.

Von Fiésole geht es auf Serpentinen hinab in das Arno-Tal. Trotz der Versuchung, sich schnell hinunter-

Umgebung von Borgo San Lorenzo

rollen zu lassen, sollte man sich Zeit für den schönen Blick auf die Kunstmetropole Firenze lassen, die über die Via Domenico erreicht wird. An der Piazza T. A. Edison hält man sich rechts und gelangt in den Viale Alessandro Volta.

Nach der Piazza Ferraris geht es die dritte Abzweigung nach links, die Via A. Pacinotti, die über die Bahngleise hinüberführt. Die Straße ändert manchmal ihren Namen, aber man folgt ihr immer geradeaus, bis die Innenstadt von Firenze (Tour 30) erreicht wird, wo Anschluss an verschiedene Toscana-Touren besteht: Tour 30 am Arno entlang oder Tour 33, die in den Chianti führt.

TOUR 27:
VOM PO IN DIE MARMORBERGE

Mántova (Touren 5, 6, 22) – Césole – Póstolo – Guastalla – Reggio Emilia (Tour 28) – Albinea – Carpineti – Colombaia – Villa Minozzo – Piandellagotti – Castelnuovo di Garfagnana (Tour 29)

Länge: ca. 175 km

Dauer: 3-4 Tage

Schwierigkeitsgrad: schwer
    zuerst angenehm flach, aber ab Reggio Emilia herausfordernd mit ausgeprägten, schweren Bergetappen (max. 1.700 m)

Wichtigste Sehenswürdigkeiten:
    Mántova, Guastalla, Reggio Emilia, Castelnuovo di Garfagnana

Karten:
- Kümmerly & Frey 1:200.000; Emilia-Romagna; 16,80 DM
- Generalkarte Italien 1:200.000; Brenner/Verona/Parma (2), Toskana (5); 12,80 DM
- Touring Club Italiano 1:200.000; Emilia-Romagna; 9.500 Lire

Diese Tour verbindet Lombardia mit der Toscana, wobei allerdings der Großteil der Strecke durch die Region Emilia-Romagna führt. Geht es zuerst durch die flache Po-Ebene und über den Po hinüber, erreicht man bald die Apenninen, wo es bis zu 1.700 m hinaufgeht. Zielpunkt der Tour ist Castelnuovo di Garfagnana, das etwas landeinwärts von Carrara liegt, wo der bekannte Marmor schon seit Jahrtausenden gebrochen wird. In Castelnuovo di Garfagnana besteht Anschluss an die Toscana-Tour 29, die in das Arno-Tal bei Pisa führt.

Der Startpunkt Mántova (Tour 5) kann mit den Touren 5, 6 und 22 erreicht werden. Die Innenstadt von Mántova verlässt man auf der Richtung Parma führenden Nationalstraße 420. Gleich nach der Querung der Bahngleise geht es auf der nach San Silvestro führenden Seitenstraße weiter. Dort hält man sich rechts und fährt in südwestlicher Richtung bis nach Césole. Hier geht es südwärts weiter durch den Parco dell'Oglio Sud über Alberone und Fogare, den Po querend, bis nach Guastalla.

Guastalla (25 m)

Die Stadt Guastalla hat von ihrer Lage am rechten Ufer des Po profitiert, indem sie die landwirtschaftlichen Produkte des Hinterlandes verarbeitet und vertreibt. Das Landwirtschafts-, Industrie- und Handelszentrum besitzt eine Reihe bedeutender Sehenswürdigkeiten. Die im späten Mittelalter (14. Jh.) errichtete Burg wurde im Jahr 1690 von den Spaniern zerstört. Um die Ruine zu »recyceln«, verwendeten die Bewohner die Steine 1723 zum Bau des Stadtturmes.

☺ Das *Museo della Biblioteca »Maldotti«* in der Via Garibaldi 54 hat einen großen Bestand wertvoller historischer Dokumente und Bücher und ist seit 1934 der Öffentlichkeit zugänglich. Geöffnet Mo bis Fr 14-18, Mi auch 8.30-12 Uhr (Tel. 0522/826294).

Unterkunft
- ↳ Albergo Pacian
  Via Trieste 3-5
  Tel. 0522/824195
  8 einfache Zimmer. DZ ab 50.000 Lire.
- ↳ Hotel Leon d'Oro
  Via Giuseppe Verdi 6
  Tel. 0522/826950
  Fax 0522/824060
  Gut ausgestattete Zimmer. Mit Restaurant und Bar. DZ mit Bad ab 100.000 Lire.

Von der Innenstadt Guastallas kommend, überquert man die Bahn und radelt in südlicher Richtung weiter über San Giácomo, Ponte di Forca bis nach Sesso. Die Straße verläuft parallel zu der wesentlich stärker befahrenen Nationalstraße 63. Etwa 500 m vor Sesso zweigt rechts die Via Grisendi ab. Hier verläuft der »Itinerario Botanico«, eine Art Naturlehrpfad, dem man bis in das Zentrum von Reggio Emilia folgt. An der Nationalstraße 63 geht es kurz rechts und dann links weiter, und kurz darauf links.

Nachdem die Straße den Bach Cróstolo überquert hat, hält man sich links und nimmt die Brücke über den Kanal. Zwischen dem Wasserlauf und dem Fluss wachsen große Maulbeerbäume und Pappeln. Die Ufer des Kanals sind sumpfig und mit Rohr bewachsen. Mit etwas Glück ist das Gezwitscher von Rohrsängern zu hören. Jetzt führt die Via Malatesta am Cróstolo entlang, nach Cavalozzi. Kurz darauf geht es vor der Brücke rechts in die Via Campioli, wo auffällige Ahornbäume und Zypressen wachsen. Nachdem die Straße den Bach überquert hat, fährt man rechts durch die Via Manfreddi in das historische Zentrum von Reggio Emilia hinein, wo Anschluss an die von Bologna nach Pizzighettone am Fuße der Apenninen entlang führende Tour 28 besteht.

Reggio Emilia (58 m)

Reggio Emilia blühte seit seinem Anschluss an die Via Emilia im 2. Jh. v. Chr. unter den Römern auf. Die heutige Innenstadt wird vor allem von vielen Renaissance-Bauten geprägt.

Unter den vielen Plätzen sticht die Piazza Prampolino hervor, auch Piazza Grande genannt. Hier findet man die bedeutendsten Bauwerke von Reggio Emilia wie den Duomo oder den Palazzo Comunale aus dem 18. Jh. Die Piazza Prampolino ist nur durch das Porta Broletto vom Piazza San Prospero getrennt, auf dem Di und Fr ein Markt abgehalten wird.

Kurios ist die Geschichte der Piazza Fontanesi, unter der früher der Secchia-Kanal entlang floss. Dessen Wasser wurde zur Leder- und Seidenproduktion benötigt. Der Wasserlauf wird heute von hellblauen Fliesen auf dem Boden der Piazza nachgezeichnet.

Bekanntester Sohn von Reggio Emilia ist der 1474 hier geborene Dichter Ludovici Ariosto.

Reggio Emilia gibt sich gerne als grüne Stadt, vor allem wegen der Parks in der Innenstadt. In dem 1850 angelegten Parco del Popolo stehen neben Bäumen und Büschen auch Büsten und Statuen.

Angenehm für den Radler: Die Innenstadt von Reggio Emilia ist autofrei.

☺☺ Der romanische *Duomo* aus dem 13. Jh. wurde im 16. Jh. im Renaissance-Stil umgebaut und mit Skulpturen jener Epoche ausgestattet, darunter dem prächtigen Kirchenschatz in der Sakristei.

☺☺ Das Prunkstück des im 15. Jh. errichteten *Palazzo del Municipio* ist sicher der 3 Jahrhunderte später eingerichtete Tricolore-Saal, in dem im 19. Jh. die drei Farben der italienischen Staatsflagge festgelegt wurden (Führungen nach Vereinbarung, Tel. 0522/456222). Zum Rathaus gehört der Stadtturm »Bordell«, der nach dem Erdbeben von 1832 verkürzt werden musste.

☺☺ Das *Museo Civico »Lazzaro Spallanzi«* in der Via Secchi 2 wurde nach Lazzaro Spallanzi benannt, einem Wissenschaftler aus dem 18. Jh. Wo früher Franziskaner-Mönche lebten, sind heute kunsthandwerkliche, archäologische und naturwissenschaftliche Sammlungen untergebracht, außerdem wird über das Leben Spallanzis informiert. Geöffnet Mo bis Sa 9-12, So 9-12 und 15-18 Uhr, Eintritt frei (Tel. 0522/456816).

☺ Das *Museo della Bicicletta* in der Via Porta Brennone 17 ist keine besondere Sehenswürdigkeit, aber ein Tipp für Radwanderer, die sich für die Entwicklung ihres Gefährts in Italien interessieren. Da es keine regulären Öffnungszeiten gibt, muss man telefonisch einen Termin vereinbaren: Tel. 0522/438692.

☺ Die *San Prospero-Basilica* aus dem 15. Jh. erhebt sich auf der Piazza Piccola. Die Renaissance-Kirche mit ihrer Fassade aus dem 18. Jh. ist dem Schutzheiligen von Reggio Emilia, dem Bischof Prospero, geweiht. Im Inneren sollte man das hölzerne Chorgestühl aus dem 16. Jh. beachten. Außen fällt besonders der im Grundriss achteckige Campanile auf.

ⓘ Piazza Prampoli 5c
    42100 Reggio Emilia
    Tel. 0522/451152
    Fax 0522/436739

Radservice

🚲 La Bottega della Bici Ugo
    Via B.G. Ferrari 19
    Tel. 0522/432187

Radverleih

🚲 Rosati
    Via San Paolo 10
    Tel. 0522/436208

🚲 Bicittà Noleggio Bici
    Parcheggio v.Cecati
    Tel. 0522/456175

Geöffnet von April bis Oktober.

Radclub

✉ Tuttinbici
    C.P. 1132
    42100 Reggio Emilia
    Tel./Fax 0522/303247
    rebike@tin.it oder
    reg103k1@re.nettuno.it
    space.tin.it/associazioni/nfkfr

Unterkunft

🛏 Ostello per la Gioventù
    »Reggio Emilia«
    Via dell'Abbadessa 8
    Tel. 0522/454795

Diese Jugendherberge liegt zentral, 500 m vom Bahnhof entfernt. Fahrradverleih und Garten. Gelegenheit zum Selbstkochen und Restaurant. Kein Frühstück, Ü 16.000 Lire.

↵ Albergo Brasil
  Via Roma 37
  Tel. 0522/455376
  Fax 0522/455379
Nettes Hotel im Zentrum. DZ ab 67.000 Lire.

↵ Albergo La Rosta
  Via Passo Buole 18
  Tel. 0522/283683
  Fax 0522/322866
Gut ausgestattet, mit Garten und Restaurant. DZ ab 60.000 Lire.

Reggio Emilia wird auf der in südliche Richtung führenden 22 nach Albinea (155 m) verlassen. Dort zweigt man links ab, der Beschilderung nach Scandiano folgend. Aber noch vor dem Ort geht es rechts ab auf die Straße 7, durch das Tal des Tresinaro. Nach Viano (230 m) verlässt man die nun in Serpentinen aufwärts führende Straße 7 und bleibt 12 km lang im Tal des Tresinaro – bis nach Cigarello. Dort geht es links aufwärts nach Carpineti.

Carpineti (562 m)

Unterkunft

↵ Unterkunft Albergo delle Carpinete
  Via F. Crispi 25
  Tel. 0522/816125
32 einfache Zimmer. Mit Restaurant und Garten. DZ ab 55.000 Lire.

↵ Albergo La Ruota
  Via San Prospero 5
  Tel. 0522/618366
  Fax 0522/718407

Gut ausgestattete Zimmer. Mit Restaurant, Garage und Garten. DZ mit Bad ab 90.000 Lire.

Carpineti wird südlich verlassen. Nachdem man sich westlich um den Monte San Vitale (843 m) herumgekämpft hat, geht es über Vesallo abwärts in das Tal der Sécchia, der rechts, also flussaufwärts, gefolgt wird. Nach 7 km, kurz vor Gatta, geht es links ab nach Villa Minozzo.

Villa Minozzo (680 m)

Unterkunft

In diesem Ort gibt es lediglich einfache Unterkünfte.

↵ Albergo Diambri
  Via Manfredi 26
  Tel. 0522/803130
7 Zimmer ohne Bad. Mit Restaurant. DZ ab 45.000 Lire.

↵ Albergo Cusna
  Via Roma 1
  Tel. 0522/801164
18 Zimmer mit oder ohne Bad. Mit Restaurant und Bar. DZ ab 50.000 Lire.

Villa Minozzo wird in südlicher Richtung verlassen. Gleich nach dem Ort hält man sich einmal links und danach immer rechts, bis nach 10 km Asta erreicht wird. Weiter geht es (aufwärts!) auf der schönen panoramareichen Straße über Cervarolo und Civago nach Piandelagotti (1.209 m). Zur Rechten liegt das Schutzgebiet Parco Regionale dell'Alto Appennino Reggiano. Einige km vor Piandelagotti verengt sich das Tal zu einer engen Schlucht.

Tour 28:
Am Fuße der Apenninen

Bologna (Tour 26) – Casalécchio di Reno – Castello di Serravalle – Vignola – Castèlvetro di Modena – Casalgrande – Reggio Emilia (Tour 27) – Quattro Castella – Montécchio – Monticelli Terme – Parma – Piacenza – Pizzighettone (Tour 5)

Länge: ca. 255 km
Dauer: 3-5 Tage
Schwierigkeitsgrad: mittel
  am Anfang einige Steigungen, ab Parma flach
Wichtigste Sehenswürdigkeiten:
  Bologna, Reggio Emilia, Parma, Piacenza
Karten:
- Kümmerly & Frey 1:200.000; Emilia-Romagna; 16,80 DM
- Generalkarte Italien 1:200.000; Brenner/Verona/Parma (2), Toskana (5); 12,80 DM
- Touring Club Italiano 1:200.000; Emilia-Romagna; 9.500 Lire

Grenzstein Emilia-Romagna/Toscana

Hinter Piandelagotti hält man sich rechts, auch beim Erreichen der viel befahrenen 324. Dort geht es tüchtig aufwärts zum Pass Foce della Radici (1.682 m), dem Höhepunkt dieser Tour, wo auch die Grenze von der Emilia-Romagna zur Toscana überschritten wird. Nun geht es erst links, dann rechts ab, vorbei an der Alpe San Pellegrino (1.700 m) in rasender Abwärtsfahrt nach Pieve Fosciana (369 m). Von dort rollt das Rad weiter abwärts in das Tal des Flusses Serchio zum Etappenziel Castelnuovo di Garfagnana (270 m), wo Anschluss an die Toscana-Tour 29 besteht.

»Entlang der Via Emilia«, konnte diese Tour auch genannt werden, denn sie verläuft parallel zur alten römischen Handelsstraße, die schon damals wichtige Städte wie Bologna, Reggio Emilia, Parma und Piacenza miteinander verband. Aber die Bezeichnung »Entlang der Via Emilia« wäre gleichzeitig auch irreführend, denn heute wird die viel befahrene Nationalstraße 9 mit diesem Namen bezeichnet, welche die Radtour konsequent meidet. Stattdessen geht es überwiegend über weit weniger stark befahrene Nebenstraßen. Bei dieser am Nordrand der Apenninen entlangführenden Tour genießt man oft weite Blicke in die Po-Ebene. Die Strecke führt am Schluss über den Po und damit die Grenze zwischen der Emilia-Romagna und Lombardia. Dafür kann man am Zielort Pizzighettone gleich weiter durch Lombardia radeln (Tour 5).

In der altehrwürdigen Universitätsstadt Bologna (Tour 26) besteht Anschluss an Tour 26, die von Ferrara nach Firenze verläuft. Bologna wird über die westlich der Innenstadt gelegene Piazza di Porta Santa Isaia verlassen und stadtauswärts der Via Costa gefolgt. Diese Straße führt durch Croce di Casalécchio und über den Fluss Reno hinüber nach Casalécchio di Reno (67 m).

Unter der Autobahn A1 hindurch geht es direkt an der Bahnlinie entlang, bis man in Riale links abzweigt und über Gesso und Rivabella bis nach Ponte Rivabella radelt, wo beide Zuflüsse des Baches Lavino rechts überquert werden. Nun geht es 10 km immer am Bach entlang, bis nach Monte San Pietro (317 m). Am Ortsende quert man den Bach ein letztes Mal und fährt über Fagnano nach Zappolino, wo man rechts abbiegt und nach weiteren 1,5 km wieder links. Nun geht es 9 km lang in westlicher Richtung bis nach Castello di Serravalle (320 m). Dort zweigt man rechts ab und gelangt so nach 4 km auf die Nationalstraße 569, die links nach Vignola führt.

Vignola (125 m)

↳ Albergo Eden
Via Cesare Battisti 49
Tel. 059/772847
Fax 059/771477

Das einzige Hotel im Ort hat 15 angenehme Zimmer. DZ ab 75.000 Lire.

Vignola wird in westlicher Richtung verlassen, um alsbald Castèlvetro di Modena (152 m) zu erreichen. Auch weiter geht es westwärts, und nach 6 km stößt man auf die Nationalstraße 12, der rechts etwa 500 m nach Norden gefolgt wird. Aber noch im Ort Pozza verlässt man die Straße 12 zur Linken und fährt über Bachella und Villalunga nach Casalgrande.

Casalgrande (97 m)

Unterkunft
↳ Albergo Le Colline
Piazza Marzabotto 7
Tel. 0522/841114

Hier gibt es 8 einfache Zimmer ohne Bad. Mit Restaurant. DZ 60.000 Lire.

Von Casalgrande geht es auf einer alten Nebenstraße nach Reggio Emilia. Dazu verlässt man Casalgrande in nordwestlicher Richtung und radelt über Molina di Sabbione (73 m) auf der Straße 66 geradeaus weiter bis nach Due Maestá (65 m), wo die Nationalstraße 467 erreicht wird, die nach Reggio Emilia (Tour 27) hineinführt. Dort besteht Anschluss an Tour 27, welche von

Lombardia bis in die Toscana verläuft.
Reggio Emilia (58 m) wird in derselben Richtung verlassen, aus der man gekommen ist (Süden), man zweigt allerdings 2 km südlich der Innenstadt ab, der Beschilderung nach Albinea folgend. Nach 5 km, in Villa Corbelli, geht es wieder rechts ab. Nach der Querung des Baches Cróstolo und der Nationalstraße 63 erreicht man Rivalta, wo es links nach Montecávolo abgeht. Dort biegt man rechts ab auf eine etwas stärker befahrene, aber panoramareiche Straße, die den Radler über Quattro Castella (161 m) nach San Polo d'Enza (166 m) bringt, wo es über die Bahnlinie hinübergeht. Nun geht es rechts ab, bis nach 8 km Montécchio erreicht wird.

Montécchio (99 m)

Unterkunft
Hier gibt es nur 2 einfache Unterkünfte.

- Albergo Il Pavone
  Via XX Settembre 61
  Tel. 0522/864565

Das Haus hat 8 Zimmer mit oder ohne Bad. Mit Restaurant. DZ ab 40.000 Lire.

- Albergo Select
  Via V. Veneto 10
  Tel. 0522/864693
  Fax 0522/864850

Hier gibt es 15 ordentliche Zimmer. DZ mit Bad ab 78.000 Lire.
Von Montécchio führt die Route westlich nach Montechiarúgolo, wobei der Bach Enza überquert wird. Nun folgt man der Beschilderung zu den im Norden von Montechiarúgolo liegenden Monticelli Terme.

Monticelli Terme (99 m)

ⓘ Via Marconi 13
   43023 Monticelli Terme
   Tel. 0521/657519
   Fax 0521/657519

Von Monticelli Terme fährt man über Nebenstraßen, durch Malandriano hindurch, bis zur Straße 513, die links an der Cittadella vorbei geradewegs in die Innenstadt von Parma führt.

Parma (56 m)

Die Römer haben die Stadt am Ufer des Flusses Parma um 183 v. Chr. ihrem Reich als Kolonie einverleibt. Die Blütezeit Parmas begann, als Parma 1545 Hauptstadt des Herzogtums Farnese wurde. Einen kulturellen, von französischen Künstlern beeinflussten Schub erhielt Parma zum Ende des 18. Jh.s, als das Herzogtum von Napoleon Bonapartes Gemahlin Marie Louise regiert wurde. Herz der 170.000 Einwohner zählenden Stadt ist die Piazza della Pilotta, besonders an den Markttagen Mittwoch und Samstag: Da bekommt man dann den berühmten Parmaer Käse und Schinken. Ein ruhiger Picknickplatz ist der nach französischem Vorbild angelegte *Parco Ducale*.

☺☺☺ Der romanische *Duomo* aus dem 11. Jh. mit seinem gotischen Campanile gilt als Wahrzeichen von Parma. Sehenswert sind vor allem der Marmoraltar und die bedeutenden Fresken von Coreggio (1526-30) in der Kuppel. Täglich geöffnet. Zum Duomo gehört der *Battistero*, gelegen an der Ecke Strada a Duomo und Via XX Marzo. Der im Grundriss achteckige Bau ist mit rosa und weißem Marmor verkleidet und mit schönen Skulpturen außen sowie farbigen Fresken innen verziert. Geöffnet täglich 9-12.30 und 15-18 Uhr (Eintritt: im Duomo frei, im Battistero 3.000 Lire).

☺ Der unvollendete *Palazzo de la Pilotta* erhebt sich seit 1583 an der Piazza Marconi. Er wurde von der Farnese-Familie in Auftrag gegeben. Heute befinden sich in dem Gebäude mehrere Museen, darunter die Galleria Nazionale mit Gemälden aus dem 14.-16. Jh. mit Werken von Il Parmeggiano und Il Corregio, den bekanntesten Malern aus dieser Gegend. Im 1. Stock des Palazzo ist außerdem das Teatro Farnese aus dem 17. Jh. untergebracht, eines der größten Theater in Europa, das nach dem Vorbild des Teatro Olimpico in Vicenza erbaut wurde. Geöffnet täglich 9-13.45 Uhr (Eintritt: 12.000 Lire für Galerie und Theater).

☺ Das *Kartäuserkloster* von Parma liegt 4 km nordöstlich der Stadt. Man fährt über die Via Mántova und folgt dann den Schildern nach Certosa. Das Kloster ist eines der am strengsten überwachten Monumente Norditaliens, da sich hier jetzt eine Polizistenschule befindet. Man wird von einem bewaffneten Polizisten herumgeführt und muss am Eingang seinen Pass zeigen. Zu sehen sind schöne Fresken und Malereien, u. a. wieder von Il Corregio.

- ⓘ Via Melloni 1b
  43100 Parma
  Tel. 0521/218889
  Fax 0521/234735

Radservice

- 🚲 Cocconi
  Piazzale Santa Croce 13b
  Tel. 0521/993314
  Südwestlich des Parco Ducale.
- 🚲 City Bike Erminio
  Viale Mentana 8a
  Tel. 0521/35639
  Südöstlich vom Bahnhof.

Camping-Artikel

- ✉ N.C.S. di Reverberi
  Via L. Emilio 97
  Tel. 0521/44208
  Fax 0521/244941
- ✉ Spazio Verde
  Via O. Emilia 323
  in Pontetaro
  Tel. 0521/671689

Unterkunft

- ⌂ Ostello per la Gioventù »Cittadella«
  Via Parco Cittadella 5
  Tel. 0521/961434

Diese Jugendherberge liegt innerhalb der Burgmauern. Wem die

Sechser-Zimmer nicht behagen, kann auch zelten. Kein Frühstück, Ü 16.000 Lire. Geöffnet April bis Oktober 6.30-10 und 15.30-23.30 Uhr.

 Albergo Leon d'Oro
    Viale Fratti 4a
    Tel. 0521/773182

In der Nähe des Bahnhofs. Mit Restaurant. Schlichte, aber gepflegte Zimmer. DZ ab 75.000 Lire.

 Albergo Brozzi
    Via Trento 11
    Tel. 0521/272717
    Fax 0521/272724

Nahe am Bahnhof gelegen, etwa 500 m vom Zentrum entfernt. Mit Garage und Restaurant. DZ ab 74.000 Lire.

Verpflegung

 Ristorante-Taverna
    Gallo d'Oro
    Borgo Salina 3
    Tel. 0521/208846

Verschiedene gemütliche Essräume auf 3 Etagen. Herrlicher Parmaschinken, gute Pastas und Fleischgerichte.

 Eissalon Novecento
    Ecke Strada a Duomo
    und Strada Cavour

Diese beliebte Eisdiele zwischen Piazza Duomo und Piazza della Pace hat eine besonders große Auswahl.

Von Parma folgt man dem in den Po mündenden Parma flussabwärts. Dazu werden rechts vom Bahnhof die Bahngleise unterquert, um auf der Via Trento aus der Stadt herauszuradeln. Sobald man den städtischen Autobahnring hinter sich gelassen hat, geht es links Richtung Roncopáscolo, von wo aus die wenig befahrene Straße zwischen dem Fluss Parma und der nach Mántova führenden Nationalstraße verläuft.

Vorbei an Frara und Védole wird Colomo erreicht, wo es über die Parma hinübergeht. Die zweite Abzweigung führt nach links, über Coltaro und Gramignazzo bis nach Roccabianca. Kurz vor diesem Ort überquert man mit dem Taro einen weiteren Fluss. Von Roccabianca geht es nun immer westwärts. Die nächste Orte lauten: Ragazzola, Pieve Ottoville, Zibello, La Motta, Villanova sull'Arda, San Pietro in Cerro sowie Polignano. In Polignano biegt man links ab und radelt bis zur Straße 587 bei Landi, die direkt nach Piacenza führt. Dort geht es auf der Via Colombo zur Piazzale Roma, von der man geradeaus über die Via Roma in die Innenstadt hineinfährt.

Piacenza (61 m)

Diese am Po gelegene Stadt geht auf eine römische Siedlung von 218 v. Chr. zurück. Im Mittelalter war das an der Grenze zwischen Emilia und Lombardia gelegene Piacenza eine der bedeutendsten Handelsstädte Norditaliens. Heute zieht Piacenza als beliebte Kunststadt viele Besucher an. Die wichtigsten Sehenswürdigkeiten liegen innerhalb der Stadtmauern nahe der

Piazza Cavalli. Deren Name stammt von zwei Reiterstandbildern, die Angehörige der Farnese-Familie zeigen. Diese Dynastie hatte vom 16. bis zum 18. Jh. das Sagen in Piacenza.

Beherrscht wird die Piazza Cavalli vom gotischen *Palazzo Gotico* aus dem 13. Jh., einem von vielen weiteren prächtigen Palästen Piacenzas. Gegenüber erhebt sich die im 13. Jh. errichtete gotisch-lombardische Kirche *San Francesco* aus rotem Backstein. Beeindruckend ist das Innere des städtischen *Theaters*, das schon 1803 errichtet wurde. Besonders bunt geht es Mi und Sa, den Markttagen, auf der Piazza Duomo und der Piazza Cavalli zu.

☺☺ Der *Duomo* ist ein Kirchenbau mit romanischen und gotischen Stilelementen aus dem 12./13. Jh. Höhepunkte sind außen das linke Portal und innen die Kuppelfresken von Guernico. Zum Duomo gehört der im 14. Jh. errichtete Campanile.

☺ Der *Palazzo Farnese* wurde zum Ende des 16. Jh.s errichtet und beherbergt mehrere Museen, darunter das *Museo Civico* und eines über die italienische Befreiungsbewegung im 19. Jh., das Risorgimento. Geöffnet Di bis So 9-12.30, Do/Sa/So auch 15.30-18 Uhr (Tel. 0523/328270).

ⓘ Piazzetta dei Mercanti 7
29100 Piacenza
Tel. 0523/329324
Fax 0523/328843
info@piacenzaturismi.net
www.piacenzaturismi.net

Ein weiteres Touristenbüro gibt es in der Via Mazzzini 62, Tel. 0523/305254.

Radservice
🚲 Rivaroli
Corso Vittorio
Emanuele II 222
Tel. 0523/325635
Südwestlich der Piazza Cavalli.
🚲 Rizzato
Viale San Ambrogio 15a
Tel. 0523/328927
Nahe am Bahnhof gelegen.

Unterkunft
↝ Albergo Corona
Via Roma 141
Tel. 0523/320948
Angenehme Unterkunft. 15 Zimmer ohne Bad. Mit Restaurant. DZ 60.000 Lire.
↝ Albergo Stella
Via Cipelli 41
Tel. 0523/712420
Fax 0523/453217
Gutes Preis-Leistungs-Verhältnis. Gut ausgestattete Zimmer sowie Restaurant und Garage. DZ mit Bad ab 90.000 Lire.
↝ Hotel City
Via Cavaglieri 30
Tel. 0523/579752
Fax 0523/579784
Gut ausgestattete Zimmer. Mit Garage, Garten und Bar. DZ mit Bad ab 150.000 Lire. An der Via E. Parmense 54 liegt ein zweites Gebäude dieses Hotels, hier gibt es DZ mit Bad ab 160.000 Lire.

Piacenza wird Richtung Norden auf der viel befahrenen Nationalstraße E35 verlassen. Dazu nimmt man den von der zentralen Cavalli abzweigenden Corso Cavour, der in die Viale Risorgimento übergeht. Nach der Piazzale Milano geht es unter der Autobahn hindurch, ehe der Po überquert wird. Die vierte Abzweigung führt nach rechts, Richtung Mezzana Casati. Bevor man den Ort erreicht, fährt man unter der Bahnlinie und der Autobahn A1 hindurch.

In Mezzana Casati geht es links ab. Man radelt nun weiter gen Norden, durch C.Casino hindurch, bis das Gewässer Colatore Mortizza überquert wird. Die zweite Abzweigung links folgt dem Canale Grandiolo linksseitig. Kurz vor der Mündung des Col. Gandiolo in den Kanal wechselt man die Seite und radelt am rechten Ufer weiter, bis der Kanal bei der nächsten Brücke wieder gekreuzt wird. Jetzt heißt es zweimal rechts halten und dann dann geht es in nordöstlicher Richtung geradeaus bis nach Ronchi und dort links auf die Hauptstraße, die nach 200 m wieder nach rechts verlassen wird. Nun geht es immer geradeaus bis zum Po-Uferweg, wo man links einschlägt und immer am Po entlang flussaufwärts bis nach Pizzighettone (46 m) radelt. In Pizzighettone besteht Anschluss an die durch Lombardia verlaufende Tour 5.

Toscana

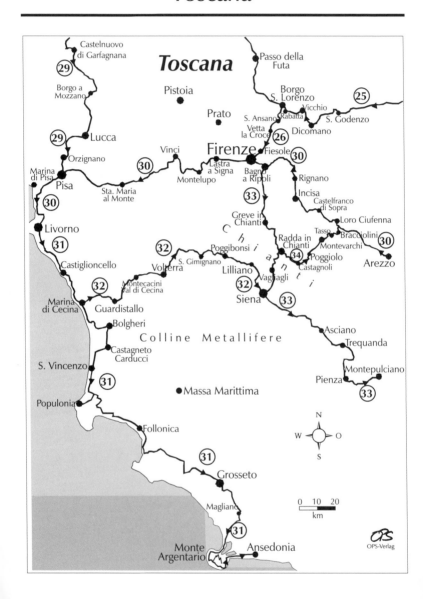

Die Toscana, gelegen zwischen Mittelmeer und den Apenninen, gilt als beliebteste Urlaubslandschaft der Deutschen in Italien. Wertvolle Kunstschätze und historische Sehenswürdigkeiten geben sich ein Stelldichein in einer lieblichen, überwiegend leicht hügeligen Landschaft, in der Weinplantagen, Zypressen und Pinien das Bild bestimmen.

Städtenamen wir Firenze, Lucca, Pisa, Pistoia, Volterra, Siena oder Arezzo lassen das Herz eines jeden Kunstfreundes höher schlagen. Der Chianti, eine hügelige Landschaft mit vielen kleinen Dörfern, bildet das ländliche Herz der Toscana. Die Hauptstadt der 3,5 Millionen Einwohner zählenden Toscana ist die kulturelle Metropole Firenze, bekannt durch Michelangelo und die Uffizien.

Die vielen reichen Gutshöfe einerseits und die wenig rationalisierte Landwirtschaft andererseits sind ein Erbe der »Mezzadria«: Bei diesem seit mehr als 1000 Jahren existierenden Halbpachtsystem stellte der (wohlhabende) Großgrundbesitzer den Bauern Saatgut und Ländereien. Als Gegenleistung erhielt er einen Teil der Ernte, was das Interesse beider Seiten an produktivitätssteigernden Investitionen nicht gerade förderte. Aber dafür kann man unterwegs eine abwechslungsreiche Kulturlandschaft genießen.

Die Radtouren »umrunden« die Toscana und folgen dabei natürlichen Grenzen: den Apenninen im Osten, dem Arno im Norden und dem Mittelmeer im Westen. Im Süden führt eine Tour vom Mittelmeer über Volterra und San Gimignano nach Siena.

TOUR 29:
VON DEN MARMORBERGEN ZUM ARNO

Castelnuovo di Garfagnana (Tour 27) – Borgo a Mozzano – Lucca – Orzignano – Pisa (Tour 30)
Länge: ca. 70 km
Schwierigkeitsgrad: leicht
   von Castelnuovo di Garfagnana
   nur bergab
Dauer: ca. 1 Tag
Wichtigste Sehenswürdigkeiten:
   Castelnuovo di Garfagnana,
   Borgo a Mozzano, Lucca, Pisa
Karten:
- Kümmerly & Frey 1:200.000; Toskana (7); 16,80 DM
- Generalkarte Italien 1:200.000; Toskana (5); 12,80 DM
- Touring Club Italiano 1:200.000; Toscana; 9.500 Lire ADAC-Regionalkarte, 1:150.000; Toskana; 12,80 DM

Durch den weniger bekannten Norden der Toscana verläuft diese Tour. Sie startet unweit von Carrara, Heimat des bekannten Marmors. Vom Ausgangpunkt, Castelnuovo di Garfagnana (Tour 7), geht es durch das Tal des Sérchio nach Lucca mit seinen vielen romanischen Baudenkmälern. Von dort ist es nur noch ein kurzes Stück bis nach Pisa mit seinem bekannten Schiefen Turm, das nahe an der Mündung des Arno in das Mittelmeer liegt.

Castelnuovo di Garfagnana (270 m)

Castelnuovo di Garfagnana ist ein wichtiges Marktzentrum (Wochenmarkt Do) für die umliegenden Dörfer. Der Hauptort der Garfagnana wurde im 2. Weltkrieg erheblich zerstört. Glücklicherweise hat man bedeutende Gebäude wie die Burg oder den Duomo aus dem 16. Jh. wieder aufgebaut. Das Bild der Stadt wird von Brücken und dem *Castello* beherrscht. Nach ihrem Erbauer Alfons II. aus dem Hause d'Este wurde die Burg auch »*di Monte Alfonso*« genannt.

Westlich von Castelnuovo di Garfagnana wird seit Jahrtausenden Marmor abgebaut. Den *Carrara-Marmor* haben schon die Etrusker und Römer wegen seiner Festigkeit geschätzt. Bildhauer wie Michelangelo sollen sich in den Steinbrüchen die besten Stücke für ihre Meisterwerke persönlich ausgesucht haben. Man findet den Marmor von Carrara heute u. a. beim Duomo San Pietro im Vatikan, Notre-Dame in Paris, Hagia Sophia in Istanbul oder bei dem arabischen Flughafen Dschidda. Die weißen Abraumhalden bei Carrara geben der Gegend heute an manchen Stellen das Aussehen einer Mondlandschaft.

Radservice
🚴 Cicli Mori
Via G.B. Vannugli 39
Tel. 0583/644551

Unterkunft
↳ Albergo Aquila d'Oro
Vicolo al Serchio 6
Tel. 0583/62259
Kleine, einfache Unterkunft mit Restaurant. DZ 50.000 Lire.
↳ Albergo da Carlino
Via Garibaldi 15
Tel. 0583/644270
Fax 0583/65575
Gutes Preis-Leistungs-Verhältnis. Mit Restaurant und Garten. DZ ab 75.000 Lire.

Von Castelnuovo di Garfagnana besteht Anschluss an eine Bergetappe in die Emilia-Romagna (Tour 27). Diese Tour folgt nun ein kleines Stück, durch das hier besonders enge Tal des Sérchio, dem Fluss bis zur Ponte Campia, wo man links über die Brücke radelt und auf eine weniger stark befahrene Nebenstraße gelangt, der flussabwärts gefolgt wird.

Nach 3 km, kurz hinter San Pietro in Campo zweigt rechts eine Straße über den Fluss Sérchio ab, Richtung *Grotta del Vento*. Diese »Windhöhlen« können in Rundgängen von 1-2 Stunden Dauer besichtigt werden (Führung ab 10.000 Lire, Tel. 0583/722024, *www.grottadelvento.com*).

Durch das nun breiter werdende Tal folgt man der Nebenstraße über Fornaci di Barga nach Clavorno, wo die Straße den Sérchio quert. Das

Tal wird zusehends schmaler, kurz bevor Borgo a Mozzano erreicht wird.

Borgo a Mozzano (94 m)

Das 20 km nördlich von Lucca liegende Borgo a Mozzano wird von einer *Burg* beherrscht, die erstmals 1180 erwähnt wurde. Die *Ponte della Maddalena* über den Sérchio muss nicht überquert werden. Der Sage nach soll der Teufel als Ausgleich für seine Hilfe beim Bau der so genannten Teufelsbrücke die Seele des ersten gefordert haben, der die Brücke überqueren sollte. Die Bürger schickten daraufhin einen Hund über die Brücke. In der Altstadt fallen zahlreiche Gebäude aus dem Mittelalter auf. Oberhalb des Ortes, auf dem Monte Bargiglio, sind die Ruinen des alten Beobachtungsturmes zu sehen, der im Notfall Lichtsignale nach Lucca senden konnte und daher auch als »Auge von Lucca« bezeichnet wurde.

Unterkunft
- Albergo Gallo d'Oro
  Via del Brennero 3
  Tel. 0583/88380

Das Haus hat 9 einfache Zimmer ohne Bad. Mit Restaurant. DZ 65.000 Lire.

- Albergo Milano
  Via del Brennero 9
  Tel. 0583/889191
  Fax 0583/889180

Bequeme Zimmer mit Bad. Mit Restaurant, Garten, Garage und Bar. DZ ab 140.000 Lire.

Ab Borgo a Mozzano nimmt der Verkehr etwas zu. Es geht auf der rechten Flussseite weiter auf der Nebenstraße entlang, über Diécimo bis nach Ponte a Moriano. Etwa 2 km nach Ponte a Moriano verlässt die Brücke das Tal. Noch vor der Brücke über den Sérchio nimmt man die Abzweigung rechts und radelt jetzt auf kleineren Straßen an der rechten Seite des Flusses entlang. Bei der nächsten Gelegenheit, genau im Norden von Lucca, quert man den Sérchio und radelt über San Marco in die Stadt Lucca hinein, deren Stadtkern man die Porta Santa Maria erreicht wird, von der die autofreie Hauptgeschäftsstraße Via Fillungo südlich abzweigt.

Lucca (19 m)

Lucca gilt als besonders fahrradfreundliche Stadt, die von vielen Fußgängerstraßen durchzogen wird. Die Hauptgeschäftsstraße Via Fillungo wird von vielen mittelalterlichen Häusern und Palästen gesäumt. Zu jener Zeit, bis zum Mittelalter, galt das erstmals in römischer Zeit urkundlich erwähnte Lucca als bedeutendste Stadt der Toscana.
Die 4 km lange, erst im 17. Jh. fertig gestellte *Stadtmauer* kann durchgehend mit dem Fahrrad befahren werden. Die auf der 12 m hohen und 30 m breiten Mauer angelegte

Lucca – Duomo, von der Stadtmauer aus gesehen

Platanenpromenade gewährt interessante Einblicke in die tiefer liegende Altstadt. In der Innenstadt selbst erzählen viele alte romanische Paläste Geschichte. Lucca gilt auch als Stadt der Musik und hat bedeutende Komponisten hervorgebracht, von denen Giacomo Puccini (1858-1924) der wohl bekannteste ist.

Die im Mittelalter angelegte *Piazza Anfiteatro* hat ihren Namen von ihrer ovalen Form, die an ein römisches Amphitheater erinnert. Die Häuser rund um den Platz wurden tatsächlich auf den Überresten des im 2. Jh. n. Chr. errichteten Amphitheaters erbaut. Schon um 180 v. Chr. soll die einstige etruskische Siedlung Lucca von den Römern besiedelt worden sein, und vom Jahr 89 v. Chr. an durfte Lucca sich »municipium« nennen.

In den Hügeln rund um Lucca finden Mountainbiker zahlreiche ausgewiesene MTB-Routen.

☺☺☺ Die *Kirche San Michele in Foro* aus dem 12. Jh. gilt als typischer Vertreter der pisanisch-lucchesischen Architektur. Die Statue auf dem Turm zeigt den Erzengel Michael, der den Drachen tötet. Bekannt ist die Kirche vor allem wegen ihrer reich verzierten Fassade mit verschiedenen Säulen. Geöffnet im Sommer 7-19, im Winter 7-17 Uhr (Eintritt in die Grabkammer: 3.000 Lire).

☺☺ Das jetzige Gebäude des *Duomo San Martino* wurde im 12. Jh. erbaut. Der pisanische Giebel besteht aus 3 Säulenreihen mit

Lucca – Stadtansicht

vielen Verzierungen. Geöffnet täglich 7.30-12.30 und 15-18 Uhr. Im Duomo mit seiner reichen Innenausstattung ist ein Museum untergebracht, das wertvolle archäologische Funde der Kirche zeigt. Geöffnet April bis Oktober 10-18, November bis März 10-14, so 10-17 Uhr (Eintritt: 7.000 Lire).

☺☺ In dem *Museo Nazionale di Villa Guingi* in der Via della Quarquonia sind etruskische und römische Funde sowie Skulpturen aus dem 13.-18. Jh. zu sehen. Geöffnet Mo bis Sa 9-19, So 9-14 Uhr (Eintritt: 4.000 Lire, Tel. 0583/496033). Der *Palazzo Guingi* selbst wurde im 14. Jh errichtet. Das Besondere an dem Gebäude sind seine Türme, von denen einer mit Zinnen, der andere ohne auskommen muss. Dafür wachsen auf letzterem Steineichen. Vom Turm genießt man eine hübsche Aussicht über die Stadt.

☺ Das *Museo Nazionale di Palazzo Mansi* in der Via Galli Tassi 43 ist im Gegensatz zur Villa Guingi der jüngeren Kunst (17.-20. Jh.) gewidmet. Die Villa selbst wurde im 17. Jh als Wohngebäude einer Adelsfamilie errichtet. Geöffnet Mo bis Sa 9-19, So 9-14 Uhr (Eintritt: 8.000 Lire,, Tel. 0583/55570).

ⓘ   Piazza Guidiccioni 2
55100 Lucca
Tel. 0583/491205
Fax 0583/490766
aptlucca@lunet.it
aptlucca@lucca.turismo.
toscana.it

www.anfiteatro.it/lucca/apt/apt.html

Ein weiteres Touristenbüro gibt es in der Piazza le Verdi neben dem Porta Vittorio Emanuele.

Radverleih
- 🚲 Cicli Bizzarri
  Piazza Santa Maria 32
  Tel. 0583/496031
- 🚲 Poli Antonio Biciclette
  Piazza Santa Maria 42
  Tel./Fax 0583/493787
- 🚲 Barbetti Cicli
  Via Anfiteatro 23
  Tel. 0583/944444

Radservice
- 🚲 Barbetti
  Via Anfiteatro 23
  Tel. 0583/954444
- 🚲 Cicli Rugani Bizzari
  Piazza Santa Maria 32
  Tel. 0583/496031

Unterkunft
- Ostello per la Gioventù »Il Serchio«
  Via del Brennero 673
  Tel./Fax 0583/341811

Diese Jugendherberge liegt 1,5 km vom Bahnhof entfernt, rund 20 Fußminuten vom Zentrum. Saubere Sanitäranlagen, Garten und Restaurant zeichnen die JH aus. Ü/F 18.000 Lire. Geöffnet März bis Oktober 7-10 und 15.30-23.30 Uhr.

- Pensione Cinzia
  Via della Dogana 9
  Tel. 0583/491323

Diese Pension ist gut gepflegt und hat freundliche Besitzer. DZ ab 47.000 Lire.

- Villa Casanova
  Via di Casanova 1004
  Tel. 0583/548429
  Fax 0583/368955

Nette Unterkunft mit Schwimmbad, Garten und Restaurant. DZ mit Bad ab 115.000 Lire.

- Albergo Stipino
  Via Romana 95
  Tel. 0583/495077
  Fax 0583/490309

Angenehme Zimmer. Mit Garten und Bar. DZ ab 75.000 Lire.

Verpflegung
- 🍽 Trattoria Da Giulio
  Via delle Conce 45
  Tel. 0583/55948

Sehr gute Küche, helle Räume und gute Bedienung. Lokale Spezialitäten. So und Mo geschlossen.

Francesco, Corte Portici. Hier sitzt man auf der Terrasse eines ruhigen Innenhofes, nahe der Piazza San Michele. Vor allem Einheimische wissen die leckeren Gerichte zu schätzen.

- 🍽 Pizzeria Rusticanella 2
  Via San Paolino 32

Die zentrale gelegene Pizzeria verkauft ihre berühmten Pizzen nach Gewicht. Sehr günstig. So geschlossen.

Die Altstadt Luccas wird durch das Porta Vittorio Emanuele verlassen. Man radelt geradeaus weiter, über die Piazzale Boccherini und die Piazza Italia, der Via G. Luporini folgend. Nun geht es in westliche Richtung, über San Donato nach Montuolo. Kurz hinter San Donato führt der Weg unter der Autobahn A11/A12 hindurch und weiter an der Autobahn A11 und dem Fluss Sérchio entlang.

Bei Ripafratta unterquert man die A11 und fährt durch eine leicht hügelige grüne Landschaft mit vielen kleinen Orten. So werden ohne große Anstrengungen Pappiana und Orzignano erreicht. In Orzignano nimmt man den Weg, der südlich durch eine intensiv landwirtschaftlich genutzte Ebene nach Pisa führt. Die Innenstadt erreicht man auf der Via Bianchi, die auf das Porta Lucca zuführt, wo man sich rechts hält und direkt auf den *Torre Pendente*, den Schiefen Turm zufährt.

In Pisa besteht Anschluss an Tour 30, die den Arno entlang von Arezzo bis nach Livorno verläuft.

Pisa (4 m)

Die einstige etruskische Stadt und römische Provinz Pisa erlebte im frühen Mittelalter als bedeutende Seemacht ihren Höhepunkt, ehe sie von der Konkurrentin Genova geschlagen wurde und 1460 an Firenze fiel.

Die *Universität von Pisa*, gegründet 1343, gilt als eine der ältesten überhaupt. Hier lernte und lehrte auch Galileo Galilei (1564-1642), dessen Entdeckung, dass sich die Erde um die Sonne dreht, zum Bann durch die katholische Kirche führte. Und diese Institution benötigte ganze 360 Jahre, um dieses Weltbild anzuerkennen: erst 1993 rehabilitierte Papst Johannes Paul II. damit Galileo Galilei.

Waren es früher Seefahrer, dominieren heute Studenten und Besucher aus aller Welt das Stadtbild. Der von Touristen am meisten bevölkerte Platz ist der Campo dei Miracoli, auf dem die Top-Sehenswürdigkeiten Pisas stehen: der *Schiefe Turm*, der *Battistero* und der *Duomo*.

Studenten bevölkern eher die Piazza dei Cavalieri mit ihren schönen Palästen, wo jetzt verschiedene Fakultäten untergebracht sind. Und in der Umgebung sieht man viele Cafés, Studentenbars und Menschen auf dem Rad, dem Verkehrsmittel Nr. 1 der Studenten.

☺☺☺ Der *Campanile Pendente*, der so genannte »*Schiefe Turm von Pisa*« gilt nach dem Colosseum in Roma als meistbesuchte Sehenswürdigkeit von Italien. Der 55 m hohe romanische Glockenturm des Duomo hat sich nicht etwa erst im Laufe der Zeit zu neigen begonnen, sondern schon während seiner Bauzeit: Nach der Fertigstellung der dritten Etage im vierten Baujahr verlor das Gebäude im Jahr 1178 seine Ideallinie. 100 Jahre ließ man das Werk ruhen und setzte dann den Bau trotz der Schieflage fort, um ihn schließlich 1350 zu vollenden. Ursachen für die Neigung waren (und sind) der Sandboden, für den das Turmfundament nicht tief genug ist. Baustatiker stellten 1993 fest, dass sich die Turmspitze mittlerweile um 5,4 m von der senkrechten Ideallinie entfernt hatte und dass diese sich jedes Jahr um weitere zwei Millimeter davon entfernt. Die Besteigung des Turmes ist seit 1990 nicht mehr möglich.

Pisa – Battistero, Campo dei Miracoli

☺☺ Der im 11. Jh. begonnene *Duomo* neben dem Schiefen Turm ist ein gutes Beispiel für pisanisch-romanische Kunst. In der Kathedrale aus weißem Marmor sticht besonders die Bronzetür von Bonanno aus dem 16. Jh. hervor. Sehenswert ist auch die Lampe Galileo Galileis. Über den Duomo informiert ein eigenes Museum: das Museo dell'Opera del Duomo an der Piazza Arcivescovado. Geöffnet täglich 9-13 und 15-19, im Winter nur bis 17 Uhr.

☺☺ Der *Battistero*, die Taufkirche, steht gleich neben dem Campanile. Der Battistero wurde von Diotisalvi in der Mitte des 12. Jh.s begonnen und am Ende des 13. Jh.s fertig gestellt. Daraus erklärt sich das Stilgemisch: unten pisanisch-romanisch, oben gotisch. Hinter dem Battistero liegt der *Camposanto*, ein monumentaler Friedhof mit schönen Fresken.

☺☺ Das *Museo Nazionale San Matteo* ist vor allem wegen seiner Meisterwerke von Malern und Bildhauern der Pisaner Schule aus vom 12.-15. Jh. bekannt.

Jedes zweite Wochenende findet in Pisa ein Antikmarkt statt.

ⓘ Via B. Croce 26
56125 Pisa
Tel. 050/4096
Fax 050/40903
aptpisa@pisa.turismo.toscana.it

Weitere Touristenbüros gibt es am Bahnhof, am Flughafen und in der Via C. Cammeo 2.

Radverleih

🚲 Loia Loike
Via della Spina 25
Hier gibt es Räder in der Nähe vom Bahnhof.

Radservice

🚲 Giovannini
Piazza San Sepolcro 6
Tel. 050/44311

Nähe Ponte di Mezzo, am Südufer der Arno.

🚲 Papini
   Lungarno A. Pacinotti 19
   Tel. 050/580586

Am Nordufer des Arno, Nähe Universität.

Camping-Artikel

⌧ Bazar
   Via Due Settembre 46
   Tel. 050/533488

Am Südufer des Arno, etwa 1,5 km südwestlich des Zentrums.

⌧ Casa del Campeggio
   Via Carlo Cattaneo 25
   Tel. 050/46162

Unterkunft

↵ Ostello per la Gioventù
   Via Pietra Santina 15

Diese 1 km vom Zentrum entfernt liegende und ganzjährig geöffnete Jugendherberge wurde 1991 in einem Komplex eröffnet, in dem auch ein Studentenwohnheim untergebracht ist. Man schläft in 2-4-Bett-Zimmern.

↵ Albergo Giardino
   Piazza Manin 1
   Tel. 050/562101
   Fax 050/552143

Diese Herberge über dem Restaurant Giardino hat gepflegte Zimmer und eine schöne Terrasse, die eine gute Aussicht auf den Duomo bietet. DZ ab 50.000 Lire.

↵ Pensione Helvetia
   Via Don G. Boschi 31
   Tel. 050/553084

Die »Schweizer Pension« liegt unweit des Nähe Torre Pendente und bietet gut gepflegte Zimmer in einem renovierten Gebäude mit Garten. DZ ab 65.000 Lire.

↵ Hotel Amalfitana
   Via Roma 44
   Tel. 050/29000
   Fax 050/25218

In einem ehemaligen Kloster aus dem 17. Jh. schläft man in bequemen, schön eingerichteten Zimmern. DZ ab 95.000 Lire.

▲ Torre Pendente
   Via delle Cascine 86
   Tel. 050/560865
   Fax 050/561704

Dieser Campingplatz mit seinen 221 Plätzen liegt zentral; nur etwa 600 m vom Domplatz entfernt. Gute Einrichtung und saubere Sanitäranlagen. 2 Personen und 1 Zelt ab 25.000 Lire. Geöffnet von Mitte März bis Mitte Oktober.

Verpflegung

Beim täglichen Markt auf der Piazza delle Vettovaglie hat man eine große Auswahl an Frischwaren.

🍽 Al Castelleto
   Piazza San Felice 12

Großer, schlichter Speisesaal, aber sehr gute Küche. Leckere Pizzen und schmackhafte à la Carte-Gerichte locken auch viele Pisaner in dieses Lokal.

🍽 Ristorante Da Gigi
   Via Renato Fucini 10
   Tel. 050/576426

Einfache Einrichtung. Sehr beliebt wegen der sehr guten und großen Portionen.

🍴 Osteria La Grotta
   Via San Francesco 103
   Tel. 050/578105

Traditionelle toscanische Gerichte und gute Weinkarte.

🍴 Gelateria Bottega del Gelato
   Piazza Garibaldi 11

Diese Eisdiele ist wegen ihrer Sortenvielfalt bekannt.

🍴 Bar Moderno Gelateria
   Via Corsica 10

Beliebt bei Studenten. Große Auswahl an Eissorten.

TOUR 30:
DEN ARNO ENTLANG BIS ZUR MÜNDUNG

Arezzo (Tour 36) – Loro Ciuffenna (Tour 34) – Castelfranco di Sopra – Incisa in Val d'Arno – Rignano – Firenze (Touren 26, 33) – Lastra a Signa – Montelupo – Vinci – Santa Maria al Monte – Pisa (Tour 29) – Marina di Pisa – Livorno (Tour 31)
Länge: ca. 220 km
Dauer: 3-5 Tage
Schwierigkeitsgrad: schwer
   3 längere Steigungen, aber die Tour geht netto mehr bergab als bergauf
Wichtigste Sehenswürdigkeiten:
   Arezzo, Firenze, Vinci, Pisa
Karten:
• Kümmerly & Frey 1:200.000; Toskana (7); 16,80 DM
• Generalkarte Italien 1:200.000; Toskana (5); 12,80 DM
• Touring Club Italiano 1:200.000; Toscana; 9.500 Lire
• ADAC-Regionalkarte, 1:150.000; Toskana; 12,80 DM

Diese Tour führt anfangs durch das Valdarno, das breite Arno-Tal nördlich von Arezzo, das wegen seiner Fruchtbarkeit früher Anlass von Streitigkeiten zwischen Arezzo und Firenze war. Es geht vorbei an vielen Wein- und Olivenplantagen, bis sich das Tal zunehmend verbreitert und schließlich bei Marina di Pisa in das Mittelmeer mündet. Weiter geht es nach Livorno, wo Anschluss an Tour 31 besteht, die die Etrusker-Riviera entlangführt.

Unterwegs kann man auch abzweigen bzw. auf die Route hinzustoßen: in Loro Ciuffenna auf Route 34, in Firenze auf die Routen 26 und 33 sowie in Pisa auf Tour 29 in die Garfagnana.

Arezzo (296 m)

Arezzo, schon zu Etruskerzeiten von Bedeutung, gilt als eine der ältesten Städte der Toscana. Bei den Römern war das damalige *Arretium* eine wichtige Militärstadt. Bekannte Persönlichkeiten von Arezzo waren Gajus Maecenas (70-8 v. Chr), finanzieller Gönner von Künstlern im alten Rom (»Mäzen«), sowie der Humanist Francesco Petrarca (1304-1374).

Angenehm für Radfahrer: Arezzo hat eine autofreie Innenstadt. Das

Herz der über einer weiten, landwirtschaftlich fruchtbaren Ebene thronenden Stadt sind die beiden Plätze Piazza Grande und Piazza del Popolo.

Tipp: Ein ruhiges Picknickplätzchen mit einer schönen Aussicht auf die weite Ebene nördlich von Arezzo findet man in dem Park hinter dem Duomo, direkt an der alten Stadtmauer.

☺☺ Die Ruinen des einst 8.000 Zuschauer fassenden *Anfiteatro Romano* erinnern an die römische Vergangenheit. Daneben liegt das Museu Archeologico. Geöffnet April bis Oktober 7-20, November bis März 7.30-18 Uhr (Eintritt frei).

☺☺ Im Duomo aus dem 13.-15. Jh. ist vor allem der im 14. Jh. gestaltete Hauptaltar sehenswert, hinter dem sich das Grab des Heiligen Donatus befindet. Geöffnet täglich 7-12.30 und 15-18.30 Uhr (Eintritt frei).

☺☺ In der Nähe vom Duomo, in der Via dell'Orto, liegt die *Casa Petrarca*. In diesem Haus ist der wichtige Wegbereiter der Renaissance, Francesco Petrarca, geboren. Geöffnet Mo bis Fr 10-12 und 15-17, Sa 10-12 Uhr (Eintritt frei, Tel. 0575/24700).

☺☺ Die am Corso Italia, nahe dem Duomo gelegene *Santa Maria della Pieve* aus dem 12.-14. Jh. gilt als eines der interessantesten romanischen Bauwerke der Toscana. Die Vorderfront mit ihren 3 Säulenreihen übereinander ist ein gutes Beispiel für pisanischen Stil. Geöffnet 8-13 und 15-18.30 Uhr (Eintritt frei). Der 59 m hohe *Campanile* aus dem 14. Jh. ist weithin sichtbar.

☺ In der großen gotischen *Kirche San Francesco* ist besonders der frisch renovierte Freskenzyklus von Piero della Francesco aus dem 15. Jh. bekannt, der die Legende vom Heiligen Kreuz darstellt.

🛍 Der Antikmarkt an jedem ersten So im Monat gilt als einer von Italiens größten. Nur einmal im Jahr, am ersten September-So, findet dagegen das traditionelle Stadtfest *Giostra del Saracino* statt.

ⓘ Piazza Risorgimento 116
52100 Arezzo
Tel. 0575/23952
Fax 0575/28042
info@arezzo.turismo.toscana.it

Radservice

🚲 Giusti
Via Vittorio Veneto 225
Tel. 0575/901986
Südwestlich des Bahnhofs.

🚲 Burroni
Via Trento e Trieste 41
Tel. 0575/23668
Südöstlich des Zentrums, Straße Richtung Sansepolcro.

Camping-Artikel

✉ Viaggiando
Via Mannini 29-31
Tel. 0575/21232

Unterkunft

↪ Ostello per la Gioventù
»Villa Severi«

Via F. Redi 13
Tel. 0575/29047
Sehr schöne Lage, in einer alten Villa. Ü ab 23.000 Lire.

↪ Albergo La Toscana
Via Marco Perennio 56
Tel. 0575/21692
Einfache Zimmer, Garten. DZ ab 60.000 Lire.

↪ Hotel 129
Via Adrigat 1
Tel./Fax 0575/901333
Einfache Zimmer. Mit Garage und Restaurant. DZ ab 75.000 Lire.

▲ Agri Campeggio Al Riccio
Via del Lugo 12
Tel. 0575/443115
Dieser Campingplatz außerhalb von Arezzo ist ganzjährig geöffnet.

Verpflegung
🍽 Trattoria Cucina Casalinga di Domenico Sorrentino
Via Madonna del Prato 85
Tel. 0575/23760
Gute, traditionelle Küche.

Caffè dei Costanti, Piazza San Francesco 19-20. Dieses von früh morgens bis spät abends geöffnete Café ist stets gut besucht, vor allem von Einheimischen.

Vom Duomo folgt man der abwärts verlaufenden Via Ricasoli in westlicher Richtung. Nach etwa 700 m, bei der Porta San Lorentino, geht es rechts in die Via Varchi, die sich bald als Via della Chimera in den Norden orientiert, Richtung Castiglion Fibocchi und Loro Ciuffenna. Die hügelige Landschaft ist bedeckt mit Olivenhainen und Weinplantagen. Da die Straße relativ hoch verläuft, genießt man einen schönen Blick über das tiefer gelegene Arno-Tal. Nach etwa 12 km wird Castiglion Fibocchi (300 m) erreicht, wo sich im Laufe der Zeit ein ganzer Ort um eine mittelalterliche *Burg* herum angesiedelt hat, darunter heute auch Textilindustrie.

In Castiglion Fibocchi geht es geradeaus weiter in Richtung Loro Ciuffenna. Der am Berghang verlaufende Weg steigt langsam an. Dank der Südlage gedeiht hier ein guter Wein.

Loro Ciuffenna (328 m)

Dieses mittelalterlich aussehende Dorf liegt auf einem Felsen, der von dem Bach Ciuffenna zerteilt wird. Die Anfänge von Loro Ciuffenna reichen bis in die Etruskerzeit zurück. Sehenswert sind die Kirche *Pieve di San Pietro a Gropina* (geöffnet täglich 8-12 und 15-17 Uhr) sowie das *Museo Venturino Venturi* in der Piazza Matteotti 7 (geöffnet Di bis Fr 10-12, Sa/So 15-19 Uhr, Eintritt frei).

Unterkunft
↪ Albergo la Maestà delle Tre Fonti
Via Bottigliana 48
Tel. 055/9173252
Fax 055/9173377
Mit Restaurant und Garten. Gutes Preis-Leistungs-Verhältnis. DZ ab 65.000 Lire.

↳ Albergo al Tartufo
Via Fondaccio 10
Tel. 055/9172742

Kleine, einfache Unterkunft mit Restaurant. DZ ab 70.000 Lire.

In Loro Ciuffenna fährt man kurz links und gleich wieder rechts nach Castelfranco di Sopra, das nach 10 km erreicht wird. Die Straße schlängelt sich durch die Hügel, aber zum Glück geht es mehr ab- als aufwärts.

Castelfranco di Sopra (281 m)

Dieser Ort wurde im 13. Jh. als militärischer Stützpunkt der Florentiner erbaut. Innerhalb der gut erhaltenen Mauern findet man ein mittelalterliches Stadtbild mit engen Gassen. Etwas außerhalb liegt die im 14. Jh. gegründete *Badia*, eine erst kürzlich restaurierte Abteikirche, deren schöner Renaissance-Kreuzgang leider nicht betreten werden kann.

In Castelfranco wird die von San Giovanni Valdarno nach Reggello führende Straße gekreuzt, um in westlicher Richtung an einem kleinen Fluss entlang weiter zu fahren, in dessen Tal hauptsächlich Felder und Häuser zu sehen sind. An Faella vorbei geht es in das Arno-Tal, wo man die Bahn überquert und rechts nach Matassino und Incisa in Val d'Arno abbiegt. Die Straße führt jetzt parallel zur Autobahn und ist ziemlich stark befahren. Kurz vor Incisa gelangt man auf die Nationalstraße 69, der links über die Autobahn gefolgt wird. Gleich danach fährt man rechts in den Ort hinein.

Incisa in Val d'Arno (125 m)

Unterkunft

↳ Albergo la Rotonda
Via Palazzolo 72
Tel. 055/8330163

Einfache Zimmer mit Bad. Mit Garten und Parkplatz. DZ 80.000 Lire.

Incisa wird in nördlicher Richtung am Arno entlang verlassen, wobei Bahn und Autobahn erneut überquert werden. Von Rignano (121 m) an, nach etwa 10 km, wird die Strecke anstrengend, aber sehr schön und ruhig. Man hält sich dazu links und fährt nach Bombone und Petriolo. Anfangs geht es steil bergauf: Die Dörfer liegen, wie öfter in Italien, ganz oben auf den Hügelkuppen, etwa 300 m hoch. Kurz nach Bombone zweigt eine Straße nach links ab, nach Moriano. Dieser Weg bietet sich als Alternativ-Route an: Er ist viel ruhiger und schöner, aber geht oft und steil bergauf und bergab. Etwa 2 km nach Moriano geht es bei der Kapelle links ab, und in Villamagna zweigt der Weg wieder links ab – nach Candeli. Hier gelangt man wieder auf die am Arno entlangführende Hauptroute.

Die Hauptroute führt von Petriolo nicht links nach Moriano, sondern rechts nach Torri. Jetzt geht es über Volognano bergab zurück zum Arno. Bei Rosano gelangt man auf eine Straße, die zwar auf den meisten Karten als kleine Nebenstrecke verzeichnet, tatsächlich aber stark befahren ist. Dieser flussabwärts verlaufenden Straße folgt man etwa 12 km. Immer am Arno entlang wird so Firenze erreicht.

Im Süden der Stadt Firenze muss man die Straßen immer wieder wechseln, weil mal eine, mal die andere als Einbahnstraße ausgewiesen ist. Der Arno wird bei der historischen *Ponte Vecchio* überquert, um von dort durch Fußgängerzonen in die Innenstadt von Firenze zu gelangen, deren besondere Atmosphäre nur die vielen Mofas stören. In Firenze besteht Anschluss an Tour 33 in den Chianti und Tour 26, die von Firenze nach Ferrara in der Emilia-Romagna führt.

Firenze (52 m)

Von Firenze (Florenz) schwärmen Kunstfreunde in aller Welt; hier nahm die italienische Renaissance ihren Anfang und konnte sich ein großes Potential architektonischer und künstlerisches Energie entfalten, gestützt aufdie Finanzkraft der Medici-Kaufmannsfamilie, die mit Unterbrechungen vom 14.-18. Jh. das Sagen hatte.

Gegründet wurde Firenze als Kolonie des etruskischen Fiésole. Das bei den Römern *Florentia* genannte Firenze war seit dem 12. Jh. eine freie Stadt.

Firenze, das sind vor allem *Ponte Vecchio*, Piazzas und Palazzi. Die Nr. 1 der meisten Touristen ist die Piazza del Duomo mit ihren drei bedeutenden Baudenkmälern: dem *Dom* und *Campanile* aus weißem

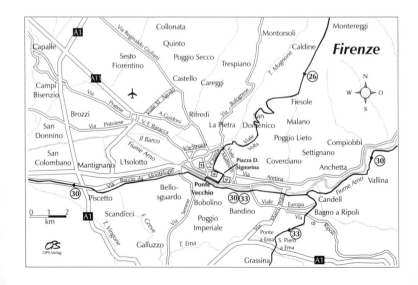

(Carrara) und rotem (Maremma) Marmor, der *Prato* aus grünem Marmor sowie die Taufkapelle mit der berühmten Tür aus Bronze (s. u.).

Das weltliche Herz der Stadt ist die Piazza della Signoria, auf dem sich der *Palazzo Vecchio* und die *Loggia della Signoria* mit ihren vielen Skulpturen erheben. Unter dem Platz wurden vor einigen Jahren bei Bauarbeiten Ruinen gleich in mehreren Schichten gefunden: Überreste der ghibellinischen Bebauung, römische Ruinen, darunter Spuren der Etrusker und zuletzt Überreste aus der Bronzezeit.

Östlich der *Kirche Orsanmichele* liegt das *Geburtshaus von Dante Alighieri* (1265-1321).

Firenze gehört nicht nur Touristen, sondern auch Studenten, vor allem im Vierteil San Marco. Von den 440.000 Einwohnern ist etwa jeder siebte an einer Universität bzw. Hochschule eingeschrieben (60.000 Studenten).

☺☺☺ In der *Galleria degli Uffizi*, einer der bekanntesten und ältesten Gemäldegalerien der Welt, kann man Tage verbringen. Die Uffizien wurden schon im 16. Jh. auf Initiative der reichen Kaufmannsfamilie Medici gegründet. In dem Gebäude waren zuvor die Büros (italienisch »uffizi«) der Stadtverwaltung untergebracht. Die Uffizien zeigen in chronologischer Reihenfolge Werke italienischer Meister wie Botticelli, Leonardo da Vinci, Raffaello und Michelangelo. Auch deutsche, holländische und flämische Maler sind vertreten. Der Eingang ist nahe an der Piazza della Signoria. Geöffnet Di bis Fr 8.30-21, Sa 8.30-24, So 8.30-20, im Winter Mo bis Sa bis 18.50 und So bis 13.50 Uhr (Eintritt: 12.000 Lire, Tel. 055/ 2388851).

Firenze – Duomo

☺☺☺ Der mit rot-weißem Marmor verkleidete *Duomo Santa Maria del Fiore* wurde im 13.-15. Jh. erbaut. Besonders eindrucksvoll ist die große, 1436 fertig gestellte Kuppel. Während des Baus wäre die halbfertige Kuppel mehrere Male fast eingestürzt. Der Baumeister und Bildhauer Brunelleschi schlug vor, die Kuppel mit doppelten Wänden und eiförmig als selbst tragende Konstruktion zu bauen. Er wurde seinerzeit verspottet, blieb aber seiner Meinung treu, indem er die im Durchmesser 42 m große Kuppel ohne stützende Säulen baute.

Das Innere des Duomo ist eher schlicht. Der 84 m hohe, im 14. Jh. von Giotto entworfene *Campanile* gilt als einer der schönsten Glockentürme Italiens. Von oben hat man eine sehr schöne Sicht über Firenze und Umgebung.

Die Öffnungszeiten der verschiedenen Einrichtungen des Duomo sind alle unterschiedlich:

Duomo: Mo bis Sa 10-17, So 13-17 Uhr (Eintritt frei)

Kuppel des Duomo: Mo bis Fr 8.30-18.20, Sa 8.30-17 Uhr (Eintritt: 10.000 Lire)

Campanile: April bis Oktober täglich 9-18.50, November bis März 9-16.20 Uhr (Eintritt: 10.000 Lire).

Das Museo dell'Opera del Duomo zeigt frühere Kunstwerke aus dem Duomo und Battistero sowie Werkzeuge zum Bau der Kuppel des Duomo. Geöffnet Mo bis Sa 10-17 Uhr (Eintritt: 9.000 Lire).

☺☺☺ Der *Battistero (Baptisterium) San Giovanni* liegt gegenüber dem Duomo und ist mit seiner weiss-grünen Marmorverkleidung kaum zu übersehen. Das romanische Gebäude aus dem 12. Jh. ist vor allem für seine bronzenes Eingangsportal von Lorenzo Ghiberti bekannt, der diese meisterhaften Türen in 25 Jahren geschaffen hat. Kunstexperten sehen darin den Beginn der Renaissance in Firenze. Geöffnet Mo bis Sa 12-18.30, So

Firenze – Ponte Vecchio

Pisa: Altstadt mit Radlern

Duomo und Schiefer Turm am Campo de Miracoli

Hof in der Toscana

Arezzo

8.30-13.30 Uhr (Eintritt: 5.000 Lire, Tel. 055/2302886).

☺☺☺ Die *Basilica von Santa Croce* ist neben den Fresken von Giotto vor allem für ihre mehr als 270 Grabsteine bekannt, darunter die von Dante, Rossini, Galilei, Michelangelo, Machiavelli und Rossini. Die Kirche stammt aus dem 13. Jh., aber die Fassade aus dem 19. Jh.. Geöffnet Mo bis Sa 8-18.30, So 15-18 Uhr (Eintritt frei). Für das angeschlossene Museo dell'Opera di Santa Croce gelten andere Öffnungszeiten – und Preise: Mo/Di sowie Do bis Sa 10-12.30 und 14.30-18.30, So 9-12.30 und 14.30-16.30 Uhr (Eintritt: 5.000 Lire, Tel. 055/244619)

☺☺☺ Die *Ponte Vecchio* ist die älteste Brücke der Stadt und die einzige, die den 2. Weltkrieg überlebt hat. Diese bekannte und mit einem durchgehenden Gebäude bebaute Brücke über den Po ist eines der beliebtesten Fotomotive von Firenze. In den Geschäften der 1345 erbauten Brücke boten früher Schlachter, Gerber, Fischer, Krämer und Schmiede ihre Waren feil, während heute die weniger geruchsintensiven Schmuckstücke von Juwelieren und Goldschmieden zu bewundern – und zu kaufen – sind.

☺☺ Die *Galleria dell'Accademia* in der Via Ricasoli 60 ist vor allem für das Marmorstandbild »David« von Michelangelo bekannt, den dieser 3 Jahre lang aus einem weißen Marmorblock gehauen hat. Bis 1883 stand die Statue im Freien auf der Piazza della Signoria. In der Galerie sind noch weitere Kunstwerke Michelangelos zu bewundern. Geöffnet Di bis Fr 8.30-21, Sa 8.30-24, So 8.30-20 Uhr, im Winter Mo bis Sa bis 18.50 und So bis 13.50 Uhr (Eintritt: 12.000 Lire, Tel. 055/2388809).

☺☺ Der *Palazzo Vecchio* an der Piazza Signoria wurde Ende des 13. Jh.s als Regierungssitz der Republik erbaut. Danach wohnten die Medici hier. Als sie ausgezogen waren, galt deren ehemaliges Wohnhaus künftig nur noch als »alter Palast«, also Palazzo Vecchio. Zum Palazzo gehört der 94 m hohe Torre d'Arnolfo. Der Innenplatz ist mit Arkaden und Brunnen verschönert. Die Säle des Palazzo werden von Fresken und Skulpturen, u. a. von Michelangelo, verziert. Geöffnet Mo bis Sa 9-19, im Winter nur bis 14, So 9-14 Uhr (Eintritt: 10.000 Lire, Tel. 055/2788465).

☺ In der *Casa Buonarotti* kann man die frühesten Werke von Buonarotti, besser unter seinem Vornamen Michelangelo bekannt, bewundern. In diesem Haus hat dieser Bildhauer und Maler (geboren 1475), einer der Begründer der italienischen Renaissance, kurze Zeit gewohnt. Geöffnet Mi bis Mo 9.30-13.30 (Eintritt: 12.000 Lire, Tel. 055/241752).

☺ *San Lorenzo* gilt als eine der wichtigsten Kirchen der Stadt. Errichtet wurde sie im 15. Jh. von Filippo Brunelleschi, der allerdings während der Bauarbeiten starb. An dem Bau, etwa der Fassade, war auch Michelangelo beteiligt. Im Inneren dominiert Marmor. Viele Arbeiten stammen von Brunelleschi und Donatelli, der gleich nebenan in der Martelli-Kapelle begraben liegt. Geöffnet täglich 7-12 und 15.30-18.30 Uhr (Eintritt frei). Auf der Piazza San Lorenzo vor der Kirche wird täglich ein Markt abgehalten.

☺ Das *Museo del Bargello* in der Via del Proconsolo 4 ist das Nationale Museum für Bildhauerkunst, untergebracht in einem sehr schönen Palast aus dem 13. Jh., das früher Sitz des Polizeichefs (»bargello«) war. In dem Museo locken große Sammlungen interessanter Kunstwerke und Gebrauchsgegenstände. Geöffnet Di bis Sa 8.30-13.50 Uhr (Eintritt: 8.000 Lire, Tel. 055/2388808).

ⓘ Via Cavour 1r
  50121 Firenze
  Tel. 055/290832-3
  Fax 055/2760383
  info@firenze.turismo.toscana.it
  www.firenze.turismo.toscana.it

Dieses Touristenbüro ist werktags um 8.15-19.15 und So um 8.15-13.45 Uhr geöffnet.

Radverleih

Bicicittà verleiht Räder auf dem Piazza Pitti, in der Via Alamanni gegenüber dem Bahnhof und am Fortezza da Basso

Radservice

🚲 Anguillesi
  Via D. Burchiello 10r
  Tel. 055/222091

Etwa 1 km westlich der Ponte Vecchio, südlich des Arno.

🚲 Bianchi
  Via Nazionale 130r
  Tel. 055/216991

Vom Bahnhofsplatz in nordöstlicher Richtung.

Radclub

✉ Città Ciclabile
  Via San Agostino 19
  50125 Firenze
  Tel. 055/268181
  Fax 055/2347523
  citta.ciclabile@comune.fi.it
  soalinux.comune.firenze.it/citta.ciclabile

✉ Verde La Bici
  c/o Gerardo Orsi
  C.P. 871
  50100 Firenze
  orsifam@dada.it

Camping-Artikel

✉ Sieni
  Via dell' Ariento 73r
  Tel. 055/264247

Etwa 300 m östlich vom Bahnhof Santa Maria Novella.

✉ Gebani
  Via San P. a Quaracchi
  Tel. 055/316906

✉ Waschsalon Onda Blu
  Via degli Alfani 24r
geöffnet 8-22 Uhr.

Unterkunft

Firenze zählt weit mehr als 400 Hotels, von denen die billigsten in Bahnhofsnähe und die ruhigsten im Stadtteil Oltrarno liegen.

↳ Ostello per la Gioventù
   »Europa-Villa Camerata«
   Viale Augusto Righi 2/4
   Tel. 055/601451
   Fax 055/610300

Diese Jugendherberge liegt etwas außerhalb, 5 km vom Bahnhof entfernt, inmitten von Schirmpinien und Zypressen, in einer alten Villa. Männer und Frauen sind getrennt, es sei denn, man nutzt die Möglichkeit des Zeltens. Reservierung ist trotz der 322 zur Verfügung stehenden Betten notwendig. Mit Internet-Café, Restaurant und Garten. Im Winter Ü/F 23.000 Lire, im Sommer 10.000 Lire mehr. Geöffnet ganzjährig 7-24 Uhr.

↳ Istituto Gould
   Via de'Serragli 49
   Tel. 055/212576
   Fax 055/280274

Von gepflegten Zimmern kann man in den schönen Innenhof schauen. Reservierung empfehlenswert. DZ ab 40.000 Lire.

↳ Hotel Orchidea
   Borgo degli Albizi 11
   Tel./Fax 055/2480346

Dieser alte Palast aus dem 12. Jh. ist das Geburtshaus von Dantes Frau. Von den 7 Zimmern sind einige zum Garten gerichtet. Nachfragen! Freundliche, englisch-italienische Familie. DZ ab 90.000 Lire.

↳ Albergo Visconti
   Piazza Ottaviani 1
   Tel./Fax 055/213877

Die Herberge in der Nähe der Piazza Santa Maria Novella hat saubere, aber etwas laute Zimmer. Angenehme Terrasse und Garage. DZ ab 96.000 Lire.

↳ Hotel Fiorentina
   Via Dè Fossi 12
   Tel. 055/219530
   Fax 055/287105

In diesem ruhigen Hotel sind die Zimmer auf 2 Etagen verteilt, manche mit Aussicht auf den Garten. DZ ab 110.000 Lire.

↳ Albergo la Scaletta
   Via Guicciardini 13n
   Tel. 055/283028 oder 214255
   Fax 055/289562

In diesem Palast aus dem 15. Jh hat man eine schöne Aussicht aus den Zimmern. Mit Garten. DZ mit Frühstück ab 140.000 Lire.

Camping

⋏ Parco Comunale
   Viale Michelangelo 80
   Tel. 055/6811977
   Fax 055/689348

Von diesem zentral gelegenen Platz hat man einen guten Blick auf die Stadt. Ein wirklich heißer Campingplatz: kein Schatten, dafür gratis warme Duschen! 2 Personen und 1 Zelt ab 25.000 Lire. Geöffnet von April bis Oktober.

⋏ San Giusto
   Località Montalbano
   Via Limitese

Carmignano
Tel. 055/8712304

Dieser Platz 9 km nördlich von Empoli gilt als einer der schönsten Zeltplätze Italiens: In 400 m Höhe ist er von Wäldern umgeben, und es herrscht eine familiäre Atmosphäre statt Touristenrummel. Einfache Sanitäranlagen. Geöffnet von Juni bis September.

Verpflegung

Firenze gilt unter Feinschmeckern nicht als erste Adresse. Natürlich gibt es auch hier leckere Spezialitäten, aber für kulinarische Höchstleistungen sollte man andere Städte besuchen. Steaks sind eine Spezialität, allerdings sehr teuer. Aufgepasst: Die Preise beziehen sich oft auf das etto, das sind gerade mal 100 g! Einige empfehlenswerte Restaurants:

🍽 Trattoria Antellesi
   Via Faenza 9r
   Tel. 055/216990

In dieser zentral gelegenen Trattoria werden phantasievolle, toscanische Spezialitäten mit frischen Zutaten serviert.

🍽 La Pentola dell'Oro
   Via di Mezzo 26r
   Tel. 055/241821

Traditionelle Küche mit toscanischen Gerichten aus dem Mittelalter und aus der Renaissance. Nicht übermäßig teuer.

🍽 Gauguin
   Via degli Alfani 24r
   Tel. 055/2340616

Sehr gute, phantasievolle vegetarische Küche.

🍽 Enoteca de' Giraldi
   Via de' Giraldi 4 r
   Tel./Fax 055/216518
   koine@firenze.net
   www.koinecenter.com/code/enoteca.html

In Santa Croce. Von 11.00-1.00 Uhr geöffnet.

🍽 Enoteca Pinchiorri
   Via Ghibellina 87
   Tel. 055/242777

Dieses Restaurant zählt zu den besten Europas – vor allem wegen seines großen Weinkellers, in dem mehrere zehntausend Flaschen italienischen und französischen Traubensaftes lagern.

Firenze soll angeblich das beste Eis Italiens haben. Das mag stimmen. Aber es ist auch mit das teuerste.

🍽 Gelateria Vivoli
   Via dell'Isola delle Stinche 7r

In einer Gasse zwischen das Bargello und Santa Croce. Unglaubliches Eis.

🍽 Festival del Gelato
   Via del Corso 75r

Zwischen Duomo und Piazza della Signoria. Wenig gemütliche Einrichtung, aber fast 100 Sorten Eis, darunter auch einige mit frischem Obst.

🍽 Eisdiele Tivoli
   Via Isola delle Stinche 7

Eisdielen gibt es viele in Firenze. Diese ist besonders gut.

Selbstversorger kommen bei folgenden täglichen Märkten (nicht So) auf ihre Kosten:

Mercato Centrale di San Lorenzo: Via dell'Ariento. In Markthalle aus dem 19. Jh. ist falls alles erhältlich.
Mercato Sant'Ambrogio: Piazza Ghiberti, nordöstlich von Santa Croce. Frische Waren aller Art.
Firenze wird dort verlassen, wo man in den alten Stadtkern hineingefahren ist: bei der Ponte Vecchio am Arno. Nach der Brücke geht es rechts ab. Man folgt den am linken Arno-Ufer flussabwärts verlaufenden Straßen, bis nach etwa 1,5 km die Piazza T. Gaddi erreicht und diese dann schräg links überquert wird. Auf der Via Bronzino geht es jetzt Richtung Ospedale (Krankenhaus) und schließlich auf der Straße 67 aus Firenze heraus, noch lange in bebautem Gebiet. Nach 3 km wird die Greve überquert, die im Hügelland des Chianti entspringt. Sobald man zwei Autobahnstränge unterquert hat, wird Lastra a Signa (38 m) erreicht. Der Bau der noch gut erhaltenen *Stadtmauern* wurde im 15. Jh. von Filippo Brunelleschi geleitet, der sich für viele bedeutende Bauwerke in Firenze verantwortlich zeichnet, darunter die Kuppel des Duomo von Firenze.
Hinter Lastra a Signa nähert sich die Straße 67 dem Arno so sehr an, dass sie ihm bei allen Schleifen am linken Ufer folgt. Bei Montelupo Fiorentino (35 m), wo die Pesa in den Arno mündet, verlässt man endlich die zwar schöne, aber auch stärker befahrene 67 und überquert den Arno und folgt am anderen Ufer einer kleinen flussaufwärts führenden Straße durch die Orte Capráia,

Landschaft südlich von Firenze

Castellina, Limite sull'Arno und Spícchio, wo man sich rechts hält und nach der Überquerung eines Baches Sovigliniana erreicht. Die rechte Abzweigung der Straße führt jetzt etwas aufwärts. Nach 2 km geht es links in die über Sant'Ansano nach Vinci führende Nebenstraße, dessen Glockenturm der Kirche Santa Croce schon von weitem sichtbar ist.

Vinci (97 m)

In diesem kleinen, auf dem Monte Albano thronenden Dorf erblickte der vielseitig begabte Wissenschaftler, Maler und Konstrukteur Leonardo da Vinci im Jahr 1452 zum ersten Mal das Licht der Welt, dessen Werke heute sowohl in Galerien hängen (z. B. Mona Lisa) als auch das tägliche Bild prägen – wie etwa Räder, Flugzeuge, Kanäle oder Schleusenanlagen.
☺☺ Das *Museo Vinciano* ist in einem alten *Castello* aus dem 13. Jh. untergebracht, dessen Türme den Ort überragen. Vor dem Castello erinnert ein Modell des bekannten Renaissancemenschen da Vinci an den Universalgelehrten. Zu sehen sind neben einer Leonardo-Bibliothek Modelle von Geräten, die Leonardo da Vinci entworfen hat.
☺☺ Die *Casa di Leonardo*, das Geburtshaus Leonardo da Vincis, steht in Anchiano, 3 km nördlich von Vinci, und widmet sich mehr der persönlichen sowie der künstlerischen Seite da Vincis. Zu sehen sind allerhand Kopien bekannter Werke wie z. B. der Mona Lisa.

Unterkunft
In Vinci gibt es nur 2 ***Hotels.
↳ Albergo Gina
  Via Lamporecchiana 29
  Tel. 0571/56266
  Fax 0571/567913
Das Haus hat 25 gepflegte Zimmer sowie Restaurant und Garten. DZ ab 90.000 Lire.
↳ Albergo Alexandra
  Via dei Martiri 82
  Tel. 0571/56224
  Fax 0571/567972
Außer 26 bequemen Zimmern mit Bad hat das Hotel noch 11 Zimmer in einem Nebengebäude an der Via Puccini 22. Mit Restaurant und Garage. DZ 145.000 Lire.
Vinci wird auf der Nebenstraße in südwestlicher Richtung verlassen, die an Toiano vorbei nach Cerreta Guidi (124 m) führt. Hier überquert man die Hauptstraße, um den Weg in südwestlicher Richtung fortzusetzen, der Beschilderung nach Fucécchio folgend. Kurz vor Fucécchio (25 m) geht es rechts auf die den Ort nördlich umrundende Straße, um nach der Querung der Nationalstraße 436 die zweite Abzweigung zur Rechten zu nehmen, die nach Ponte a Cappiano führt und mit der Beschilderung »Lucca« gekennzeichnet ist.
In Ponte a Cappiano zweigt rechts ein Weg ab, der dem Canale Usciano bis nach Santa Maria al Monte (56 m) folgt. Hier hat man nun lei-

der keine große Wahl und muss der Hauptstraße bis nach Pisa Arnoabwärts folgen. Lediglich in Calcináia (16 m) kann die Straße kurz verlassen und die Innenstadt direkt durchfahren werden. Die Hauptstraße führt direkt in die Innenstadt von Pisa (Tour 29), dessen Schiefer Turm schon von weitem grüßt. In Pisa besteht Anschluss an Tour 29 in die Marmorberge der Garfagnana.

Zur Mündung des Arno in das Mittelmeer gelangt der Radler, wenn er in Pisa von der Piazza del Duomo über die Via Roma zum Arno hinunterfährt. Gleich hinter der Ponte Solferino geht es rechts ab und flussabwärts den Arno entlang. Dieser Straße folgt man 7 km in Richtung Marina di Pisa. Hier kann die Route verkürzt und links direkt nach Lido oder geradeaus den Arno entlang nach Marina di Pisa gefahren werden.

Marina di Pisa (3 m)

Radservice
- Novelli
  Via Gualduccio 7
  Tel. 050/35710

Unterkunft
- Manzi
  Via Rep. Pisana 25
  Tel. 050/36593
  Fax 050/34159

Gut ausgestattete Zimmer sowie Restaurant und bewachter Parkplatz. DZ ab 100.000 Lire.

Camping
- Internazionale
  Via Litoreana
  Tel. 050/36553

Camping an schönem Strand. 2 Personen und 1 Zelt ab 27.000 Lire. Geöffnet von April bis Oktober.

- San Michael di Burchi Mauro
  Via della Bigattiera 3
  Tirrenia
  Tel. 050/33103

Dieser ruhige und schattenreiche Platz ist 700 m vom Meer entfernt, an der Straße nach Pisa. Gepflegte Sanitäranlagen und freundliche Atmosphäre. 2 Personen und 1 Zelt ab 26.000 Lire. Geöffnet von Juni bis September.

- Mare e Sole
  Viale del Tirreno
  Tirrenia-Calambrone
  Tel. 050/32757

Geöffnet von April bis September.

In Marina di Pisa folgt man der breiten Küstenstraße südwärts. Der anfangs schöne Blick auf das Meer wird später durch Waldstreifen und Campingplätze zwischen der Straße und dem Meer beeinträchtigt. Über Tirrenia und Calambrone erreicht man Livorno, wo als erstes das Industriegebiet durchfahren wird. An der Bahnlinie und Küste entlang geht es über die Via Orlando bis zum Hafen. Die Via della Cinta Esterna führt jetzt weiter zur Altstadt.

Livorno (3 m)

Diese Stadt ist heute einer der wichtigsten Hafen- und Fährenorte Italiens. Von hier kann man etwa nach Sizilien, Sardinien, Korsika oder Elba übersetzen – auch mit dem Rad. Ansonsten dominiert Industrie große Teile des Stadtbildes, darunter Schiffbau, Metallverarbeitung, Erdölraffinerien und chemische Industrie.

Für eine Tour durch die Toscana sollte daher Livorno mit seinem für Radfahrer furchtbaren Hafen am besten schnell wieder verlassen werden: Tour 30 führt in südlicher Richtung die Etrusker-Riviera entlang bis nach Ansedónia.

Der Grundriss der Altstadt von Livorno lässt noch gut die mittelalterliche Anlage mit Wassergräben erkennen. Gut erhalten sind auch die beiden Festungen aus dem 16. Jh.: Die *Fortezza Vecchio* mit ihrem massigem Turm wurde auf den Resten einer Anlage des 11. Jh.s errichtet. Die nur wenige Jahzehnte jüngere Fortezza Nuovo wurde für die Medici-Familie und wird wegen der vielen Kanäle auch als »Piccola Venezia« bezeichnet.

Im Zentrum der Altstadtinsel liegt die Piazza Grande, von der alle wichtigen Straßen abzweigen.

☺ Das *Museo Civico G. Fattori* in der Villa Mimbelli, Via San Jacopo in Acquaviva 65, zeigt Kunstwerke aus dem 19. Jh., vor allem des in Livorno geborenen Impressionisten G. Fattori (1825-1908). Geöffnet Di bis So 9-13 Uhr (Eintritt: 7.000 Lire, Tel. 0586/808001).

☺ Das *Museo provinciale di Storia Naturale* in der Via Roma 234 ist ein sehenswertes naturgeschichtliches Museum, Tel. 0586/802294

ⓘ Piazza Cavour 6
57125 Livorno
Tel. 0586/898111
Fax 0586/896173
info@livorno.turismo.toscana.it.
www.livorno.turismo.toscana.it

Weitere Touristenbüros gibt es am Bahnhof, am Hafen und an der Piazza Municipio.

Radverleih

🚲 An der Piazza Luogo Pio.

Radservice

🚲 Cancelli
Via Mentana 70
Tel. 0586/891201
Südöstlich der Piazza della Republica.

🚲 Bicimania
Via Prov. Pisana 126
Tel. 0586/425711
Nordöstlich vom Zentrum, Straße Richtung Pisa und Firenze.

Radclub

✉ La Triglia in Bicicletta
Via di Salviano 22
57124 Livorno
Tel. 0586/862838
Fax 0586/851237

Camping-Artikel
- Tosi
  Via Mentana 49
  Tel. 0586/894178

Hier werden u. a. Coleman-Gaskartuschen verkauft. Nahe am Piazza della Repubblica gelegen.

Unterkunft
- Albergo Corsica
  Corso Mazzini 148
  Tel. 0586/882280
  Fax 0586/882103

Einfache Zimmer sowie Garage und Garten. DZ ab 70.000 Lire.

- Albergo Belmare
  Viale Italia 109
  Tel./Fax 0586/807040

Das nahe am Meer gelegene Haus hat 20 einfache Zimmer und einen Garten. DZ ab 85.000 Lire.

- Albergo Ariston
  Piazza della Repubblica 11
  Tel./Fax 0586/880149

Die kleine Pension hat 12 bequeme Zimmer mit Bad. Zentrale Lage, mit Parkplatz und Bar. DZ 120.000 Lire.

Verpflegung

Als Hafenstadt bietet Livorno natürlich frischen Fisch in allen Variationen an. Eine große Auswahl guter Fischlokale gibt es in der Viale Italia südlich des Hafens.

TOUR 31:
ENTLANG DE ETRUSKER-RIVIERA

Livorno (Tour 30) – Castiglioncello – Cécina (Tour 32) – Bolghéri – Castagneto Carducci – San Vincenzo (– Populonia) – Follónica – Grosseto – Magliano – Monte Argentário – Ansedónia (Tour 38)

Länge: ca. 290 km
Dauer: 4-6 Tage
Schwierigkeitsgrad: schwer
   Es geht durch viele Ebenen hindurch, die aber immer wieder von ordentlichen Steigungen durchbrochen werden.
Wichtigste Sehenswürdigkeiten:
   Naturparks an Maremma-Küste, Parco Naturale e Archeologico del Promontorio bei Follónica, Burganlage von Grosseto, Monte Argentário, Ansedónia mit archäologischen Funden
Karten:
- Kümmerly & Frey 1:200.000; Toskana (7); 16,80 DM
- Generalkarte Italien 1:200.000; Toskana (5); 12,80 DM
- Touring Club Italiano 1:200.000; Toscana; 9.500 Lire
- ADAC-Regionalkarte, 1:150.000; Toskana; 12,80 DM

Diese Route folgt dem Küstengebiet, das schon zu Etruskerzeiten dicht besiedelt war und daher nach diesem Volksstamm benannt ist: »La costa degli Etruschi«. Teilweise folgt die Strecke der »Strada del Vino«, die mehrere bekannte Weinbaugebiete miteinander verbindet und von Cécina über Montescudaio, Bolghéri und Suvereto nach Piombino verläuft. Am Startpunkt Livorno besteht Anschluss an die den Arno entlang führende Tour 30 und am Endpunkt an Route 38 nach Umbria. Als Alternative in das Innenland bietet sich die in den Chianti führende Tour 32 an, die von Cécina abzweigt.

Die Hafenstadt Livorno (Tour 30) bietet neben zahlreichen Fährverbindungen zu Inseln wie Korsika, Sizilien, Sardinien und Elba auch Anschluss an eine Radroute: Tour 30 führt, von Arezzo kommend, den Arno entlang bis nach Livorno. Livorno wird über die dem Hafen zugewandte Piazza Micheli verlassen, indem man der Küstenstraße südwärts folgt. An der Piazza Mazzini und der Piazza Orlando hält man sich jeweils rechts und folgt der Viale Italia, vorbei an dem Aquarium und der Schifffahrtsakademie zur Rechten und der Pferderennbahn zur Linken. Die Küstenstraße führt vorbei an Ardenza und Antignano, beliebten Badeorten. Entsprechend voll ist diese Straße zur Hauptsaison und an Wochenenden. Am Torre del Boccale verengt sich der Küstensaum merklich. Jetzt radelt man durch das Riserva Naturale Calafúria. Weiter geht es nach Quercianella und von dort zwischen Meer und Bahn entlang nach Castiglioncello.

Castiglioncello (23 m)

ⓘ Via Aurelia 967
57012 Castiglioncello
Tel. 0586/752291

Unterkunft

⌁ Albergo Guerrini
Via F. Fellini 13
Tel./Fax 0586/752047

Das Haus hat 22 ordentliche Zimmer sowie Restaurant und Garten. DZ ab 70.000 Lire.

⌁ Albergo Costa Verde
Via Ugo Foscolo 2
Tel. 0586/752080
Fax 0586/754238

Hier gibt es 16 gepflegte Zimmer sowie Restaurant, Garten und Privatstrand. DZ ab 85.000 Lire.

Das auf einer Landzunge liegende Castiglioncello geht baulich in den nächsten Ort, Caletta, und dann Rosignano Solvay über.

Rosignano Solvay (6 m)

ⓘ Via Berlinguer
57013 Rosignano Solvay
Tel. 0586/767215

Von Rosignano Solvay geht es südwärts auf der Küstenstraße weiter. Sobald der Bach Fine überquert wurde, zweigt man rechts auf eine weniger stark befahrene Uferstraße ab, die nach Vada führt, das schon von weitem an dem historischen *Aussichtsturm* zu erkennen ist. Von Vada nimmt man die direkt am Strand verlaufende Straße. Nach etwa 4 km markiert eine Schranke das Ende des Weges – für Autos. Der dahinter verlaufende Weg führt durch Kiefernwald, der als Riserva Naturale di Tómbolo di Cécina geschützt ist. Man gelangt wieder auf eine asphaltierte Straße, überquert mehrere Bäche und hält sich immer rechts, bis ein Campingplatz bereits das nahende Marina di Cécina ankündigt.

Marina di Cécina (2 m)

Dieser angenehme Badeort liegt an der Mündung des Flusses Cécina, umgeben von Schutzgebieten, deren sandiger Untergrund vor allem Kiefernwälder gedeihen lässt. Von Marina di Cécina sind es 2 km landeinwärts in den Hauptort Cécina. Von Marina di Cécina zweigt Tour 32 ab, die landeinwärts in das Herz der Toscana, den Chianti, verläuft.
- ⓘ Piazza San Andrea
  Tel. 0586/620678

Ein weiteres Touristenbüro gibt es in der Viale Galliano.

Unterkunft
- ⌇ Albergo Azzura
  Viale della Vittoria 3
  Tel./Fax 0586/620595

Von den schönen Zimmern hat man eine gute Aussicht auf dem Strand. Restaurant und Parkplatz. DZ mit Bad ab 84.000 Lire.
- ⌇ Hotel Mediterraneo
  Viale della Vittoria 40
  Tel. 0586/620035
  Fax 0586/623914

Das Hotel Mediterraneo mit seinen gut ausgestatteten Zimmern liegt nahe am Strand. Restaurant und Garage. DZ mit Bad ab 130.000 Lire.
- 🍽 Ristorante Il Separe
  Via della Vittoria 12

Gute Qualität für einen fairen Preis
In Marina di Cécina folgt man der Uferpromenade in Richtung Marina di Bibbona. Bei einem Linksknick der Straße in das Landesinnere zweigt rechts ein Pfad in den Kiefernwald ab. Es geht nun immer weiter rechts, bis ein hölzernes Tor erreicht wird, an dem nur Fußgänger und Radfahrer vorbeikommen. Hier beginnt das *Riserva Naturale Tómbolo di Cécina*, ein Kiefernwald, durch den ein ganzes Netz von beschilderten Fußwegen führt. Man folgt der Route, die mit einem hölzernen Pfeil und grünem Symbol markiert ist und an Dünen vorbei nach Marina di Bibbona führt.

Marina di Bibbona (2 m)

Marina di Bibbona ist ein beliebter Badeort, der von Kiefernwäldern und Dünen umgeben ist und in dem das alte *Forte di Bibbona* hervorsticht.
- ⓘ Via dei Melograni 2
  57020 Marina di Bibbona
  Tel. 0586/600699

Camping
Hier gibt es 3 Campingplätze.

▲ Belmare
Tel. 0565/744264

Großer Platz am Meer mit Laden und Restaurant. 2 Personen und 1 Zelt ab 34.000 Lire. Geöffnet von Anfang Februar bis Ende Oktober.

In Marina di Bibbona wird die Küste verlassen und werden Bahnlinie sowie Autobahn E80 überquert. Die E80 wird auch als »Via Aurelia« bezeichnet, weil sie entlang einer alten Römerstraße verläuft. Man hält sich rechts Richtung Bólgheri, quert noch zweimal die Autobahn, ehe es schnurstracks in das Landesinnere auf Bólgheri (96 m) zugeht. Diese von Bäumen gesäumte Straße ist als Zypressenallee des Dichters Carducci in die italienische Literatur eingegangen. In Bólgheri hält man sich rechts und folgt der Straße nach Castagneto Carducci.

Castagneto Carducci (194 m)

Dieses von Wein- und Olivenplantagen umgebene Dorf wurde als Wohnort des Lyrikers Giosuè Carducci bekannt, dessen Werk 1906 mit dem Literaturnobelpreis ausgezeichnet wurde.

Caleidoscopio ist der Name eines alljährlich im September stattfindenden Internationalen Musikfestivals.

ⓘ Via G.Carducci 1
57022 Castagneto Carducci
Tel. 0565/778111

Unterkunft

↵ Albergo Miramare
Via del Tirreno 21
Tel. 0565/744031

Kleine, einfache Unterkunft mit Restaurant. DZ ab 50.000 Lire.

Strand der Etrusker-Riviera

↵ Albergo La Torre
Via la Torre 42
Tel./Fax 0565/775268

Die kleine Pension hat 11 nette Zimmer mit Bad. Mit Restaurant und Garten. DZ ab 120.000 Lire.

Von Castagneto Carducci an orientiert man sich wieder zur Küste, Richtung Cassone und San Vincenzo. Kurz hinter Cassone geht es über die Autobahn hinüber, ehe San Vincenzo erreicht wird.

San Vincenzo (5 m)

San Vincenco ist ein beliebter Badeort mit Bahnanschluss, den mehrere Pinienwälder umgeben.

ⓘ Via B. Alliata 4
San Vincenzo
Tel. 0585/701533

Camping
Richtung Piombino gibt es mehrere Zeltplätze.

▲ Park Albatros
Pirena di Torre Nuova
Tel. 0565/701018
Fax 0565/793589

Dieser 700 m vom Strand entfernte Zeltplatz gilt als größter der Gegend und ist von Juni bis September geöffnet.

Gleich hinter den Urlaubsanlagen von San Vincenzo bginnt der Parco Naturale di Rimigliano, durch den ein Radweg bis nach La Torracia verläuft. Hinter La Torracia führt der Weg wieder in das Landesinnere, aber noch vor der Querung von Bahn (und Autobahn) geht es rechts ab, der Beschilderung nach Populónia folgend.

Nach 500 m kann man wählen: Die Radroute zweigt jetzt links ab. Die alte Etruskerstadt Populónia liegt aber 7 km gerade vor einem und ist allemal einen Abstecher wert.

Populónia (181 m)

Dieser Ort hatte seine größte Zeit als Hafenstadt *Pupluna* unter den Etruskern vor rund 2500 Jahren, wovon Ausgrabungsfelder mit alten Grabstätten zeugen. Eindrucksvoll sind die Reste der alten Stadtmauer und das *Museo Etrusco*.

Das noch größere, aber überlaufene Piombino liegt 8 km südlich von Populónia. Zwischen beiden Orten erstreckt sich der mit zahlreichen Ausgrabungsstellen gespickte *Parco Naturale e Archeologico del Promontorio*.

Die Radroute zweigt 7 km vor Populónia von der Zufahrtsstraße in südöstlicher Richtung ab, quert die Bahnlinie und mehrere kleine Kanäle, ehe sie auf die Nationalstraße 398 führt, der man 2,5 km nach rechts folgt, ehe einen eine linke Abzweigung über den Fluss Córnia hinüber nach La Sdriscia bringt, wo man rechts zur Küste abbiegt. Der Küstenweg führt jetzt in westlicher Richtung über Torre Mozza und Prato Ranieri bis nach Follónica.

Follónica (4 m)

Follónica liegt geschützt in dem nach ihm benannten Golf und grenzt an zwei ganz unterschiedliche Naturschutzgebiete: das hügelige, bis zu 300 m hohe Riserva Naturale di Póggio Tre Cancelli im Norden und das flache kiefernbestandene Riserva Naturale di Tomboli di Follónica im Süden, wo gerade mal einige Dünen herausragen.

☺ Das *Museo Civico di Storia Naturale* in der Via Mazzini 6 informiert über Naturgeschichte. Geöffnet Di bis So 9-12.30 und 15-19.30 Uhr (Tel. 0564/414701). Zu diesem Museum gehört auch das städtische Aquarium in der Via Porciatti 12.

☺ Das *Museo Archeologico e d'Arte della Maremma* und das *Museo Diocesano d'Arte Sacra* sind beide in einem Gebäude an der Piazza Baccarini untergebracht. Geöffnet Di bis So (Tel. 0564/417629).

ⓘ Via Giacomelli 11-13
58022 Follónica
Tel. 0566/52012
Fax 0566/53833
ser.fina@comune.follonica.gr.it
www.comune.follonica.gr.it

Radservice
🚲 Cicli & Sport Donnini
Via Litoranea 57
Tel. 0566/40305

🚲 Pecchia
Via C. Colombo 28
Tel. 0566/44046

Camping-Artikel
✉ Pecorini
Via della Repubblica 55
Tel. 0566/53645

Unterkunft
Die Unterkünfte sind hier relativ teuer.

↩ Albergo Miramare
Lungomare Italia 84/86
Tel./Fax 0566/41521
Das Haus 23 ordentliche Zimmer sowie Garage, Garten und Privatstrand. Geöffnet von April bis September DZ ab 95.000 Lire.

↩ Albergo Letizia
Via Aurelia
Tel. 0566/51351
Hier warten 32 bequeme Zimmer mit Bad sowie Restaurant und Garten. DZ 110.000 Lire.

Die Radroute führt weiter südlich durch das *Riserva Naturale di Tomboli di Follónica*. An dessen Ende, bei Portiglione, zweigt man rechts auf einen kleinen Weg ab, der an die hier einmal nicht flache Küste nach Torre Civetta heranführt. Dort geht es landeinwärts.

Nach 3 km überquert man die Nationalstraße 322 und fährt immer geradeaus weiter. Die Straße folgt dem Fluss Alma auf der linken Seite, ehe es nach 4 km über die Alma hinübergeht und eine größere Straße erreicht wird, auf die man links abbiegt. Nun wird es schweißtreibend: Fast 5 km lang geht es ständig bergauf, aber die Aussicht belohnt für die Strapazen. Bergab führt die Straße nach Casa Toninel, wo es rechts bis an den Fluss Bruna geht, den man aber nicht überquert, sondern flussaufwärts am linken Ufer folgt.

Erst nach 5,5 km, in Macchiascandona, radelt man über eine Bruna-Brücke und dann immer geradeaus noch 10 km bis nach Grosseto.

Grosseto (10 m)

Grosseto ist Mittelpunkt der toskanischen Maremma, dem Flachland an der Mittelmeerküste. Eine noch gut erhaltene Befestigungsanlage aus dem 16. Jh., die *Fortezza Medicea*, umgibt die Altstadt in der Form eines Achtecks. Auf der im 19. Jh. begrünten Befestigungsanlage kann man zu Fuß (weniger gut per Rad) die Altstadt umrunden. Mittelpunkt von Grosseto ist die arkadenumsäumte Piazza Dante mit dem romanisch-gotischem *Duomo*.

☺ *Das Museo Archeologico e d'Arte della Maremma* zeigt etruskische und römische Funde, u. a. eine sehr gut erhaltene Büste des Kaisers Tiberius Claudius Nero.

☺ Die archäologische *Ausgrabungsstätte di Rolle* mit ihren Überresten der etruskischen und später römischen Stadt aus dem 7. Jh. v. Chr. kann besichtigt werden. Geöffnet Mai bis September täglich 9-19.30, sonst bis 17.30 Uhr (Tel. 0564/402403).

☺ Südlich von Grosseto erstreckt sich der Parco Naturale della Maremma, der mit 100 km^2 größte Naturpark der Toscana, in dem Wasserbüffel und Pferde in freier Wildbahn leben. Die früher malariaverseuchten Sümpfe wurden in den 1930er Jahren für landwirtschaftliche Nutzung entwässert. Von Juni bis September werden Führungen durch den Naturpark angeboten, die zwischen drei und fünf Stunden dauern. Den Rest des Jahres ist der Park von 9 Uhr bis Sonnenuntergang frei zugänglich. (Tel. 0564/407098, *parcomar@gol.grosseto.it*).

ⓘ Via Monterosa 206
58100 Grosseto
Tel. 0564/451617
Fax 0564/454606
aptgrosseto@grosseto.turismo.toscana.it
www.provincia.grosseto.it

Ein weiteres Touristenbüro gibt es an der Piazza Popolo.

Camping-Artikel
▫ Caravan Service Grosseto
Via Aurelia Nord 91b
Tel. 0564/467015

Unterkunft
⤴ Casa dello Studente
Via Spartaco Lavagnini
Tel. 0564/22403
Fax 0564/415633

Der Name sagt es: einfache Unterkunft mit 24 einfachen Zimmer sowie Garten. DZ 36.000 Lire.

⤴ Albergo Leon d'Oro
Via San Martino 46

Tel. 0564/22128
Fax 0564/22578

Diese große Unterkunft hat 39 gepflegte Zimmer sowie Restaurant und Garage. DZ ab 100.000 Lire.

Camping

An der Küste, zwischen Principina a Mare und Marina di Grossa hat man die Wahl zwischen 6 Campingplätzen mit zusammen rund 2.500 Stellplätzen.

▲ Rosmarina
  Via de Colonio 37
  Tel. 0564/36319
  Fax 0564/34758

Auf dem kleinsten, aber einem der schönsten Campingplätze der Gegend spenden Pinien angenehmen Schatten. Geöffnet von März bis Oktober.

Grosseto wird südlich über die Auffahrt zur Autobahn E80 verlassen, der schon bekannten Via Aurelia, in Richtung Roma. Kurz nach der Überquerung des Flusses Ombrone zweigt links eine Straße ab, die unter der Autobahn hindurch weiter ins Landesinnere führt. Nach etwa 2 km führt rechts eine kleine Straße nach La Mozza ab. Von jetzt an geht es etwa 25 km durch ein kaum besiedeltes Gebiet, entsprechend leer ist die Straße. Anders herum sollten die Energiereserven (Trinken, Essen) entsprechend gefüllt sein.

Der kleine Weiler La Mozza (101 m) ist noch einer der größten Orte unterwegs. Etwa 12 km nach La Mozza wird eine etwas größere Straße erreicht, der man links 2 km folgt, ehe es wieder Richtung Süden, also nach rechts geht. Nun trennen einen noch 9 km von Magliano, auf denen sich die Straße zwischen den Hügeln Poggio Bestiale (285 m), Poggioro Vaccaro (265 m) und Poggio Ghiaccialone (207 m) entlang windet. Man genießt auf der Strecke immer mal wieder »Durchblicke« zwischen den Hügeln auf die flache Küstenebene, die als *Parco Naturale della Maremma* großflächig geschützt ist.

Magliano (128 m)

Magliano ist eine von mächtigen Stadtmauern umgebene alte etruskische Nekropole, worüber das Museo Etrusco informiert (Tel. 0564/592102).

ⓘ Corso Garibaldi
  58031 Magliano
  Tel. 0564/522503

Von Magliano radelt man in südlicher Richtung heraus, der Beschilderung nach Orbetello folgend. Zur Rechten liegen alte *etruskische Gräber*. Etwa 2,5 km hinter Magliano zweigt eine Straße nach rechts ab, die hinunter in die Küstenebene über San Donato, le Tre Piscine und San Donato Vecchio bis zum Mittelmeer bei Albinia führt.

Albinia (2 m)

Camping
Nördlich der Lagune von Orbetello hat man die Wahl zwischen drei Campingplätzen.

▲ Il Veliero Loc. Gianella
  Tel. 0564/820201
  Fax 0564/821198

Dieser Platz ist als einziger der Umgebung das ganze Jahr geöffnet. Von Albinia führt eine Traumstraße über den *Tómbolo della Giannella*, eine Düne, die die Laguna di Orbetello vom Mittelmeer abtrennt und gleichzeitig die Insel Monte Argentário mit dem Festland verbindet. Leider sind auch viele Autofahrer von der Schönheit dieser etwa 10 km langen Strecke überzeugt.

Monte Argentário

Dieser 635 m hohe Inselberg aus Kalkstein hat mit drei Straßen Verbindungen zum Festland, wobei der Hauptweg, die durch Orbetello führende Straße 440, wegen des Verkehrs lieber vom Radfahrer gemieden werden sollte. Früher war der Monte Argentário eine »echte« Insel – ohne jede Landverbindung. Die jetzige Laguna di Orbetello ist noch ein Rest der damaligen Meeresstraße, die den Monte Argentário vom Festland abtrennte. Der Name Monte Argentário soll nicht etwa von dem silbern schimmernden Meer am Horizont stammen, sondern römischer Herkunft sein: Damals gehörte die Insel einer reichen Familie, die ihrer Silberschätze wegen »argentari« genannt worden sein soll.

In beliebten Urlaubsorten an der Südküste – wie Porte Ércole mit seiner schönen Renaissance-Befestigung – haben schon Berühmtheiten wie Fiat Boss Agnelli oder die niederländische Königsfamilie ihren Urlaub verbracht. Porte Ércole hat trotz allen Rummels noch die Atmosphäre eines alten Fischerdorfes bewahrt; lediglich die Preise haben merklich angezogen. Günstiger ist Porto Santo Stéfano im Norden des Monte Argentários mit seinen vielen Restaurants.

Eine 35 km lange Straße umrundet die Insel entlang dem Steilufer und verbindet somit alle wichtigen Orte, die allesamt an der Küste liegen. Von der Straße hat man nicht nur schöne Blicke auf das Meer, sondern auch auf die Vielzahl der Burgen, die entlang der Küste aufragen. Aber eine gute Kondition ist gefragt: Es geht bis zu 350 m aufwärts.

☺ Die *Rocca Spagnola* oberhalb von Porte Ércole kann besichtigt werden. Geöffnet Do bis Di 10-13 und 16 Uhr bis Sonnenuntergang.

ⓘ Corso Umberto 55
  Porto Santo Stefano
  Tel. 0564/814208
  Fax 0564/814052

Unterkunft
↳ Albergo La Lucciola
  Via Panoramica 243/245
  Porto Santo Stefano

Tel. 0564/812976
Fax 0564/812298
Gepflegte Unterkunft mit Garage und Restaurant. DZ mit Bad 145.000 Lire.

↵ Albergo La Conchiglia
Via della Marina
Tel. 0564/833134

Das Haus hat 12 einfache Zimmer. DZ ab 90.000 Lire.

▲ Il Veliero
Tombole della Gianelli
Tel. 0564/820201
Fax 0564/821198

Fast alle der 333 Plätze liegen im Schatten der vielen Kiefern und ein Pool lädt zum Baden ein. Aber ist das 40.000 Lire pro Übernachtung wert?

Von der Insel Monte Argentário führt ein traumhafter – diesmal autofreier – Weg nach Ansedónia: Dieser führt über die *Tómbolo di Feniglia*, eine 6 km lange und 1 km breite Sanddüne, die Monte Argentário und Ansedónia miteinander verbindet. Das Gebiet mit seinen alten Kiefernwäldern ist unter Naturschutz gestellt und darf daher von Autos nicht befahren werden.

Man verlässt die Ringstraße auf Monte Argentário zwischen Porto Ércole und Terrarossa ostwärts, der Beschilderung zur Tómbolo di Feniglia folgend. Die Schranke hinter dem Parkplatz erlaubt nur Fußgängern und Radfahren das Durchkommen. Vorbei an der Stazione Forestale radelt man nun die ruhige und von Kiefern beschattete Straße entlang, bis nach 7 km Ansedónia erreicht wird. Die letzten 2 km geht es noch einmal ordentlich bergauf. In Ansedónia startet Tour 38, die durch Lazio nach Umbria führt.

Ansedónia (113 m)

Der Name dieses heutigen Villenortes ist mit der römischen Kolonie *Cosa* eng verbunden.

☺☺☺ *Cosa* ist eine um 273 v. Chr. gegründete römische Kolonie, die 2 km nördlich von Ansedónia liegt. Die Ruinen lassen noch deutlich die Anlage erkennen, die u. a. aus dem Forum, einer 1,5 km langen Stadtmauer, 18 Wachtürmen, einer Basilica, der Akropolis, Wasserreservoirs und verschiedenen Tempeln bestand. Das *Museo Archeologico »Rovine di Cosa«* zeigt Funde der alten Siedlung (geöffnet Oktober bis März 9-14, April bis September 9-19 Uhr, Tel. 0564/881421).

☺ Westlich vor Ansedónia verläuft der *Tagliata Etrusca*, ein Kanal, den die Römer nach etruskischem Vorbild anlegten, um den Wasserspiegel der Lagune kontrollieren und damit die Versandung des römischen Portus Casanus verhindert zu können.

Tour 32:
Quer durch den Norden der Toscana

Marina di Cécina (Tour 31) – Guardistallo – Montecatini Val di Cécina

– Volterra – San Gimignano – Poggibonsi – Lilliano – Siena (Tour 33)
Länge: ca. 120 km
Dauer: 2-3 Tage
Schwierigkeitsgrad: schwer
  einige lange, teilweise steile Steigungen mit mehreren hundert Metern Höhenunterschied
Wichtigste Sehenswürdigkeiten:
  Volterra, San Gimignano, Siena
Karten:
- Kümmerly & Frey 1:200.000; Toskana (7); 16,80 DM
- Generalkarte Italien 1:200.000; Toskana (5); 12,80 DM
- Touring Club Italiano 1:200.000; Toscana; 9.500 Lire
- ADAC-Regionalkarte, 1:150.000; Toskana; 12,80 DM

Diese Tour verbindet das »Herz« der Toscana, die hügelige Chianti-Landschaft, mit der Mittelmeerküste. Bei dieser teilweise recht anspruchsvollen Tour werden bekannte Städte der Toscana berührt – wie Volterra, San Gimignano oder Siena, die schon im Mittelalter bedeutende Zentren waren und deren Stadtbild die Jahrhunderte gut überdauert hat. In Marina di Cécina hat man Anschluss an Tour 31, die die Etrusker-Riviera entlangführt, und in Siena an die durch den Chianti verlaufende Tour 33.

Von Marina di Cécina (Tour 31), durch das Tour 31 entlang der Etrusker-Riviera verläuft, fährt man Richtung Landesinnere zum Hauptort Cécina.

Cécina (14 m)

☺ Das *Museo Archeologico* in der Villa La Cinquantina, Via Guerrazzi, zeigt sehenswerte Ausgrabungsstücke (Tel. 0586/660411).

ⓘ Piazza G.Carducci
  57023 Cécina
  Tel. 0586/611111

Ein weiteres Touristenbüro gibt es in Marina di Cécina in der Viale Galliano Guardistallo.

In Cécina überquert man die Bahnlinie und Küstenstraße, um sich danach links zu halten, allerdings ohne den Bach Cécina zu überqueren. Nach der Querung der Autobahn E80 wird die »Strada del Vino« erreicht, der man bergauf in das Landesinnere über Montescudáio (242 m) bis nach Guardistallo (278 m) folgt. Dort wird die Weinstraße verlassen und links nach Casino di Terra abgebogen. Die Straße geht bergab, quert einen Bach, bevor man sich links hält und schließlich Casino di Terra erreicht. Nach dem Überqueren der Bahnlinie und der Nationalstraße 68 geht es geradeaus auf einer kleinen Straße nördlich in Richtung Montecatini, die sich in einem kleinen Tal hinaufwindet. An Fattoria Mocáio und Casanuova vorbei stößt man wieder auf die »Strada del Vino», der links bis nach Montecatini Val di Cécina (416 m) gefolgt wird. Dort geht es auf der nördlich nach Volterra abzweigenden Straße bergige 12 km in die mittelalterliche Stadt.

Volterra (531 m)

Inmitten einer baumlosen Hügellandschaft thront die mittelalterliche Stadt majestätisch auf einem Berg aus Sandstein, dessen Hänge als Folge der Erosion bis zu 100 m steil abfallen, besonders bei *Balze*, 20 Fußminuten nordwestlich vom Ortszentrum entfernt.

Volterra war schon zu Etruskerzeiten als Mitglied des Zwölf-Städte-Bundes eine bedeutende Stadt und gilt als eine der ältesten von Italien. Zu Etruskerzeiten war Volterra mit damals 20.000 Einwohnern sogar größer als heute (16.000 Einwohner). Das im Mittelalter unabhängige Volterra gehörte seit dem 14. Jh. zu Firenze.

Große Bedeutung für Volterra hat der Abbau von *Alabaster*, einer Gipsart, die in 200 Betrieben der Stadt bearbeitet wird, vor allem in der Via Porta all'Arco.

Die zentrale Piazza dei Priori gehört zu den schönsten mittelalterlichen Plätzen Italiens. Dominiert wird dieser Platz vom *Palazzo dei Priori*, der im 12./13. Jh. erbaut wurde und damit als ältestes Rathaus der Toscana gilt.

☺☺ Die mächtige *Fortezza Medicea* wurde im 14. Jh. auf den Ruinen eines alten etruskischen Tempels errichtet. Westlich davon liegt der *Parco Archeologico Enrico Fiumi* mit Resten römischer Bauten wie einer Zisterne oder der Akropolis.

☺☺ Der *Duomo Santa Marta* geht auf das Jahr 1120 zurück und wurde im 13. Jh. im pisanisch-romanischen Stil umgestaltet. Das bekannte Fresko im Inneren von Benozzi Grozzoli stellt die Heiligen Drei Könige dar.

☺☺ Das *Museo Etrusco Guarnacci* in der Via Don Minzoni 15 zeigt zahlreiche etruskische Fundstücke aus der Umgebung von Volterra, und das schon seit 1761. Angenehm: Die Exponate des Museums werden neben italienischer auch in englischer Sprache erläutert. Geöffnet im Sommer Di bis So 9.30-13 sowie 15-18.30 und im Winter Di bis So 10-14 Uhr (Eintritt: 10.000 Lire).

☺ Das 1951 ausgegrabene *Teatro Romanico* wurde im 1. Jh. erbaut und soll damals 2.000 Zuschauern Platz geboten haben.

ⓘ Via G.Turazza
56048 Volterra
Tel. 0588/86150

Dieses Informationsbüro liegt in der Nähe der Piazza dei Priori.

Unterkunft

↵ Ostello per la Gioventù
»Villa Giardino«
Via Don Minzoni
Tel. 0588/85577

Sehr schöne moderne Jugendherberge am Rand der Stadt. Bettwäsche gratis. Ü/F ab 20.000 Lire.

↵ Albergo Etruria
Via Matteotti 32
Tel./Fax 0588/87377

Diese Herberge liegt im historischen Zentrum, mit Garten.

Gut gepflegte, große Zimmer mit Bad. DZ ab 90.000 Lire.

- Albergo Molino d'Era
  Via Molino d'Era
  Tel. 0588/33220
  Fax 0588/33221

Gute Ausstattung. Garage, Garten und Restaurant. DZ ab 95.000 Lire.

- Albergo Villa Nencini
  Borgo Santo Stefano 55
  Tel. 0588/86386

Diese Unterkunft liegt außerhalb der Stadtmauer, in der Nähe der Porta San Francesco, und gewährt einen weiten Blick bis zum Meer. Angenehme Zimmer, Schwimmbad und Garten. DZ ab 100.000 Lire.

- Le Balze
  Borgo San Giusto
  Tel. 0588/87880
  Fax 0588/878807

Dieser Platz mit seinen 100 Stellplätzen und Bungalows liegt an den gleichnamigen Sandsteinklippen am Stadtrand. Geöffnet von April bis Oktober.

Verpflegung

- Pizzeria Cicchetti
  Via Guarnacci 16

Sehr gute Pizzen, nicht sehr teuer.

- Ristorante La Pace
  Via Don Minzoni 49
  Tel. 0588/86511

Gute, typisch toscanische Küche. Auch Touristenmenüs.

- Ristorante Il Poggio
  Via Porta all'Arco 7

Etwas teurer, aber dafür regionale Küche, leckere Gerichte und familiäre Atmosphäre.

Volterra wird über die Via Guarnacci verlassen, um dann auf einer kleinen Nebenstraße über Cozza und Bagni di Mommala nach Il Castagno (497 m) zu radeln. Dort geht es rechts etwa 10 km auf der panoramareichen größeren Straße bis nach San Gimignano. Kurz bevor die Straße zum Aufstieg in die Stadt einen Rechtsbogen macht, zweigt man rechts in die kleine Via Niccolo Cannicci, die steil aufwärts auf den Altstadtkern zuführt, bis die Stadtmauer bei der Porta San Matteo und dort wieder die Hauptstraße erreicht wird. Nun folgt man der Via San Matteo bis zur zentralen Piazza Duomo.

San Gimignano (324 m)

Die Kleinstadt San Gimignano gilt als *Stadt der Türme* und wird daher auch als »mittelalterliches Manhattan« bezeichnet. Im Mittelalter sollen inmitten der Stadtmauer 72 Türme gestanden haben, von denen die meisten im 12. und 13. Jh. gebaut wurden. Die Höhe der Türme galt als Maß für den Reichtum – und damit Ruhm. Mit der Pestepidemie 1348 ging es bergab; und heute stehen noch gerade mal 15 der Türme. Diese wurden – wie auch die übrige mittelalterliche Stadtmitte – nach dem 2. Weltkrieg im Rahmen eines UNESCO-Schutzprogrammes einer gründlichen Restaurierung unterzogen. Dabei stieß man auf noch ältere Spuren: Gräber der Etrusker.

Die 7.200 Einwohner von San Gimignano leben von den jährlich rund 3 Millionen Besuchern, die sich das mittelalterliche Stadtbild innerhalb der dreifachen Mauer nicht entgehen lassen wollen. Es gibt kaum ein Geschäft, das keine Souvenirs verkauft. Die Anzahl der Sehenswürdigkeiten ist groß. Und wer gleich mehrere Museen besuchen möchte, kann mit dem *Biglietto cumulativo*, einer kombinierten Eintrittskarte zum Preis von 16.000 Lire, einiges sparen.

Für eine Pause ist die dreieckige Piazza della Cisterna gut geeignet, ein gemütlicher Platz mit vielen Terrassen. Mit Wasserbrunnen (Cisterna) in der Mitte und zahlreichen Häusern aus dem 13./14. Jh. hat der Platz eine starke mittelalterliche Ausstrahlung.

☺☺ Im *Palazzo Popolo* an der Piazza Duomo ist das Museo Civico mit Kunstsammlungen aus dem 12.-15. Jh. untergebracht. Zum Palazzo gehört auch der 54 m hohe *Torre Grossa*, von dem man eine gute Aussicht genießt. Geöffnet Di bis So 9.30-19.20 Uhr (Eintritt: Palazzo 7.000, Turmbesteigung 8.000 Lire).

☺☺ Die im 12. Jh. errichtete *Collegiata Santa Maria Assunta* beherrscht die Piazza Duomo. In der romanischen und im 15. Jh. erweiterten Kirche sind die schönen Fresken hervorzuheben. Im Süden der Kirche schließt sich die Capella di Santa Fina mit Fresken von Ghirlandaio an. Geöffnet April bis Oktober Mo bis Fr 9.30-12.30 und 15-17, Sa 9.30-17 und So 13-17 Uhr (Eintritt: 6.000 Lire).

☺☺ Das *Museo Etrusco* an der Piazza Pecori zeigt vorgeschichtliche Funde, die bis zur Etruskerzeit zurückreichen. Geöffnet April bis Oktober täglich 9.30-19.30, November bis März 9.30-17 Uhr (Eintritt: 7.000 Lire).

☺ Das *Museo Ornitologico* in der *Oratorio di San Francesco* ist ungewöhnlich: Wo sonst gibt es ein Museum nur über Vögel? Geöffnet Di bis So 9.30-12.30 und 15-18 Uhr (Eintritt: 4.000 Lire).

🎉 Neben dem 31. Januar, dem Stadtfest, geht es vor allem am dritten Juni-Wochenende bunt zu, dem mittelalterlichen *Ferie delle Messi*. Jeden Do ist Markttag in San Gimignano (8-13 Uhr).

ⓘ Piazza Duomo 1
53037 San Gimignano
Tel. 0577/940008
Fax 0577/940903
prolocsg@tin.it
www.sangimignano.com

Unterkunft
Die meisten Hotels gehören zur ***Kategorie. Diese kann man auch zentral buchen bei:

↪ Coop Hotels Promotion
Via San Giovanni
Tel./Fax 0577/940809
hotsangi@tin.it

Auch für Privatzimmer gibt es eine zentrale Buchungsadresse:

↪ Via San Giovanni 125
Tel. 0577/940809

⌇ Ostello per la Gioventù
  Via delle Fonti 1
  Tel. 0577/941991
  Fax 0577/941982

Diese Jugendherberge liegt trotz ihrer zentralen Lage an der Piazza del Duomo ruhig im Grünen. Mit Glück bekommt man in dem sauberen Haus auch 3-Bett-Zimmer. Ü/F ab 22.000 Lire. Geöffnet ganzjährig.

⌇ Convento San Agostino
  Piazza Sant'Agostino
  Tel. 0577/940383

Kleine, schlichte Zimmer mit antiken Möbeln. Trotz der heiligen Mauern auch für nicht-verheiratete Pärchen.

⌇ Hotel La Cisterna
  Piazza della Cisterna 24
  Tel. 0577/940328
  Fax 0577/942080

Historisches, hübsches Gebäude. Bequeme Zimmer, teilweise mit schöner Aussicht. Gutes Restaurant. DZ mit Bad ab 170.000 Lire.

▲ Il Boschetto di Piemma
  In Santa Lucia
  2km auf dem Weg nach Volterra
  Tel. 0577/940352

Dieser saubere und günstige Platz gestattet einen guten Weitblick. 2 Personen und 1 Zelt ab 15.000 Lire. Geöffnet von April bis Mitte Oktober.

Verpflegung

🍽 Restaurant La Stella
  Via San Matteo 75

Die meisten Zutaten stammen vom eigenen Bauernhof. Sehr gute Küche.

🍽 Restaurant Il Pino
  Via San Matteo 102
  Tel. 0577/940415

Angemessene Preise für schmackhafte toscanische Gerichte, viele mit Trüffeln.

San Gimignano wird wieder durch die Porta San Matteo verlassen, um auf der Hauptstraße Viale Garibaldi hinunterzurollen. Nach der Linkskurve geht es rechts ab Richtung Ulignano, und man rollt und rast nun bei bis zu 12 % Gefälle 2 km herunter, bis es wieder 1 km lang leicht bergan geht. Dann zweigt man in Poggio Alloro (208 m) rechts ab und folgt einer kleinen Nebenstraße über Fulignano und Caságlia (230 m) bis nach Poggibonsi hinunter, dessen Bahnhof nach der Überquerung zweier Hauptstraßen und Einmündung in eine größere Straße erreicht wird.

Poggibonsi (115 m)

Das im Mittelalter (12. Jh.) gegründete Poggibonsi ist in den letzten Jahrzehnten enorm gewachsen (heute 27.000 Einwohner), was man der modernen Innenstadt ansieht, aus der nur wenige sehenswerte alte Gebäude herausragen. Dazu zählen der *Palazzo Pretorio* (geöffnet So 10-12.30 Uhr, Tel. 0577/936268) sowie die im 14. Jh. geweihte und später umgestaltete Kirche San Lorenzo.

☺ Außerhalb von Poggibonsi erhebt sich die *Rocca di Poggio Imperiale*. Diese nicht vollendete Festungsanlage wurde im 15. Jh. von Giuliano da Sangallo errichtet.

🚴 Am dritten Juni-So kommt man beim Dorffest nur schwer mit dem Rad voran. Markt ist jeden Di auf der Piazza Redipuglia (7-14 Uhr).

ⓘ Piazza Cavour 2
53036 Poggibonsi
Tel. 0577/986203
Fax 0577/986229
urp@cyber.dada.it

Ein weiteres, von März bis Oktober besetztes Touristenbüro gibt es auch in der Via Borgaccio 1.

Radservice
🚲 Ciclosport, Tel. 0577/938507

Unterkunft
Leider sind die meiste Unterkünfte hier überteuert.

↪ Albergo Italia
Via Trento 36
Tel. 0577/936142
Fax 0577/939970

26 gepflegte Zimmer mit Bad. Mit Garage und Bar. DZ 90.000 Lire.

↪ Albergo Alcide
Via Marconi 67a
Tel. 0577/937501
Fax 0577/981729

Komfortabele Zimmer mit Bad. Mit Restaurant und Bar. DZ 130.000 Lire.

Poggibonsi wird auf der südwärts Richtung Colle di Val d'Elsa führenden Nationalstraße 541 verlassen. Aber schon die erste linke Abzweigung wird genommen, um gleich darauf die Autobahn zu überqueren. Man hält sich dreimal rechts, um an der nächsten Abzweigung links bis nach Lilliano (304 m) weiterzufahren. Lilliano wird dominiert von einem Gutshof, der auf den Überresten einer Burg erbaut wurde.

In Lilliano fährt man geradeaus Richtung Süden und überquert die Straße nach Castellina. Nach 5 km in südöstlicher Richtung wird eine Kreuzung erreicht, wo der rechte Weg nach Lornano führt. Von Lornano aus geht es weiter bergab, bis kurz vor Badesse die Autobahn überquert wird. Dann fährt man weiter über Uòpini und die Nationalstraße 2 nach Siena, wo Anschluss an die Chianti-Tour 34 besteht, die von Firenze nach Montepulciano führt.

Siena (322 m)

Diese schöne, auf drei Hügeln erbaute Stadt am Südrand des Chianti soll der Sage nach vom Sohn des Romgründers Remus gegründet worden sein. Funde beweisen dagegen, dass Siena tatsächlich auf eine etruskische Siedlung zurückgeht.

Die Stadt war im Mittelalter ein bedeutender Handelsplatz, an dem sich viele Kaufleute niedergelassen hatten. Mit der Pest, die im Jahr 1348 65 % der Einwohner dahinraffte, begann der Abstieg. Der Reichtum der damaligen Gegenspielerin von Firenze ist noch in den vielen Kirchen und Palästen zu erkennen, an denen namhafte Künstler mitgewirkt haben. Die überwiegend aus Backstein errichteten architektonischen Kostbarkeiten sind von einer kilometerlangen Stadtmauer umgeben.

🐚 Die muschelförmige Piazza del Campo, ist das Herz der Stadt und gilt als einer der schönsten Plätz überhaupt. Hier finden alle großen Festivitäten statt, darunter der zweimal jährlich stattfindende *Il Palio*, ein traditionelles Pferderennen (2. Juli und 16. August).

Siena ist aber auch bekannt wegen der Chianti-Weine, Pilze und dem *Panforte Nero* (Gebäck mit Mandeln, Honig und weiteren Nüssen), das sich wegen seines hohen Kaloriengehaltes besonders für Radfahrer anbietet.

Tipp: Mit dem für den Battistero und viele Museen gültigen Kombi-Ticket kann man viel Geld sparen.

☺☺ Der an der Piazza del Campo gelegene *Palazzo Comunale* (auch Palazzo Pubblico), das Rathaus aus dem 13. Jh., kann besichtigt werden. Im Inneren kann das *Museo Civico* mit seinen vielen Fresken besichtigt werden. Zum Rathaus gehört der 102 m hohe Torre del Mangia. Der Aufstieg ist beschwerlich, aber der Ausblick belohnt diese Extra-»Bergetappe« mit ihren mehr als 500 Stufen. Geöffnet im Sommer Mo bis Sa 10-18, im Juli und August sogar bis 23 Uhr, So 9.30-13.30 Uhr (Eintritt: Rathaus 8.000 Lire, Turm 7.000 Lire).

☺☺ Die *Pinacoteca Nazionale* im *Palazzo Buonsignori* in der Via San Petro 29 hat eine große Sammlung der Sieneser Schule aus dem 12.-16. Jh.. Geöffnet im Sommer Di bis Sa 9-19, Mo 8.30-13.30 und So 8-13 Uhr (Eintritt: 8.000 Lire).

☺☺ Der um 1200 erbaute romanisch-gotische *Duomo* ist ein Gebäude aus abwechselnd hellem und dunklem Marmor. In der Kirche sollte man den prächtigen Mosaikboden beachten. Außerdem ist hier die Libreria Piccolomini zu besichtigen, die Bibliothek des Papstes Pius III. aus dem 16. Jh.. Neben dem Duomo zeigt das Museo dell'Opera Metropolitana, alte Kunstwerke aus der Kathedrale. Vom 2. Stock hat man einen guten Blick auf die Piazza del Campo. Geöffnet täglich Mitte März bis Oktober 9-19.30 und den Rest des Jahres 7.30-13.00 sowie 14.30-17 Uhr (Eintritt im Duomo frei, in der Libreria 2.000 Lire, im Museo 6.000 Lirc). Das *Ospedale di Santa Maria della Scala* gegenüber dem Duomo ist das älteste Krankenhaus der Welt. Bis vor kurzem (1985) war es noch in Betrieb.

☺☺ Das *Museo Archeologico Nazionale* an der Piazza Duomo zeigt alte Ausgrabungsfundstücke von den Etruskern und Römern. Geöffnet Di bis Sa 9-14, So 9-13 Uhr (Eintritt: 4.000 Lire).

🐚 Zweimal im Jahr, am 2. Juli und 16. August, lebt die Vergangenheit am Piazza del Campo auf: Beim *Il Palio* ist ein Pferderennen mit

Mitstreitern in historischen Kostümen anzuschauen. Als Preis winkt *il Palio*, das Stadtbanner. Jeden Mi ist Markttag, bei La Lizza (8-13 Uhr).

ⓘ Via di Citta 43
  53100 Siena
  Tel. 0577/42209
  Fax 0577/281041
  aptsiena@siena.turismo.toscana.it
  www.siena.turismo.toscana.it

Ein weiteres Touristenbüro informiert an der Piazza del Campo 56. Informationen zum Radfahren im Chianti gibt es auch bei:

ⓘ Associazione Culturale ARTIFEX
  Cassella Postale 8
  Tel. 0347/9398798
  Fax 0577/49196
  artifex.siena@iname.com
  www.grandtour.it

Radverleih

🚲 D. F. Bike
  Via Massetana Romana 54
  Tel./Fax 0577/271905,
  dfbike@biemmepro.it

Dieses Radgeschäft führt auch Reparaturen durch.

🚲 Automotocicli Perozzi
  Via del Romitorio 5
  Tel. 0577/223157

🚲 D.F. Motoricambi snc
  Via dei Gazzani 16/17
  Tel. 0577/288387

Das Preisniveau für Leihräder ist in Siena mit 35.000 Lire pro Tag bzw. 230.000 Lire pro Woche relativ hoch.

Radservice

🚲 Centro Bici
  Viale P. Toselli 110
  Tel. 0577/282550

Radclub

✉ Amici della Bicicletta
  c/o Masotti Fabio
  Via delle Lombarde 38
  53100 Siena
  Tel. 0577/40137
  gtour@comune.siena.it,
  www2.crosswinds.Net/
  florence/grandtour/amici_bici/
  amibici1.html

Unterkunft

In der Hauptsaison ist fast alles voll und teuer. Reservierung notwendig!

🛏 Ostello per la Gioventù »Guidoriccio«
  Via Fiorentina 89
  Località Stellino
  Tel. 0577/52212

Diese moderne Jugendherberge liegt 3 km nördlich vom Zentrum. Man nächtigt in Schlafsälen oder 2-3-Bett-Zimmern. Bettwäsche und ein mageres Frühstück sind im Preis enthalten. Das Selbstbedienungs-Restaurant der JH ist hinsichtlich Quantität und Qualität kaum zur Sättigung von Bikern geeignet. Ü/F 23.000 Lire.

🛏 Albergo Tre Donzelle
  Via Donzelle 5
  Tel. 0577/280358

Einfache, saubere Zimmer. Garage. DZ ab 75.000 Lire.

🛏 Piccolo Hotel Etruria
  Via delle Donzelle 3

Tel. 0577/288088
Fax 0577/288461
Die Zimmer sind über 2 Gebäude verteilt. Sehr gutes Preis-Leistungsverhältnis. Garage. DZ ab 103.000 Lire.

⌐ Albergo Chiusarelli
   Viale Curtatone 15
   Tel. 0577/280562
   Fax 0577/271177

Sehr angenehme Unterkunft mit Garten. DZ ab 135.000 Lire.

▲ Colleverde
   Via Scacciapensieri 37
   Tel. 0577/280044
   Fax 0577/333298

Dieser Platz liegt nördlich der Stadt, 3 km außerhalb des Zentrums und 1 km vom Bahnhof entfernt. Die Gegend ist zwar schön, aber der steinige Boden erschwert den Gebrauch von Heringen. Daher nur für Iglu-Zelte geeignet! 2 Personen und 1 Zelt ab 30.000 Lire Geöffnet von April bis November.

Verpflegung
In Siena ist die toskanische Küche etwas würziger ist als diejenige von Firenze, und hat zudem noch einige etruskische Einflüsse bewahrt. Eisfreunde finden an der Piazza del Campo wunderbare Eisdielen (Nr. 6 und 21). Allerdings hat Qualität bekanntlich ihren Preis!

🍴 Trattoria La Torre
   Via Salicotto 7
   Tel. 0577/287548

Diese typische Trattoria liegt an der Piazza del Campo. Traditionelle Gerichte in Radfahrer-Portionen.

🍴 La Vecchia Osteria
   Via San Marco 8
   Tel. 0577/287133

Einheimische Kundschaft, warmer Empfang, herrliche Gerichte, große Portionen. Empfehlenswert: Penne al tartufo.

🍴 Antica Osteria Da Divo
   Via Franciosa 29
   Tel. 0577/286054

In dieser rustikalen Osteria sind die Essräume auf 4 Etagen verteilt. Exzellente Küche und große Auswahl an Gerichten.

TOUR 33:
DURCH DEN CHIANTI

Firenze (Touren 26, 30) – Bagno a Rípoli – Greve in Chianti – Radda in Chianti (Tour 34) – Vagliagli – Siena (Tour 32) – Asciano – Trequanda – Pienza – Monticchiello – Montepulciano (Tour 35)
Länge: ca. 145 km
Dauer: 2-4 Tage
Schwierigkeitsgrad: schwer
   gebirgige Tour mit vielen Steigungen, oft steil
Wichtigste Sehenswürdigkeiten:
   Firenze, Greve und Radda in Chianti, Asciano, Pienza, Montepulciano
Karten:
- Kümmerly & Frey 1:200.000; Toskana (7); 16,80 DM
- Generalkarte Italien 1:200.000; Toskana (5); 12,80 DM
- Touring Club Italiano 1:200.000; Toscana; 9.500 Lire

- ADAC-Regionalkarte,
  1:150.000; Toskana; 12,80 DM

Der Chianti bietet das, was die meisten mit der Toscana verbinden: Hügel, Zypressen, Olivenhaine, Weingüter sowie kleine Städte und Burgen, die auf Bergen thronen. Diese Tour erfüllt diese Erwartungen und führt dazu noch auf Nebenstraßen entlang, die überwiegend abseits dem Toscana-Tourismus verlaufen. Während von Firenze bis Siena der baumreiche Chianti durchquert wird, geht es hinter Siena durch die trockene Landschaft der Crete, aus der einzelne Zypressen herausragen.

Startpunkt ist die Renaissance-Stadt Firenze mit Anschluss an Tour 26 in die Emilia-Romagna und Tour 30 am Arno entlang. Das Endziel dieser Route wird in dem mittelalterlichen Montepulciano erreicht, von wo aus Tour 35 nach Umbria führt. Wer plötzlich Sehnsucht nach dem Meer verspürt, kann in Siena Tour 32 zur Etrusker-Riviera folgen.

Von Firenze (Tour 30) führen andere Touren am Arno entlang (Tour 26) sowie in die Emilia-Romagna (Tour 30).

Firenze wird über die gleiche Strecke verlassen wie in Tour 30 für die Einfahrt beschrieben: Also über die Ponte Vecchio und dann links durch mehrere Straßen parallel zum Arno, bis man unter der Auffahrt zur Autobahn A1 hindurchfährt. Nur wenige hundert Meter danach zweigt rechts eine Straße ab, die nach Bagno a Rípoli führt.

Kurz vor dem Ortseingang kreuzt man die Hauptstraße zwischen Badia a Rípoli und Firenze. Diese wird überquert, und es geht weiter nach San Piero in Ema sowie Ponte a Ema. Nach der Unterquerung der A1 wird Grássina erreicht, wo man links abzweigt und am Torrente Ema entlang fährt. Die kleine Straße führt durch Capannúccia bis zur Nationalstraße 222 etwas südlich von Strada in Chianti (247 m). Dieser belebten, aber panoramareichen Nationalstraße folgt man etwa 11 km südwärts. Hinter dem kleinen Dorf Chiócchio (286 m) folgt eine steile Abfahrt, und bald wird Greve in Chianti erreicht.

Greve in Chianti (235 m)

Greve gilt als Zentrum des Chianti. Daher gibt es hier natürlich auch eine Reihe von Weingeschäften, den Enotecas. Eine besonders empfehlenswerte liegt neben der Kirche, an der Piazza di Santa Croce 8. Die große mittelalterliche Piazza di Mercati, der Marktplatz, wird von netten Häusern mit Arkaden umringt.
🍇 Weinfestival in der zweiten Septemberhälfte.

Unterkunft

⌐ Albergo Giovanni da
  Verrazzano
  Piazza Matteotti 28
  Tel. 055/853189
  Fax 055/853648

Mit Restaurant. DZ ab 130.000 Lire.

🛏 Azienda Agricola Casa Nova
Via di Uzzano 30
Tel. 055/853459
Toscanische Atmosphäre in einer wunderschönen ländlichen Herberge. Nur 6 Zimmer, 2 davon mit hübscher Aussicht auf den Chianti.

Verpflegung
🍽 Bar-Giardino Santa Anna. Diese an der Hauptstraße nach Castellina gelegene Bar mit ihrer angenehmen Atmosphäre hat eine nette Terrasse. Das Spektrum reicht von Pizzen über lokale Fleischgerichte und Süßigkeiten bis zur angegliederten Enoteca. Alles erstaunlich günstig und gut.

Von Greve fährt man weiter über die Straße 222 in Richtung Castellina. Etwa 2 km südlich von Greve zweigt links eine Nebenstraße ab. Gleich nach der Überquerung des Flusses Greve geht es rechts nach Lamole. Bald windet sich die von Zypressen gesäumte Straße die Monti del Chianti hinauf. Und dann geht es richtig in die Beine: Nach etwa 2 km ist man schon auf fast 400 m Höhe.

Hier, in Vignamaggio, lohnt sich ein Blick auf die Villa Vignamaggio mit ihrem sehr schönen italienischen Garten. Hier soll ein bekanntes »Model« der Renaissance mit dem Namen Mona Lisa geboren sein, das Leonardo da Vinci verewigte. Etwa 4 km weiter erreicht man über eine alte Römerstraße Lamole (583 m). Die Burg von Lamole war im 15. Jh. eine der wichtigsten der Gegend. Jetzt sind nur noch einige Überreste erhalten.

In Lamole nimmt man die linke Variante der sich hier verzweigenden Straße. Diese Schotterpiste führt erst etwas hinauf und dann wieder bergab, wobei rechts ein großer Teil des Chianti zu überblicken ist. Nach 1 km folgt man einer ebenfalls nicht asphaltierten Straße, die links Richtung Süden abzweigt und nach 4 km Pieve di Santa Maria Novella erreicht. Dieser schön gelegene Ort gestattet einen unbeschreiblichen Blick auf Radda in Chianti und die dahinterliegenden Hügel. Nach weiteren 2 km erreicht man die aus Villa kommende Straße 429. Nun geht es kurz rechts und bei der nächsten Abzweigung links ab nach Radda in Chianti, wo Anschluss an Tour 34 besteht, die der Burgenstraße folgend in das Arno-Tal verläuft.

Radda in Chianti (533 m)

Dieses kleine Hügelstädtchen inmitten einer felsigen Landschaft war im Mittelalter ein bedeutendes Zentrum, das seit 1203 zu Firenze gehörte. Um 1415 führte Radda die *Lega del Chianti* an, ein Militärbündnis florentinischer Städte gegen Siena.

An das Mittelalter erinnern noch der verwinkelte Straßenverlauf, der *Palazzo Comunale* sowie Reste der alten Stadtmauer und Türme, die zur alten Verteidigungsanlage gehörten. Auf der zentral gelegenen

Piazza Ferrucci ist der *Palazzo da Podestá* aus der Renaissance das auffälligste Gebäude.

ⓘ Piazza Ferrucci 1
53017 Radda in Chianti
Tel./Fax 0577/738494
proradda@chiantinet.it

Unterkunft
⌇ Podere Terrereno
Localita Volpaia
Tel./Fax 0577/738312

Dieser alte, von einem Wäldchen und Weingarten umgebene Bauernhof wird von freundlichen Besitzern geführt. Die Atmosphäre ist sehr familiär, etwa dann, wenn man an der langen Tafel im Haus das Abendessen einnimmt. DZ ab 90.000 Lire.

⌇ Albergo Il Girrarosto
Via Roma 41
Tel. 0577/738010

Kleine, einfache Unterkunft mit Restaurant. DZ ab 65.000 Lire.

⌇ Albergo Villa Miranda
Strada Statale 429
Tel. 0577/738021
Fax 0577/738668

Gut ausgestattet, mit Restaurant, Schwimmbad und Garten. DZ ab 100.000 Lire.

Verpflegung
🍽 Pizzeria da Michele
Via XX Settembre 4
Tel. 0577/738491

Abends werden hier sehr gute Pizzen serviert, auch auf der Terrasse.
Radda wird in westlicher Richtung, stetig bergab, verlassen. In Croce di Sopra knickt die Nationalstraße 429 südwärts ein. In dieser Kurve nimmt man die kleine Straße, die links abzweigt, um nach 2 km rechts Richtung Westen abzubiegen. Am kleinen Fluss entlang geht es noch immer bergab. Etwa 4 km von der letzten Abzweigung führt rechts ein kleiner Weg nach Castellina in Chianti. Hier fährt man links auf der Schotterpiste weiter nach Vagliagli. Ab jetzt geht es wieder aufwärts.

Kurz vor Vagliagi liegt Aiola (425 m) mit einem mittelalterlichen Castello. Aiola ist vor allem für den gleichnamigen Gutshof bekannt. Nächste Station ist das schön gelegene Vagliagli (511 m), dessen Geschichte bis zum 13. Jh. zurückgeht. Der Name kommt von »Valle degli Agli« (dt. »Porree-Tal«), weil hier wilder Porree wächst. Nach Vagliagli geht es auf Asphalt weiter, und nach etwa 4 km nimmt man die linke Abzweigung zu dem besonders schönen Certosa di Pontignano. Dieses Kloster liegt etwa 2 km von der Route entfernt und wurde 1343 fertig gestellt. Sehenswert sind vor allem die Kreuzgänge.

Auf der schönen Abfahrt tauchen beim Vorbeifahren weitere Gutshöfe auf. Es geht immer geradeaus bis nach Valiano (305 m), einer kleinen Ansammlung von Häusern. Kurz nach Valiano geht es ein kurzes Stück sehr steil bergan. Aber nach etwa 2 km ist das Schlimmste vorbei, und man kommt auf die Nationalstraße 222, die den Radler nach Siena (Tour 32) bringt.

Von Siena (322 m) führt die Tour 25 km durch die hügelige Landschaft der Crete, in der lediglich einzelne Zypressen herausragen. Anders als der Chianti ist die Crete ein kahler Landstrich mit lehmigem Boden, was schon der Name verrät: »Crete« bedeutet auf Deutsch »Lehm«.

Das erste Stück in der Crete folgt der viel befahrenen Nationalstraße 73, die Siena ostwärts in Richtung Arezzo verlässt. Etwa 5 km nach der Stadtmitte zweigt in Taverne d'Arbia die an Steigungen und Gefälle nicht arme Straße nach Asciano ab, die – dank fehlender Bäume – schöne Ausblicke auf die Hügel der Crete erlaubt.

Asciano (200 m)

Asciano liegt inmitten einer öden, manchmal fast mondähnlichen Landschaft, die durch Erosion entstanden, aber trotzdem reizvoll ist.

Das Dorf geht auf etruskische und römische Ursprünge zurück, um im 13. Jh. in den Besitz von Siena überzugehen, das sogleich die Stadtmauer anlegte (14. Jh.).

Die vielen modernen Gebäude können den mittelalterlichen Charme von Asciano glücklicherweise nicht vergessen machen. Besonders alt ist die romanische *Kirche Sant'Agata* (11.-13. Jh.) mit ihren netten Fresken und dem etwas jüngeren *Campanile* (13. Jh.).

Kulturliebhaber finden eine Vielzahl von Museen wie das Museo di Arte Sacra mit Gemälden und Skulpturen aus dem 14./15. Jh., das Museo Cassioli mit Kunst des 19. Jh.s oder das Museo Archeologico Nazionale.

Das *Museo Archeologico* in der Via Matteotti 46 sowie das *Museo Cassioli* in der Via Mameli bieten eine kombinierte Eintrittskarte für 6.000 Lire an. Ansonsten zahlt man jeweils 4.000 Lire. Geöffnet sind beide Museen Di bis So 10-12.30, Juni bis September auch 16.30-18.30 Uhr.

Ein Höhepunkt in Asciano ist *Mostra Mercato delle Crete* in der letzten Juniwoche, bei dem in der ganzen Altstadt kunsthandwerkliche Produkte verkauft werden. Markt ist Sa in der Via Amendola (8-14 Uhr).

ⓘ Corso Matteotti 18
53041 Asciano
Tel. 0577/719510

Unterkunft

Albergo Il Bersagliere
Via Roma 41
Tel./Fax 0577/718629
Mit Restaurant. DZ mit Bad ab 85.000 Lire.

Verpflegung

Ristorante La Mencia
Corso G. Matteotti 85
Das Restaurant ist schön gelegen, hat einen Garten, eine gute Küche und mäßige Preise.

La Menica
Corso Matteotti
Hier isst man stilvoll in einem schönen schattigen Garten.

Von Asciano geht es auf weniger stark befahrenen Straßen weiter. Am südlichen Ortsende nimmt man die Richtung San Giovanni führende Ausfahrt. Nach 5,5 km zweigt links eine Nebenstraße ab, die bald eine Bahnlinie überquert und nach 8 km Trequanda (453 m) erreicht. Auch Trequanda verlässt man in südlicher Richtung, um nach etwa 1 km, in Piazza di Siena links abzubiegen. Diese kleine Straße führt den Radler auf die Verbindungsstraße zwischen Sinalunga und Pienza. Bis nach Pienza sind es jetzt noch 14 km.

Pienza (491 m)

Der Name Pienza ist mit dem Papst Pius II. verknüpft, der hier 1405 mit dem bürgerlichen Namen Enea Silvio Piccolomini geboren wurde und seine Heimatstadt nicht ganz unbescheiden nach sich selbst benannt hat. Pius wollte aus seinem Geburtsort, der seinerzeit *Corsignano* hieß, eine Musterstadt der Renaissance aufbauen, viele Paläste und der Duomo blieben aber zu Lebzeiten des Papstes unvollendet.

Besonders stimmungsvoll ist Pienza freitags, wenn der Wochenmarkt in der Viale Mencatelli abgehalten wird (8-13 Uhr). Da gibt es dann Käse wie den aus Schafsmilch produzierten Pecorino, für den Pienza neben seiner heiligen Namensgeschichte auch bekannt ist.

☺ Der *Duomo* erhebt sich an der Stirnseite der Piazza Pio II. Sein östlicher Teil ist gefährdet, weil der Untergrund mit der schweren Last des Kirchbaues etwas überfordert ist. In der Krypta ragt das wertvolle Taufbecken hervor. Geöffnet täglich 8-13 und 14.30-19 Uhr (Eintritt frei).

☺ Der *Palazzo Piccolomini* an der Piazza Pio II. ist die ehemalige päpstliche Sommerresidenz, die der Familie des Papstes, Piccolomini, gehörte. Bis 1968 haben hier noch Nachfahren von Pio II. gelebt. Einige Räume können besichtigt werden. Geöffnet Di bis So 10-12.30 und 16-19 Uhr (Eintritt: 5.000 Lire).

ⓘ Corso Rosselino 59
53026 Pienza
Tel./Fax 0578/749071

Ein weiteres Informationsbüro gibt es in der Via Case Nuove 4.

Radverleih

🚲 Autofficina Valento Alfiero
Via della Madonnina 28
Tel. 0578/748465

Unterkunft

Pineza hat nur 2 relativ teuere ***Hotels. Das beste Preis-Leistungs-Verhältnis bietet

↩ Albergo Corsignano
Via della Madonnina 11
Tel. 0578/748501
Fax 0578/748166

Diese Unterkunft hat nette Zimmer mit Bad, ein Restaurant, Garten und Garage. DZ 160.000 Lire.

Pienza verlässt der Radler westlich Richtung Monticchiello. Es geht erst ein ganzes Stück hinab und dann wieder hinauf, ehe das Dorf Monticchiello (544 m) erreicht wird. Nun sind es noch 5 km in östlicher Richtung bis in das mittelalterliche Montepulciano, vorbei an San Bartolomeo. Von Montepulciano kann man der am Lago di Trasimeno entlang führenden Tour 35 bis nach Perúgia folgen.

Montepulciano (605 m)

Diese Stadt ruht markant auf einem Hügelrücken zwischen dem Orcia- und dem Chianatal. Bekannt ist der Ort für die vielen schönen alten Gebäude und den Rotwein Vino Nobile di Montepulciano, der als erster Wein das Gütesiegel DOGC (siehe »Essen und Trinken«) erhielt. Die Porta al Prato, das wichtigste Stadttor, liegt südlich im tiefer gelegenen Teil der Altstadt. Die mittelalterlich angelegte Piazza Grande wird durch zahlreiche Renaissance-Bauten bereichert; darunter den *Wasserbrunnen*, den zu Beginn des 17. Jh.s errichteten *Duomo* oder den *Palazzo Contucci* aus dem 16. Jh, in dessen Weinkeller der bekannte *Vino Nobile* aus Montepulciano verkauft wird. Die 2 km außerhalb von Montepulciano liegende Renaissancekirche *San Biagio* ist schon weithin an ihrer auffälligen Kuppel sichtbar.
☺☺ Vom Turm des gotischen *Palazzo Comunale* aus dem 13./14. Jh. hat man bei gutem Wetter eine unglaubliche Sicht.

Geöffnet Mo bis Sa 8-13.30 Uhr (Eintritt: frei).
☺ Der barocke *Palazzo Avignonesi* in der Via di Gracciano nel Corso 91 wurde von Vignola erbaut. Die Avignonesi sind ein altes Geschlecht, das den besten Wein der Stadt produzierte und auch heute noch produziert.
Der *Mostra Mercato* ist ein überregionaler Markt, der jeden zweiten und dritten Sonntag im August im Castello abgehalten wird. Der ganz normale Wochenmarkt findet jeden Do statt. Am Palmsonntag und zu Ostern ist beim *Corso di Cavalli*, einem traditionellen Pferderennen, Volksfeststimmung garantiert.
ⓘ Via Ricci 9
53045 Montepulciano
Tel. 0578/758687

Radservice
Cicloposso
Via dell'Opio nel Corso 16
Tel. 0578/716392
Kleiner Fahrradladen an der Stadtmauer mit nettem Service.

Unterkunft
Albergo La Terrazza
Via Piè al Sasso 16
Tel./Fax 0578/757440
Diese zentral gelegene Herberge hat ein nostalgisches Ambiente. DZ ab 85.000 Lire.
Albergo Il Borghetto
Borgo Buio 7
Tel. 0578/757535
Fax 0578/757354

Dieses Haus aus dem 16. Jh. hat zwar relativ kleine Zimmer, aber dafür sind diese alle antik eingerichtet. Mit Garten. DZ ab 135.000 Lire.

↪ Albergo Il Marzocco
 Piazza Savonarola 18
 Tel. 0578/757262
 Fax 0578/757530

Dieses älteste Hotel der Stadt liegt in deren tiefer gelegenem südlichen Teil. Der alte Familienbetrieb bietet DZ mit Bad für 120.000 Lire.

▲ Agriturismo-Camping
 Belmondo
 Via Caggiole Prime 13
 Tel. 0578/716010

Dieser kleine Platz mit Restaurant ist ganzjährig geöffnet.

Verpflegung

🍽 Diva
 Via Gracchiano nel Corso 92

Unter den hier erhältlichen regionalen Spezialitäten stechen besonders die hausgemachten Tagliatelle mit diversen Saucen hervor. Di und Mi geschlossen.

🍽 Antico Caffè Poliziana
 Via di Voltaia nel Corso 25

In diesem urigen und bei Einheimischen beliebten Café ist immer viel los.

🍽 Evoé
 Via dell'Opio nel Corso 30
 Tel. 0578/758229

Geschmackvolle Einrichtung, gute Küche, faire Preise.

TOUR 34:
DIE BURGENSTRASSE DES CHIANTI ENTLANG BIS ZUM ARNO

Radda in Chianti (Tour 33) – Castagnoli – Mercatale Valdarno – Montevarchi – Tasso – Bracciolini – Loro Ciuffenna (Tour 30)

Länge: ca. 50 km
Schwierigkeitsgrad: mittel
 ein langer Anstieg zu Beginn und
 ein kürzerer steiler am Ende,
 aber dazwischen hauptsächlich
 bergab
Dauer: ca. 1 Tag
Wichtigste Sehenswürdigkeiten:
 Radda in Chianti, Monte Luco,
 Burgenstraße »Strada dei Castelli
 del Chianti«
Karten:
- Kümmerly & Frey 1:200.000; Toskana (7); 16,80 DM
- Generalkarte Italien 1:200.000; Toskana (5); 12,80 DM
- Touring Club Italiano 1:200.000; Toscana; 9.500 Lire
- ADAC-Regionalkarte, 1:150.000; Toskana; 12,80 DM

Diese kurze Tour verbindet den Chianti mit dem Arno-Tal. Auf ruhigen Straßen radelt man durch die mit Wäldern bedeckten Monti di Chianti, bis bei Montevarchi das Arno-Tal erreicht wird. Die vielen Burgen (Castelli) zeugen von einer bewegten Vergangenheit. Die Route führt dort entlang der »Strada dei Castelli del Chianti«, also der Burgenstraße des Chianti, wo dieses aus Gründen geringeren Autoverkehrs vertretbar erscheint. Den Rest der

Tour bilden überwiegend ruhige Landstraßen, auf denen man etwa das Arno-Tal durchquert und so nach Loro Ciuffenna gelangt, wo Anschluss an die Arno-Tour 30 von Arezzo bis zur Mündung des Flusses besteht.

Radda in Chianti (Tour 33) wird durch Tour 33 erreicht, die von Firenze nach Montepulciano führt.

Radda verlässt man östlich über die Straße 429 nach Villa. Etwa 1,5 km hinter Villa (475 m) geht es auf einem Weg in südwestlicher Richtung bergab nach Castelnuovo. Von hier an fährt man auf der »Strada dei Castelli del Chianti« (»Burgenstraße des Chianti«). Nach 6 km wird die Hauptstraße 408 erreicht und ihr kurz nach links gefolgt, ehe man nach 500 m rechts abbiegt. Diese kleinere Straße steigt nach Castagnoli bergauf. Castagnoli (505 m) ist ein kleines ländliches Dorf mit einer interessanten *Burg* aus dem 11. Jh. Das über dem Massone-Tal gelegene Castagnoli wurde im 11. Jh. zum ersten Mal schriftlich erwähnt.

Von Castagnoli geht es noch weiter bergauf, bis man etwa 5 km weiter, mit dem Monte Luco, den höchsten Punkt (778 m) erreicht. Ein schöner Weitblick belohnt für die Strapazen des Aufstiegs. Auf dem Monte Luco befand sich im Mittelalter ein Castello, das dank seiner strategischen Lage lange unabhängig von Firenze und Siena bleiben konnte. Von hier aus ließen sich die Handelswege vom Arno-Tal in den Chianti gut kontrolliert. Auf dem Monte Luco sind bei den Sendemasten noch einige *Ruinen des Castello* sehen.

Durch Kastanienwälder geht es abwärts über Nusenna (556 m), eine alte etruskische Siedlung. Das Gefälle beträgt auf der Strecke nach Mercatale Valdarno (256 m) bis zu 15 %. Die letzten Kilometer gleitet man gemütlich in das Tal von Montevarchi, wo es am Friedhof vorbei Richtung Zentrum geht.

Montevarchi (144 m)

Das mittelalterliche Stadtbild von Montevarchi geht inmitten der vielen neueren Gebäude leider etwas verloren. Die *Collegiata*, eine Stiftskirche aus dem 16. Jh., ist neben ihren Kunstwerken für einen Kreuzgang bekannt, in dem das *Museo Paleontologico* mit hier gefundenen Fossilien aus dem Pliozän untergebracht ist.

Unterkunft
Mangels Konkurrenz sind die drei Hotels der Stadt ziemlich überteuert.

- Albergo Aurora
  Viale Diaz 89
  Tel. 055/981502

Die günstigste Unterkunft der Stadt hat 8 ordentliche Doppelzimmer, ist allerdings nicht billig: Ein DZ ohne Bad kostet 90.000 Lire.

- Albergo Delta
  Viale Diaz 137

Tel. 055/901213
Fax 055/901727

Die 40 Zimmer haben etwas mehr Komfort als in der vorherigen Unterkunft. Mit Restaurant und Garage. DZ mit Bad 170.000 Lire.

Montevarchi wird im Süden des Ortes über die nordöstlich nach Tasso führende Straße verlassen, die sogleich die Bahnlinie und die Autobahn A1 überquert. Nach einer kleinen Steigung kommt man an eine kleine Gabelung, wo es links nach Terranuova und rechts nach Tasso (156 m) geht.

Nach dem Durchfahren des Dorfes wird die Straße bald rechts von einem tiefer fließenden Bach begleitet. Kurz bevor die Straße den Bach überquert, geht es links nach Bracciolini Cicogna. Kurz hinter Bracciolini Cicogna tauchen zwei Gabelungen auf: Bei der ersten biegt man links, bei der zweiten rechts ab. Nun geht es 1,5 km bergauf bis nach Casamona. Wenn man hier links abbiegt, wird das Etappenziel Loro Ciuffenna (Tour 30) erreicht, wo Anschluss an Tour 30 besteht, die den Arno entlang führt.

Umbria

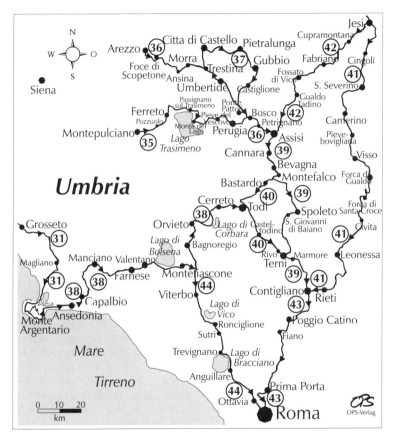

Umbria (Umbrien) ist eine der wenigen Regionen ohne Küste: Mit Ausnahme des flachen Sumpfsees Lago Trasimeno gibt es hier keine größeren Gewässer. Der Fluss Tévere durchströmt Umbrien von Norden nach Süden, ehe er in Latium, bei Rom, in das Mittelmeer mündet. In der geographischen Mitte Italiens gelegen, besteht Umbria fast nur aus Bergland, den Apenninen und seinen Ausläufern. Und daher auch die geringe Bevölkerungsdichte: In Umbrien leben weniger als 100

Menschen auf einem Quadratkilometer. Die beiden größten Städte sind Perúgia und Terni, die auch gleichzeitig die Hauptstädte der gleichnamigen Provinzen bilden. Gemäß seiner geographischen Lage als Mittelpunkt Italiens ist Umbrien mit vielen Touren aus seinen Nachbarregionen verknüpft. Aus den östlichen Apenninen stoßen zwei Routen in Assisi und bei Rieti auf die Touren in Umbrien. Weitere Anknüpfungspunkte sind Montepulciano, Arezzo und Orvieto. Die Touren berühren bekannte Städte wie Perúgia, Assisi, Spoleto und Terni.

TOUR 35:
AM LAGO TRASIMENO

Montepulciano (Tour 33) – Pozzuolo – Ferretto – Passignano sul Trasimeno – Monte del Lago – Pieve del Véscovo – Perúgia (Tour 36)
Länge: ca. 80 km
Dauer: 1-2 Tage
Schwierigkeitsgrad: mittel
  keine extremen Höhenunterschiede, aber zwei längere Steigungen
Wichtigste Sehenswürdigkeiten:
  Mittelalterliches Montepulciano, Lago Trasimeno, Perúgia
Karten:
- Kümmerly & Frey 1:200.000; Umbrien/Italienische Adria (8); 16,80 DM
- Generalkarte Italien 1:200.000; Adria/Umbrien/Marken (6); 12,80 DM
- Touring Club Italiano 1:200.000; Marche/Umbria; 9.500 Lire

Der Lago di Trasimeno (258 m), ein flacher Steppensee mit schilfbewachsenen Ufern, zählt zu den größten Binnengewässern des nördlichen Italien. Der See wird von Hügeln mit alten Burgen, Olivenhainen und Weingärten gesäumt. Diese Tour führt nördlich um den See herum und startet in Montepulciano, wo Anschluss an die Toscana-Tour 33 durch den Chianti bis nach Firenze besteht. Vom Zielort Perúgia sind es 5 km bis zum Fluss Tévere, wo man auf Tour 36 stößt.

Montepulciano (Tour 33) kann mit Tour 33 erreicht werden, die quer durch den toskanischen Chianti von Firenze über Siena und Pienza in diese noch zur Toscana gehörende Stadt führt.

Montepulciano (607 m) wird in östlicher Richtung verlassen, um am nördlichen Stadtausgang die nach rechts, Richtung Cervognano führende Nebenstraße zu nehmen. Diese kleine Straße überquert bald eine Hauptstraße, die Autobahn A1 und die Bahngleise. Nach der Autobahnquerung nimmt man die erste Abzweigung nach rechts und gelangt so bei San Adele auf die Straße 454. Die Strecke ist angenehm flach, denn es geht durch eine Ebene, an die sich 1 km südlich der unter Naturschutz stehende Lago di Montepulciano anschließt. Man folgt der Straße 454 nach links in Richtung Castiglione del Lago, aber schon nach 1 km geht es wieder links auf eine kleinere Straße, die an Laviano vorbei parallel zur 454 verläuft. Bald wird wieder die 454 erreicht, diese aber nach 500 m erneut links, in Richtung Petrignano, verlassen.

Nach 500 m zweigt rechts eine kleine Straße ab, die über I Pieracci (279 m) nach Ferretto (277 m) führt. Dort hält man sich ein kleines Stück links und dann wieder rechts, um in nördlicher Richtung auf die Autobahn zuzuradeln, die genauso überquert wird wie die darauffolgende Bahnlinie. Nun ist die Nationalstraße 71 erreicht, wo es links nach Teróntola (462 m) geht. In dieser Gegend, an der Grenze zwischen Umbria und der Toscana, ging es um 217 v. Chr. dem römischen Konsul Flaminius mit seinen Soldaten an den Kragen, als er im zweiten punischen Krieg zwischen Rom und Karthago – vergeblich – den Vormarsch Hannibals stoppen wollte, der mit 37 Elefanten bereits die Alpen durchquert hatte. In dieser Schlacht sollen 15.000 Soldaten gefallen sein.

Von Teróntola führt die Straße weiter nach Tuoro sul Trasimeno (309 m), das etwas oberhalb vom Lago di Trasimeno liegt und von diesem unästhetisch durch die Autobahn getrennt wird. Einen besseren Zugang zum See gewährt der nächste Ort: Passignano sul Trasimeno, das nach 6 km erreicht wird und der beliebteste Urlaubsort am See ist.

Passignano sul Trasimeno (289 m)

Unterkunft

⤵ Albergo del Pescatore
Via San Bernardino 5
Tel. 075/8296063
Fax 075/829201
Familiäre Herberge mit einfachen Zimmern. Mit Restaurant und Garten. DZ mit Bad ab 65.000 Lire.

⤵ Albergo Lido
Via Roma 1
Tel. 075/827219 oder 828472
Fax 075/827251
Bequeme Zimmer mit Bad. Mit Restaurant, Garten und Garage. DZ ab 120.000 Lire.

Von Passignano sul Trasimeno führt eine schöne Uferstraße nach Monte del Lago (295 m). Hier sagt man dem Lago di Trasimeno Lebewohl und radelt landeinwärts nach Magione (293 m). Von dort geht es in östlicher Richtung 1 km entlang auf der nach Perúgia führenden 599, ehe noch vor der Autobahnauffahrt links abgebogen und die Autobahn überquert wird. Gleich nach der Autobahnbrücke hält man sich rechts und radelt immer geradeaus weiter nach Pieve del Véscovo (400 m), wo es links abgeht.

Jetzt entfernt man sich ein kleines Stück von seinem Ziel, Perúgia. Der Hintergedanke: Diese Route ist weit weniger befahren als die vom Lago di Trasimeno direkt nach Perúgia verlaufenden Verkehrssträne. Etwa 3 km hinter Pieve del Véscovo geht es rechts ab, durch Capocavallo hindurch, wonach man ein weiteres Mal rechts abbiegt. Jetzt sind es auf geradem Weg noch 7 km bis in das Stadtzentrum von Perúgia, dessen Altstadt über die Via Monteripido beim Porta Sant'Angelo, dem nördlichsten Punkt der Stadtbefestigung, erreicht wird.

Keine andere der in diesem Buch vorgeschlagenen Touren berührt Perúgia. Aber wenn Perúgia in nordöstlicher Richtung verlassen und kurz hinter Ponte Felcino der Fluss Tévere erreicht wird, berührt man hier Tour 36, die das toskanische Arezzo mit dem umbrischen Assisi verbindet.

Perúgia (493 m)

Das von den Etruskern gegründete Perúgia ist mit gerade mal 150.000 Einwohnern eine der kleinsten Regionshauptstädte Italiens. Wenn man erst mal die Gewerbegebiete rund um Perúgia durchfahren hat, offenbart sich einem eine schöne mittelalterliche Innenstadt, die großenteils für den Autoverkehr gesperrt ist. Von der etruskischen Vergangenheit zeugen Teile der Stadtmauer sowie 2 Stadttore.

Die Piazza IV Novembre gilt mit ihren vielen Monumenten als künstlerisches Zentrum Perúgias. Auf der Piazza sticht vor allem der berühmte Brunnen *Fontana Maggiore* hervor, vielleicht der schönste gotische Brunnen Italiens, von dem sich noch eine kleinere Version in Fabriano befindet. Von der Piazza IV November führt die Via Volta della Pace, eine der malerischsten Gassen Perúgias, zur Piazza Matteotti.

Perúgia hat eine bekannte, 1925 gegründete Ausländeruniversität, an der rund 6.000 Studenten aus aller Welt vor allem die italienische Sprache studieren.

☺☺ Die im 14. Jh. errichtete *Chiesa di San Domenico* im Corso Cavour ist die größte Kirche von Perúgia. Das dazugehörige Kloster beherbergt das *Museo Archeologico Nazionale dell'Umbria* mit vorgeschichtlichen und etruskischen Funden. Geöffnet Mo bis Sa 9-13.30, 14.30-19 und So 9-13 Uhr (Eintritt: 4.000 Lire).

☺☺ Die *Galleria Nazionale dell'Umbria* mit Meistern der umbrischen Schule aus dem 12.-16. Jh. ist im *Palazzo dei Priori*, einem gotischen Palast aus dem späten Mittelalter untergebracht. Geöffnet Mo bis Sa 9-19, So 9-13 Uhr (Eintritt: 8.000 Lire).

☺☺ Der im 14. Jh. begonnene gotische *Duomo* mit seiner rot-weißen Marmorverkleidung wurde nie vollendet. Eindrucksvoll sind die Treppe und Statue von Papst Julius III (1555).

☺ Die auf das 10. Jh. zurückgehende Kirche von *San Pietro* gilt als eines der schönsten Gotteshäuser der Stadt. In dem reichlich verzierten Inneren sind Werke bekannter Künstler vertreten.

☺ Die unterirdische Stadt (*Rocca Paolina*) entstand nach dem Sieg von Papst Paulus III. (1540) über Perúgia, als dieser einen großen Teil der Stadt für den Bau einer riesigen Stadtmauer abriss. Ein anderer Teil wurde einfach überbaut. Dieser Teil ist jetzt zu besichtigen, nachdem die Mauer 1860, dem Jahr der italienischen Einheit, wieder abgebrochen wurde, da sie ein Zeichen der päpstlichen Macht war.

🎵 Das eine Woche dauernde *Jazz-Festival* im Juli zieht Musiker aus aller Welt an. Ein anderes Musikfestival, die *Sagra Musicale Umbra*, findet im September in Perúgia und anderen Orten Umbrias statt.

ⓘ Via Mazzini 21
06100 Perúgia
Tel. 075/575951
Fax 075/5736828

Ein weiteres Touristenbüro gibt es in der Piazza IV. Novembre 3.

Radservice
🚲 Casa del Ciclo
Via F. Pellas 55
Tel. 075/5729067

Radclub
✉ Amici della Bicicletta
Via delle Prome 1-5
06122 Perúgia
Tel. 075/5739526
biciamiciperugia@hotmail.com
www.comune.perugia.it/
ASSOCIA ZIONI/Amicibici/
amici bici.htm

Camping-Artikel
✉ Coni Sport
Via Tomasso Albinoni 48
in San Sisto
Tel. 075/5270186
✉ Coop. L'Olivo
Via San Giacomo 50
Tel. 075/5731306

Waschsalons
✉ Lavanderia Moderna
Via Fabretti 19
✉ Lavanderia GR
Corso Garibaldi 34

Unterkunft
↪ Centro Internazionale di Accoglienza per la Gioventù
Via Bontempi 13
Tel. 075/5722880

In dieser Jugendherberge schlafen Männer und Frauen getrennt. Die Terrasse ist nur Männern vorbehalten. Warme Dusche inklusive, selbst kochen möglich.

↪ Piccolo Hotel
Via L. Bonazzi 25
Tel. 075/5722987

Kleines Hotel mit einfachen, ordentlichen Zimmern. DZ ab 55.000 Lire.

↪ Albergo-Pensione Paola
Via della Canapina 5
Tel. 075/5730236

Attraktive Einrichtung, nette Besitzerin, bewachter Parkplatz. DZ ab 65.000 Lire.

↪ Hotel Priori
Via Vermiglioli 3
Tel. 075/5723378
Fax 075/5723213

Schöne Lage, nette Zimmer. Mit Garten und Garage. DZ mit Bad ab 80.000 Lire.

Camping
- Il Rocolo
  Strada della Trinità
  Tel. 075/5178550

Gutes Restaurant und Laden. 2 Personen und 1 Zelt ab 15.000 Lire. Geöffnet Mitte Juni bis Mitte September.

- Paradis d'été, Strada della Trinità
  Fontana
  Tel. 075/5172117

Dieser ganzjährig geöffnete Platz ist 2 km vom vorgenannten Zeltplatz entfernt. 2 Personen und 1 Zelt ab 16.000 Lire.

Verpflegung
Die für Perúgia bekannten Pralinen sind eine gute Energiereserve für unterwegs.

- Ristorante Fratelli Brizzi
  Via Fabretti 75/79
  Tel. 075/5721386

Gute und günstige Gerichte.

- Falchetto
  Via Bartolo 20
  Tel. 075/5761875

Schöner Essraum, umbrische Spezialitäten.

- Dal mi Cocco
  Corso Garibaldi 12
  Tel. 075/5762511

Menüs mit Radfahrer-Portionen, sehr gute traditionelle Küche, angemessene Preise. Reservieren empfehlenswert.

- Pasticceria Sandri
  Corso Vannucci 32

Diese im Wiener Kaffeehausstil eingerichtete Pasticceria ist schon seit 100 Jahren ein beliebter Treffpunkt in Perúgia.

TOUR 36:
VOM ARNO ZUM TÉVERE

Arezzo (Tour 30) – Foce di Scopetone – Ansina – Morra – Trestina – Umbértide (Tour 36) – Ponte Pattoli (Tour 35) – Bosco – Petrignano – Assisi (Tour 39)

Länge: ca. 115 km
Dauer: 2-3 Tage
Schwierigkeitsgrad: schwer
  mit 2 Pässen und einem ordentlichen Anstieg nach Assisi eine relativ anspruchsvolle Tour, obwohl ein großer Teil auch leicht bergab verläuft
Wichtigste Sehenswürdigkeiten:
  Arezzo, Assisi
Karten:
- Kümmerly & Frey 1:200.000; Umbrien/Italienische Adria (8); 16,80 DM
- Generalkarte Italien 1:200.000; Adria/Umbrien/Marken (6); 12,80 DM
- Touring Club Italiano 1:200.000; Marche/Umbria; 9.500 Lire

Diese abwechslungsreiche Tour von Arezzo (Tour 30) nach Assisi beginnt im Arno-Tal der Toscana, führt durch einsames Gebirge, um sich im schmalen Tal des Néstore dem Tévere anzunähern. In dessen breiten Tal radelt man auf ruhigen Straßen bis kurz vor Perúgia. Von dort geht es auf durch sanft gewelltes Gelände bis zur Pilgerstadt Assisi. Die Route macht einen Bogen um die Provinzhauptstadt Perúgia, zu der man aber einen Abstecher machen kann und damit Anschluss an die Tour 35 um den Lago di Trasimeno hat. Am Etappenziel Assisi besteht Anschluss an Tour 42 in die Apenninen und Tour 39, die den Spuren des Heiligen Francesco bis in dessen früheren Wirkungskreis bei Contigliano folgt.

Nach Arezzo (Tour 30) gelangt man aus nördlicher Richtung über die den Arno entlang führende und dabei Pisa wie Firenze streifende Tour 30.

Der Beginn dieser Tour verläuft leider einige km auf der Nationalstraße. Dazu fährt man vom Zentrum aus südwestlich in Richtung Monte San Savino. Nach 2 km geht es links ab, nach Santa Maria delle Grazie. Jetzt steigt die Straße gemächlich an. Sie ist zwar belebt, aber sehr breit, darum stört der Autoverkehr hier weniger.

Nach etwa 8 km ist der Pass Foce di Scopetone (526 m) erreicht. In Palazzo del Pero wird die Hauptstraße verlassen und die kleine Straße am Ende des Dorfes nach Sant'Agata del Terrine genommen. Die Strecke führt durch eine schöne gebirgige und waldreiche Gegend, in der ab und zu ein kleines, fast verlorenes Dorf auftaucht. Die Natur hat hier einiges zu bieten: In den Wäldern sieht man unter Edelkastanien Spuren von Wildschweinen, und ab und zu sind Spechte oder ein Pirol zu hören. Die Straße steigt mit vielen Haarnadelkurven und schönen Aussichten bis zu einem namenlosen Pass von 906 m Höhe. Ab hier geht es über Santa Maria alla Bassinata bergab nach Ansina.

In Ansina wird eine Kreuzung erreicht, an der es links nach Morra geht, einem netten Dorf. Jetzt fährt man in Tal des Tévere hinein. Landwirtschaft prägt die Gegend, und ohne die Berge im Hintergrund wäre die Landschaft ein wenig eintönig. Bei Tréstina (266 m) erreicht man den Tévere und fährt rechts ab, gen Süden immer flussabwärts. Eine gut zu fahrende und nicht allzu belebte Straße führt über Montecastelli (273 m) mit seiner kaum zu übersehenden Burgruine bis nach Umbértide. Wer sich das bergige Hinterland von Umbértide nicht entgehen lassen möchte, kann hier noch einen Extra-Tag für die Rundtour 37 über Città di Castello und Gúbbio einlegen.

Umbértide (247 m)

In dieser alten Stadt sind vor allem die *Burg* aus dem 14. Jh. sowie die *Kirche Santa Maria* und der *Palazzo Comunale* sehenswert. An den Fabriken am Stadtrand sollte man schnell vorbeifahren.

Radservice

🚲 Cicli Alpin
 Via B. Boldrini 24
 Tel. 075/9412613

Unterkunft

⌁ Albergo Moderno
 Via S.S. Tiberina 3b
 Tel./Fax 075/9413759
Ordentliche Zimmer. Mit Garage, Restaurant und Garten. DZ mit Bad ab 80.000 Lire.

⌁ Centro Agriturismo Patroverde
 Località Niccone
 Tel. 075/9410958
Schöner Hof etwas außerhalb in den Hügeln. Netter Besitzer, schöne Gegend und günstige Zimmer.

▲ Agriturismo-Camping Bellona
 in Petrignano
 Tel. 075/9410291
Dieser kleine Platz ist ganzjährig geöffnet. Mit Restaurant.

In Umbértide folgt man der parallel zur Bahn verlaufenden Straße, an der Nordseite der Tévere. Nach 3 km werden sowohl Bahnlinie als auch Fluss überquert, bis das kleine Dorf Badia am Fuße der Hügel erreicht ist. Jetzt geht es auf einer angenehmen und ruhigen Strecke am Rand der Hügel entlang. Zwischen Wald gibt es immer wieder einen schönen Weitblick über das Tal des Tévere. An der Straßenseite liegen viele alte Höfe aus Naturstein, teilweise verfallen, aber umso passender zur Landschaft.

Bis Pieve San Quírico bleibt man an der westlichen Seite des Tévere. In diesem Ort geht es links über den Fluss, unter der Autobahn A3 und der Bahn hindurch, und bei der Kreuzung dann rechts nach Ponte Páttoli. Kurz vor diesem Ort fährt man wieder unter Autobahn und Bahn hindurch. In Ponte Páttoli wird der Tévere überquert. Jetzt geht es auf der rechten Seite flussabwärts weiter. Nach etwa 4 km wird die Bahn erneut gekreuzt und 1,5 km später nimmt man die Straße, die links über den Fluss führt. Jetzt geht es für ein paar km auf der Nationalstraße 298 entlang. Kurz nach Bosco zweigt rechts eine kleine Straße nach Petrignano ab. Von diesem Dorf mit seiner netten mediterranen Atmosphäre sind es nur noch 10 km bis nach Assisi, das schon von weitem am Hang zu sehen ist. Aber die letzten 3 km muss man noch 300 Höhenmeter bewältigen, also ist noch eine ordentliche Kraftanstrengung am Ende der Tour angesagt.

Der Lohn für die Strapaze: Die Aussicht von Assisi ist besonders schön und der Ort selbst umso sehenswerter. In Assisi besteht Anschluss an 2 weitere Touren, und zwar ausgesprochene Bergetappen, auf welche die Steigung hinauf nach Assisi bereits einstimmt: Tour 42 in die Apenninen und Tour 39, die den Spuren des Heiligen Francesco bis in dessen früheren Wirkungskreis bei Contigliano folgt.

Assisi (505 m)

Assisi ist eine nette, kleine Stadt, die seit dem Mittelalter praktisch unverändert am Hang des 1.290 m Monte Subasio ruht. Das Stadtbild mit den vielen Kirchen und einer Schlossruine lockt allerdings sehr viele Touristen an. Magnet der Besucher ist vor allem die Basilica des Heiligen Francesco (s. u.), der in Assisi gelebt haben soll.

Beim Bummel durch das 25.000 Einwohner zählende Assissi sollte man Viccolo Sant'Andrea nicht missen, eine malerische Gasse mit mittelalterlichen Wohnungen.

☺☺☺ Die im 13. Jh. errichtete *Basilica San Francesco* gilt als erste Kirche, die einem Heiligen gewidmet wurde. Eigentlich sind es zwei übereinander gebaute Kirchen, die aus schönen weißen und rosafarbenen Subasio-Steinen errichtet wurden. Von außen fallen sofort der romanische Turm und der gotische Giebel auf. Als »tristen Dom des Heiligen Franziskus« bezeichnete Antike-Freund Goethe seinerzeit die mittelalterliche Basilica. Der Duomo erstrahlt seit November 1999 in neuem Glanz, seit ein Erdbeben am 26.9.1997 das Gebäude und insbesondere dessen Fresken schwer beschädigt hatte. Die Restaurierungsarbeiten konnten in nur zwei Jahren mithilfe der Summe von 75 Mio. DM abgeschlossen werden. Allerdings ist bisher nur ein kleiner Teil der in viele 10.000 Teile zerborstenen Fresken, u. a. von Giotto, wiederhergestellt. Die Arbeiten sollen nach dem erwarteten Pilgeransturm im Jahr 2000 fortgesetzt werden.

☺☺ Der römischer *Tempel von Minerva* an der zentralen Piazza del Comune ist schlicht von außen und reichlich mit barocken Schnörkeln verziert von innen. Klassikfreund Goethe geriet angesichts der schlanken ionischen Säulen der Fassade ins Schwärmen.

☺☺ Von *Rocca Maggiore*, einer schönen Burg oben auf dem Monte Subasio, hat man einen wunderbarem Blick auf Assisi und die Ebene bis nach Perúgia. Geöffnet täglich 10 Uhr bis Sonnenuntergang (Eintritt: 6.000 Lire).

☺ In dem *Palazzo dei Priori*, dem alten Rathaus, ist die *Pinacoteca Comunale* untergebracht mit Meisterwerken der umbrischen Renaissance. Geöffnet im Sommer täglich 10-13 und 15-19, im Winter nur 14-17 Uhr (Eintritt: 5.000 Lire. Für die Pinacoteca, die Rocca sowie das Römische Forum gibt es auch eine günstige Kombinationskarte für ca. 12.000 Lire).

🐌 Der *Calendimaggio* im Mai ist ein buntes Volksfest mit allerlei kulturellen Veranstaltungen und historischem Umzug mit traditionellen Kostümen.

ⓘ Piazza del Comune 12
06081 Assisi
Tel. 075/812450
Fax 075/813727
aptas@krenet.it

Radservice
🚲 Pettinelli
Via A. Diaz
in Santa Maria degli Angeli
Tel. 075/8040406

Unterkunft
↪ Ostello per la Gioventù »Ostello della Pace«
Via di Valecchie 177
Tel./Fax 075/816767
Diese Jugendherberge liegt außerhalb von Assisi bei Santa Maria degli Angeli, etwa 1,5 km vom Bahnhof entfernt. Mit Garten, Restaurant und Fahrradverleih. Ü/F 20.000 Lire. Geöffnet von März bis Oktober 7-10 und 15.30-23.30 Uhr.

↪ Albergo per Giovani Fontemaggio
Via per l'Eremo delle Carceri
Tel. 075/813636
Von dieser netten Jugendherberge sind es nur 10 Fußminuten zum Zentrum.

↪ Monasterio San Coletto
Borgo San Pietro 3
Tel. 075/812515
Diese ruhige Unterkunft, eine der 17 religiöse Einrichtungen Assisis, liegt im unteren Teil der Stadt. Von dem großen Garten genießt man eine schöne Sicht.

↪ Hotel La Rocca
Via Porta Perlici 27
Tel./Fax 075/812284
Sehr gute gepflegte Zimmer und Terrasse mit schöner Aussicht. DZ ab 57.000 Lire.

↪ Albergo Ideale per Turisti
Piazza Matteotti 11
Tel. 075/813570
Fax 075/813020
Die bequemen Zimmer bieten eine wunderbare Aussicht. Terrasse, Garten und Privat-Parkplatz. DZ ab 90.000 Lire.

↪ Hotel Berti
Piazza San Pietro 24
Tel. 075/813466
Dieses Hotel mit seinen komfortablen Zimmern liegt nahe bei der Basilica San Francesco. Mit Garten. DZ ab 100.000 Lire.

Camping
▲ Internazionale Assisi
Via San Giovanni Campiglione 110
Tel. 075/813710
Fax 075/812335
Dieser Platz liegt westlich von Assisi, im Tal. Wenig Schatten, aber gutes Restaurant. 2 Personen und 1 Zelt ab 25.000 Lire. Geöffnet April bis Oktober.

▲ Fontemaggio
Via San Rufino Campagna 8
Tel. 075/812317
Fax 075/813749
Dieser schöne und im Grünen oberhalb der Stadt gelegene Platz erfordert vom Radfahrer eine ordentliche, aber lohnende Anstrengung, da es vom Tal ordentlich bergauf geht. Schattenreich. 2 Personen und 1 Zelt ab 21.000 Lire.

Verpflegung
🍽 Pizzeria da Otello
Piazzetta Chiesa Nuova
Tel. 075/812415

Lockere Atmosphäre, Leckere Gerichte, umbrischer Wein.

🍴 Pizzeria Il Menestrello
Vicolo San Gregorio 1a
Tel. 075/812334

Diese in einem Keller gelegene Pizzeria hat ein nettes Interieur, sehr gute Küche und mäßige Preise.

🍴 Ristorante La Fortezza
Vicolo della Fortezza 2b
Tel. 075/812418 oder 812993

Dieses Restaurant, eines der besten der Stadt, liegt in einem stilvollen mittelalterlichen Gebäude. Reservierung empfohlen!

TOUR 37:
RUNDTOUR DURCH DIE UMBRISCHEN APENNINEN

Umbértide (Tour 36) – Città di Castello – Pietralunga – Gúbbio – Castiglione – Umbértide (Tour 36)
Länge: ca. 120 km
Dauer: 2-3 Tage
Schwierigkeitsgrad: schwer
  viele Steigungen und Schotterpisten
Wichtigste Sehenswürdigkeiten:
  Umbértide, Città di Castello, Pietralunga, Gúbbio
Karten:
- Kümmerly & Frey 1:200.000; Umbrien/Italienische Adria (8); 16,80 DM
- Generalkarte Italien 1:200.000; Adria/Umbrien/Marken (6); 12,80 DM
- Touring Club Italiano 1:200.000; Marche/Umbria; 9.500 Lire

»Raus aus dem besiedelten Tévere-Tal, hinein in die menschenleeren Apenninen«, könnte diese Rundtour plakativ beschrieben werden. Das auf einem Berg thronende Gúbbio und die eher durchschnittliche Industriestadt Umbértide sind Gegenpole, die kaum größer sein können. Die Tour lässt sich gut für einen Tag in die Streckenroute 36 zwischen Arezzo nach Assisi einplanen. Sie ist besonders für diejenigen reizvoll, die noch einen sportlichen Höhepunkt als Herausforderung suchen; denn die Rundtour ist eine echte Bergetappe.

In Umbértide (Route 36) überquert man den Tévere und hält sich gleich rechts, um auf der westlichen Seite flussaufwärts zu radeln. Bis Tréstina geht es nun auf dem Weg entlang, dem die von Arezzo nach Assisi führende Tour 36 folgt. In Tréstina folgt man der weiter flussaufwärts führenden und geradewegs durch das Tévere-Tal auf Città di Castello zulaufenden Straße, die an der Abteikirche *San Secondo* vorbei läuft und kurz vor der Stadt die Autobahn E45 überquert. Nun nimmt man die erste, nach rechts in das Ortszentrum abzweigende Viale Franchetti. Auf der Città di Castello gegenüberliegenden Uferseite ist am Hang die Villa *La Montesca* zu erkennen.

Città di Castello (289 m)

Dieser ruhige, am östlichen Ufer des Tévere gelegene und wenig touristische Ort ist von einer schönen *Stadtmauer* umgeben, die eine Reihe bedeutender Bauwerke umgibt.

☺ Der *Palazzo del Comune* im Zentrum des Ortes ist ein gotisches Gebäude aus dem 14. Jh. Vom zylindrischen Turm aus genießt man eine schöne Sicht auf die Stadt.

☺ Der *Duomo* mit seinem Stilmix erhebt sich direkt neben dem Palazzo del Comune. Von der alten romanischen Kirche ist nur der *Campanile* aus dem 13. Jh erhalten. Man betritt das in der Renaissance erweiterte Gotteshaus mit seiner Barockfassade durch ein schönes gotisches Portal.

☺ Die *Pinacoteca Comunale* ist in dem *Palazzo Vitelli alla Cannoniera* untergebracht, der seinen Namen von der einstmals benachbarten Kanonengießerei erhielt. Zu sehen sind umbrische Meisterwerke aus dem 13.-16. Jh..

ⓘ Via Sant'Antonio 1
06012 Città di Castello
Tel. 075/8554817
Fax 075/8552100

Radservice
🚲 Giogli
Via del Moro 10
Tel. 075/8557695

Unterkunft
↙ Hotel Umbria
Via Galanti
Tel. 075/8554925
Fax 075/8520911

Dieses zentrale und sehr gut gepflegte Hotel hat 20 schöne Zimmer. DZ ab 60.000 Lire.

↙ Albergo Garden
Via A. Bologni
Tel. 075/8550593
Fax 075/8550574

Gut ausgestattete Zimmer. Garage, Schwimmbad, Restaurant und Garten. DZ mit Bad ab 80.000 Lire.

↙ Hotel Europa
Via V.E. Orlando 2
Tel. 075/8550551

Das Hotel bietet 50 bequeme, gut ausgestattete Zimmer.

▲ La Montesca
in la Montesca
Tel. 075/8558566

Dieser weitläufige Campingplatz liegt auf einem Hügel oberhalb der Stadt, auf der anderen Seite des Tévere, und ist 5 km vom Zentrum entfernt. 2 Personen und 1 Zelt ab 15.000 Lire. Geöffnet Mai bis September.

↙ Adriano Due
Piazza Che Guevara
Tel. 075/8556909

Hier ist immer was los; kein Wunder bei dem guten Preis-Leistungs-Verhältnis und ordentlichen Radfahrer-geeigneten Mahlzeiten. Mi und im August geschlossen.

In Città di Castello folgt man, die Stadt über die Via Collodi und Viale Geo Gaves verlassend, der südwärts zwischen Tévere und Bahnlinie entlanglaufenden Straße. Nach 2 km, gleich hinter dem schönen *Kloster*

Blick auf Firenze

Der Duomo

»David« von Michelangelo

Castel dell'Alpi

Schafherde in der Umgebung von Borgo San Lorenzo

Zoccolanti, wird links die Bahn überquert und der ruhigen Straße hinauf in das Tal des Baches Soara gefolgt. Gleich zu Beginn hat man einen schönen Blick auf die *Villa Garavelle*.

Garavelle gilt als Zentrum von Volksbräuchen und -traditionen, über die ein kleines *ethnographisches Museum* mit Gebrauchsgegenständen aus der Gegend informiert. Geöffnet Di bis So. Nach 5 km verlässt man das sehr spärlich besiedelte Soare-Tal rechts und folgt der in Serpentinen erst bergauf und später bergab führenden Straße 20 km lang, vorbei an der Kirche Pieve di Saddi (602 m), bis nach Pietralunga. Kurz vor Pietralunga geht es am Bach Carpina vorbei, der die nördliche Grenze des rund 1.000 ha großen Naturschutzgebietes von Candeleto mit großen Nadelwalbeständen bildet, wo neben Rehen und Wildschweinen auch Wölfe leben.

Pietralunga (565 m)

Das Erscheinungsbild von Pietralunga wird noch weitgehend von der gut erhaltenen langobardischen Festung bestimmt. Weitere sehenswerte Gebäude sind der Palazzo Comunale, die Kirchen Santa Maria und Sant'Agostino sowie der Palazzo dell'Orologico.

↳ Albergo Candeleto
   Via delle Querce
   Tel./Fax 075/9460083

Das Haus hat 35 einfach ausgestattete Doppelzimmer mit Bad sowie Restaurant, Schwimmbad und Garten. DZ ab 85.000 Lire.

Pietralunga wird östlich in Richtung Gúbbio verlassen. Nach 1 km hält man sich rechts, überquert einen kleinen Bach, um dann auf zahlreichen Serpentinen wieder einige Höhenmeter zu gewinnen. Nach 3 km anstrengender Kletterei geht es links nach San Benedetto. Diese Variante führt auf ruhigen Wegen nach Gúbbio, fernab vom Autolärm. Bei San Benedetto thront oberhalb der alten Abtei eine Burgruine. Auf der aussichtsreichen Straße radelt man zu einem Bach hinunter, quert diesen und fährt jetzt 7 km durch eine einsame Landschaft bis nach Mocaiana. Von dieser am Schluss abwärts führenden Straße läßt sich das Tal von Gúbbio weit überblicken. Kurz nach Mocaiana (417 m) überquert man die Nationalstraße 219 und radelt geradeaus nach Nérbisci weiter, wo sich links haltend und dem Bach folgend nach 2 km dieser rechts überquert wird. Jetzt sind es noch 2,5 km bis zum Weiler San Martino in Colle, wo es links auf die nach Gúbbio hinaufführende Straße geht.

Gúbbio (522 m)

Gúbbio gilt als eine der schönsten mittelalterlichen Städte Italiens. Es thront auf Terrassen des steilen Monte Ingino über einer fruchtbaren Ebene und ist durchgehend von Stadtmauern umgeben. Nach dem Besuch von Friedrich Barbarossa im

Jahr 1155 wurde Gúbbio ein unabhängiger Stadtstaat, der lange Zeit ein ernst zu nehmender Rivale von Perúgia war.

Francesco von Assisi weilte hier, und nach der Legende hat er in einer Kirche von Gúbbio den Wolf, der die Gegend terrorisierte, gezähmt. Seit kurzem übrigens soll es diese – harmlosen – Tiere wieder in der Gegend geben.

Das Zentrum der Altstadt ist die Piazza Quaranta Martiri mit ihren schönen Arkaden-Passagen. Etwas südlich davon ragen die Ruinen des *Teatro Romano* (1. Jh.) aus dem Boden, das einst 6.000 Zuschauer gefasst haben soll. Von einem anderen Platz, der Piazza della Signoria, genießt man eine weite Aussicht über die Ebene. Als eine der malerischsten Gassen der Stadt gilt die Via dei Consoli.

Hinter dem *Convento San Agostino* kann man mit der Seilbahn hochfahren. Dann geht man bis an die *Chiesa di Sant Ubaldo*, einen Pilgerort. Von dort hat man eine schöne Aussicht auf Gúbbio und die umliegende Ebene.

☺☺ Der im 14. Jh. errichtete *Palazzo dei Consoli* an der Piazza Quaranta Martiri gilt als einer der schönsten Italiens. In dem Gebäude ist das *Museo Civico* mit römischen Funden und einer Galerie mit Werken lokaler Meister untergebracht. Geöffnet täglich im Sommer 10-13.30 und 15-18 sowie im Winter 10-13 und 14-17 Uhr (EIntritt: 5.000 Lire).

☺ Am *Duomo* in der Via Ducale, errichtet im 13. Jh., sind das gotische Portal sowie die Altarbilder aus dem 16. Jh. sehenswert. Gegenüber liegt der prächtige *Palazzo Ducale*, erbaut von der Herrscherfamilie Montefeltro.

🎭 Am 15. Mai findet alljährlich ein Wettrennen mit Kerzen hinauf zur Kirche statt – zu Ehren des Schutzheiligen Sant'Ubaldo. Jeden Di Vormittag erhält man beim Markt in der Piazza Quaranta Martiri lokale Spezialitäten.

ⓘ Piazza Oderisi 6
06024 Gúbbio
Tel. 075/9220693
Fax 075/9273409

Unterkunft
⌇ Villa Montegranelli
Via Buozzi
in Monteluiano
Tel. 075/9220185
Fax 075/9273372

Dieses Hotel in einer stilvollen Villa aus dem 18. Jh. mit schönem Garten liegt 4 km südwestlich von Gúbbio. Das dazugehörige Restaurant gehört mit seinen fantasievollen Variationen der umbrischen Küche zu den besten der Umgebung. Das Preis-Leistungs-Verhältnis ist ausgesprochen günstig: Das Doppelzimmer kostet zwischen 90.000 und 180.000 Lire.

⌇ Locanda Galletti
Via Piccardi 1
Tel. 075/9277753

Angenehme, kleine Herberge mit Restaurant. DZ ab 60.000 Lire.

⌇ Albergo Padule
Frazione Padule
Tel. 075/9292113
Fax 075/9292114
Nette Zimmer. Mit Garage, Garten und Restaurant. DZ mit Bad ab 84.000 Lire.

⌇ Hotel Gattapone
Via G. Ansidei 6
Tel. 075/9272489
Dieses Hotel liegt in einem mittelalterlichen Gebäude mit Garten in ruhiger Lage. DZ mit Bad ab 140.000 Lire.

▲ Città di Gúbbio
in Orto Guidone
Tel. 075/9272037
Mit Laden, Restaurant und Schwimmbad. 2 Personen und 1 Zelt ab 20.000 Lire. Geöffnet April bis September.

Verpflegung

🍽 Ristorante San Marco
Via Perugina 5
Tel. 075/9272349
Regionale Spezialitäten.

🍽 Alla Balestra
Via della Repubblica 41
Tel. 075/9273810
Auf der Terrasse in einem der schönsten Gärten der Stadt werden traditionelle Gerichte serviert.

🍽 Federico di Montefeltro
Via della Repubblica 35
Tel. 075/9273947
Der große Andrang spricht für die gute, regionale Küche.

Die Innenstadt wird so verlassen, wie sie erreicht wurde. Am *Teatro Romano* vorbei geht es am Stadtpark entlang in südwestlicher Richtung, unter der Umgehungsstraße hindurch bis zur Villa Montegranelli, wo man sich rechts hält. Auf ebener Strecke geht es nun ein kleines Stück weiter, ehe diese nach Mocaiana führende Straße links verlassen wird. Nun geht es auf der Landstraße 206 entlang, die aufwärts an Wiesen, Eichen und Obstbäumen hinauf zum Bergkamm verläuft.

Nach etwa 6 km lockt ein Café zur Rast, und weitere 3 km weiter stößt man auf den Verbindungsweg zwischen Castiglione und Mengara. Es geht geradeaus weiter, und die Straße windet sich links um den Il Monte (864 m) herum. Während rechts eine Straße nach Montelovesco und in das Assino-Tal führt, das von oben gut zu überblicken ist, radelt man geradeaus auf der Schotterpiste in Richtung Rancolfo weiter.

An Weiden vorbei wird nach 200 m eine Abzweigung erreicht, an der man sich rechts hält. Nun geht es bergab, den auffälligen Turm von Castiglion Aldobrando im Blick. Die Schotterpiste führt durch ein einsames, leicht hügeliges Gebiet. Am alten Wohnturm von Frontile (538 m) vorbei erreicht man nach 9 km wieder eine Asphaltstraße, die an einem Stausee vorbei bergab nach Rancolfo (238 m) mit seinen alten *Burgruinen* führt. Von Rancolfo geht es hinunter in das Tal des Tévere, wo in Tavernacce die Hauptstraße erreicht wird.

Hier geht es links ab bis nach San Bartolo, wo eine Brücke über den Tévere hinüberführt. Gleich danach hält man sich rechts, um an der westlichen Seite des Tévere flussaufwärts nach Umbértide zurückzuradeln.

TOUR 38:
VOM MITTELMEER ZUM TAL DES TÉVERE

Ansedónia (Tour 31) – Capálbio – Manciano – Farnese – Valentano – Lago di Bolsena – Montefiascone (Tour 44) – Bagnoregio – Orvieto – Lago di Corbara – Cerreto – Todi (Tour 40)
Länge: ca. 190 km
Dauer: 3-5 Tage
Schwierigkeitsgrad: schwer
    viel bergauf und bergab, teilweise steile Strecken und große Höhenunterschiede
Wichtigste Sehenswürdigkeiten: Ansedónia mit archäoloigschen Ausgrabungsstätten, Lago di Bolsena und Lago di Corbara, Orvieto, Todi
Karten:
- Kümmerly & Frey 1:200.000; Umbrien/Italienische Adria (8); 16,80 DM
- Generalkarte Italien 1:200.000; Adria/Umbrien/Marken (6); 12,80 DM
- Touring Club Italiano 1:200.000; Marche/Umbria; 9.500 Lire

Diese Tour führt von der toscanischen Küste des Mittelmeers durch Lazio hindurch nach Umbria. Weil bedeutende und sehenswerte Orte wie Orvieto und Todi auf umbrischen Gebiet liegen, ist diese Tour hier unter Umbria aufgeführt. Man erlebt auf dieser Strecke einen bunten Reigen verschiedenster Landschaften: Lagune, Mittelmeer, Hügel, Wälder, Gebirge, Ebenen, Täler und Seen. In Montefiascone, unweit dem vulkanisch entstandenen Lago di Bolsena, besteht Anschluss an Tour 44 nach Roma. Am Etappenziel stößt man auf Tour 40, die Montefalco mit Terni verbindet.

Ansedónia mit seiner bekannten Ausgrabungsstätte *Cosa* ist am Ende von Tour 31 beschrieben, die entlang der Etrusker-Riviera verläuft. Von der Casa della Tagliata kommend, überquert man die Küstenautobahn E80, um der nördlich parallel zur Autobahn verlaufenden Nebenstraße nach Capálbio zu folgen. Kurz vor Borgo Carige geht es links ab auf eine Straße, die über Carige Alta nach Capálbio (217 m) hinaufklettert. Dort hält man sich rechts, um nach 2,5 km auf eine wenig befahrene Nebenstraße zu gelangen, die am Lago Acquato vorbei über Casa Lascone, Casa Guardiola und weitere Dörfer nach La Sgrilla führt. Von dort sind es auf der Nationalstraße 74 rechts noch 8 km bis nach Manciano; die letzten km vor dem Ort gehen ordentlich in die Beine.

Manciano (444 m)

Unterkunft

↳ Albergo Pellegrini
Via Armando Diaz
Tel. 0564/607815

Nette kleine Unterkunft mit einfachen Zimmern, Restaurant und Garten. DZ 60.000 Lire.

↳ Villa Clodia
Via Italia 43
Tel. 0564/601212
Fax 0564/601305

Das schöne Gebäude hat 9 bequeme Zimmer sowie Schwimmbad und Garten. DZ mit Bad 150.000 Lire.

Von Manciano geht es südlich in Richtung Canino weiter. Die Straße führt durch ein hügeliges Gebiet, in dem zur Linken der Poggio Arnellata (326 m) und der Poggio Sanopia (312 m) herausragen. Kurz nach der Querung des Flusses Fiora hält man sich an einer Abzweigung links und erreicht nach 11 km Farnese (341 m). Von dort sind es 3 km bis nach Ischia di Castro (384 m), wo es links nach Valentano geht.

Valentano (538 m)

↳ Albergo Gli Ontani
Via della Villa 27
Tel. 0761/453140

8 einfache Zimmer mit Bad. Mit Restaurant und Garten. DZ 70.000 Lire.

Von Valentano radelt man, die Nationalstraße 312 querend, etwa 6 km direkt zum Lago di Bolsena. Dieser flache von vielen Schilfufern gesäumte See liegt eindrucksvoll inmitten eines erloschenen Vulkankegels. Der Weg am See führt über Casa San Lorenzo direkt nach Capodimonte, das auf einer Landzunge in den Lago di Bolsena hineinragt.

Capodimonte (334 m)

Unterkunft

▲ Bisenzio
Via Regina Margherita
Tel. 0761/871202

Dieser Platz liegt direkt am See. Mit Laden und Restaurant. 2 Personen und 1 Zelt ab 27.000 Lire. Geöffnet von Anfang Mai bis Ende September.

Von Capodimonte sind es nur 3 km bis zum nächsten größeren Ort am Seeufer, Marta (320 m).

Hinter Marta hält man sich direkt am Seeufer und verlässt damit das dicht besiedelte Gebiet. Aus dem flachen Lago di Bolsena erhebt sich zur Linken einsam die Insel Martana. Die Straße führt in östlicher Richtung direkt auf Montefiascone zu. In Montefiascone startet Tour 44 in Richtung Roma, während diese weiter nach Orvieto führt.

Montefiascone (596 m)

Diese kleine Stadt mit ihren 12.000 Einwohnern liegt an einem alten Krater. Sehenswert sind der *Duomo Santa Margherita* aus der Renaissance sowie die *Burg* mit einer guten Aussicht.

Unterkunft

⌂ Residence Rondinella
Strada statale Cassia (Via Cassia) bei km 99,75
Tel. 0761/826162
Fax 0761/824995
Angenehme Zimmer sowie Restaurant und Garage. Gutes Preis-Leistungs-Verhältnis: DZ ab 50.000 Lire.

⌂ Albergo Dante
Via Nazionale 2
Tel. 0761/826015
Das Haus hat 10 einfach ausgestattete Zimmer. Mit Restaurant und Garage. DZ ab 40.000 Lire.

Der naturliebende Radler erlebt direkt bei der Ausfahrt aus Montefiascone sein Fiasko; denn die Tour verlässt den Ort auf der Nationalstraße 71 in Richtung Orvieto, die nach 1 km rechts verlassen wird, der Beschilderung nach Fastello und Magugnago folgend. Etwa 3 km hinter Fastello geht es bei einer Abzweigung links in Richtung Bagnoregio, das nach 14 km erreicht ist.

Bagnoregio (484 m)

Das zwischen dem Lago di Bolsena und dem Tal des Tévere liegende Bagnoregio erlaubt tolle Weitblicke bis hin zu den beiden Gewässern.

⌂ Agriturismo Centro Communitario Celleno
Via Roma 5
Celleno
Tel. 0761/912275
Fax 0761/912591

In einem ehemaligen Kloster ist dieser Hof mit 1-4-Bett-Zimmern untergebracht. Viele Zutaten der Küche sind aus eigener Produktion. Die Übernachtung mit Halbpension kostet ab 65.000 Lire.
Von Bagnoregio folgt man 16 km lang der Hauptstraße nach Orvieto; anfangs geht es ordentlich bergab und kurz vor Boccetta über die Grenze von Lazio nach Umbria, ehe die letzten km bergauf in den Ort Orvieto wieder einige Kraftanstrengung erfordern.

Orvieto (325 m)

Orvieto liegt am Rand eines alten Vulkans auf steilen Tuffsteinfelsen wie eine Insel in der Ebene von Puglia. Schon in der Eisenzeit wussten Menschen diesen natürlichen Schutz zu nutzen, indem sie sich hier ansiedelten.
Orvieto wurde als etruskische Stadt *Valsinii Veleres* von den Römern im Jahr 264 v. Chr. anlässlich eines Sklavenaufstands zerstört. Im Mittelalter und im 17. Jh. erlebte der Ort einen neuen »Boom«, was man heute an zahlreichen Gebäuden aus der Zeit erkennt.
Am Piazza del Popolo, dem größten Platz Orvietos, steht der *Palazzo del Capitano del Popolo*, der in romanisch-gotischem Stil aus Tuffstein gebaut wurde. Heute ist hier ein Kongresszentrum untergebracht. Gut erhalten ist die Stadtmauer mit verschiedenen Toren und der Festung *Albomoz*.

Der Bahnhof liegt unterhalb der Stadt im Tal, ist aber per Standseilbahn schnell erreichbar, die auch Räder transportiert.

☺☺ Der im 13.-15. Jh. errichtete *Duomo* gilt als eine der schönsten gotischen Kathedralen Italiens. Die Marmorfassade der sonst aus Basalt und Sandstein erbauten Kirche besticht durch ihre Mosaiken, Rosenfenster und Reliefs. Im Innern sollte die Cappella Nuova beachtet werden. Geöffnet täglich 7.30-12.45 und 14.30-19.15 Uhr.

☺ Auch die *Kirche San Francesco* an der Piazza Febei hat eine sagenhaft schöne Fassade. Hier wurde im Jahr 1267 König Ludwig von Papst Bonifacius VIII. heilig gesprochen.

☺ Der 1527 angelegte *Pozzo di San Patricio* in der Viale Sangallo ist ein 60 m tiefer Wasserbrunnen, der die Wasserversorgung Notzeiten, etwa während eines feindlichen Angriffs sichern sollte. Geöffnet täglich 10-19 Uhr (Eintritt: 7.000 Lire).

☺ Das *Museo Archeologico* unweit des Duomo zeigt zahlreiche Funde aus der Etruskerzeit (Eintritt: 5.000 Lire).

ⓘ Piazza Duomo 24
05018 Orvieto
Tel. 0763/341911
Fax 0763/344433

Radservice

🚲 Starbike
Via Monte Nibbio 35
Tel. 076/3301649

Unterkunft

↳ Hotel Duomo
Vicolo di Maurizio 7
Tel. 0763/341887

Das zentrale Hotel hat saubere Zimmer, manche mit schöner Aussicht. DZ ab 65.000 Lire.

↳ Hotel Posta
Via Luca Signorelli 18
Tel. 0763/341909

Altes Herrenhaus mit Garten und gepflegten Zimmer. DZ ab 75.000 Lire.

↳ Trattoria da Anna
Piazza Ippolito Scalza 2
Tel. 0763/41098

Familiäre Atmosphäre. Hier werden auch sehr gute Pizzen serviert.

▲ Agriturismo-Camping Sassogna
in Rocca Ripesena
Tel. 0763/343141

Mit Laden und Restaurant. 2 Personen und 1 Zelt ab 23.000 Lire. Ganzjährig geöffnet.

Verpflegung

🍽 Ristorante dell'Ancora
Via di Piazza del Popolo 7
Tel. 0763/42766

Herrliche regionale Gerichte, gute Weine, große Terrasse.

🍽 Trattoria Etrusca
Via Lorenzo Maitani 10
Tel. 0763/44016

Feine Küche mit lokalen Spezialitäten, nette Bedienung.

Von der Altstadt Orvietos geht es zunächst abwärts zum Bahnhof und von dort weiter zur Nationalstraße 71, die links die Bahnlinie, Autobahn A1 sowie den Fluss Páglia quert. Gleich nach der Brücke über die Páglia nimmt man die erste Abzweigung nach rechts, die am linken Flussufer entlang direkt bis zum Lago di Corbara führt. Bald hinter dem Ort Corbara macht die Straße einen Linksknick und führt jetzt in nördlicher Richtung bergauf, bis sie bei Prato auf die Hauptstraße zwischen Orvieto und Todi trifft.

▲ Scacco Matto
am Lago di Corbara
Tel. 0744/950163

Kleiner Platz mit Restaurant. 2 Personen und 1 Zelt ab 17.000 Lire. Ganzjährig geöffnet.

Von Prato an geht es rechts die Hauptstraße entlang, bis nach Todi. Die Strecke steigt über Prodo (404 m) und Cerreto (555 m) bis nach Valico (609 m) kontinuierlich an, das unterhalb des Monte Castellacchio (637 m) liegt. Dann beginnt der angenehmere Teil: Die nächsten 12 km geht es bei wenig Autoverkehr zahlreiche Serpentinen 450 m abwärts. Kurz vor Todi gelangt man auf die Nationalstraße 448, folgt ihr links 500 m, um dann zur Rechten den Zufluss zum Lago di Corbara zu überqueren. Jetzt sind es nur noch 4 km (und leider etliche Höhenmeter!) bis zur gut sichtbaren Altstadt von Todi, wo Anschluss an Tour 40 besteht, die von Montefalco nach Terni um die Monti Martani herumführt.

Todi (410 m)

Todi liegt auf einem Hügel, der steil zum Tal des Tévere hin abfällt, auf das man eine wunderbare Aussicht genießt, besonders von der Terrasse an der Piazza Garibaldi.

Der Marktort Todi hat sich in den letzten Jahren zu einer viel besuchten Stadt entwickelt. Bis man die Innenstadt mit der zentralen Piazza del Popolo im höher gelegenen Stadtteil erreicht, müssen drei *Stadtmauern* passiert werden, die an die verschiedenen historischen Epochen erinnern: die Etruskerzeit, das alte Roma und das Mittelalter. Der *Palazzo del Popolo* aus dem 13. Jh. gilt als einer der ältesten öffentlichen Paläste Italiens und beherrscht die Piazza del Popolo, die schon bei den Römern als Forum das Herz der Stadt war.

Nach dem Urteil von amerikanischen Stadtplanern ist Todi die »lebenswerteste« Stadt überhaupt.

☺☺ Der spätromanische *Duomo* aus dem 12. Jh. ist mit seiner Fassade aus rosa und weißem Marmor sehr sehenswert. Die Krypta im Inneren geht auf das 8. Jh. zurück.

☺ Der *Palazzo del Capitano* an der Piazza del Popolo beherbergt die städtische Pinacoteca sowie das Museo Archeologico. Geöffnet täglich 9-13 und 15-18 Uhr (Eintritt: 6.000 Lire).

ⓘ Piazza Umberto I. 6
06059 Todi
Tel. 075/8942686
Fax 075/8942406

Unterkunft
- Residenza di Campagna
  Localita Poggio d'Asproli
  Via Asproli 7
  Tel./Fax 075/8853385

Diese noble Unterkunft liegt ländlich in einem ehemaligen Franziskaner-Kloster aus dem 15. Jh. Das DZ ist aber kaum unter 200.000 Lire zu haben.
- Hotel Villa Luisa
  Viale A.Cortes 147
  Tel. 075/8948571
  Fax 075/8948472

Dieses Hotel mit seinem rustikalen Stil und 40 Zimmern liegt am Berghang etwas unterhalb der Stadt in einem großen Park. Das DZ kostet zwischen 90.000 und 180.000 Lire.
- Europalace
  Via Tiberina Str. Prov. 144/1
  Pian di Porto
  Tel. 075/8987474
  Fax 075/8987476

Luxus pur, mit Garten, Restaurant und Garage. DZ ab 90.000 Lire.
- Hotel Tuder
  Via Maestà dei Lombardi 13
  Tel. 075/8942184

Nettes Hotel. DZ mit Bad ab 110.000 Lire.

Verpflegung
- Ristorante Jacopone
  Piazza Jacopone da Todi 3
  Tel. 075/8942366

Familiäres Restaurant mit leckeren lokalen Gerichten.
- Umbria
  Via San Bonaventura 13
  Tel. 075/8822737

Die Terrasse bietet einschönes Panorama, und die Küche leckere Spezialitäten.

TOUR 39:
AUF DEN SPUREN DES HEILIGEN FRANCESCO

Assisi (Tour 36) – Cannara – Bevagna – Montefalco (Tour 40) – Spoleto – San Giovanni di Baiano – Terni (Tour 40) – Marmore – Contigliano (Touren 41, 43)

Länge: ca. 110 km
Dauer: 2-3 Tage
Schwierigkeitsgrad: schwer
 einige schwere Steigungen, teilweise Schotterpiste
Wichtigste Sehenswürdigkeiten:
 Assisi, Bevagna, Montefalco, Spoleto, Cascata delle Marmore
Karten:
- Kümmerly & Frey 1:200.000; Umbrien/Italienische Adria (8); 16,80 DM
- Generalkarte Italien 1:200.000; Adria/Umbrien/Marken (6); 12,80 DM
- Touring Club Italiano 1:200.000; Marche/Umbria; 9.500 Lire

Von der Ebene ins Hochgebirge führt diese Tour, die dem Radler Steigerungsvermögen abverlangt. Die erste Passage, von Assisi nach Spoleto, verläuft überwiegend in einem weiten Tal. Der Aufstieg nach Montefalcone ist schon mal ein guter Vorgeschmack auf die Passage hinter Spoleto, wo einen in einem

kaum befahrenen Tal ein gewaltiger Anstieg erwartet.
Umso angenehmer ist die Abfahrt durch die spektakuläre Serra-Schlucht vor Terni. Hier belohnen die bekannten Wasserfälle von Marmore für die Mühen eines erneuten Aufstieges, ehe es gemächlich nach Contigliano heruntergeht, wo Anschluss an Tour 41 zur Adria bei Rimini und Tour 44 nach Roma besteht. Trainiert ist man genügend dafür: Erstere quert die Apenninen, letztere die Monti Sabini. Für das schwierigste Teilstück der hier beschriebenen Tour 39 gibt es noch eine Alternative: Tour 40 folgt zwischen Montefalco und Terni einer Variante, die in etwas flacherem Gebiet verläuft, aber dafür etwa 15 km länger ist. Sowohl am Start, in Assisi, als auch im letzten Abschnitt, dem Tal des Heiligen Francesco trifft man auf zahlreiche Spuren dieses Heiligen.
Assisi (Tour 36) wird über die kurvige, bergab führende Straße Richtung Autobahn A75 verlassen. In der Nähe vom unteren Stadtteil nimmt man die kleine Straße links nach Rivotorto, Santa Maria Maddalena und San Damiano. Hier geht es ziemlich steil bergab, bis in Rivotorto wieder die Ebene erreicht wird. An der Kreuzung kurz vor Rivotorto geht es rechts ab. Diese Straße führt unter der Autobahn sowie der Bahn hindurch und verläuft dann etwa 1 km parallel zur Autobahn. Bei der nächsten Querstraße biegt man links ab. Jetzt geht es durch die Ebene, die landwirtschaftlich genutzt wird, nach Cannara (197 m). Hier wird der Fluss Topino überquert, um sich dann links zu halten. Vorbei an Plantagen radelt man dann über Cantalupo nach Bevagna.

Bevagna (210 m)

Das schon in römischer Zeit erwähnte Bevagna liegt mit seinen alten Festungsmauern und kleinen runden Türmen inmitten grüner Hügel. An den Stadttoren soll San Francesco zu den Vögeln gepredigt haben. Herz der Stadt ist die Piazza Filippo Silvestri mit schönen Gebäuden wie der Kirche von *San Michele*. Aus der römischen Zeit sind noch Teile eines römischen Theaters und der Thermen mit schönen Mosaiken erhalten geblieben. Die Gassen muten noch so richtig mittelalterlich an: schmal und dunkel, aber trotzdem gepflegt, mit schönen Häusern aus Naturstein.

- ⓘ Piazza Filippo Silvestri
  06031 Bevagna
  Tel. 0742/361667

Unterkunft
- ↵ Kloster von Santa Maria del Monte
  Corso Matteotti 15
  Tel. 0742/360133
  Auch im Kloster ist die Übernachtung möglich!
- ↵ Palazzo Brunamonti
  Corso Matteotti 79

Tel. 0742/361932
Fax 0742/361948
Das einzige Hotel des Ortes. Gute Ausstattung. DZ mit Bad ab 110.000 Lire.

▲ Pian di Boccio
in Gaioli
Tel. 0742/360164

Der Platz hat Schwimmbad, Laden und Restaurant. 2 Personen und 1 Zelt ab 20.000 Lire. Geöffnet von März bis September.

🍽 Gut isst man im Kloster von Santa Maria del Monte oder dem Ristorante-Pizzeria Da Nina – mit angenehmer Atmosphäre sowie guter und nicht teurer Küche.

In Bevagna überquert man den Fluss Teverone und fährt dann geradeaus über Montepennino nach Montefalco. Schon bald nach dem Ortsausgang von Montepennino, heisst es, beim Aufstieg tüchtig in die Pedale zu treten. Innerhalb der nächsten 6 km geht es über 250 m aufwärts. Vor allem die letzten Kilometer gehen ordentlich in die Beine. Aber der Aufstieg ist nicht umsonst: Die Aussicht von Montefalco entschädigt für alle Strapazen.

Montefalco (473 m)

Die hoch auf einem Hügel gelegene mittelalterliche Stadt gewährt als so genannter »Balkon von Umbrien« eine weite Sicht auf die Ebene von Spoleto und Foligno. Der Ort ist von zahlreichen Olivenhainen und Weinbergen umgeben. Mittelpunkt von Montefalco ist die Piazza del Comune mit ihren vielen Palästen, etwa dem *Palazzo Comunale*, dem Rathaus. Von dessen Turm, dem *Torre Comunale*, kann man bei klarem Wetter fast ganz Umbrien sehen. In der *Kirche San Francesco* veranschaulichen farbige Fresken das Leben dieses Heiligen. In der Kirche ist auch ein *Museo* untergebracht, das gleichzeitig als Touristenbüro dient.

⌁ Hotel Ringhiera Umbra
Corso Mameli 20
Tel./Fax 0742/79166

Ordentliche Zimmer. Die Küche serviert mittags und abends Spezialitäten des Hauses. DZ ab 65.000 Lire.

Man kann die teilweise sehr anstrengende Strecke von Montefalco nach Terni auch auf einer etwas leichteren Variante meiden, die westlich um die Monti Martani nach Terni führt (Tour 40) und in Todi Anschluss an die zum Mittelmeer führende Tour 38 gewährt.

Bei der Weiterfahrt von Montefalco nach Spoleto heißt es aufpassen: Hinter dem Ortsausgang führen mehrere Straßen links bergab. Hier muss man die kleine asphaltierte Straße nehmen, die in südwestlicher Richtung nach Turrita und Madonna della Stella führt. Es geht durch Felder und Büsche und später auf einer kurzen Schotterpiste weiter, die bald als Allee auf eine asphaltierte Straße führt. Hier fährt man links und kommt bald am Ort Turrita vorbei, der allerdings etwas abseits der Straße liegt. Nach etwa 2 km wird eine größere, leider etwas belebte Straße erreicht. Hier fährt man rechts nach Mercatello, ehe es durch kleinere Orte wie Bruna, San Brízio und Maiano nach Spoleto geht. Um in das Zentrum der Stadt zu gelangen, fährt man unter der Bahnlinie durch und folgt der rechts zum alten Zentrum hinaufführenden Straße.

Spoleto (396 m)

Warum nennen viele Italiener Spoleto ihren Lieblingsort? Die Antwort mag in der Mischung aus mittelalterlicher und moderner Architektur dieser eleganten Stadt liegen. Aber auch die Römer haben in dem seit 241 v. Chr. römischen *Spoletium* sichtbare Spuren hinterlassen wie das Anfiteatro Romano (2. Jh.), den Bogen von Drusus (23 n. Chr.) oder die Ponte Sanguirino aus der Zeit von Kaiser Augustus. Die Piazza del Mercato, früher römisches Forum, fungiert jetzt als Marktplatz mit Brunnen. Oberhalb von Spoleto liegt die Festung *La Rocca*, eine frühere Papstresidenz aus dem 14. Jh..

☺☺ Der *Duomo* mit seinem schönem Campanile und dem Mosaik in der Fassade wurde 1198 geweiht und im 17. Jh. umgestaltet. Das ursprüngliche Gebäude war zuvor von Kaiser Friedrich Barbarossa zerstört worden. Im barocken Inneren fallen besonders die Fresken des Florentiners Fra Filippo Lippi auf.

☺☺ Das einst 3.000 Zuschauer fassende *Teatro Romano* an der Piazza della Libertà ist seit dem Bau im 1. Jh. mehrere Male umgebaut worden. Daneben zeigt das *Museo Archeologico* römische Fundstrücke und eine bedeutende Keramiksammlung. Geöffnet Mo bis Sa 9-13.30 und 14.30-19, So 9-13 Uhr (Eintritt: 5.000 Lire).

☺ Die *Ponte del Torri* wurde im 14. Jh. auf den Resten eines römischen Aquädukts errichtet. Die Brücke hatte schon Goethe bei seiner Italienreise imponiert: »die 10 Bogen, welche über das Tal reichen, stehen von Backsteinen ihre Jahrhunderte so ruhig da«. Heute wird an den ersten bedeutenden deutschen Touristen mit einem Metallschild gedacht, in das die entsprechende Passage der »Italienischen Reise« in deutscher und italienischer Sprache eingraviert ist.

Das internationale *Festival dei Due Mondi*, zu Deutsch »Festival der zwei Welten«, verwandelt Spoleto jeden Juni/Juli in eine kulturelle Hochburg – mit Freiluftkonzerten und -theater sowie Ballettaufführungen und Ausstellungen.

ⓘ Piazza della Libertà 7
   06049 Spoleto
   Tel. 0743/49890
   Fax 0743/46241

Radservice

🚲 Scocchetti Cicli
   Via Guglielmo Marconi 82
   Tel. 0743/44728

Camping-Artikel
- Paciotto
  Via XVII Settembre 1
  Tel. 0743/222487

Unterkunft
- Albergo Anfiteatro
  Via Anfiteatro 14
  Tel. 0743/49853

Nett. Und daher sind die wenigen (9) Zimmer leider schnell voll. DZ ab 45.000 Lire.
- Albergo Panciolle
  Via Duomo 4
  Tel./Fax 0743/45677

Zentrale Lage, mit Restaurant. DZ mit Bad ab 70.000 Lire.

Camping
- Monteluco, in San Pietro
  Tel./Fax 0743/220358

Mit Restaurant. 2 Personen und 1 Zelt ab 18.000 Lire. Geöffnet April bis September.
- Il Girasole
  in Petrognano
  Tel. 0743/51335
  Fax 0743/51106

Netter, ruhiger Campingplatz mit viel Schatten. 2 Personen und 1 Zelt 20.000 Lire. Ganzjährig geöffnet.

Verpflegung
- Trattoria del Festival
  Via Brignone 8
  Tel. 0743/220993 oder 49840

Zentral, gut und günstig. Daher auch beliebt bei Einheimischen.
- Trattoria La Cantina
  Via Filitteria 10
  Tel. 0743/44475

In einem kleinen dunklen, aber gemütlichen Raum werden gute Gerichte serviert.
- Trattoria Il Panciolle
  Via del Duomo 3
  Tel. 0743/45598

Schöne Terrasse, umbrische Spezialitäten und sehr gute Käsesorten.

Vom Zentrum fährt der Radler wieder zurück in Richtung Maiano. Nach der Unterquerung der Bahnlinie geht es etwa 500 m weiter, ehe man bei den Ampeln links abbiegt und in westlicher Richtung über San Giovanni di Baiano bis nach Crocemarroggia fährt. Hier wird die Straße 418 verlassen und der Bahnlinie nach links gefolgt.

Die Bahnlinie behält man an der linken Seite, ohne sie zu queren. Die kleine und ruhige Straße führt in ein Tal hinein, das zusehends schmaler und immer waldreicher wird. Bald hat man die letzten Spuren der Besiedlung hinter sich und folgt der immer stärker ansteigenden Straße. Der Asphalt verschwindet, und eine Schotterpiste führt durch Wald steil hinauf.

Oben empfängt einen ein fast verlassenes Dörfchen. Dann geht es an dem kleinen Fluss Serra entlang bergab, anfangs noch immer über eine Schotterpiste, die aber einige km weiter wieder zu Asphalt wird. Jetzt verläuft die Bahnlinie rechts von der Straße. Man hält sich links und radelt durch eine schöne bewaldete Schlucht mit schroffen Felsen gemächlich bergab. So ist kaum zu spüren, dass Terni in greifbare Nähe rückt. Bei Trevi fährt man unter die Autobahn durch und folgt der Nationalstraße 3 rechts zum Zentrum.

Terni (130 m)

Terni ist einer der wenigen Orte in Umbria, den man am besten direkt durchfährt – ohne längeren Stopp. Das alte Zentrum der einst auf Stahlverarbeitung spezialisierten Industriestadt wurde im 2. Weltkrieg großteils zerstört. Aber immerhin soll hier St. Valentin, der Schutzheilige der Liebenden, geboren sein. Im Vorbeifahren lohnen die Kirchen *San Salvatore* und *San Francesco* sowie die alten Gebäude in der Via Roma einen kurzen Blick, oder – für Kunstliebhaber – die *Pinacoteca* in der Via Frattini 55 im *Palazzo Fabrizzi* (geöffnet Di bis So).

- ⓘ Viale C. Battisti 5
  05100 Terni
  Tel. 0744/423047
  Fax 0744/427259

Radservice
- 🚲 Centro Ciclismo
  Viale Stazione 60/62
  Tel. 0744/409144

Nahe am Bahnhof.

- 🚲 Picchioni
  Via Montegrappa 12c
  Tel. 0744/283442

Südlich des Zentrums, am Südufer der Nera.

Camping-Artikel
- ✉ Atlantide
  Via Carrara 23
  Tel. 0744/402700

Unterkunft
- ↵ Hotel del Teatro
  Corso Vecchio 124
  Tel. 0744/426073

Kleines, ordentliches Hotel. DZ ab 45.000 Lire.

- ↵ Albergo Ala d'Oro
  Via Flaminia Romana 1042-1044
  Tel./Fax 0744/796576

Mit Restaurant und Garten. DZ mit Bad ab 95.000 Lire.

- ▲ Agriturismo-Camping Maratta
  San P. Maratta Bassa 25
  Tel. 0744/300248

Mit Restaurant und Schwimmbad. Ganzjährig geöffnet.

Verpflegung
- 🍽 Carlino
  Via Piemonte 1
  Tel. 0744/421063

Carlino serviert leckere Gerichte, die nicht allzu teuer sind.

In Terni folgt man der Beschilderung nach Cascata delle Marmore, Piediluco und Rieti über die Nationalstraße 79. Leider gibt es keine ruhigere Alternative, um den berühmten Wasserfall zu erreichen. Die Straße ist sehr belebt und dazu kommt eine ordentliche Steigung. Aber die Aussicht über Terni und das Tal der Nera ist spektakulär: Die Straße verläuft schön am Hang und nach jeder Ecke genießt man einen neuen Weitblick. Nach 7 schweren km sind die Cascata delle Marmore erreicht.

Cascata delle Marmore (370 m)

Dieser Wasserfall bzw. der darüberliegende Stausee wurde im 3. Jh. v. Chr. im Auftrag des römischen Konsuls Manius Curius Dentatus angelegt, um einer Überschwemmung der Ebene von Rieti vorzubeugen. In 3 Stufen geht es 160 m in die Tiefe. Das ist besonders eindrucksvoll an Feiertagen oder abends, wenn der Wasserfall spektakulär angestrahlt wird. Ansonsten nutzen die Industrie bzw. Elektrizitätswerke das feuchte Nass; der Wasserfall ist dann entsprechend spärlich.

Man verlässt Marmore südwärts Richtung Rieti und gelangt nun in das Tal von Rieti, auch als »Heiliges Tal« bezeichnet, weil hier der Heilige Francesco im Mittelalter gelebt haben soll. Kein Wunder, dass jeder Ort, an dem der Heilige seinen Fuß hingesetzt hat, heute als Wallfahrtsstätte in Ehren gehalten wird. Das Tal ist schön grün, dünn besiedelt. Die Straße führt gemächlich am Fluss entlang.

Oberhalb der Durchgangsstraße, bei Spinacceto, liegt Gréccio (705 m), das auf die Heilquelle Fonte Lupetto zurückgeht. Vom Dorf kann man das 2 km entfernte Franziskanerkloster sehen, das steil in den Felsen gebaut ist. Der Überlieferung zufolge soll der Heilige Francesco im Jahr 1209 auf dem nahegelegenen Monte Lacerone (1087 m) eine Zuflucht zwischen zwei Steineichen geschaffen haben. Daran erinnert seit 1972 eine Kapelle auf dem Berg.

Von Spinacceto zum Etappenziel Contigliano sind es nur noch 2 km. In Contigliano lässt sich die Radtour auf zweierlei Art fortsetzen: Tour 43 führt durch die Monti Sabini nach Roma und Tour 41 durch die Apenninen an die Adria.

Contigliano (488 m)

Unterkunft
- Albergo Le Vigne
  Via della Repubblica 19
  Tel. 0746/707077 oder 706213
  Fax 0746/707077

19 bequem ausgestattete Zimmer. Mit Restaurant und Garten. Sehr gutes Preis-Leistungs-Verhältnis. DZ mit Bad ab 60.000 Lire.

Verpflegung
- Taverna Al Vitelleozzo d'Oro
  Via L.S. Tiburzi 32
  Tel. 0746/707213

In dieser Taverne speist man in gemütlicher Atmosphäre zu angemessenen Preisen.

TOUR 40:
UM DIE MONTI MARTANI

Montefalco (Tour 39) – Bastardo – Todi (Tour 38) – Casteltodino – Rivo – Terni (Tour 39)
Länge: ca. 70 km
Dauer: ca. 1 Tag
Schwierigkeitsgrad: schwer
  einige auch steile Steigungen, aber insgesamt mehr bergab als bergauf
Wichtigste Sehenswürdigkeiten: Todi, Montefalco
Karten:
- Kümmerly & Frey 1:200.000; Umbrien/Italienische Adria (8); 16,80 DM
- Generalkarte Italien 1:200.000; Adria/Umbrien/Marken (6); 12,80 DM
- Touring Club Italiano 1:200.000; Marche/Umbria; 9.500 Lire

Diese Tour ist eine zur »Entlastung« von Tour 39 konzipierte Variante, die auf extreme Bergetappen verzichtet und daher eine besser zu radelnde – obwohl nicht ganz leichte – Etappe zwischen Montefalco und Terni darstellt. Die Route führt westlich um die bis zu 1.100 m hohen Monti Martini herum und berührt dabei das Tal des Tévere bei Todi. Wegen dieses Westbogens hat diese Tour Anschluss an die vom Mittelmeer in das Tal des Tévere führende Tour 38. Alle bedeutenden Orte, die der Radler bei dieser Tour ansteuert, sind bereits Etappenziele obiger Routen.

Montefalco kann durch Tour 39 erreicht werden, die von Assisi über Spoleto und Terni Richtung Roma führt.

Montefalco wird nördlich in Richtung Bevagna verlassen. Aber gleich nach dem Ortsausgang geht es links auf einer Nebenstraße über Pietrauta in Richtung Bastardo, vorbei an der Villa Antonelli und gut gepflegten Weinstöcken. Nach 4 km gelangt man auf die Straße 316, von wo es links noch 6 km bis nach Bastardo (290 m) sind.

Kurz vor diesem Ort, in Cavallara, erinnern die Reste einer alten, 17 m langen Römerbrücke an die einstmals wichtige Lage dieser Gegend: Hier zweigt von der römischen Hauptstraße Via Flaminia die nach Todi führende Via Tuderte ab. Der Ortsname Bastardo, ursprünglich Osteria del Bastardo (Herberge/Hütte des Teufels) weist auf einen ehemaligen Hausbesitzer unehelicher Abstammung hin. Bastardo in Richtung Todi gerade durchquerend, geht es nun an einem Bach entlang, ehe die Straße kurz vor Torri steil ansteigt. Durch Torri geht es wieder geradewegs hindurch, vorbei an einer linken und rechten Abzweigung. Zur Linken ragt der Monte Martano (1094) herauf, nach dem das Gebirge benannt ist (Monti Martani).

Die Straße führt nun bald wieder abwärts. Durch Petroro hindurch radelt man auf das breite Tal des Tévere und damit auf das Endziel Todi zu. Nach der Querung der

Autobahn E45, der Bahnlinie und einer größeren Straße geht es in die Altstadt von Todi, wo Anschluss an die zum Mittelmeer führende Tour 38 besteht.

Todis Altstadt wird östlich über die nach Colvalenza führende Nebenstraße verlassen. Nach gut 5 km, direkt vor der Autobahnbrücke, geht es rechts ab auf einer Nebenstraße, die ein kleines Stück parallel zur Autobahn verläuft und dann die Bahnlinie und den Fluss Náia quert. Danach geht es immer geradeaus weiter, an Casteltodino vorbei und schließlich über die Autobahn E45. Etwa 1 km nach der Autobahnbrücke, bei San Gémini Fonte, hält man sich rechts, um am Südrand der Monti Martani über Cesi und Rivo nach Terni zu gelangen. Kurz vor der Industriestadt werden die Autobahn Via Flaminia und die Bahnlinie überquert.

Terni, einen hässlichen Industrieort, verlässt man am besten wieder sofort, sei es per Bahn oder über die Tour 39 zu den sehenswerten Wasserfällen bei Marmore und von dort weiter Richtung Roma.

Marche

Aber die spektakulär an Hängen gelegenen Bergdörfer haben auch ihren Reiz. Mit seinen 147 Personen pro Quadratkilometer (Gesamt: 1,4 Millionen) gehört Marken zu den dünner besiedelten Regionen Italiens. Aber trotzdem sind folgende Zahlen eindrucksvoll: 500 Piazzas, 71 Theater, 170 Türme, 106 Burgen,...

Die vielen Berge stellen im wahrsten Sinne des Wortes »hohe« Anforderungen an Radfahrer. Und weil nicht jeder Tourenradler mit Gepäck sich die Berge hinaufquälen möchte, sind hier nur wenige Routen angegeben. Diese verbinden die Adriaküste und die hohen Apenninen mit der populäreren Radregion Umbria. Der »Aufstieg« ins Hochgebirge erfolgt von Rimini aus, wo Anschluss an die Küstentour Richtung Venezia besteht. In Jesi kann man zwischen einer direkten Route nach Assisi und einer längeren zu den Monti Sabini wählen.

Die Region Marche (Marken) besteht überwiegend aus dem Gebirge der Apenninen. Kein Wunder, dass sich die größten Städte in dem schmalen Küstenstreifen an der Adria befinden, darunter die Hauptstadt Ancona.

TOUR 41:
DURCH DIE APENNINEN

Rimini (Tour 24) – San Marino – Urbino – Fossombrone – Mondávio – Corinaldo – Jesi (Tour 42) – Cin-

goli – San Severino – Camerino – Pievebovigliana – Visso – Forca di Gualdo – Forca di Santa Croce – Civita – Leonessa – Rieti – Contigliano (Touren 39, 43)
Länge: ca. 370 km
Dauer: 5-9 Tage
Schwierigkeitsgrad: schwer
  sehr schwere Gebirgstour mit zahlreichen Steigungen und Pässen sowie teilweise sehr großen Höhenunterschieden
Wichtigste Sehenswürdigkeiten: Rimini, San Marino, Urbino, Jesi, San Severino, Camerino, Parco Nazionale dei Monti Sibillini, Rieti, Tal des Heiligen Francesco
Karten:
- Kümmerly & Frey 1:200.000; Umbrien/Italienische Adria (8); 16,80 DM
- Generalkarte Italien 1:200.000; Adria/Umbrien/Marken (6); 12,80 DM
- Touring Club Italiano 1:200.000; Marche/Umbria; 9.500 Lire

Die Tour beginnt an der Adria-Küste in Rimini (Tour 24), wo die Adria-Tour III in Richtung Po-Delta startet (Tour 24). Diese lange Route verläuft quer durch die Apenninen und verlangt daher einige Kondition. Der Weg führt durch einsame Landstriche im Gebirge, vorbei an Wäldern, Feldern und Weiden, auf denen vor allem Kühe, Schafe und Schweine grasen. Über sich schier endlos sich windende Serpentinen und durch tiefe Täler hindurch wird in Contigliano das Tal des Heiligen Francesco erreicht, wo dieser Heilige im Mittelalter gepredigt haben soll. Dort besteht Anschluss an Tour 39 nach Assisi und Tour 43 nach Roma.

Von der zentralen Piazza Tre Martiri in Rimini geht es in die Via Garibaldi, die nach der Stadtmauer in die Via Saffi übergeht, der Beschilderung nach Covignano folgend. Landeinwärts radelt man auf der Straße 69 in Richtung San Marino. Die Straße führt 350 m aufwärts in die Apenninen hinein, parallel zu der nördlich und weiter unten verlaufenden, wesentlich stärker befahrenen Nationalstraße 258. Bei Case Ventoso wird die Grenze nach San Marino überschritten.

San Marino (716 m)

San Marino ist seit 1599 ein unabhängiger Staat mit eigener Verfassung inmitten von Italien, in dem allerdings mit italienischer Währung gezahlt werden kann. Mit seinen 23.000 Bewohnern und einer Fläche von 61 km^2 ist San Marino eines der kleinsten Länder der Erde. Zum Vergleich: Die deutsche Nordseeinsel Sylt ist fast doppelt so groß und hat genauso viele Einwohner wie es Sanmarinesen gibt.

An das Mittelalter erinnern viele Gebäude und Museen. Allein drei von ihnen widmen sich einer besonders grausamen Seite des so genannten dunklen Zeitalters – der mittelalterlichen Folter: das *Museo della*

Tortura (geöffnet täglich 10-20 Uhr, Eintritt: 10.000 Lire), das *Museo Criminale Medioevale* (geöffnet täglich 10-20 Uhr, Eintritt: 10.000 Lire) sowie das *Museo delle Cere* (s. u.) mit der Darstellung allerlei Folterinstrumente.

☺☺ Der *Palazzo Publicco*, der Regierungspalast an der Piazza della Libertà, ist ein neugotischer Bau aus dem 19. Jh.. Immer um halb wird die Wache abgelöst. Vom Dach hat man eine gute Aussicht. Geöffnet 8-20 Uhr (Eintritt: 4.000 Lire).

☺☺ Die *Rocca Guaita* ist die erste Befestigungsanlage des Fürstentums, die im 11. Jh. errichtet und 500 Jahre später gründlich erweitert wurde. Einige Räume wurden als Gefängnis genutzt. Geöffnet 8-20 Uhr (Eintritt: 4.000 Lire).

☺ Im *Museo delle Cere* in der Via Lapicidi Marini 17 sind 40 historische Szenen und 100 Personen lebensecht aus Wachs nachgebildet. Schwerpunkt ist die Folter. Geöffnet im Juni und September 8.30-18.30 sowie im Juli und August 8.30-20 Uhr (Eintritt: 8.000 Lire). Nationalfeiertag von San Marino ist der 3. September.

ⓘ Fremdenverkehrsamt San Marino
   Palazzo del Turismo
   Contrada Omagnano 20
   47031 San Marino
   Tel. von Deutschland: 00378/0549/882998
   von Italien: 0549/882998

Radservice

🚲 Free Time
    Via Cinque Febbraio
    Serravalle 106
    Tel. 0549/904461

🚲 Pro Racing Bike
    Strada Cardio 18
    Tel. 0549/908303

Unterkunft

↳ Albergo Bellavista
   Contrada del Pianello 42-44
   Tel. 0549/991212

Einfach und ordentlich. DZ ab 85.000 Lire.

▲ San Marino
   in Serravalle
   Tel. 0549/903964

Mit Laden, Restaurant und Schwimmbad. 2 Personen und 1 Zelt ab 38.000 Lire.

San Marino wird in südlicher Richtung auf der nach Merlatino Conca (275 m) hinunterführenden Straße verlassen, wo man den gleichnamigen Fluss überquert und der hügelreichen Straße über Monte Altavelio, Casinina, Ca'Gallo, Schieti und Gadana bis nach Urbino folgt. Dessen Stadtmauer wird beim nördlichen Porta Santa Lucia durchfahren.

Urbino (451 m)

Das auf zwei Hügeln erbaute Urbino hat sein mittelalterliches Ambiente mit engen Gassen und einer von Stadtmauern umgebenen Altstadt noch weitgehend bewahrt. Vom Mittelpunkt, der Piazza della Repubblica, zweigen alle wichtigen Straßen sternförmig ab. Die Universitätsstadt Urbino gehört den Studenten, abgesehen von der Hauptsaison, wenn die Zahl der Touristen überwiegt. Ansonsten sind 30 % der 15.000 Einwohner von Urbino an der schon seit 1506 bestehenden *Universität* eingeschrieben. In der Sommeruniversität werden auch Sprachkurse angeboten. Von der Studentenatmosphäre bekommt man in der gemütlichen Piazza della Repubblica einen guten Eindruck. Dort steht auch der Palazzo degli Scolopi, der eine Sammlung wissenschaftlicher Geräte vom 17. Jh. bis zur Gegenwart zeigt (geöffnet Mo bis Fr 9-17 Uhr).

Unter der Herrschaft des Prinzen von Montefeltro, in der Renaissance, schufen viele Künstler Werke, die der Stadt auch heute noch eine bezaubernde Ausstrahlung verleihen. Als eines der schönsten nichtkirchlichen Gebäude gilt der unter Montefeltro errichtete Herzogenpalast.

Die Künstler Raffael und Bramante, ein Architekt, sind in Urbino geboren. Eine seltene, fast kuriose Lehreinrichtung in Urbino ist die *Scuola di Libro* in Urbino, wo das Restaurieren alter Bücher vermittelt wird. Die *Fortezza Albornoz* in der Viale Buozzi gestattet eine schöne Sicht über die Stadt mit ihren schönen Bauwerken.

☺☺☺ Der *Palazzo Ducale* in der Corso Garibaldi ist wegen seiner schönen Fassade bekannt, die von namhaften Künstlern gestaltet wurde. Im Palazzo sind zwei bedeutende kulturelle Einrichtungen untergebracht: das Museo Archeologico (Tel. 0722/320315) und die Galleria Nazionale delle Marche, in der die Säle des Papstes und Kunstwerke von Raffaello hervorstechen. Der Eingang zur Gallerie liegt an der Piazza Due Federico. Geöffnet Di bis Sa 9-19, So/Mo 9-14 Uhr (Eintritt: 8.000 Lire, Tel. 0722/3293115).

☺☺ Der *Duomo* erhebt sich direkt neben dem Palazzo Ducale und war früher durch einen Gang mit diesem verbunden. Der ursprüngliche Renaissancebau der Kirche wurde nach einem Erdbeben Anfang des 19. Jh.s durch das jetzige Gebäude im neoklassizistischen Stil ersetzt. Geöffnet täglich 9.30-12 und 15-18 Uhr (Eintritt: 4.000 Lire).

☺☺ In der *Casa di Raffaelo*, dem Geburtshaus des bekannten Malers, verbrachte Raffaelo Santi (1483-1520) seine ersten Jugendjahre. Das Haus in der Via Raffaelo 57, nördlich der Piazza Repubblica, kann besichtigt werden. Geöffnet Mo bis Sa 9-13 und 15-19, So 10-13 Uhr (Eintritt: 5.000 Lire).

☺ Das im 14. Jh. errichtete *Oratorio di San Giovanni Battista* in der Via Barocci ist wegen seiner auffälligen neogotischen Fassade und der schönen Fresken über das Leben des heiligen Johannes bekannt. Geöffnet Mo bis Sa 10-12.30 und 15-17.30 sowie So 10-12.30 Uhr (Eintritt: 4.000 Lire).

ⓘ Piazza Rinascimento 1
61029 Urbino
Tel. 0722/2613
Fax 0722/2441

Radausflüge
✉ Gruppo Sportivo Duis Dido
Piazza della Repubblica 3
Tel. 0722/580269

Unterkunft
In Urbino hat man die Wahl zwischen 14 Hotels.
⇘ Albergo Italia
Corso Garibaldi 32
Tel. 0722/2701
Dieses Hotel liegt zentral, in der Nähe des Palazzo Ducale. DZ ab 42.000 Lire.
⇘ Hotel San Giovanni
Via Barocci 13
Tel. 0722/2827
Bequemes und ruhiges Haus, mit Restaurant. DZ ab 60.000 Lire.
⇘ Dei Duchi Residence
Via Dini 12
Tel. 0722/328226
Fax 0722/328009
Gut ausgestattete Zimmer sowie Restaurant, Garten, Garage. DZ mit Bad ab 80.000 Lire.
▲ La Pineta
in Bassa Cesana
Tel. 0722/4710
Dieser gut ausgestattete Campingplatz liegt 2 km entfernt in Richtung Fossombrone und bietet einen sehr schönen Blick auf Urbino. 2 Personen und 1 Zelt ab 30.000 Lire. Geöffnet von April bis Mitte September.

Verpflegung
🍴 Il Girarrosto
Piazza San Francesco 3
Sehr leckere Gerichte zu fairen Preisen, auch zum Mitnehmen. Im Sommer kann man draußen auf dem Platz essen.
🍴 Taverna degli Artisti
Via Bramante 52
Gute Gerichte und Riesen-Pizzas – genau das richtige für die Bergetappe!
🍴 Ristorante da Franco
Via del Poggio
Dieses Restaurant in Uni-Nähe ist für seine gute Küche bekannt. Mit Garten und unterschiedlichen Preisklassen.

Die Altstadt von Urbino lässt man beim östlichen Porta Lavagine hinter sich, verlässt den Ort am Campingplatz vorbei ostwärts und folgt der durch die bewaldeten Monti della Cesana verlaufenden Straße nach Fossombrone.

Fossombrone (118 m)

Diese Kleinstadt mit ihren fast 10.000 Einwohnern und vielen Bauwerken der romanischen Epoche sowie der Renaissance erstreckt sich zwischen einem Hügel und dem an dieser Stelle sehr breiten Metáuro-Tal.

Unterkunft
Für Übernachtungen stehen fünf Hotels zur Wahl.

↵ Albergo Giardino
Via Martiri della Resistenza
Tel./Fax 0721/714748
Einfache Unterkunft mit Restaurant. DZ ab 50.000 Lire.
↵ Albergo Al Lago
Via Cattedrale 79
Tel./Fax 0721/726129
Komfortable Zimmer. Mit Garten, Restaurant, Schwimmbad und Garage. DZ mit Bad 85.000 Lire.

In Fossombrone quert man den Fluss Metáuro, um sich dann links zu halten und an der rechten Flussseite Richtung Sant'Ippólito zu radeln. Bald verlässt die Straße den Fluss und führt über die Autobahn E78 hinüber. Danach hält man sich erst links, und 1 km später, wenn es links zur Auffahrt auf die Autobahn geht, rechts. Durch Sant'Ippólito (246 m) und Barchi (319 m) geht es bis zum Ortsanfang von Orciano di Pésaro. Hier hält man sich aber rechts und erreicht nach 1 km Mondávio (280 m) mit seiner *Trutzburg Rocca Roveresca*, das gerade durchradelt wird. Nun sind es nur noch 3 km bis nach San Michele, wo das Flusstal des Cesano erreicht wird, dem man links 2 km folgt, ehe der Fluss rechts auf der nach Corinaldo hinaufführenden Straße überquert wird.

Corinaldo (201 m)

Diese kleine mittelalterlich geprägte Stadt mit ihren 5.000 Einwohnern hat prächtig erhaltene *Stadtmauern* – aber nur drei Hotels.

↵ Albergo Bellavista
Via Cappuccini 9
Tel. 071/67073
Fax 071/67255
Diese Herberge hat gepflegte Zimmer, Restaurant, Garten und Garage. DZ mit Bad ab 70.000 Lire.

Von Corinaldo rollt man in das Flusstal der Névola hinunter, um sich darauf links zu halten. Nun geht es etwa 5 km an der linken Seite der Névola entlang, ehe der Fluss überquert und der Straße nach Ostra gefolgt wird. Kurz nach der Überquerung des nächsten Flusses, der Misa, erreicht man Casine. Hier trennen einen nur 10 km von Senigálla an der Adriaküste. Die Route führt aber nicht links an die Adria hinunter, sondern geradeaus weiter nach Ostra (188 m), das sein mittelalterliches Erscheinungsbild einem zinnenbewehrten *Palazzo* und der Stadtmauer mit ihren Wachtürmen verdankt.

In Ostra hält man sich rechts, und genießt nun ein längeres Gefälle mit schöner Aussicht, ehe es in einer weiten Linkskurve nach Belvedere Ostrense (251 m) wieder aufwärts geht. Belvedere Ostrense mit seinem schönen *Uhrenturm* und dem eben solchen *Palazzo Bernabucci* wird durchradelt, ehe es 3 km nach dem Ort zweimal nach rechts geht, der Beschilderung nach Jesi folgend. Die vielen Felder am Wegesrand werden durch einzelne Bäume aufgelockert.

Nach San Marcello (231 m) und Monsano (191 m) wird Jesi erreicht. In Jesi kann man entweder dieser Tour weiter bis nach Contigliano fahren oder Tour 42 direkt nach Assisi folgen.

Jesi (97 m)

Die mittelalterliche Innenstadt von Jesi wird von den sehr gut erhaltenen Stadtmauern aus dem 14. Jh. umgeben, die auf römische Vorgängerbauten des antiken *Aesis* zurückgehen, dessen Forum bei der heutigen Piazza Federico II. im Nordosten der Stadt gelegen haben soll. Dort ausgegrabene römische Skulpturen und Gebrauchsgegenstände können im *Museo Civico e Archeologico* an der Piazza Colocci (Tel. 0731/538342) besichtigt werden. Heute strahlt die Piazza Federico II. mit dem Duomo und dem Obelisk in der Platzmitte eine barocke Atmosphäre aus.

Der größte Platz der 40.000 Einwohner-Stadt Jesi ist die Piazza della Repubblica. Das dortige, im 18. Jh. errichtete *Teatro Pergolesi*, wurde nach dem 1710 in Jesi geborenen Komponisten Giovanni Battista Pergolesi benannt.

☺ In dem *Palazzo della Signoria* in der Via XV. Settembre sind das *Museo Civica* und und die *Pinacoteca Civica* untergebracht (Tel. 0731/58659).

Unterkunft

↪ Albergo Italia
Viale Trieste 28
Tel. 0731/4844 oder 59004
Fax 0731/59004

Gepflegte Zimmer mit viel Komfort sowie Restaurant. DZ mit Bad ab 80.000 Lire.

↪ Hotel Federico II
Via Ancona 100
Tel. 0731/57221
Fax 0731/560619

Das Hotel hat 77 gut ausgestattete Zimmer mit Bad. Mit Restaurant, Garten, Sauna, Hallenbad und Garage. DZ ab 155.000 Lire.

Hinter Jesi beginnt die »Bergwertung« dieser Tour mit drei längeren Auf- und Abfahrten auf den nächsten 100 km.

Von der Altstadt kommend, quert man die Bahnlinie rechts vom Bahnhof und danach den Fluss Esino sowie die hier vierspurig ausgebaute Nationalstraße 76. Gleich nach der Autobahnbrücke geht es rechts auf die nach Santa Maria del Colle führende Nebenstraße. In Santa Maria del Colle hält man sich links, um 1 km später, kurz vor der Brücke über den Fluss Musone, rechts abzuzweigen und der Musone am nördlichen Ufer flussaufwärts bis nach San Vittore zu folgen. Dort quert man die Musone auf der weiter flussaufwärts liegenden Brücke, um der ruhigen Straße 7 km lang bis Cingoli zu folgen. Dabei geht es vorbei an Wiesen, Weiden und Wäldern.

Cingoli (630 m)

Diese ummauerte Stadt liegt malerisch auf einem Berg. Hinter der *Kirche San Francesco* tut sich ein weiter Blick in das Tal auf. Besonders schön ist es hier nachmittags mit den letzten Sonnenstrahlen, wenn die Umgebung im Schatten liegt. Kein Wunder, dass Cingoli als »Balkon von Marche« schon bei antiken Dichtern lobend erwähnt wird.

Kunstgeschichtlich Interessierte kommen hier in drei Museen auf ihre Kosten: dem *Museo Civico Archeologico*, der *Pinacoteca Civica »Stefanucci«* (beide Tel. 0733/603146) und dem *Museo Castiglione* (Tel. 0733/602531).

⌇ Albergo San Benedetto
  Via Pietro Leoni 13
  Tel. 0733/602329
  Fax 0733/603749
23 nette, einfache Zimmer. Mit Restaurant und Garten. DZ ab 58.000 Lire.

▲ Cerquatti
  Via Cerquatti
  Tel. 0733/602707
100 Plätze. 2 Personen und 1 Zelt ab 21.000 Lire. Geöffnet von Juni bis September.

Für das fast 20 km lange Stück zwischen Cingoli und San Severino gibt es leider keine praktikable Alternative zur Hauptstraße 502, die sich auf Serpentinen durch das Bergland gen Süden schlängelt.

San Severino Marche (344 m)

Die Stadt San Severino teilt sich in das nur wenig bevölkerte *Castello* auf dem Monte Nero und das *Borgo* im Flusstal auf. San Severino hat im Verhältnis zu seiner Größe ein tolles Museumsangebot, etwa das Museo Archeologico »G.Moretti«, das Museo de »territoria della Cattedrale«, die Galleria d'Arte Moderna sowie die Pinacoteca Civica.

⌇ Albergo Due Torri
  Via San Francesco 21
  Tel. 0733/645419
  Fax 0733/645439
Das Haus hat 15 angenehme Zimmer mit Bad. Mit Restaurant. DZ ab 90.000 Lire.

Auch von San Severino bis nach Camerino existiert keine radfreundliche Alternative zur viel befahrenen Autostraße: Von San Severino geht es auf der Straße 361 in westlicher Richtung durch das Tal des Flusses Polenza, in dem auch die Bahnlinie verläuft. In Castelraimondo (306 m) wird die Nationalstraße 256 erreicht, der man links bis nach Camerino folgt.

Camerino (657 m)

Camerino ist eine kleine Universitätsstadt mit 7.600 Einwohnern, deren Bauwerke vor allem aus der romanischen Epoche, dem Mittelalter und der Renaissance stammen. Erstaunlich ist die Anzahl der Museen, von denen allein die Kirchen *Santa Chiara*, *San Venanzio* und der *Duomo (Museo Diocesano)* ihre eigenen haben.

☺ Das *Museo di Scienza Naturali* der Universität ist im Kellergeschoss des *Palazzo Ducale* untergebracht. Die drei Sektionen des naturwissenschaftlichen Museums lohnen einen Besuch: eine geo-paläontologische mit Fossilien, eine zoologische und eine botanische. Geöffnet Mo-fr nach Absprache (Tel. 0737/633033).

☺ Der 1828 gegründete universitätseigene *botanische Garten* liegt in der Viale Oberdan 2, nahe dem Palazzo Ducale. Der Garten besteht aus einem bergigen Teil mit alten Bäumen und einem flachen, in dem überwiegend Heil- und Zierpflanzen gedeihen. Geöffnet Mo bis Fr 9-13 und 14-17, Sa 9-13 Uhr (Tel. 0737/633444).

▲ Agriturismo-Camping
  La Cavallina
  in Polverina
  Tel. 0737/46173

Man erreicht diesen kleinen Platz über die Nationalstraße 77, die man südlich von Camerino überquert. Hier geht es links ab, Richtung Osten, und nach 3,5 km erreicht man Polverina. Mit Restaurant. 2 Personen und 1 Zelt ab 15.000 Lire. Ganzjährig geöffnet.

Camerino verlässt man in südlicher Richtung und radelt auf einer diesmal ruhigeren Straße über Colle Santa Bárbara (556 m), Pievebovigliana (441 m) nach Nemi. Hier steigt die Straße beachtlich an, rechts vorbei am Monte Aguzzo (905 m), bis beim Passo delle Fornaci (815 m) die Nationalstraße 209 erreicht wird, die südwärts und bergab nach Visso (607 m) führt.

Visso (607 m)

Unterkunft

↪ Albergo Elena
  Via G. Rosi 20
  Tel./Fax 0737/95321

15 nette, bequeme Zimmer mit Bad. Mit Bar und Sauna. DZ ab 80.000 Lire.

Hinter Visso gelangt der Radler in den Parco Nazionale dei Monti Sibillini, mit 70.000 ha einer der größten von Italien. Mit etwas Glück begegnen einem hier Wanderfalken, Steinadler, Uhus oder sogar Apenninwölfe.

Von Visso an folgt man der Nera flussaufwärts auf einer schönen Straße nach Castelsantángelo sul Nera.

Castelsantángelo sul Nera (780 m)

Unterkunft

▲ Monte Prata
  Località Schianceto
  Tel. 0737/970062

Dieser Campingplatz liegt schön im Gebirge und hat 120 Plätze sowie einen kleinen Laden. 2 Personen und 1 Zelt ab 24.000 Lire. Geöffnet von Mitte Juni bis Mitte September. Hinter Castelsantángelo sul Nera beginnt die richtige Herausforderung: Die Straße windet sich an

Gualdo vorbei, um bei Forca di Gualdo (1496 m) ihren höchsten Punkt zu erreichen. Die 6,5 km bis nach Castellúccio (648 m) geht es jetzt bergab. In Castellúccio hält man sich rechts, um dem geraden Straßenverlauf über eine große Hochebene namens Piano Grande 9 km lang bis zur nächsten serpentinenreichen Straße zu folgen, wo es rechts Richtung Nórcia geht.

Etwa 10 km später wird Forca di Santa Croce (813 m) erreicht, wo es weiter geradeaus Richtung Nórcia weitergeht. Nach 4 km leicht bergab stößt der Radler auf eine gerade verlaufende Straße, wo er sich diesmal nicht nach Nórcia (rechts) orientiert, sondern links abzweigt. Die Straße hat es in sich: Nach Piediripa geht es wieder ordentlich bergauf, ehe nach rund 12 km bei Forca di Civita (1227 m) die größte Höhe erreicht wird. Die Strecke bietet aber nicht nur ein schönes landschaftliches Panorama, sondern auch Sehenswürdigkeiten entlang der Strecke – wie die *Madonna della Nelle* zur Rechten und kurz danach *Castél Santa Maria* zur Linken.

Von Forca di Civita geht es links am Monte Alvagnano (1670 m) vorbei. Kurz nach Civita hält man sich an einer Weggabelung rechts und folgt der an einem Flüsschen bergabführenden Straße 20 km lang über Terzone San Pietro und Sala bis nach Leonessa.

Leonessa (969 m)

Unterkunft

⌇ Hotel La Torre
Viale F. Crispi 2
Tel. 0746/922166 oder 922167
Fax 0746/923157

Dieses ****Hotel wurde gerade renoviert und bietet viel Komfort, mit u. a. Garten, Schwimmbad, Restaurant und Garage. Gutes Preis-Leistungs-Verhältnis. DZ mit Bad ab 90.000 Lire.

Leonessa verlässt man in südlicher Richtung und radelt durch eine enge Schlucht, die den Bosco Vallonina quert. Das Tal macht einen Bogen um den Monte Catábio (1765 m), ehe die Straße in Serpentinen steil ansteigt, und der Pass (1901 m) nur knapp unterhalb des links heraufragenden Monte Terminillo (2216 m) vorbeiführt. Die Straße geht danach rund 20 km lang 1.500 m abwärts und führt nach Rieti hinein, dessen Stadtmauer bei der Porta d'Arce durchfahren wird, von wo die Via Garibaldi zur zentralen Piazza Vittorio Emanuele II. führt.

Rieti (405 m)

Rieti, Hauptstadt der Provinz Sabina, gehört eigentlich schon zu Lazio, wird aber wegen des Tourenverlaufs hier in dem Kapitel »Marche« behandelt.

Unter den Römern zu Stadtwürden gekommen, wurde der Ort nach dem Zerfall des Römischen Reiches erst von den Sarazenen und später von den Normannen überrannt. Hätten die mächtigen, im 13. Jh. errichteten Stadtmauern mit ihren Zinnen und Türmen damals schon gestanden, wäre es vielleicht nicht dazu gekommen.

Im Mittelalter war Rieti vorübergehend ein freier Stadtstaat, ehe der Papst das Sagen hatte. Im Jahr 1234 kam es in Rieti zur historischen Begegnung zwischen dem Stauferkaiser Friedrich II. und Papst Gregor IX. Für die junge italienische Nation ist Rieti insofern von Bedeutung, als vor den Toren der Stadt 1821 erstmals für die Unabhängigkeit und Einheit gekämpft wurde.

Sehenswert sind die vielen Gotteshäuser aus dem 12./13. Jh., etwa die romanische *Kirche San Pietro Apostolo*, der *Duomo* und die gotische *San Francesco* mit ihren sehenswerten Fresken. Aus dem Barockzeitalter (17. Jh.) stammen prächtige Paläste wie der *Palazzo Vecchiarelli* oder der P*alazzo della Prefettura* mit seiner schönen Loggia.

☺ Einen guten Überblick über die Stadtgeschichte erhält man im *Museo Civico* mit seinen römischen Skulpturen und Kunstwerken aus dem Zeitraum 14.-19. Jh. (neue Öffnungszeiten nach Renovierung).

☺ Der *Duomo* wurde im 12. Jh. und der dazugehörige Campanile ein Jahrhundert später errichtet. Bei den barocken Umbauten der drei Schiffe im Inneren der Kirche behielt die 1157 geweihte Krypta ihre ursprüngliche Gestalt. Die Domschätze – darunter Fresken, Goldschmiedearbeiten und Wandteppiche – sind im Museo Diocesano in der Taufkapelle ausgestellt (geöffnet Sa 10-12 und 16-18, So 11-13 und 16-18 Uhr).

ⓘ Via Cinthia 87
02100 Rieti
Tel. 0746/201146
Fax 0746/270446
turismo@apt.rieti.it
www.apt.rieti.it

Radservice
🚲 Tozzi
Via di Mezzo 20
Tel. 0746/483401
🚲 V.N. Cicli Nives
Via M. Paolessi 50
Tel. 0746/274320

Unterkunft
↳ Albergo Massimo d'Azeglio
Viale L. Canali 4
Tel. 0746/274250
Fax 0746/274234
Nette Unterkunft mit Garten. DZ mit Bad 70.000 Lire.
↳ Albergo Arcangelo
Via Vaiano 52
Tel. 0746/220202
Fax 0746/221197
Das Haus hat 30 bequeme Zimmer mit Bad sowie Garten und Restaurant. DZ ab 70.000 Lire.

Von der Piazza Vittorio Emanuele II. nimmt man die südwärts führende Via Roma, quert den Fluss Velino über die Ponte Romano und fährt immer geradeaus weiter, die Piazza d. Repubblica querend. Die

Strecke ist als nach Roma führende Nationalstraße 4 ausgeschildert. Nach der Autobahnüberführung zweigt man auf die rechts nach Contigliano führende Straße ab, die die im »Tal des Heiligen Francesco« liegende Stadt nach 10 km erreicht.

In Contigliano besteht Anschluss an die nach Roma führende Tour 43 sowie Tour 39, die durch das Tal des Heiligen Francesco zu dessen Wallfahrtskirche in Assisi führt.

TOUR 42:
VON MARCHE NACH UMBRIA

Jesi (Tour 41) – Cupramontana – Fabriano – Fossato di Vico – Gualdo Tadino – Assisi (Tour 36)
Länge: ca. 115 km
Dauer: 2-3 Tage
Schwierigkeitsgrad: schwer
  gebirgige Strecke mit vielen, oft
  steilen Steigungen
Wichtigste Sehenswürdigkeiten:
  Jesi, Fabriano, Parco del Monte
  Subasio, Assisi
Karten:
- Kümmerly & Frey 1:200.000; Umbrien/Italienische Adria (8); 16,80 DM
- Generalkarte Italien 1:200.000; Adria/Umbrien/Marken (6); 12,80 DM
- Touring Club Italiano 1:200.000; Marche/Umbria; 9.500 Lire

Diese herausfordernde Tour ist eine der wenigen Ost-West-Verbindungen, die die Apenninen queren. Sie beginnt in Jesi, wo Anschluss an Tour 41 nach Rimini an der Adria besteht, und endet mitten in Assisi mit der bekannten Basilica des Heiligen Francesco. In Assisi besteht Anschluss an Tour 36 nach Arezzo sowie die durch den Süden von Umbria nach Contigliano führende Tour 39.

Der Startpunkt dieser Tour, Jesi, wird auch von Route 41 berührt, die von Rimini bis nach Contigliano bei Rieti quer durch Marche führt.

Jesi wird auf der westlich aus der Stadt herausführenden Straße verlassen, die nördlich der Bahnlinie in Richtung Serra San Quirico verläuft. Schon nach 2,5 km biegt man links ab und überquert Bahnlinie wie auch den Fluss Esino, dem Wegweiser zur Nationalstraße 76 folgend

Nach der Brücke über den Fluss geht es die erste rechte Abzweigung weiter, die Autobahn überquerend. Nun folgt man der Beschilderung nach Cupramontana (505 m), das 8 km nach der Autobahn erreicht wird. Es geht geradewegs durch Cupramontana hindurch, um es in westlicher Richtung wieder zu verlassen. Nach 2,5 km wird eine Kreuzung erreicht, wo man links, Richtung Apiro, und gleich danach wieder rechts abbiegt.

Es geht nun auf einer Nebenstraße entlang, die erst den Bach Esinante überquert, um ihm dann links flussaufwärts zu folgen. Nach 5 km leichter Steigung wird eine größere Straße erreicht, wo man rechts abzweigt und nach 6 km, vorbei an

Duomo, erneut auf eine Straße trifft. Diese führt links nach Fabriano. Die 28 km bis zu dieser Stadt ziehen sich aber wegen der starken Steigung lange hin.

Kurz hinter Borgo Túfico gelangt man in das Tal des Baches Giano, das sich mehrere Verkehrsstränge bis nach Fabriano teilen. Am ruhigsten ist noch die nördlich über Santa Maria nach Fabriano hineinverlaufende Straße

Fabriano (325 m)

Fabriano ist für die Papierproduktion schon seit dem Mittelalter bekannt. Das Wasserzeichen soll hier erfunden worden sein, und noch heute wird in Fabriano hochwertiges Papier produziert. Auf der Piazza del Comune steht eine kleinere Version des berühmten *Brunnens von Perúgia*, die im 13. Jh. kopiert wurde.

☺☺ Das stilvoll in einem ehemaligen Dominikanerkloster untergebrachte *Museo Carta e Filigrana* ist ein »Muss« für die Papierstadt Fabriano: Hier wird über die Papierherstellung informiert, und dazu ist eine mittelalterliche Walkmaschine wieder aufgebaut worden. Außerdem wird eine internationale Sammlung von sichtbaren Wasserzeichen gezeigt. Geöffnet Di bis Sa 9-13 und 15-19 Uhr (Tel. 0732/709297).

ⓘ Corsa della Repubblica 70
   60044 Fabriano
   Tel. 0732/625067
   Fax 0732/629791

Radausflüge:
✉ Associazione Ciclista E.Petruio
   Piazze le Matteotti 15
   Spuri Nicola, Tel. 0732/24529

Unterkunft
⤳ Old Ranch
   Località Piuggia d'Olma
   Tel. 0732/627610

Dieser Bauernhof liegt 2 km vom Ortszentrum entfernt in westlicher Richtung. Die 9 Zimmer sind in einem Nebengebäude untergebracht, und die Küche serviert Leckereien mit selbst gemachter Pasta. DZ ab 90.000 Lire.

⤳ Albergo Maria
   Via R. Castelli 7
   Tel. 0732/3265

Das Haus hat 24 einfache Doppelzimmer. DZ ab 45.000 Lire.

▲ Agriturismo-Camping La Ginestra
   Località Serraloggia
   Tel. 0732/24013

Kleiner, günstiger Platz mit Laden und Restaurant. 2 Personen und 1 Zelt ab 10.000 Lire. Geöffnet von Mai bis Mitte Oktober.

Fabriano wird auf der parallel zur Nationalstraße 76 verlaufenden Nebenstraße südwestlich in Richtung Fossato di Vico verlassen. Nach 5 km mündet die aussichtsreiche Nebenstraße in die stark frequentierte Nationalstraße 76, der jetzt etwa 4 km gefolgt wird, ehe es kurz nach der rechten Abzweigung nach Campodiégoli rechts auf die Nebenstraße abbiegt. Diese in Serpentinen hoch und später herunterführende Straße verläuft 5 km lang parallel zu der viel befahrenen Nationalstraße 76, die in diesem Stück überwiegend in Tunneln verschwindet und daher nur wenig Blicke auf die faszinierende Landschaft zulässt.

Hier, unweit des Colle di Fossato, geht es am Südrand des Parco del Monte Cucco entlang. Die kleine Straße quert die Nationalstraße und führt direkt in den Ort Fossato di Vico hinein (584 m). An der Weggabelung folgt man der links, etwas weiter oberhalb verlaufenden Straße, die links neben der Bahnlinie nach Palazzolo führt. Hier geht es auf die Nationalstraße 3, der Via Flaminia, hinauf, die südwärts nach Gualdo Tadino führt.

Gualdo Tadino (536 m)

↴ Albergo Gigiotto
   Via Morone 5
   Tel. 075/912283
   Fax 075/910263
Die Unterkunft hat 25 ordentliche Zimmer sowie Restaurant. DZ ab 50.000 Lire.

▲ Valsorda
   Località Valsorda
   Tel. 075/913261
Dieser kleine Platz in den Bergen liegt 1000 m hoch. Mit Restaurant. 2 Personen und 1 Zelt ab 16.000 Lire.

Gualdo Tadino wird am südlichen Ortsausgang verlassen und die Nationalstraße gequert, um auf einer wenig befahrenen Nebenstraße über Vóltole auf die Straße 444 zu stoßen, der man 1,5 km linker Hand folgt. In Osteria di Morano geht es rechts auf eine einsame Nebenstraße, die am Monte Pelato (769 m) vorbei, über Collemincio nach 10 km wieder auf die Straße 444 führt, der man weitere 10 km bis nach Assisi folgt. Das letzte Stück ist landschaftlich besonders reizvoll; vorbei am Parco del Monte Subasio, dessen höchste Erhebung, der Monte Subasio (1290 m), südöstlich von Assisi heraufragt.

Assisi wird von der radfahrerfreundlichen östlichen Seite erreicht, d. h., man kann sich den beschwerlichen Aufstieg von der Ebene des Tévere her sparen. In Assisi besteht Anschluss an 2 weitere Touren: Tour 36 nach Arezzo in die Toscana und Tour 39 durch den Süden von Umbria nach Contigliano.

Lazio, Roma

Die an der Westküste Italiens gelegene Region Lazio (Latium) verdankt ihre Bekanntheit vor allem ihrer Hauptstadt, die gleichzeitig Sitz der italienischen Regierung und des Oberhauptes der katholischen Kirche ist: Roma (Rom). Dort leben rund 3 Millionen Einwohner von insgesamt 6 Millionen in Lazio. Die Landschaft ist wechselhaft: von den Ausläufern des Apennin über kleinere Gebirge wie Monti Sabini oder Monti Albani bis hin zu den großen Pontinischen Sümpfen im Süden von Roma, die seit ihrer Trockenlegung und damit möglichen landwirtschaftlichen Nutzung ihren Beitrag zur Ernährung der Stadtbevölkerung leisten. Ein Großteil der Region verdankt seine Entstehung Vulkanen, deren Krater heute mit Seen gefüllt sind wie der Lago di Bolsena oder der Lago di Vico.

»Alle Wege führen nach Rom«. Das gilt auch für dieses Kapitel. Die zwei aus dem nördlichen Umbria kommenden Routen werden hier in die Hauptstadt Italiens weitergeführt: Von den Monti Sabini am Tévere (Tiber) entlang nach Roma oder von Orvieto über Viterbo und Ottavia in die Stadt auf den sieben Hügeln.

TOUR 43:
DURCH DIE MONTI SABINI NACH ROMA

Contigliano (Touren 39, 41) – Póggio Catino – Fiano – Prima Porta (– Roma, Tour 44)
Länge: ca. 90 km
Schwierigkeitsgrad: mittel
 ein längerer Anstieg durch die Monti Sabini, danach leicht, hauptsächlich bergab mit wenigen Steigungen
Wichtigste Sehenswürdigkeiten:
 Tal des Heiligen Francesco, Monti Sabini, Roma
Karten:
- Kümmerly & Frey 1:200.000; Latium/Rom (Bl.9); 16,80 DM
- Generalkarte Italien 1:200.000; Rom/Latium/Abruzzen (7); 12,80 DM
- Touring Club Italiano 1:200.000; Lazio; 9.500 Lire

Die Monti Sabini im Nordosten von Roma erheben sich zwischen den Flusstälern des Turano und des Tévere. Diese an die Umbria-Tour 39 und Marche-Tour 41 anschließende Route führt quer über die dicht bewaldeten Monti Sabini bis in das Tal des Tévere hinein. Am Riserva Naturale di Nazzano-Tévere-Farfa vorbei folgt man dem Tévere bis vor die Tore von Roma bei Prima Porta. Um den dichten Großstadtverkehr zu meiden, bietet sich hier die Fahrt mit der Bahn in die Innenstadt von Roma an.
Contigliano wird entweder per Bahn oder über eine der vorstehend beschriebenen Radtouren erreicht: die aus Assisi kommende Umbria-Tour 39 sowie die von der Adria die Apenninen überquerende Marche-Tour 41.
Der Radler verlässt Contigliano in südlicher Richtung. Unterhalb des am Hang liegenden Dorfes Collebaccato, etwa nach 3 km, wird eine Abzweigung erreicht. Hier geht es rechts am Bach entlang nach Cerchiara. Die Straße führt langsam ein schmales grünes Tal hinauf, an dessen Hängen sich Wald und Wiesen abwechseln. Ab und zu begegnet man einem Haus oder einem Hof.
Hinter Cerchiara wird die Besiedlung immer dünner. Nach etwa 5 km biegt links eine Straße nach Monte San Giovanni ab. Danach folgt eine Kreuzung, wo man rechts den Weg zum Pass hinauf nimmt. Jetzt geht es quer durch die Monti Sabini, aus denen der Monte Táncia mit 1292 m Höhe herausragt.

⇘ Agriturismo Montenero Sabino
 in Montenero Sabino
 Tel./Fax 0765/324146
Dieser 700 m hoch gelegene und von Eichen beschattete Biohof mit Pferdehaltung und Getreideanbau hat 8 Doppelzimmer (60.000 Lire) und Platz für 10 Zelte. Das Zelten ist gratis, wenn man im angeschlossenen Restaurant eine warme Mahlzeit (etwa 20.000 Lire) zu sich nimmt. Der Hof wird erreicht, indem man kurz nach Monte San Giovanni die Abzweigung nach links nimmt, statt rechts zum Pass zu fah-

ren. Etwa 5 km weiter liegt der Hof. Obwohl die Monti Sabini durch eine Pass-Straße überwunden werden, ist der Aufstieg zum Pass nicht extrem ermüdend. Den größten Anstieg hat man schon von Contigliano aus über viele km hinter sich gebracht. Der 802 m hohe Passo Osteria del Tanglia wird daher ohne schwere steile Abschnitte erreicht, aber mit einer schönen Aussicht.

Am Pass laufen Pferde, Esel und Schafe frei herum. Der Weg verläuft noch eine Weile oben, dann geht es an der anderen Seite der Monti Sabini wieder herunter. Hier gibt es kaum Zeichen menschlicher Besiedlung. Schöner Mischwald bestimmt die Landschaft. Die letzten Kilometer vor Póggio Catino hat man von den Haarnadelkurven eine tolle Sicht über die Gegend, und weit hinten lässt sich schon das Tal des Tévere ausmachen.

In Póggio Catino geht es links auf die am Hang entlang führende Hauptstraße. Nach etwa 2,5 km, kurz vor Póggio Mirtoto, zweigt rechts eine Straße nach San Luigi und Gavignano ab. Der Weg schlängelt sich in westlicher Richtung zwischen Häusern und Feldern hindurch. Nach etwa 5 km überquert man einen kleinen Fluss und erreicht eine belebtere Straße, der etwa 500 m nach links gefolgt wird, ehe man sie bei der nächsten linken Abzweigung wieder verlässt, der Beschilderung nach Torrina Tiberina folgend. Etwa 3 km weiter nähert sich die Bahnlinie der Straße rechts an.

Hinter dem Bahnhof quert rechts eine große Brücke sowohl die Bahngleise als auch den Tévere. Danach geht es am Rand des Riserva Naturale di Nazzano-Tévere-Farfa aufwärts. Von hier genießt man immer wieder eine schöne Sicht über das weite Tévere-Tal.

Torrina Tiberina ist ein nettes kleines Dorf, von dem der Schilderung zur Autobahn A1 nach Roma gefolgt wird. Der kleine Weg überquert die Autobahn und schlängelt sich danach öfter unter der aufgeständerten Autobahn hindurch, am Tévere entlang, bis Fiano Romano erreicht wird.

Fiano Romano (97 m)

↳ Albergo Il Ruspante
Via Procoio 41
Tel. 0765/455084

20 ordentliche Zimmer mit Bad. Mit Restaurant und Garten. DZ ab 70.000 Lire.

Nach Fiano macht sich immer mehr der Einfluss von Roma bemerkbar: Die Straßen werden belebter, und die Orte scheinen fast nur aus Gewerbegebieten zu bestehen. Von Fiano aus folgt man südwärts parallel zur Autobahn laufenden Straße, die nach etwa 25 km Prima Porta erreicht, einen Wohnvorort von Roma. Unterwegs fallen die vielen seltsamen »Tramper« auf: Frauen in farbiger Kleidung stehen überall an der Straße, die so zum »Rotlichtviertel« von Roma wird.

Von Prima Porta könnte weiter nach Roma geradelt werden, wovon die Autoren wegen des enormen Verkehrs auf mehrspurigen Straßen abraten. Angenehmer und preiswert (einige wenige tausend Lire) ist es, mit einem Vorortzug nach Roma zu fahren. Diese verkehren mindestens alle 30 Minuten von Prima Porta zum römischen Bahnhof Flaminia (Nähe Piazza Popolo) und nehmen mit Ausnahme extremer Stoßzeiten eigentlich immer Räder mit.

Roma (20 m)

Über die italienische Hauptstadt Roma (Rom) könnte man ein eigenes Buch schreiben (davon gibt es viele), und daher sollen sich diese Seiten auf die wichtigsten Sehenswürdigkeiten und praktische Infos beschränken, um in einigen wenigen Tagen zumindest einen Eindruck von Roma zu bekommen. Kaum einer wird so lange hier bleiben wie Goethe, der es 8 Monate in Roma ausgehalten hat. Und daher sind hier von den zahlreichen Monumenten, Museen, Kirchen, Palästen und Piazzas nur einige wenige der bedeutenderen hervorgehoben, die man gesehen haben »muss« oder die besonders außergewöhnlich sind. Einer der beliebtesten Plätze ist die Piazza Navona mit zahlreichen Cafés, die ihre ovale Form dem *Stadion des Domitian* verdankt, das sich zu römischer Zeit hier befunden haben soll.

Wenn man aus der nördlichen Richtung kommt, egal ob per Rad oder per Bahn, gelangt man über die Piazza Popolo in die Innenstadt – wie seinerzeit auch Goethe. Durch die *Porta del Popolo* sind vor vielen hundert Jahren auch die kaiserlichen Triumphzüge der Römischen Armee sowie später fromme Pilger nach Roma einmarschiert.

Geschichte

Noch aus dem Lateinunterricht ist der Spruch bekannt: »7-5-3 und Rom kroch aus dem Ei«. Sagenhaft ist die Gründung Roms durch die zwei Zwillingsbrüder Romulus und Remus, die am Ufer des Flusses Tévere von einer Wölfin großgezogen worden sein sollen, um später hier eine Siedlung zu gründen. Weil Frauen für den Nachwuchs fehlten, soll dieses Problem beim berühmten »Raub der Sabinerinnen«, eines benachbarten Volksstammes, auf unbürokratische Weise gelöst worden sein.

Die Wirklichkeit hat wohl etwas anders ausgesehen: Im 6. Jh. aus einer etruskischen Siedlung entstanden (am Palatin-Hügel), erlebte Roma seinen Höhepunkt als Hauptstadt des Römischen Reiches vom 3. Jh. v. Chr.-4. Jh. n. Chr., das sich von England bis Sizilien und Spanien bis nach Syrien ausdehnte. Nach dieser Blütezeit erlebte Roma seinen Niedergang mit Plünderungen durch die Goten und Vandalen.

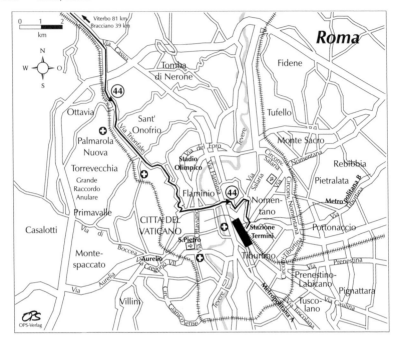

Bedeutung gewann Roma erst wieder im Mittelalter als Sitz der Päpste und damit Hauptstadt der katholischen Kirche. Ein Tiefpunkt für Roma waren die Exilkirche des Kirchenoberhauptes im provenzalischen Avignon (14. Jh.). Nach dem Römischen Reich und der Renaissance (zahlreiche Paläste und Petersdom) erlebte Roma seine dritte Blütezeit im 19. Jh., und seit 1870 ist Rom die Hauptstadt Italiens.

Gegenwart
Die Verkehrs- und Umweltprobleme haben in den letzten Jahren derart zugenommen, dass viele Italiener die Lösung nur noch einem grünen Bürgermeister (Rutelli) zutrauten, der sogleich tatkräftig begann. Aber auch er muss sich den Gesetzen der Gegenwart und der Realität beugen: etwa dem Denkmalschutz, der den Ausbau der U-Bahn bremste. Bei jedem weiteren in den Untergrund gebohrten Meter stieß man auf möglicherweise bedeutende Steine der alten Römer, die sogleich Denkmalschützer einen Stopp der Bauarbeiten fordern ließen. Und so gibt es in ganz Europa wohl kaum eine andere Stadt der Größenordnung von Rom, die über ein so kleines U-Bahnnetz (2 Linien) verfügt.
Nach der Einwohnermeldestatistik leben heute 2,8 Millionen Einwohner in Rom, aber im ganzen Ballungsraum sind es einschließlich der

illegal hier lebenden Menschen vermutlich rund 5 Millionen.

Radfahren in Roma
Romas chronisch verstopfte Straßen sind ein Grund dafür, warum die Zahl der Radfahrer und -verleiher in den letzten Jahren sprunghaft angestiegen ist. So kann man Räder an zentralen Plätzen leihen wie dem Piazza Largo Argentina, dem Piazza Navona, der Via del Corso, dem Piazza San Silvestro oder nahe der Metrostation Piazza di Spagna. Für die Räder sollten im Budget schon mindestens 20.000 Lire pro Tag eingeplant werden. Viele Straßen der Innenstadt rund um die Piazza Navona sind für den Autoverkehr gesperrt und daher ein ruhiges Pflaster für Fußgänger und Radler.
☺☺☺ Das *Colosseum* ist eine der großartigsten römischen Bauten. In dieser von 72-80 n. Chr. erbauten Arena sollen einmal 70.000 Zuschauer Platz gefunden haben – soviel wie heute im Münchner Olympiastadion. Und ähnlich wie die kühne Zeltdachkonstruktion in München, waren auch die römischen Zuschauer geschützt: zumindest vor Sonnenstrahlen, die als Schattenspender aufgespannte Segeltücher abschirmten. Die Arena ist mit einer Fläche von 76x46 m fast so groß wie ein Fußballfeld. Wo früher Gladiatoren und Tiere zu Tode gehetzt, ja vermutlich sogar Seeschlachten inszeniert wurden, tummeln sich heute Tausende Touristen, genauer: mehr als 2 Millionen pro Jahr. Geöffnet täglich 9-20 Uhr (Eintritt: 10.000 Lire, Tel. 7004261). Zwischen dem Colosseum und dem Forum Romanum steht der dreibögige Arco di Costatino, der Konstantinsbogen.
☺☺☺ Das *Forum Romanum* ist ein Ruinenfeld mit zahlreichen Resten römischer Bauten aus allen Jahrhunderten der römischen Kaiserzeit, darunter Titusbogen (81 v. Chr.), Trajanssäule (40 m hoch) sowie Tempel von Venus, Cäsar, Saturn und Romulus. Um das »klassische« Forum Romanum schließen im Norden das Forum Julium (54-46 v. Chr.), das Forum Augustum (ab 2 v. Chr.) und das Forum Trajani (ab 107 n. Chr.) an. Im Süden hat man Zugang zum Palatin-Hügel, dessen kürzlich neu eröffnetes Museum die Geschichte dieses Gebietes veranschaulicht. Dort, wo die Wurzeln von Roma liegen: Auf dem Palatin-Hügel soll der sagenhafte Gründer, Romulus, gelebt haben. Das Gebiet des Forum Romanum war ursprünglich ein Sumpf, der ab dem 6. Jh. v. Chr. von den Etruskern trockengelegt wurde. Und hier spielte die Musik im Römischen Reich. Im Mittelalter war das Areal von einer mehrere Meter dicken Erdschickt bedeckt, auf der wahrscheinlich Kühe gegrast haben. Im 19. Jh. stieß man hier bei Grabungen erstmals auf antike Spuren. Und bis heute wurde viel freigelegt: Triumphbögen, Tempel, Säulen. Das gesamte Forum Romanum ist gleichzeitig ein »lebendes« Museum,

Roma – Forum Romanum

in dem die archäologischen Ausgrabungen »live« vor den Augen der Besucher fortgeführt werden. Geöffnet Mo bis Sa 9-20, So 9-13 Uhr (Eintritt frei, nur der Zugang in das Museum *Antiquarium Palatino* kostet 12.000 Lire, Tel. 6990110).

☺☺☺ Der *Vatikan* auf der westlichen Seite des Tévere gilt mit 40 ha als einer der kleinsten Staaten überhaupt. Mittelpunkt ist die 1626 geweihte *Basilica di San Pedro*, der Petersdom, an der viele bedeutende Baumeister und Künstler der Renaissance und des Barock mitgewirkt haben, u. a. Michelangelo. Im Inneren zeigen die vielen prächtigen Papstgräber den Reichtum der katholischen Kirche. Der 119 m hohe Basilica-Bau bietet Platz für 60.000 Menschen, soviel wie das Berliner Olympiastadion! Der Turm kann mit dem Fahrstuhl befahren (6.000 Lire) oder zu Fuß erklommen werden (5.000 Lire).

Auf dem Platz vor dem Petersdom zelebriert der Papst die großen Messen.

Bekannt ist vor allem die Capella Sistina, die Sixtinische Kapelle, mit aufwendig restaurierten Deckenfresken von Michelangelo.

Das *Museo del Vaticano* zeigt die unermesslich reichen päpstlichen Kunstschätze. Geöffnet täglich 8.45-13.45 (Eintritt: 18.000 Lire, Tel. 06/69883333). Am letzten So im Monat ist der Eintritt frei.

☺☺ Die *Terme di Caracalla* sind eine der großartigsten Bäder des alten Rom: Die 10 ha große Thermenanlage wurde von Kaiser Caracalla im Jahr 216 n. Chr. eröffnet

Roma – Circo Massimo

und verfügte über alle Badebequemlichkeiten, die die alten Römer kannten, sozusagen als Vorläufer der heutigen Whirlpools: vom Dampf- (caldarium) bis zum Kaltbad (trigidarium). Geöffnet täglich Di bis So 9-20, Mo 9-13 Uhr (Eintritt: 8.000 Lire, Tel. 06/5758626).

☺☺ Das *Pantheon* beherrscht fast 2.000 Jahre lang die Piazza della Rotonda. Der runde fensterlose Tempel erhält das einzige Licht durch ein kleines, 9 m breites Loch oben in der Kuppel, die 43 m im Durchmesser misst. Der Originalbau geht auf Kaiser Marcus Agrippa und das Jahr 27 v. Chr. zurück, während der jetzige Bau 120 n. Chr. unter Kaiser Hadrian errichtet wurde. Geöffnet Mo bis Sa 9-18.30, So 9-13 Uhr (Eintritt frei).

☺☺ Der *Circo Massimo* ist wohl eine der berühmtesten römischen Arenen. Alerdings ist viel Fantasie nötig, um sich hier dramatische Pferderennen im Stil von »Ben Hur« vorzustellen, denn nur noch einige Ruinen und ein großes Grün am Rand es Palatin-Hügels zeugen von dieser riesigen Rennanlage, die einmal 200.000 Menschen gefasst haben soll. Damit konnte der römische Circus Maximus die Einwohnerschaft ganzer Großstädte wie Kiel oder Augsburg aufnehmen (jederzeit zu betreten, Eintritt frei).

☺☺ *Museo Castel Sant'Angelo*: Dieses wuchtige Gebäude wurde ursprünglich als Mausoleum für Kaiser Hadrian um 139 n. Chr. erbaut. Danach diente es als Gefängnis, als Kaserne und als Festung des Papstes. Im Jahr 590 soll dem Papst

Gregor hier ein Engel erschienen sein, der das Pestende verkündete. Seitdem wird dieses eher schmucklose Bauwerk als »Engelsburg« (»Castel Sant'Angelo«) bezeichnet. Heute ist hier ein Museum untergebracht, das über die Geschichte der jungen Nation Italien informiert. Geöffnet Mo bis Fr 9-21, Sa 9-24, So 20 Uhr (Eintritt: 8.000 Lire, Tel. 06/6819111).

☺☺ Die *Galleria Borghese* liegt in der gleichnamigen, 1613 erbauten *Villa* des gleichnamigen Parks, der auch schon ein bevorzugter Aufenthaltsort Goethes war. Die Ausstellung zeigt vor allem barocke Kunstwerke des Kardinals Scipione Borghese, darunter Gemälde von Raffael, Caravaggio und Tizian. Geöffnet Mo bis Fr 9-21, Sa 9-24, So 9-20 Uhr (Eintritt: 12.000 Lire, Tel. 06/328101). Aber auch ohne Galeriebesuch sollte man den Park nicht missen, der einen schönen Ausblick auf Roma bietet.

☺☺ Das frisch renovierte *Museo della Civilta Romana* zeigt die Anfänge und Entwicklung Romas, insbesondere in der Zeit des römischen Imperiums. Besonders beeindruckend sind die Modelle von Roma aus der Zeit Konstantin des Großen. Geöffnet Mo bis Sa 9-19, So 9-13 Uhr (Eintritt: 5.000 Lire, Tel. 06/5926041).

☺ Die *Santa Maria del Popolo* an der Piazza Popolo wurde im 15. Jh. errichtet. An der Renaissancekirche haben viele bedeutende Künstler mitgewirkt, etwa die Architekten Bramante (Chor), Bernini (Inneres) oder der Maler Caravaggio mit dem wegen seiner Lichtwirkung bekannten Barockgemälde »Bekehrung des Apostels Paulus«.

☺ Die *Casa di Goethe* an der Piazza del Popolo ist das ehemalige Wohnhaus des Malers Tischbein, in dem Goethe bei seinen Romaufenthalten gewohnt hat. Im Obergeschoss werden wechselnde Ausstellungen über seine Italienische Reise und ihre Auswirkungen auf den Dichter und sein Werk gezeigt. Geöffnet Mi bis Mo 10-18 Uhr (Eintritt: 5.000 Lire, Tel. 06/32650412, Fax 06/32650449. Goethe ist auch online erreichbar, unter folgender E-Mail-Adresse: *casa.goethe@flashnet.it*.

☺ Eher kurios ist das *Museo Nazionale delle Paste Alimentari* an der Piazza Scanderberg. Das Nudel-Nationalmuseum informiert als weltweit einziges über Geschichte und Produktion der italienischen Nationalspeise. Geöffnet Mo bis Sa 9.30-17.30 Uhr (Eintritt: 12.000 Lire, Tel. 6991119).

ⓘ Via Parigi 11
00185 Roma
Tel. 06/48899253
Fax 06/4819316
mail@informaroma.it

Weitere Informationsbüros gibt es (u. a.) am Bahnhof Termini, an der Piazza Sonnino, Piazza San Giovanni in Laterano, Piazza delle Cinque Lune, Piazza Pi und am Largo Goldoni.

Radverleih
- Bicinoleggio
  Piazza del Popolo

Dieser Radverleih liegt gegenüber der Villa Borghese

- I bike Rome
  Parco Borghese

Hier gibt es Räder im unterirdischen Parkplatz der Villa Borghese, Eingang Treppe neben der Via Veneto 156.

- Scooter for Rent
  Via della Purificazione nahe der Piazza Barberini
  Tel. 06/465485

Vergleichsweise günstige Räder, geöffnet 9-19.30 Uhr.

- Colosseum Bike
  Via del Colosseo 67
  Tel. 06/6781369

Bicimania, an der Piazza Sonnino. Räder ab 5.000 Lire pro Stunde.

Weitere Radverleiher gibt es an der Piazza di Spagna (geöffnet 9-24 Uhr), Piazza Largo Argentina, dem Piazza Navona, der Via del Corso, dem Piazza San Silvestro und am Bahnhof Termini.

Radservice
- Fabbrini
  Via G. Lanza 113
  Tel. 06/4819085

Zwischen Piazza Vittorio Emanuele II und Via Cavour.

- Ata di Bartolini
  Via Villa Ricotti 38
  Tel. 06/44291206

Nordwestlich des Hauptbahnhofs, Nähe Villa Torlonia

- Angelico Bici
  Piazza Giovine Italia 2
  Tel. 06/3729572

Nördlich des Vatikan.

Radclub
- Pedale Verde
  Via Salandra 1a
  00187 Roma
  Tel. 06/4822055
  Fax 06/4827752
  mimmos@freemail.it
- Ruotalibera – C.D.I.E.
  Viale Appio Claudio 314
  00174 Roma
  Tel./Fax 06/7102843
  ruotalibera@hotmail.com

Camping-Artikel
- Camping Market 2000
  Via Pontina 124
  Tel. 06/5070660
- Il Rifugio
  Via Corfinio 25
  Tel. 06/70492570
  Fax 06/70492570
- Faress Italia
  Via Carruccio 37
  Tel. 06/71350124

Waschsalons
- Lava Service
  Via Montebello 11
  Tel. 06/4743152
- Tintoria Lavanderia Rita
  Piazza Campo dei Fiori 38
  Tel. 06/6877076

Unterkunft
- Ostello per la Gioventù »Foro Italico – A. F. Pessina«

Viale delle Olimpiadi 61
Tel. 06/3236267
Fax 06/3242613

Diese sehr große Jugendherberge liegt etwas abseits, 6 km vom Hauptbahnhof entfernt. Aber dafür ist bestens erreichbar: Fax-Service und Internet-Café sind vorhanden. Ebenso ein angenehmer Garten und Restaurant. Der Aufenthalt ist allerdings nur max. 3 Tage möglich. Ü/F 24.000 Lire.

⌇ Hotel Cervia
Via Palestro 55
Tel. 06/491057
Fax 06/491056

Dieses Hotel liegt in Bahnhofsnähe und hat saubere große Zimmer im Erdgeschoss. An der Straßenseite ist es etwas laut. Englischsprachig. DZ ab 50.000 Lire.

⌇ Pensione Panda
Via della Croce 35
Tel. 06/6780179
Fax 06/69942151

Ruhig aber zentral gelegen. Mit Innenhof. DZ ab 95.000 Lire.

⌇ Hotel Cisterna
Via della Cisterna 8
Tel. 06/5817212
Fax 06/5810091

In der Umgebung von Trastevere gelegen. Alle Zimmer mit Bad, sauber und gemütlich. Mit Garten. DZ ab 180.000.

Camping

▲ Happy Camping
Via Prato della Corte 1915
Tel. 06/33626401
Fax 06/33613800

Dieser gut ausgestattete Platz liegt nordwestlich von Roma. Schwimmbad, Laden, Restaurant und Waschmaschinen machen das Camperleben angenehm. Schattenreich. 2 Personen und 1 Zelt ab 25.000 Lire. Geöffnet Mitte März bis Oktober.

▲ Tiber
Via Tiberina km 1,4
Tel./Fax 06/33612314

Dieser Platz liegt etwa 1 km entfernt von der S-Bahnstation Prima Porta. Es gibt häufige Zugverbindungen mit Radtransport nach Roma (Bahnhof Flaminia). Gut ausgestattet, schattenreich, ruhig. 2 Personen und 1 Zelt 29.000.

Verpflegung

In Roma sind viele Restaurants im August geschlossen. In diesem Monat sowie am Sonntagabend oder Montag empfiehlt es sich zu reservieren. Für Selbstversorger sind die Märkte ein Paradies. Folgende sind besonders bekannt und bieten jeden Vormittag außer So ein frisches Sortiment an:

✉ Mercato di Campo dei Fiori
malerischer Markt mit Blumen und Esswaren

✉ Mercato della Piazza Vittorio
einer der günstigsten Märkte, wo man für sehr wenig Geld eine große Auswahl an Obst, Gemüse, Käse usw. findet.

🍽 Arnaldo ai Satiri
Via di Grotta Pinta 8
Tel. 06/6898377 oder
06/6543142

Viele vegetarische Gerichte und Spezialitäten des Hauses. Di und im August geschlossen.

🍽 Cantina Cantarini
  Piazza Sallustio 12
  Tel. 06/485528

Diese an einem hübschen Platz gelegene Lokalität serviert Spezialitäten aus Marche, u. a. Fisch.

🍽 La Pilotta
  Via di Porta
  Cavalleggeri 35-37
  Tel. 06/632643

In englischem Stil kann man zwischen mehr als 130 Sorten Pasta wählen.

Enoteken

🍽 Il Piccolo
  Via del Governo
  Vecchio 74-75
  Tel. 06/68801746

Diese kleine Enoteca führt alle besseren italienischen sowie einige ausländische Weine. Im Sommer sitzt man angenehm draußen. Gute Sortierung an Käse, Pasteten und Quiche.

🍽 Trimani – Il Wine Bar
  Via Cernaia 37b

Die Weinbar des bekannten Weinhauses Trimani bietet eine beeindruckende Weinkarte, Pasta, Polenta, Fleischwaren und Käse.

Cafés

Besonders schöne Cafés gibt es an der Piazza Navona.

🍽 L'Antico Caffè Greco
  Via Condotti 86

Nähe Piazza di Spagna. Dieses Café von 1760 mit seinem nostalgischen Stil gilt als eines der nobelsten von Roma. Zu den Gästen gehörte auch Goethe. So und im August geschlossen.

Eis

🍽 Palazzo del Freddo Giovanni Fassi
  Via Principe Eugenio 65-67

Schon seit dem 19. Jh. bekommt man hier – nahe der Piazza Vittoria – sehr gutes Eis. Die Einrichtung ist noch so wie damals.

🍽 Giolitti
  Via degli Uffici del Vicario 40

Diese Eisdiele hinter der Piazza Colonna bietet eine große Vielfalt: Unter den 50 Sorten herrlichen Eises sind außergewöhnliche Sachen wie Dattel- oder Reiseis.

TOUR 44: DURCH DEN NORDEN VON LAZIO

Montefiascone (Tour 38) – Viterbo – Lago di Vico – Ronciglione – Sutri – Trevignano – Anguillare – Ottavia – Roma (Tour 43)

Länge: ca. 115 km
Dauer: 1-2 Tage
Schwierigkeitsgrad: mittel
  hauptsächlich bergab mit einigen Steigungen
Wichtigste Sehenswürdigkeiten:
  Viterbo, Kratersee Lago di Vico, Sutri, Roma

Karten:
- Kümmerly & Frey 1:200.000; Latium/Rom (Bl.9); 16,80 DM
- Generalkarte Italien 1:200.000; Rom/Latium/Abruzzen (7); 12,80 DM
- Touring Club Italiano 1:200.000; Lazio; 9.500 Lire

Nördlich von Roma liegen zahlreiche Seen, an denen diese Tour entlangführt. Sie zweigt in Montefiascone von Tour 38 ab, die vom Mittelmeer nach Umbria verläuft. Man radelt durch eine vulkanisch entstandene Landschaft, in deren Senken sich Seen wie der Lago di Vico oder der Lago di Bolsena gebildet haben. Zwischen diesen erfordern Hügelketten wie die Monti Cimini oder die Monti Sabatini ordentlichen Krafteinsatz. Nach der Überquerung der Ringautobahn von Roma beginnt das bebaute Gebiet und am Olympiastadion vorbei geht es in die Innenstadt von Roma. Startpunkt der Tour ist das am Lago di Bolsena liegende Montefiascone, an dem die von der toscanischen Mittelmeerküste nach Todi verlaufende Tour 38 vorbeiführt.

Montefiascone (596 m) wird auf der in Richtung Orvieto nördlich führenden Nationalstraße 71 verlassen. Nach 1 km geht es links ab, der Beschilderung nach Fastello und Magugnano folgend. Etwa 4 km nach Fastello hält man sich zweimal rechts, unterquert Bahngleise und fährt immer geradeaus weiter, rechts vorbei an dem archäologischen Ausgrabungsfeld bei Acquarossa, bis die Innenstadt von Viterbo auf dem Viale Francesco Baracca erreicht wird.

Jetzt geht es geradeaus am Bahnhof vorbei, quer über die Straße 204, um dann rechts auf die Via Rosselli einzubiegen. Jetzt radelt man, unter der Bahn und durch die Stadtmauer hindurch, immer geradeaus bis zu zentralen Piazza dei Caduti.

Viterbo (326 m)

Diese Kleinstadt am Fuße der Monti Cimini wird durch Autoverkehr so stark belastet, dass es für den Radfahrer keine Freude ist, hier länger zu bleiben. Der von den Etruskern gegründete Ort war ein wichtiges Zentrum im Mittelalter, wovon die gut erhaltenen Stadtmauern und die Altstadt bei San Pellegrino zeugen. Im 13. Jh. residierten sogar die Päpste in Viterbo, und im gotischen *Palazzo Papale* aus demselben Jh. wurde das Kirchenoberhaupt gewählt.

Mittelpunkt ist die Piazza Plebiscito mit ihren prächtigen Palästen aus dem 15./16. Jh.. Eine nette Atmosphäre strahlt auch die Piazza Fontana Grande mit dem gleichnamigen Brunnen aus, dem ältesten und größten der Stadt.

☺ Die *Cattedrale di San Lorenzo* aus dem 12. Jh. wurde im 14. Jh. gotisch umgebaut, aber as Innere behielt seinen urspünglichen romanischen Stil.

ⓘ Piazza San Carluccio 5
01100 Viterbo

Tel. 0761/304795
Fax 0761/220957

Unterkunft

↵ Albergo Roma
Via della Cava 26
Tel. 0761/226474 oder 227274
Fax 0761/305507
Einfache Zimmer. Mit Restaurant und Garage. DZ ab 65.000 Lire.

↵ Albergo Milano 2
Via Santa Lucia 17
Tel. 0761/303367
Fax 0761/303425
13 bequeme Zimmer mit Bad. Mit Bar und Garage. DZ ab 85.000 Lire.

Die Piazza del Plebescito wird über die südöstlich abzweigende Via Cavour verlassen, die an der Piazza Fontane Grande in die Via Garibaldi übergeht. Bei der Porta Romana passiert man die Stadtmauern, überquert den Platz, und fährt auf der Via Santa Maria di Gradi weiter in südöstlicher Richtung. Die erste Abzweigung rechts, die Via Santa Maria di Grotticella, führt nun genau auf den richtigen Weg, der 6 km steil bergauf nach San Martino al Cimino mit seiner gleichnamigen Abteikirche führt. Dieser kleine Ort liegt am Rande der bis zu 1.000 m hohen Monti Cimini.

San Martino al Cimino wird in südlicher Richtung verlassen, und es geht westlich am Lago di Vico vorbei, einem unter Naturschutz gestellten Kratersee. Auf diesem südlich verlaufenden Weg hält man sich rechts, auf der ruhigeren Variante, und lässt links über sich den Gipfel des 965 m hohen Monte Fogliano liegen.

In Casaletto geht es über eine größere Straße hinüber, um sich dann rechts zu halten, Richtung Ronciglione (442 m). Aber 1 km vor Ronciglione verlässt man die Straße rechts, um nach 6 km das sehenswertere Sutri zu erreichen.

Sutri (291 m)

Sutri liegt in einem Tal, das zu beiden Seiten von vulkanischen Hügeln mit sehenswerten Kraterseen gebildet wird.

Sutri wird südlich auf der Nationalstraße 2 verlassen, um nach 1 km rechts Richtung Trevignano Romano abzubiegen. Aber bis dahin ist es wegen der Steigungen ein langer Weg. Rund 12 km lang führt die Straße die Monti Sabatini hinauf, links am Monte Calvi (587 m) und Monte Rocca Romana (612 m) vorbei. Gleich danach eröffnet sich ein schöner Blick auf den Lago di Bracciano. In rasendem Abwärtstempo wird die Küstenstraße erreicht, der man links 2 km bis nach Trevignano Romano (173 m) folgt. Nun geht es am östlichen Seeufer entlang, an der *Grotta del Pianoro* vorbei, bis nach Anguillare Sabázia.

Anguillare Sabázia (195 m)

Unterkunft

⤴ Albergo Bruna
Via Po s.n.c.
Tel. 06/9968819
Familiäre Unterkunft mit einfachen Zimmern, Garten und Garage. DZ 55.000 Lire.

⤴ Albergo Da Vittorio
Via Reginaldo Belloni 23
Tel. 06/9968030
Fax 06/9968330
Das Haus hat 17 gepflegte Zimmer mit Bad sowie Restaurant und Garten. DZ ab 100.000 Lire.

▲ Parco del Lago
Via Trevignanese
Tel. 06/99802003
Der Platz liegt am See, zwischen Trevignano und Anguillare und hat einen Laden. 2 Personen und 1 Zelt ab 25.000 Lire. Geöffnet von Anfang April bis Ende September.

Von Anguillare Sabázia folgt man der Beschilderung nach Roma, wohin von hier nicht alle Wege direkt führen. Dazu geht es südlich aus dem Ort heraus, und nach 3 km über die Bahnlinie herüber. Kurz hinter Casáccia wird Osteria Nuova erreicht, wo es geradeaus weitergeht, um der Straße 493 nach Madonna di Bracciano zu folgen. Nach einer weiteren Querung der Bahnlinie stößt man auf die stark befahrene Nationalstraße 2, die rechts nach Roma führt. Nach 3 km auf dieser Straße wird La Giustiniana erreicht.

▲ Seven Hills
Via Cassia 1216
Tel. 06/30310826
Dieser günstig gelege Platz ist etwa 13 km vom Zentrum von Roma entfernt und hat einen Laden, Restaurant sowie Schwimmbad. 2 Personen und 1 Zelt ab 36.000 Lire.

In La Giustiniana zweigt man rechts von der Nationalstraße 2 in Richtung Ottava ab. Diese Straße verläuft bis nach Roma hinein links von der Bahnlinie, quert nach kurzem die Roma umrundende Stadtautobahn und führt als Via Trionfale über Ottavia und Sant'Onófrio in das Ballungsgebiet der italienischen Hauptstadt hinein. Kurz hinter Sant'Onófrio geht es hinauf auf den Monte Mario, das Olympiastadion zur Linken. Man rollt den Monte Mario hinunter, folgt der teilweise in Serpentinen verlaufenden Via Trionfale bis zur Largo Trionfale, überquert diesen Platz und fährt auf der Via Leone IV. geradeaus weiter bis zum Vatikan mit der *Basilica di San Pietro*.

Wer jetzt nicht den Papst um eine Audienz bitten möchte, radelt links weiter, überquert den Tévere und gelangt so in den antiken Stadtkern von Roma.

Bibliographische Hinweise

LITERATUR

Die hier aufgeführten Titel sind nach allgemeiner, regionaler und radspezifischer Literatur zu Italien sortiert. Genausowenig fehlen Sprachführer und handliche Wörterbücher sowie zur literarischen Vorbereitung gut geeignete Werke. Bei der Fülle der angebotenen Reiseführer zu Italien (mehrere hundert) kann das natürlich nur eine kleine Auswahl sein, wobei auf Aktualität besonderen Wert gelegt wurde.

Italien allgemein

- Lonely Planet: Italy (englisch), Lonely Planet Publications, Australien 1998, 800 S.; 13,99 £. Sehr ausführlicher und kompakter Reiseführer mit guten, manchmal außergewöhnlichen Infos.
- Baedeker Allianz Reiseführer: Italien, Mairs Geographischer Verlag, Ostfildern 1999, 800 S.; 49,80 DM. Schwerpunkt Kultur. Gute Skizzen, Italien-Karte inklusive. Leider manchmal veralteter reisepraktischer Teil.
- Visuell Reiseführer: Italien, , DuMont, Köln 1998; 48,00 DM
- Marco Polo: Italien, Mairs Geogr. Verlag, 1999, 184 S.; 16,80 DM
- Polyglott Apa Guide: Italien, Apa Publications, 1999, 400 S.; 39,90 DM. Besser als das katalogmäßige Cover vermuten läßt. Viele Infos zu – allerdings nur größeren – Sehenswürdigkeiten. Gut visuell aufbereitet.
- Gärten in Italien. Ein Reiseführer zu den schönsten Gartenanlagen, Brinkhäuser, 1998, 143 S.; 39,80 DM
- Magisches Italien. Mehr erleben im Urlaub, VIS-A-VIS-Verlag, 1999; 29,80 DM
- Grüne Ferien in Italien, Grüne Liga, 1999, 140 S., 24 DM. Dieses Buch beschreibt 334 Agriturismo-Unterkünfte in ganz Italien mit vielen praktischen Infos zum Hof, Anreise, Übernachtung, Verpflegung und Preisen. Die meisten der aufgeführten Höfe betreiben Bio-Landwirtschaft und verkaufen ihren Produkte auch direkt. Das Buch kann online bestellt werden: *info@biohoefe.de*

Regionen

Lombardei / Oberitalienische Seen
- Marco Polo: Italien Nord, Mairs Geogr. Verlag, 1999, 128 S.; 14,80 DM
- Reisehandbuch: Oberitalien, Eberhard Fohrer, M. Müller Verlag, 1999, 619 S.; 39,80 DM
- Baedeker: Lombardei. Mailand. Oberitalienische Seen, 1998, 324 S.; 39,80 DM
- DuMont Reise-Taschenbuch: Lombardei, 1998, 262 S.; 19,80 DM
- DuMont-Kunstreiseführer: Lombardei und Oberitalienische Seen, 1999, 384 S.; 46 DM
- Lust auf Oberitalienische Seen, Heel-Verlag, 1999; 14,80 DM
- Goldstadt Reiseführer: Lago Maggiore / Comer See. 15 Reiserouten, 1996, 300 S.; 29,80 DM.

Toscana
- ADAC Reiseführer: Toskana, ADAC, 1998; 9,80 DM
- Viva Twin: Toskana, Viva, RV, 1998; 16,90 DM
- DuMont Extra Toscana, DuMont, 1998; 12,90 DM
- Marco Polo: Toskana, Mairs Geogr. Verlag,1998; 14,80 DM
- Baedeker Allianz Reiseführer: Toskana, Mairs Geogr. Verlag, 1998; 39,80 DM
- Reise Know-How: Toskana, Reise Know-How-Verlag Rump, 1999; 44,80 DM
- DuMont Kunst-Reiseführer: Toscana (Toskana). Das Hügelland und die historischen Stadtzentren, DuMont, 1998; 46,00 DM
- Vista Point: Toskana (Toscana), 1999; 38,00 DM
- Polyglott Apa Guide: Toskana, Apa Publications, 1999; 39,90 DM
- Toskana, Oase Verlag, 1999; 36,00 DM
- Toskana. Städte, Inseln, Berge. Mit Insel Elba, Bruckmann, 1998; 39,80 DM

Toscana und Umbria
- BLV-Reiseführer Natur: Toskana mit Umbrien, BLV, 1999, 128 S.; 29,90 DM
- Reisehandbuch: Toscana (Toskana). Florenz, Elba, Umbrien, M. Müller Verlag, 1998; 39,80 DM
- Anders reisen: Toskana / Umbrien. Ein Reisebuch in den Alltag, 1997; 22,90 DM
- ADAC-Reiseführer: Umbrien, 1999; 19,80 DM
- Marco Polo: Umbrien, Mairs Geogr. Verlag, 2000; 14,80 DM. Die Jahreszahl täuscht: Das Buch war bereits ein Jahr vor 2000 erhältlich.
- DuMont Reise-Taschenbuch: Umbrien, 1999, 272 S.; 19,80 DM
- Polyglott: Umbrien, 1998, 96 S.; 14,90 DM
- Toskana, Umbrien und Marken selbst entdecken, Regenbogen-Verlag, 1999; 39 DM
- Italiens Mitte. Alte Reisewege und Orte in der Toskana und

Bibliographische Hinweise

LITERATUR

Die hier aufgeführten Titel sind nach allgemeiner, regionaler und radspezifischer Literatur zu Italien sortiert. Genausowenig fehlen Sprachführer und handliche Wörterbücher sowie zur literarischen Vorbereitung gut geeignete Werke. Bei der Fülle der angebotenen Reiseführer zu Italien (mehrere hundert) kann das natürlich nur eine kleine Auswahl sein, wobei auf Aktualität besonderen Wert gelegt wurde.

Italien allgemein

- Lonely Planet: Italy (englisch), Lonely Planet Publications, Australien 1998, 800 S.; 13,99 £. Sehr ausführlicher und kompakter Reiseführer mit guten, manchmal außergewöhnlichen Infos.
- Baedeker Allianz Reiseführer: Italien, Mairs Geographischer Verlag, Ostfildern 1999, 800 S.; 49,80 DM. Schwerpunkt Kultur. Gute Skizzen, Italien-Karte inklusive. Leider manchmal veralteter reisepraktischer Teil.
- Visuell Reiseführer: Italien, , DuMont, Köln 1998; 48,00 DM
- Marco Polo: Italien, Mairs Geogr. Verlag, 1999, 184 S.; 16,80 DM
- Polyglott Apa Guide: Italien, Apa Publications, 1999, 400 S.; 39,90 DM. Besser als das katalogmäßige Cover vermuten läßt. Viele Infos zu – allerdings nur größeren – Sehenswürdigkeiten. Gut visuell aufbereitet.
- Gärten in Italien. Ein Reiseführer zu den schönsten Gartenanlagen, Brinkhäuser, 1998, 143 S.; 39,80 DM
- Magisches Italien. Mehr erleben im Urlaub, VIS-A-VIS-Verlag, 1999; 29,80 DM
- Grüne Ferien in Italien, Grüne Liga, 1999, 140 S., 24 DM. Dieses Buch beschreibt 334 Agriturismo-Unterkünfte in ganz Italien mit vielen praktischen Infos zum Hof, Anreise, Übernachtung, Verpflegung und Preisen. Die meisten der aufgeführten Höfe betreiben Bio-Landwirtschaft und verkaufen ihren Produkte auch direkt. Das Buch kann online bestellt werden: *info@biohoefe.de*

Regionen

Lombardei / Oberitalienische Seen

- Marco Polo: Italien Nord, Mairs Geogr. Verlag, 1999, 128 S.; 14,80 DM
- Reisehandbuch: Oberitalien, Eberhard Fohrer, M. Müller Verlag, 1999, 619 S.; 39,80 DM
- Baedeker: Lombardei. Mailand. Oberitalienische Seen, 1998, 324 S.; 39,80 DM
- DuMont Reise-Taschenbuch: Lombardei, 1998, 262 S.; 19,80 DM
- DuMont-Kunstreiseführer: Lombardei und Oberitalienische Seen, 1999, 384 S.; 46 DM
- Lust auf Oberitalienische Seen, Heel-Verlag, 1999; 14,80 DM
- Goldstadt Reiseführer: Lago Maggiore / Comer See. 15 Reiserouten, 1996, 300 S.; 29,80 DM.

Toscana

- ADAC Reiseführer: Toskana, ADAC, 1998; 9,80 DM
- Viva Twin: Toskana, Viva, RV, 1998; 16,90 DM
- DuMont Extra Toscana, DuMont, 1998; 12,90 DM
- Marco Polo: Toskana, Mairs Geogr. Verlag, 1998; 14,80 DM
- Baedeker Allianz Reiseführer: Toskana, Mairs Geogr. Verlag, 1998; 39,80 DM
- Reise Know-How: Toskana, Reise Know-How-Verlag Rump, 1999; 44,80 DM
- DuMont Kunst-Reiseführer: Toscana (Toskana). Das Hügelland und die historischen Stadtzentren, DuMont, 1998; 46,00 DM
- Vista Point: Toskana (Toscana), 1999; 38,00 DM
- Polyglott Apa Guide: Toskana, Apa Publications, 1999; 39,90 DM
- Toskana, Oase Verlag, 1999; 36,00 DM
- Toskana. Städte, Inseln, Berge. Mit Insel Elba, Bruckmann, 1998; 39,80 DM

Toscana und Umbria

- BLV-Reiseführer Natur: Toskana mit Umbrien, BLV, 1999, 128 S.; 29,90 DM
- Reisehandbuch: Toscana (Toskana). Florenz, Elba, Umbrien, M. Müller Verlag, 1998; 39,80 DM
- Anders reisen: Toskana / Umbrien. Ein Reisebuch in den Alltag, 1997; 22,90 DM
- ADAC-Reiseführer: Umbrien, 1999; 19,80 DM
- Marco Polo: Umbrien, Mairs Geogr. Verlag, 2000; 14,80 DM. Die Jahreszahl täuscht: Das Buch war bereits ein Jahr vor 2000 erhältlich.
- DuMont Reise-Taschenbuch: Umbrien, 1999, 272 S.; 19,80 DM
- Polyglott: Umbrien, 1998, 96 S.; 14,90 DM
- Toskana, Umbrien und Marken selbst entdecken, Regenbogen-Verlag, 1999; 39 DM
- Italiens Mitte. Alte Reisewege und Orte in der Toskana und

Vicenza: Ortsansicht mit Kanal

Wassermühle am Stadtrand

Basilika Andrea Palladios

Obstmarkt in Bozen

Lago di Ledro

Schloss Maretsch bei Bozen

Umbrien, Wagenbach, 1998; 22,80 DM

Südtirol / Dolomiten
- Baedeker Allianz Reiseführer: Südtirol & Dolomiten, Mairs Geogr. Verlag, 1998; 29,80 DM
- Marco Polo: Dolomiten, Mairs Geogr. Verlag, 1999; 14,80 DM
- DuMont Reise-Taschenbuch: Gardasee mit Verona und Idrosee, 1998, 240 S.; 19,80 DM

Emilia-Romagna
- DuMont-Kunstreiseführer: Emilia-Romagna, 1997, 446 S.; 44 DM
- Marco Polo: Emilia-Romagna, Mairs Geographischer Verlag, 1999; 14,80 DM
- Polyglott: Emilia-Romagna, 1998, 96 S.; 14,90 DM

Veneto / Friuli-Venezia-Giulia
- Reisehandbuch: Venetien und Friaul, Müller-Verlag, 1999; 29,80 DM
- DuMont-Kunstreiseführer: Friaul und Triest, 1999, 376 S.; 46 DM
- Marco Polo: Venetien / Friaul, 96 S., 1999; 14,80 DM
- Polyglott: Venetien / Friaul, Mairs Geographischer Verlag, 96 S., 1999; 14,90 DM
- ADAC-Reiseführer: Venetien und Friaul, 2000; 19,80 DM
- Merian live!: Verona und Veneto, 1999; 14,90 DM
- DuMont-Taschenbuch: Venetien. Die Städte und Villen der Terraferma, 1998; 46 DM
- Villen in Venetien, Könemann-Verlag, 1999; 19,90 DM

Städteführer

Roma
- Reise Know-How City: Rom und Umgebung., Reise Know-How Rump, 1999; 19,80 DM
  Gute Infos zu Rom, aber leider scheint der reisepraktische Teil bei der Überarbeitung vergessen worden zu sein.
- Vista Point City Guide & Plan: Rom, Vista Point,1999; 9,80 DM
- Ein Reisebegleiter: Rom, DTV, 1999; 22,90 DM
- Polyglott Reiseführer: Rom, Polyglott, 1999; 14,90 DM
- Polyglott City Guide. Rom, Polyglott, 1999, 192 S.; 24,90 DM
- Lonely Planet: Rome, Lonely Planet Publications, Juli 1999; 29,68 DM
- Bunte Travel Guide: Rom, Mairs Geogr. Verlag, 1999; 14,90 DM
- Iwanowski-Stadtführer: Rom und Umgebung, 1999; 36,80 DM
- Koval Reiseführer: Rom, Koval, 1999; 24,80 DM
- Go Vista. City Guide: Rom, Vista Point, August 1999
- Szene Stadtführer: Rom mit Plan, Unterwegs Verlag, 2000; 19,80 DM

- City Guide: Rom. Die drei schönsten Stadtrundgänge, Compact-Verlag, 1999; 9,80 DM

Firenze
- ADAC-Reiseführer: Florenz, 1998, 192 S.; 19,80 DM
- Baedeker: Florenz, 1997, 212 S.; 24,80 DM
- Polyglott: Florenz, 1999, 96 S.; 14,90 DM
- DuMont Reise-Taschenbuch: Florenz, 1999, 248 S.; 19,80 DM
- DuMont Extra: Florenz, 1999, 96 S.; 12,90 DM. Handlich und inklusive Karte.
- DuMont-Kunstreiseführer: Florenz, 1997, 352 S.; 44 DM

Venezia
- Bunte Travel Guide: Venedig, 1999; 14,90 DM
- Polyglott ReiseBuch: Venedig, 1999; 19,90 DM
- Polyglott-Reiseführer: Venedig, 1999; 14,90 DM
- Regenbogen: Venedig selbst entdecken, 1999; 36 DM

Radreiseführer

Erhältlich im deutschen Buchhandel:
- Südtirol per Rad, 1995, Kettler-Verlag; 24,80 DM
- Radwandern der Etsch entlang. Vom Reschenpaß bis Salurn, Schubert & Franzke, St.Pölten 1998. Ausführliche Beschreibung des Etsch-Radweges mit Radkarte 1:75.000.
- Bikeline Radtourenbuch: Etsch-Radweg. Von Landeck nach Verona, Esterbauer, 1998; 22,80 DM. Gewohnt gute Qualität und praktische Handhabung.
- Steiger Verlag: Genußradeln im Tessin und am Comer See, 1996, 128 S.; 19,90 DM
- Stöppel Radwandern: Gardasee, 1996, 224 S.; 29,80 DM
- Moser Bike Guide 11. Gardasee 1. 50 Touren – alle Bike-Routen der Region Gardasee Nord/Ost, 1997, 200 S.; 58 DM
- Moser Bike Guide 12. Gardasee 2. 50 Touren – alle Bike-Routen der Region Gardasee West, 1997, 200 S.; 58 DM
- Bruckmann Erlebnis Rad. Radtouren zwischen Gardasee und Venedig, München 1997; 44 DM. Beschreibung von – relativ leichten – Tagestouren. Kaum reisepraktische Infos.
- Stöppel Radwandern Toskana, Weilheim 1997, 208 S.; 29,80 DM. 30 Radtouren in der Toskana, überwiegend Rundtouren. Etwas spärliche praktische Reise-Informationen
- Steiger: Genußradeln in der Toskana mit Elba, 128 S.; 19,90 DM
- Bruckmann Erlebnis Rad. Radtouren in der Toskana, Bruckmann, München 1996, 44 DM. Beschreibung von – relativ leichten – Tagestouren. Kaum reisepraktische Infos.
- Fahrradführer Toskana, Edition Moby Dick, 166 S., 1997; 24,80 DM

- Toskana per Rad. Inkl. Umbrien, 1999, Kettler-Verlag; 24,80 DM

Erhältlich im italienischen Buchhandel:
- Eciclo Editione: Serie »Mountainbike in ...« (italienisch), Mountainbikeführer für mehr als 20 Gebiete, jeweils 26.000 Lire
- Treni & Bici in Friuli-Venezia-Giulia (italiensich), Portogruaro 1993, APT Friuli-Venezia-Giulia, 24 Rundfahrten mit auf wasserfesten Kärtchen sowie praktische Bahninfos für Radler, ISBN 88-85327-36-2; 7000 Lire, erhältlich beim Hrsg. oder im Buchhandel
- Umbrien mit dem Fahrrad, APT Umbrien, umfangreiches Set mit Beschreibungen und Karten für 12 Touren durch Umbrien, Scorzè 1999, ISBN 88-8165-046-0; 12,40 Euro; zu bestellen im italienischen Buchhandel oder direkt beim Verlag, E-mail: *pedala@tin.it*
- Guida cicloturistica del Chianti (italienisch), Provincia di Siena, 20 Radtouren durch zwischen Florenz und Siena, 100 S. spiralgeheftet, ISBN 88-7145-143-0, für 20.000 Lire beim Hrsg. oder im Buchhandel

Sprachführer & Wörterbücher (für unterwegs)

- Berlitz Sprachführer und Wörterbuch: Italienisch; 10,80 DM
- Colibri Sprachführer: Italienisch; 9,80 DM
- Goldstadt-Sprachführer: Italienisch für Urlaub und Reise. Mit italienischer Speisenkarte in deutsch-italienisch und italienisch-deutsch; 9,80 DM
- Marco Polo Sprachführer: Italienisch; 9,80 DM
- Polyglott-Sprachführer: Italienisch; 9,80 DM
- ReiseWortSchatz: Italienisch, Reise Know-How Verlag Rump, 1999; 19,80 DM
- Kauderwelsch Band 97: Italienisch für Opernfans, Reise Know-How Verlag Rump, 128 S.; 14,80 DM. Die dazu gehörige Kassette (60 Min.) kostet 14,80 DM
- Kauderwelsch Band 107: Italo-Slang – das andere Italienisch, Reise Know-How Verlag Rump, 96 S.; 14,80 DM.Die dazu gehörige Kassette (60 Min.) kostet 14,80 DM
- Kauderwelsch Band 22: Italienisch – Wort für Wort, Reise Know-How Verlag Rump, 128 S.; 14,80 DM. Die dazu gehörige Kassette (60 Min.) kostet 14,80 DM
- Langenscheidts Universal-Wörterbuch Italienisch-Deutsch / Deutsch-Italienisch, 480 S.; 12,90 DM. Klein und handlich, aber umfangreich mit 30.000 Stichwörtern
- Berlitz-Wörterbuch Italienisch-Deutsch / Deutsch-Italienisch; 10,80 DM

- Lechner Eurobooks: Wörterbuch Italienisch. Dizionario Tedesco. Mit 270.000 Wörtern; etwa 10 DM
- Klett-Reisewörterbuch Italienisch-Deutsch / Deutsch-Italienisch; 19,80 DM. Mehr als 5.000 Stichwörter in beiden Richtungen.

Zur Vorbereitung

- Goethe, Johann Wolfgang von: Italienische Reise, 1813. Günstige Ausgabe von Könemann, Köln 1998, 432 S.; 9,90 DM. Der Klassiker unter den Italienberichten. Auch heute noch gut lesbar.
- Seume: Spaziergang nach Syrakus, DTV-Ausgabe; 396 S.; 19,90 DM. Zwanzig Jahre nach Goethe brach der Schriftsteller Seume zu seiner 2-jährigen Wanderreise nach Italien auf. Genaue Beobachtungen mit zielgenauer Kritik an sozialen Missständen.
- Kammerer, Peter / Krippendorff, Ekkehart: Reisebuch Italien – Der Norden, Rotbuch-Verlag, Hamburg 1998, 264 S.; 29,80 DM. Nett zu lesende Hintergründe über Norditalien. Weniger gut geeignet für unterwegs, umso mehr zur Vorbereitung.
- Gretter, Susanne (Hrsg.): Europa Erlesen. Venedig und Triest, Klagenfurt 1997, jeweils 260 S.; jeweils 19,80 DM. Bunte Mischung mit Auszügen aus Reiseberichten verschiedener Schriftsteller zu Venedig und Triest, darunter Goethe, Rilke, Hesse, Voltaire, Hemingway, Twain, Joyce.
- Solly, Martin: Xenophobe's guide to the Italians (englisch), Oval Books, London 1999, 64 S., ISBN 1-902825-35-7; 3,99 £. Satirische Einführung in den Charakter der Italiener mit typisch britischem Humor.

Karten

Hier sind verschiedene Karten in der Reihenfolge des Maßstabes angegeben: Von klein (Atlanten) bis groß, etwa Regionalplänen. Für den Radler sind vor Ort erfahrungsgemäß Maßstäbe von 200.000 bis 100.000 sinnvoll. Die am Anfang genannten Straßenatlanten sind gerade für die Tourenplanung eine gute Stütze, weil damit ganz Italien abgedeckt ist. Die Stadtpläne kann man sich daraus für den Gebrauch vor Ort kopieren.

- Istituto Geografico Centrale: Atlante Stradale Italia 1.250.000; 39.000 IL. Handlich und mit vielen Orts- und Regionalplänen sowie ausführlichem Register.
- Michelin: Atlas Italien (Italia); 32,80 DM. Mit und Ortsregister, 78 Stadtplänen und Karte der Durchgangsstraßen.
- Falk: Italien 1:750.000. Internationale Länderkarte. Mit Ortsverzeichnis; 14,90 DM * Berndt

- & Freytag: Italien 1:650.000; 16 DM. Mit Ortsverzeichnis.
- Kümmerly & Frey: Italien 1:500 000. Straßenkarte. Doppelkarte Nord und Süd; 19,80 DM
- Kümmerly & Frey: Norditalien 1:500 000.; 14,80 DM. Straßenkarte mit Sehenswürdigkeiten
- Berndt & Freytag: Italien Nord 1.400.000; 13,90 DM. Mit Kulturführer und Nebenkarten Florenz, Insel Elba, Rom 16 DM
- Michelin: Straßenkarte 1:400.000, Italien Nord-Ost und Italien Nord-West; jeweils 13,80 DM
- RV/Falk: Italien 2. Italienische Adria 1:300 000. Südtirol, Venezia, Istria; 14,90 DM
- Kümmerly & Frey: Karten 1:200.000; jeweils 16,80 DM. Für Lombardei (2), Trentino/Südtirol (3), Friaul/Venetien (4), Ligurien/Italienische Riviera (5), Emilia-Romagna (6), Toskana (7), Umbrien/Italienische Adria (8), Latium/Rom (9)
- Generalkarte Italien 1:200.000; Mairs Geographischer Verlag; jeweils 12,80 DM. Für Oberitalienische Seen. Mailand. Turin (1), Brenner/Verona/Parma (2), Brenner/Venedig /Triest (3), Mailand/Turin/Italienische Riviera (4), Toskana (5), Adria. Umbrien. Marken (6), Rom/Latium/Abruzzen (7)
- Generalkarte Südtirol / Dolomiten 1:200.000, Mairs Geographischer Verlag; 8,80 DM.
Preisgünstig und gut zu falten. Praktisch für unterwegs.
- Touring Club Italiano 1:200.000; jeweils 9.500 IL. Für Lombardia, Liguria, Trentino-Alto Adige, Veneto/Friuli-Venezia-Giulia, Emilia-Romagna, Toscana, Marche/Umbria, Lazio. Karten mit dem besten Preis-Leistungs-Verhältnis für diesen Maßstab. Leider nur in Italien erhältlich.
- ADAC-Regionalkarte, 1:150.000; 12,80 DM. Für Italienische Adria, Italienische Riviera, Südtirol, Gardasee und Venetien, Oberitalienische Seen, Toskana
- Die Freizeitkarte Generalkarte Südtirol / Dolomiten 1:120.000, Mairs Geographischer Verlag; 9,80 DM
- Polyglott: 1:115.000. Gardasee; 12,90 DM. Reiß- und wasserfeste Polyglott FlexiKarte mit Reiseinformationen
- Berndtson & Berndtson: 1:100.000. Gardasee mit Brescia, Innsbruck, Lago di Garda, Verona; 16,90 DM. Guter Maßstab für Radler, der die weitere Umgebung des Lago di Garda mit abdeckt.
- Istituto Geografico Centrale: Wanderkarten 1:50.000 für Piemont, Aosta-Tal und Ligurien, mehr als 22 lieferbar.
- Kompass-Wanderkarten / Carta turistica 1:50.000, Mit 79-seitigem Kurzführer. U.a. für Meran und Umgebung (Blatt 53), Bozen

(Bl.54), Brixen (Bl.56), Bruneck-Toblach (Bl.57), Maremma-Argentario (Bl.651), Grosseto-Pienza (Bl.653), Firenze-Chianti (Bl.660), Siena-Chianti-Colline Senesi (Bl.661), Perúgia-Deruta (Bl.663), Gubbio-Fabriano (Bl.664), Assisi-Camerino-Foligno-M.Pennino (B.665), Mont Sibillini-Cascia-Norcia (Bl.666); jeweils 12,80 DM. In Deutschland und Italien erhältlich. Gesamtübersicht im Internet: *www.kompass.at*

Stadtpläne

Milan
- Falkplan: Mailand; 10,90 DM
- Falkplan Extra: Mailand. Stadtplan mit Straßenverzeichnis; 8,80 DM
- Hallwag: Mailand 1:13.500. Stadtplan, U-Bahn-Netz und Straßenverzeichnis; 8,80 DM
- Freytag & Berndt: Mailand 1:19.000. Mit Straßenverzeichnis, Sehenswürdigkeiten und Museen, Übersichtskarte Mailand und Umgebung; 13 DM
- Polyglott FlexiKarte: Mailand 1:12.500. Mit Reiseinformationen; 12,90 DM
- Touring Club Italian: Milano 1:12.000; 4.500 IL. Günstig, aber nur in Italien erhältlich.

Firenze
- ADAC Stadtplan: Florenz 1:8.500. Mit Cityplan und Umgebungskarte; 9,80 DM
- Falkplan Extra: Florenz. Stadtplan mit Straßenverzeichnis; 10,90 DM
- RV Euro-Stadtplan: Florenz 1:12.000. Mit Innenstadtplan 1:6.000, Sehenswürdigkeiten, Straßenverzeichnis; 9,80 DM
- Polyglott FlexiKarte: Florenz 1:8.000. Mit Reiseinformationen; 12,90 DM
- Touring Club Italian: Firenze 1:10.000; 4.500 IL. Günstig, aber nur in Italien erhältlich.

Roma
- Hallwag: Rom 1:15.000. Stadtplan mit U-Bahn, Vatikanstadt, Umgebungskarte und Index; 8,80 DM
- Michelin: Rom 1:10.000. Stadtplan mit Straßenindex; 13,80 DM
- ADAC Cityplan: Rom 1 : 8.000. Mit Durchfahrtsplan, Sehenswürdigkeiten, Vatikan-Übersicht und U-Bahnplan; 9,80 DM
- Falkplan: Rom (Stadtplan); 12,90 DM
- Falkplan Extra: Rom. Stadtplan mit Straßenverzeichnis; 8,80 DM
- Polyglott FlexiKarte: Rom 1:12.500. Mit Reiseinformationen; 12,90 DM
- Touring Club Italian: Roma 1:10.000; 4.500 IL. Günstig, aber nur in Italien erhältlich.

Venezia
- ADAC Stadtplan: Venedig 1:5.500; 9,80 DM

- Falkplan Extra: Venedig 1:16.000. Stadtplan mit Straßenverzeichnis; 8,80 DM
- Falkplan: Venedig; 9,80 DM
- Berndtson & Berndtson: Venedig 1:6.500. Stadtplan. Mit Burano /Laguna Veneta /Lido / Murano /Torcello; 14,90 DM
- Polyglott FlexiKarte Venedig 1:7.500. Mit Reiseinformationen; 12,90 DM.
- Touring Club Italian: Venezia 1:5.000; 4.500 IL. Günstig, aber nur in Italien erhältlich.

Sonstige
- Freytag + Berndt: 1:5.000 für Siena, 1:10.000 für Triest; 11 DM Falkplan: Bozen / Meran 1:20.000; 9,80 DM

INTERNET-ADRESSEN

Der PC ist in Italien mit 220 Geräten pro 1.000 Einwohner zwar bei weitem noch nicht so häufig wie in Deutschland (etwa 300), und auch die Zahl der Internet-Anschlüsse ist mit 40 pro 1.000 Einwohner niedrig (Deutschland· 110). Dennoch bieten inzwischen alle Regionen, Provinzen, Städte sowie zahlreiche touristische und andere Dienstleister ihre Informationen und Produkte im Internet an. Aber nur relativ wenige sind wirklich brauchbar. Im Folgenden sind einige Adressen angegeben, die nach Einschätzung der Autoren bei der Planung einer Radtour in/nach Italien hilfreich sein können. Dabei sind überwiegend englisch- oder deutschsprachige Seiten angegeben. Viele weitere Orte sind ebenfalls im Internet präsent, allerdings nur auf Italienisch. Wer da mal einen Blick hereinwerfen möchte, kann sich die Rubrik »Regional: Länder: Italien«: »Städte« oder »Regionen« bei *www.yahoo.de* anschauen.

Wer während der Radtour im Internet »surfen« oder einfach nur seine elektronische »Mailbox« lesen möchte, kann dies in Internet-Cafés tun, die in den größeren Städten zu finden sind. Eine Stunde online kostet hier ab 10.000 Lire. Auch in einigen Jugendherbergen besteht die Möglichkeit, online zu gehen, etwa in Firenze, Milano, Ravenna, Roma und Venezia.

Die im Folgenden genannten Internet-Adressen beginnen in der Regel mit »www«, also dem Kürzel für »World Wide Web.« Lediglich Adressen, bei denen »www« nicht in der Adresse vorkommt, wird hier das übliche »http://« vorangestellt. Achtung: Das Internet ist ein dynamisches Medium, und daher dürften einige Adressen bereits nach Drucklegung dieses Buches veraltet sein.

Regionen/Gebiete

- Liguria: *www.doit.it/Tourism/ genova/genoa.html*: Infos über Genova und Liguria (Englisch)
- Südtirol: *www.sudtirol.com/ pg1d.htm*: Orte, Hotels, Tourismus in Südtirol (Deutsch)

- *www.hallo.com*: offizielle Südtiroler Tourismus-Website (u. a. Deutsch)
- Dolomiten: *www.dolomiti.it/eng/* Sehr ausführliche Seite über die Dolomiten (Englisch)
- Trentino: *www.provincia.tn.it/apt/NewAPT/pages/D/index.asp*: Ausführliche Infos über Trentino (Deutsch)
- Valsugana: *www.valsugana.com*: Viele praktische Infos über das Valsugana (Englisch)
- Lago di Garda: *www.garda.com/default_ted.htm*: Der Norden des Lago di Garda (Deutsch)
- Lago di Garda: *http://www.telmec.it/Home_de.htm*: Lago di Garda-Magazin mit vielen Infos und Porträts aller Orte (Deutsch)
- Veneto: *www.veneto.org*: Viele Hintergrundinfos über Veneto (Englisch)
- Umbria: *www.regione.umbria.it/turismo/apt/indefa.htm*: Gut gegliederte Infos über die Region Umbria (Englisch) *www.umbria.org/EDefault.htm*: Gute Hintergrundinfos (Englisch) *www.argoweb.it/umbria/umbria.ge.html*: viele Infos über Umbrien und die Orte (Deutsch)
- Provinz Rimini: *www.adria.net*: Suchen nach Orten oder Themen in der Provinz Rimini (Deutsch)
- Toscana: *www.knowital.com*: Gute Links zu verschiedenen Orten in der Toscana (Englisch)
- Chianti: *www.chianti-doc.com*: Gute Seite über die Chianti: Weine und Tourismus, mit Links zu einigen Orten (Englisch)
- Lazio: *www.incoming.it*: Einige Infos über Lazio (Englisch)
- *www.parks.it/Eindex.html*: Nette Seite über Parks und Naturschutzgebiete Italiens (Englisch)

Orte

- Assisi: *www.assisi.com*: Viele Infos über Assisi (Englisch)
- Bologna: *www.smart.it/Bologna/Turismo_gb.html*: Infos über Bologna; Unterkunft, Sehenswürdigkeiten (Englisch)
- Cremona: *www.cremonaturismo.com*: Praktische Infos über Cremona (Englisch)
- Firenze: *www.fionline.it/wel_eng.html*: Viele Infos über Firenze (Englisch) *http://english.firenze.net/* Firenze: Sehr ausführliche Info-Seite (Englisch)
- Gúbbio: *www.gubbio.com/indexus.html*: Gúbbio online, mit Hotels & Restaurants, Museen (Englisch)
- Lucca: *www.comune.lucca.it/en-index.htm*: Lucca; Infos mit Karten (wenig Englisch, meistens Italienisch)
- Milano: *www.rcs.it/inmilano/english/benven.html*: Viele praktische Infos, gute Übersicht über

- Parma: *www.parmaitaly.com/indexk.html*: Viele nützliche Infos über Parma, seine Spezialitäten, Sehenswürdigkeiten und praktische Infos (Englisch, teilweise auch Deutsch)
- Perúgia: *www.perugia.com/homeus.html*: Infoa über Perúgia, übersichtlich aufgemacht, viele Infos (Englisch)
- Pisa: *www.comune.pisa.it/doc/cittapi.htm*: Ausführliche Info-Seite über Pisa, u.a. mit vielen Karten (Englisch)
- Radda in Chianti: *www.monterinaldi.it/de*: Weingut Castello di Monterinaldi mit vielen praktischen Infos über den Chianti (Deutsch)
- Roma: *www.geocities.com/Athens/Forum/2680*: Viele Infos über Roma, aber sehr subjektive Bewertung (Englisch)
  www.romeguide.it: Sehr ausführlich mit so ziemlich allem, was man wissen möchte (Englisch)
- Rovereto: *www.apt.rovereto.tn.it/willkommen.htm*: Viele Infos (Deutsch)
- Siena: *www.turismoverde.com/germany/dhome.htm*: Sehr ausführliche und übersichtliche Seite über Siena (Deutsch)
- Trieste: *http://triestemia.com*: Trieste-Infos, etwas unübersichtlich (Englisch)
- Valéggio sul Mincio: *www.valeggio.com/index_de.htm*: Gute Seite über Vallégio sul Mincio (Englisch)
- Verona: *http://www.intesys.it/Tour/Ger/Verona.html*: Verona-Infos, Stadt und Umgebung (Englisch, bald auch Deutsch)
- Venezia: *www.virtualvenice.net/en*: Viele Infos über Venezia (Englisch)
  www.doge.it: Eine weitere ausführliche Seite über Venezia (Englisch)
- Vinci: *www.leonet.it/comuni/vinci/vinci.html*: Nette Seite über Vinci, u.a. mit Info über Leonardo (Englisch)

Unterkünfte

- *http://itwg.com/accommodate.asp*: Unterkunftssuche in größeren Städten, inkl. Camping und Agriturismo (Englisch)
- *http://users.iol.it/baa-uca*: Hier präsentiert der »Bund Alternativer Anbauer« (BAA) Biohöfe in Südtirol (Deutsch)
- *www.mcsystem.it/agritur/e_mapp.htm* Übersicht über Agriturismo-Betriebe, nach Provinzen geordnet (Englisch)
- *www.agriturist.it*: Homepage des nationalen Agriturismo-Verbandes (Italienisch)
- *http://perso.wanadoo.fr/agrisport-france2/anglais.htm*: Agrisport und Agriturismo in Italien, Liste der Betriebe

Allgemeine Themen

- *www.enit.it/chi.htm*: Homepage von ENIT, dem italienischen Fremdenverkehrsamt (Italienisch)
- *http://itwg.com/idxapt.asp*: Italian Tourist Web Guide; Tourist Board Adresses (Englisch)
- *www.initaly.com/*: In Italy Online; sehr informativ, z.B. sehr gutes Unterkunfsverzeichnis (Englisch)
- *www.italiatelemarkt.de/*: Italienisch online shoppen, z. B. Wein, Möbel, Immobilien, Moser-Rennräder (Deutsch)
- *www.piuitalia2000.it* und *www.italienaktuell.de*: Infos zum Heiligen Jahr in Italien mit vielen aktuellen Berichten und Reise-Tipps (u. a. Deutsch)

Tipps

- *www.teletour.de/italien/*: Urlaubsvorbereitung, -planung und Reservierung mit Teletour Online (Deutsch)
- *www.emmeti.it/Welcome/index.de.html*: Online-Reiseführer zu Italien mit Suchoptionen für Regionen, Provinzen, Reiserouten (u.a. Deutsch und Englisch)
- *www.wel.it/Welcome/index.de.html*: Touristische Infos zu Italien. Orte oder Provinzen selektierbar (Deutsch)
- *www.fs-on-line.com/deu/index.htm*: Italienische Eisenbahn FS (Deutsch)
- *www.travel.it/*: alle möglichen touristischen Infos zu Italien (Englisch)

Radspezifisch

- *www.adfc.de/service/euro/serv0705.htm*: Landeskundliche Infos für Radler zu Italien vom ADFC. Kurze und präzise nützliche Infos (Deutsch)
- *www.adfc.de/service/mitradel/serv0801.htm*: Mitradelbörse des ADFC (Deutsch)
- *www.rcvr.org/assoc/adb/fiab/deutsch/main.htm*: Federazione Italiana Amici della Bicicletta, italienische Fahrradclub (Deutsch)
- *http://members.it.tripod.de/Malvisi/linkitine.html*: Links zu Radtouren in verschiedenen Regionen (Deutsch)

Internet-Adressen von Radreiseveranstaltern im deutschsprachigen Raum, die Radtouren nach Italien anbieten, sind im touristischen Teil angegeben. Und Firmen, die Radtourenausrüstung direkt oder im Versand anbieten, finden sich unter den Informationen zur Sportart.

Radspezifisch regional

- *www.pianeta.com/toofast*: Trentino Bike, u.a. mit geführten Touren und Mountainbiking am Lago di Garda (Deutsch)

- *www-math.science.unitn.it/Bike*: Trento Bike Pages, mit vielen Infos und Radreiseberichten (Englisch)
- *www.youthpoint.it/cicloitinerari/index.html*: Radtouren in der Provinz Brescia (Italienisch)
- *www.abeline.it/fbp.htm*: Florence Bike Pages, Radfahren in Firenze (Englisch)

Fahrrad-Vokabular

WICHTIGE WÖRTER

Achse	l'asse
Bremse	il freno
Bremsgriffe	leva freni
Bremszug	il cavo del freno
Damenrad	la bicicletta per donne
Dynamo	il dinamo
Fahrrad mit …Gängen	la bicicletta a … velocità
Fahrradkorb	il cestino della bicicletta
Felge	cerchio
Felgenbremse (vorne, hinten)	freno (anteriore, posteriore)
Flickzeug	il corredo per riparazione di forature
Freilauf	la ruota libera
Gabel	la forcella
Gang (bei Schaltung)	la velocità
Gangschaltung, siehe »Schaltung«	
Gaskocher	il fornello a gas
Gaskartusche	la bombola di gas
Gepäckträger	il portabagagli
Glühbirne	la lampadina
Hammer	il martello
Helm	il casco
Herrenrad	la bicicletta per uomini
Hinterrad	la ruota posteriore
Hinterradtasche	il tascapane posteriore
Hinterrohre	il tubo posteriore orizzontale
Hinterstreben	il tubo posteriore verticale
Imbusschlüssel	la chiave esagonale
Kabel	il cavo
kaputt	rotto
Kette	la catena
Kettenblätter	la ruota dentata
Kettenfett	il grasso per la catena
Kettenrad	la ruota a catena
Kettenschutz	la copricatena
Kilometerzähler	il contachilòmetri
Kindersitz	il sedile per bambini
Klebeband	il nastro adesivo
Klingel	il campanello
Lenker	il manubrio
Lenkertasche	la borsa manubrio
Luftpumpe	la pompa d'aria
Mantel	il copertone
Mountainbike	la mountainbike
Nabe	il mozzo
Oberrohr	il tubo orizontale
Packtasche	il tascapane per bicicletta
Pedale	il pedale
Platten	il pneumatico sgonfio

Rad	la ruota	Zelt	la tenda
Radweg	la pista ciclabile	zelten	campeggiare
Rahmen	il telaio		
Reflektor	il riflettore		
Regenjacke	l'impermeabile		

Straßen

Reifen	la gomma
Reparaturwerkzeug	arnesi da riparazione
Rücklicht	la luce posteriore
Rücktrittbremse	il freno a contropedale
Sattel	la sella
Sattelstütze	la reggisella
Sattelrohr	il tubo verticale
Satteltasche	la bisaccia
Schalthebel	la leva del cambio
Schaltung	il cambio per il cambio
Schlauch	la camera d'aria
Schraube	la vite
Schraubenmutter	la madrevite
Schraubenschlüssel	la chiave per dadi
Schraubenzieher	il cacciavite
Schutzblech	la copricatena
Speiche	il raggio
Ständer	il posteggio
Tachometer	il tachìmetro
Tretlager	pedivella il supporto dei pedali
Trinkflasche	la bottiglia da bere
Unterrohr	il tubo obliquo
Ventil	la valvola
Vorderlicht	la luce anteriore
Vorderrad	la ruota anteriore
Vorderradtasche	il tascapane anteriore
wasserdicht	impermeàbile
Zahnkranz	la corona dentata
Zange	la tenglia

Straße	la strada
Feldweg	il cammino
Piste	la pista
(un)geteert	(non) asfaltato
Rollsplitt	pietrisco
Schlaglöcher	buche
Steinschlag	caduta sassi
Kreuzung	l'incrocio
Ampel	il semaforo
Kurve	la curva
weit	lontano
nah	vicino
rechts	a destra
links	a sinistra

Lebensmittel

Bohnen (Kerne)	i fagioli
Brot	il pane
Brötchen	i panini
Butter	il burro
Eier	le uova
Erbsen	i piselli
Erdnüsse	le nocciole americane
Feigen	i fichi
Fisch	il pesce
Fleisch	la carne
Gemüse	le verdure
Haferflocken	fiocchi d'avena
Haselnüsse	le nocciole
Joghurt	il iogurt
Kaffee	il caffè
Karotten	le carote
Kartoffeln	le patate
Käse	il formaggio
Kekse	i biscotti
Kuchen	il dolce
Linsen	le lenticchie
Mais	il mais

Mandeln	le mandorle	Ich suche einen Arzt.	Cerco un medico.
Mayonnaise	la maionese	Ich suche eine Apotheke.	Cerco una farmacia.
Mehl	la farina	Ich bin krank.	Sono malato/a.
Milch	il latte	Ich bin verletzt.	Sono ferito/a.
Obst	la frutta	Ich bin gestürzt.	Sono caduto/a.
Oliven	le olive	Kann ich Rad fahren?	Posso andare in bicicletta?
Öl	l'olio		
Quark	la ricotta	Bein-/Armbruch	la frattura della gambe/del braccio
Reis	il riso		
Rosinen Salz	il sale		
Schokolade	la cioccolata	Bänderriß	lo strappo
Tee	il tè	Hitzschlag	il colpo di calore
Teigwaren	le paste		
Tomaten	i pomodori	Lebensmittelvergiftung	l'intossicazione da alimenta
Wurst	la salsiccia		
Zucker	lo zucchero	sSonnenstich	l'insolazione
		Verstauchung	la slogatura
		Krankenhaus	Ospedale

Das Wetter

Wetterbericht	il bollettino meteorologico
Wie wird das Wetter?	Che tempo farà?
Es soll schlechter/besser werden	Migliorerà/peggiorerà
Wind aus dem Norden/Osten/Süden/Westen	Vento dal nord/dall'est/dal sud/dall'ovest
warm	caldo
kalt	freddo
Regen	la pioggia
Schnee	il neve
Sturm	la tempesta
Gewitter	il temporale
wechselhaft	variabile

Unterkunft

Haben Sie noch Zimmer frei?	Ha ancora delle camere libre?
Wieviel kostet das Zimmer?	Quanto costa la camera?
Ab wann gibt es Frühstück?	A partire da quando si fa la prima colazione?
Kann ich mein Fahrrad bei Ihnen abstellen?	Posso lasciare la mia bicicletta da voi?
Können wir auf Ihrem Grundstück zelten?	Possiamo campeggiare sul Suo terreno?

Unfall/Arzt

Es ist ein Unfall passiert.	C'è stato un incidente.
Können Sie erste Hilfe anrufen?	Può chiamare il pronto soccorso?

Wichtige Redewendungen

Wo kann ich ein Fahrrad mieten?	Dove posso noleggiare una bicicletta?

Wieviel kostet das für einen Tag?	Quanto costa al giorno?	Bitte sehr	Prego
		Verzeihung	Scusi, mi dispiace
Wie hoch ist die Kaution?	A quanto ammonta la cauzione?	Guten Appetit	Buon appetito
		Auf Wiedersehen	Arrivederci
Wieviele Gänge hat das Fahrrad?	La bicicletta ha quante velocità?		
Können Sie mein Rad hier reparieren?	Può riparare la bicicletta qui?		
Wann ist es fertig?	Quando sarà pronta?		
Haben Sie Ersatzteile?	Ha die pezzi di ricambio?		
Wo ist der Bahnhof?	Dove si trova la stazione?		
Wann fährt der nächste Zug nach...	Quando parte il prossimo treno per...		
Kann ich mein Rad im Zug mitnehmen?	Posso prendere la mia bicicletta in treno?		
Wieviel kostet eine Fahrradkarte?	Quanto costa il biglietto per il trasporto della bicicletta?		
Entschuldigung, gibt es einen Geldautomaten in der Nähe?	Scusi, c'è un bancomat qui vicino?		
Akzeptieren Sie diese Schecks/diese Kreditkarte?	Accetta questi assegni/questa carta di crédita?		

WICHTIGE WÖRTER FÜR UNTERWEGS (ITALIENISCH-DEUTSCH)

Geographie

alto	hoch, oben
Borgo	Dorf
Bosco	Wald
Cascina	Gehöft, Gutshof
Centro storico	historische Innenstadt
Colli(na)	Hügel
Comune	Gemeinde
Corso	Hauptstraße in einer Stadt
Fiume	Fluss
Funicolare	Standseilbahn
Ísola	Insel
Lago	See
Mare	Meer
Monte	Berg
Naviglio	Schiffahrtsweg
nova	Neu
Piazza	Platz
Poggio	Anhöhe
Ponte	Brücke
Stazione	Bahnhof
Torrente	Wildbach
Valle	Tal, Niederung
vecchio	Alt
Via	Straße

Small Talk

Guten Tag	Buon giorno
Hallo	Ciao
Ich komme aus...	Sono di...
Ich spreche kein Italienisch	Non parlo l' Italiano
Ich verstehe es nicht	Non lo capisco
Können Sie bitte etwas langsamer sprechen?	Può parlare più lentamente, por favor?
Danke	Grazie

Architektur, Kirche und Kunst

Abbazia	Abtei
Arcata	Arkade, Säulengang
Badia	Abtei

Battistero	Baptisterium, Taufkapelle	Municipio	Rathaus
		Nave	Hauptschiff einer Kirche
Campanile	frei stehender Kirchturm	Palazzo	Palast, Villa
Camposante	Friedhof	Palazzo ducale	Dogenpalast
Castello	Burg, Schloss	Palazzo municipale/comunale	Rathaus
Chiesa	Kirche		
Convento	Kloster	Pieve	Wohnung/Kapelle des Priesters
Duomo	Hauptkirche einer Stadt, Dom	Podestá	Vorsteher einer (mittelalterlichen) Stadt
Fortezza	Festung		
Loggia	offener Arkadengang oder Galerie mit auf Pfeilern/Säulen gestützten Bögen	Rocca	Burg
		Sagrestia	Sakristei
		Santuario	Heiligtum
		Tesoro	Schatzkammer
		Torre	Turm
Misericordia	Barmherzigkeit		

Index

A
Abbiategrasso 87, 100
Adda 102
Adige (Etsch) 198
Adria 156, 196, 202, 205, 223, 342
Ágordo 138
Aiola 306
Alabaster 296
Albinia 293
Algund 120
Alleghe 138
Alma 290
Alpen 116, 135, 144, 151, 202, 205
Alto-Adige 115
Anguillare Sabázia 370
Ansedónia 294, 328
Apenninen 236, 253, 342
Arezzo 270, 319
Argenta 221
Ariosto, Ludovici 250
Arno 270
Arquá Petrarca 193
Asciano 307
Assisi 321, 334
Augustus 336
Avolasca 83

B
Badia Polesine 195
Bagno a Rípoli 304
Bagnoregio 330
Barbarano Vicentino 175
Barbarossa 325, 336

Bárcis 206
Bardolino 159
Basilica di San Pedro 362
Bassano del Grappa 147, 186
Bastardo 340
Battáglia Terme 192
Bellária-Igea Marina 233
Belluno 139, 206
Belvedere Ostrense 347
Benaco 151
Bereguardo 101
Berlusconi 79
Besate 101
Bevagna 334
Bevölkerung 27
Biagio 214
Bologna 241, 254
Bonaparte, Marie Louise 255
Borgo a Mozzano 263
Borgo San Lorenzo 238, 246
Borgo Valsugana 146
Bosco Mésola 196
Bozen 123, 127, 140
Bramante 345
Brenta 144, 181, 186, 198
Brixen 128
Bruna 291
Bruneck 132
Brunelleschi 275
Brunelleschi, Filippo 281
Burgeis 117
Byron, Lord 230

C
Calcerina al Lago 145
Camerino 349
Campedello 175
Canazei 137
Cannara 334
Cáorle 201, 203
Capálbio 328
Capella Sistina 362
Capodimonte 329
Caravaggio 364
Carducci, Giosuè 288
Carpineti 252
Carrara-Marmor 262
Casalborsetti 225
Casalgrande 254
Cascata delle Marmore 339
Cassano d'Adda 103
Castagneto Carducci 288
Castagnoli 311
Castel Beséno 148
Castel dell'Alpi 246
Castelfranco di Sopra 273
Castelnuovo di Garfagnana 262
Castelsantángelo sul Nera 350
Castiglion Fibocchi 272
Castiglioncello 286
Catull 162
Cavallino 199
Cécina 295
Cerchiara 357
Cérvia 229, 237
Cesenático 231
Chianti 295, 304
Chióggia 198
Cingoli 349
Città di Castello 324
Codigoro 219
Colli Euganei 193
Colosseum 361
Comácchio 222
Comazzo 103
Como 93, 102
Contarina 197, 218
Contigliano 339, 353
Corinaldo 347
Corsignano 308
Cosa 328
Costozza di Longare 175
Cremona 107
Crete 304, 307
Crotta d'Adda 107

D
d'Este 194, 197, 214, 262
Dante 80
Dante Alighieri 165, 226, 227, 230
Desenzano 113, 163
Dickens, Charles 83
Dolomiten 115
Donatelli 278
Dovara 109
Drau 134
Drau-Radweg 134

E
Eisacktal 126
Emilia-Romagna 212
Este 194
Etrusker-Riviera 270, 285
Etsch 140
Etsch (Adige) 116
Etsch-Radweg 116, 140

F
Fabriano 354
Farnese 258
Ferrara 214, 220, 240
Fiano Romano 358
Fiésole 246
Firenze 248, 274
Flaminia 359

Flaminius 315
Foce di Scopetone 319
Follónica 290
Fonte Lupetto 339
Forca di Civita 351
Forca di Gualdo 351
Forca di Santa Croce 351
Foresta Demaniale 224
Foreste Casentinesi Monte Falterona-Campigna 238
Forum Romanum 361
Fossato di Vico 355
Fossombrone 346
Francesco von Assisi 326
Francesco, San 339
Friedrich II. 352
Friuli-Venezia-Giulia 202

G
Gaggiano 88
Galilei, Galileo 188, 267
Garavelle 325
Garda 157
Garibaldi 95, 231
Gatteo a Mare 232
Génova 83
Geographie 15
Geschichte 29
Ghiberti, Lorenzo 276
Giotto 238, 276, 321
Glurns 118
Goethe, Johann Wolfgang von 148, 150, 174, 189, 321, 359, 364
Goito 112
Golasecca 99
Gonzaga-Dynastie 109
Gradisca d'Isonzo 208
Graun 117
Gréccio 339
Greve in Chianti 304

Grödner Tal 135
Grödner Tal (Val Gardena) 135
Grosseto 291
Grotta del Vento 262
Gualdo Tadino 355
Guastalla 249
Gúbbio 325

H
Hannibal 315
Heiliger Antonius 188
Heiliges Tal 339

I
Incisa in Val d'Arno 273
Innichen 134
Internet-Adressen 379
Isola Dovarese 108

J
Jesi 348, 353
Juval, Schloss 120

K
Karl III. 32
Karten 376
Kolumbus, Christoph 84

L
La Giustiniana 370
La Mozza 292
Lago d'Alleghe 137
Lago del Mis 138
Lago di Bolsena 329, 356
Lago di Caldonazza 145
Lago di Caldonazzo 145
Lago di Como 94
Lago di Corbara 332
Lago di Garda 147, 150, 157
Lago di Ledro 153
Lago di Loppio 150

Lago di Montepulciano 314
Lago di Trasimeno 314, 315
Lago di Vico 356, 369
Lagune 199
Lana 122
Lastra a Signa 281
Latisana 203
Latsch 119
Lazio 356
Lazise 160
Leonardo da Vinci 305
Leonessa 351
Levico Terme 145
Lido 199
Lido Adriano 229
Lido delle Nazioni 224
Lido di Classe 229
Lido di Jesolo 200
Lido di Sávio 229
Lido di Spina 225
Lido Venezia 199
Ligurische Apenninen 79
Ligurische Küste 78
Lilliano 300
Limena 188
Literatur 371
Litorale 199
Litorale Cavallino 199
Livorno 284
Lodi 104, 106
Lodi Vecchio 106
Lombardia 78
Lonigo 170
Loreo 198
Loro Ciuffenna 272
Lovària 208
Lucca 263

M
Magliano 292
Mahler, Gustav 134

Malatesta 234
Malcontenta 179
Manciano 329
Maniago 207
Mántova 109, 213, 249
Marche 342
Marina di Bibbona 287
Marina di Cécina 287
Marina di Pisa 283
Marina di Ravenna 226
Marina Romea 226
Marke 13
Marmore 339
Marta 329
Martana 329
Marzano 104
Massa Fiscáglia 220
Medici 274
Méldola 237
Mengoni, Giuseppe 91
Meran 121
Merone 102
Mésola 197
Metáuro-Tal 346
Mezzadria 261
Michelangelo 262, 277, 362
Migliarino 220
Migliaro 220
Milano 79, 89
Mincio 111, 151, 164
Mira 178
Molina di Ledro 153
Molini di Volta 112
Monte Alvagnano 351
Monte Argentário 293
Monte Baldo 151
Monte Calvi 369
Monte del Lago 315
Monte Lacerone 339
Monte Luco 311
Monte Martano 340

Monte Pelato 355
Monte Rocca Romana 369
Monte Subasio 355
Monte Táncia 357
Monte Terminillo 351
Montecastelli 319
Montécchio 255
Montécchio Maggiore 170
Montefalco 335, 340
Montefeltro 345
Montefiascone 329, 368
Montepulciano 309, 314
Montevarchi 311
Monti Berici 164, 174
Monti Cimini 368
Monti Martani 335
Monti Martini 340
Monti Sabatini 368, 369
Monti Sabini 357, 358
Monticchiello 309
Monticelli Terme 255
Montòdine 106
Monzuno 245
Mozart, Wolfgang Amadeus 148
Mugello 238
Mühlbach 130
Musone 348
Mussolini, Benito 237

N
Nago 150
Nals 122
Napoleon III. 113
Naviglio Grande 87, 100
Nera 350
Néstore 318
Neumarkt 141
Névola-Tal 347
Nudel-Nationalmuseum 364

O
Oberitalienische Seen 93
Olang 132
Orvieto 330
Orzignano 267
Ostra 347
Ötzi 124

P
Pádova 188
Palio di Siena 301
Palladio, Andrea 156, 171, 174
Pantani, Marco 231
Pantheon 363
Panzini, Alfredo 233
Papst Gregor IX. 352
Papst Paulus III 317
Papst Pius II. 308
Parco del Monte Cucco 355
Parco del Monte Subasio 355
Parco dell'Oglio 249
Parco dell'Oglio Sud 109
Parco Naturale della Maremma 291, 292
Parco Naturale della Valle del Ticino 93
Parco Naturale delle Capanne Marcarolo 83
Parco Naturale e Archeologico del Promontorio 289
Parco Nazionale dei Monti Sibillini 350
Parco Nazionale delle Dolomiti Bellunesi 138
Parco Regionale del Delta del Po 229
Parco Regionale del Mincio 112
Parco Regionale dell'Alto Appennino Reggiano 252
Parma 255
Passignano sul Trasimeno 315

Passo del Murgalione 238
Passo dell Futa 246
Passo delle Fornaci 350
Passo di Fedaia 137
Passo di San Osvaldo 206
Passo Osteria del Tanglia 358
Passo San Giovanni 150
Pavia 79, 105
Pellegrino 199
Pellestrina 199
Percoto 208
Pergolesi, Giovanni Battista 348
Perúgia 316
Peschiera 161, 164
Petersdom 362
Petrarca, Francesco 193, 270
Petrignano 320
Pfahlbauten 153
Piacenza 257
Piano Grande 351
Piave 206
Piazzola sul Brenta 176, 187
Piccolomini, Enea Silvio 308
Pienza 308
Pietralunga 325
Pieve di Cento 240
Pieve di Santa Maria Novella 305
Pieve San Giacomo 108
Pisa 267, 283
Pius II., Papst 308
Pizzighettone 106, 259
Po 78, 151, 213
Po-Delta 218
Po-Ebene 151
Poggibonsi 299
Póggio Catino 358
Polo, Marco 180
Pomposa 219
Ponte Vecchio 277
Populónia 289
Porte Ércole 293

Porto Garibaldi 224
Porto Santo Stéfano 293
Portomaggiore 220
Prad am Stilfser Joch 118
Predáppio 237
Prima Porta 359
Puccini, Giacomo 264
Punta di San Vigilio 158

R
Radda in Chianti 305, 311
Raffael 345
Ravenna 226
Reggio Emilia 250
Remu 359
Reschen 117
Reschenpass 117
Rieti 351
Rimini 234, 343
Riserva Naturale di Nazzano-
    Tévere-Farfa 358
Riserva Naturale di Tomboli
    di Follónica 290
Riserva Naturale Tómbolo di
    Cécina 287
Riva del Garda 151, 155
Riviera degli Olivi 157
Rocca delle Caminate 237
Rocca Pietore 137
Roma 356, 359
Römisches Reich 30
Romulus 359
Rosetti 214
Rosignano Solvay 286
Rovereto 148

S
Salina di Cérvia 237
Salurn 141
San Benedetto 325
San Francesco 321

San Francesco von Assisi 333
San Gimignano 297
San Godenzo 238
San Marino 343
San Martino al Cimino 369
San Michele all'Adige 141
San Severino Marche 349
San Siro 213
San Vincenzo 289
Sant'Agata del Terrine 319
Sant'Angelo Lodigiano 105
Scaliger 165
Scaliger-Geschlecht 165
Scamozzi, Vincenzo 174
Schlanders 119
Sellajoch 137
Sérchio 263
Sérmide 214
Serravalle 83
Sesto Calende 99
Siena 300
Sillian 134
Sirmione 162
Sixtinische Kapelle 362
Slowenien 202
Soave 112, 170
Solferino 113
Sommacampagna 164
Sovizzo 170
Spilimbergo 207
Spinacceto 339
Spoleto 336
St. Valentin 338
St. Christina 136
St. Ulrich 135
Strà 178
Strada del terrano 209
Strada del Vino 295
Stradivari, Antonio 107
Südtirol 115
Sutri 369

T
Táglio di Po 197
Talfer 140
Terenten 131
Terni 338, 341
Teróntola 315
Tévere 313
Tévere-Tal 357
Theoderich 227
Theoderich der Große 31, 165, 227
Ticino 87, 99
Tierwelt 21
Toblach 133
Todi 332, 341
Tómbolo della Giannella 293
Tómbolo di Feniglia 294
Torbole 150
Torre de'Picenardi 108
Torrina Tiberina 358
Toscana 260
Treidelwege 87
Trenker, Luis 136
Trentino 115
Tréstina 323
Trevignano Romano 369
Trezzano sul Naviglio 88
Trezzo sull'Adda 103
Trient (Trento) 142, 148
Trieste 210
Troger, Paul 133
Tuoro sul Trasimeno 315
Turbigo 100

U
Údine 204
Umbértide 319
Umbria 313
Urbino 344

V

Vagliagli 306
Val di Ledro 153
Val Gardena 135
Valéggio sul Mincio 112, 164
Valentano 329
Varese 97
Vatikan 362
Vegetation 17
Veneto (Venetien) 156
Venezia 156, 179
Vermezzo 88
Verona 165
Via Adriatica 237
Via Aurelia 288
Via Emilia 212, 237, 250, 253
Via Flaminia 340, 355
Via Postumia 108
Vicenza 171
Vignamaggio 305
Vignola 254
Villa Contarini 176
Villa Minozzo 252
Villa Opicina 209
Villa Pisani »La Nazionale« 178
Villa Valmarana »La Rotonda« 174
Villach 134
Vinci 282
Vinci, Leonardo da 231, 282
Vinschgau 116
Visconti 87, 101, 164
Visso 350
Viterbo 368
Vittorio Emanuele II 193
Vizzola 100
Vogelweide, Walther von der 123, 128
Voghera 82
Volano 196, 218, 224
Volta Mántovana 112
Volta, Alessandro 79, 94
Voltaggio 83
Volterra 296

W

Waidbruck 127, 135
Welsberg 133
Winckelmann, Johann Joachim von 210
Wolkenstein 136
Wolkenstein, Oskar von 127
Wörter 384

Z

Zoli, Adone 237